PARTE II

UNIDADE 4
Mundo do trabalho e desigualdade social, 195

Capítulo 9
Trabalho e sociedade, 196

Capítulo 10
Estratificação e desigualdades sociais, 214

UNIDADE 5
Globalização e sociedade do século XXI: dilemas e perspectivas, 239

Capítulo 11
Sociologia do desenvolvimento, 240

Capítulo 12
Globalização e integração regional, 262

UNIDADE 6
A vida nas cidades do século XXI: questões centrais de uma sociedade em construção, 285

Capítulo 13
Sociedade e espaço urbano, 286

Capítulo 14
Gêneros, sexualidades e identidades, 308

Capítulo 15
Sociedade e meio ambiente, 334

Referências bibliográficas, 362

UNIDADE 4

MUNDO DO TRABALHO E DESIGUALDADE SOCIAL

Capítulo 9
Trabalho e sociedade, 196

Capítulo 10
Estratificação e desigualdades sociais, 214

Detalhe de *Manifestación*, 1934, de Antonio Berni (1905-1981). Têmpera sobre tela, 180 cm × 249,5 cm. A obra do artista argentino denuncia a pobreza e o desemprego generalizado decorrentes da crise dos anos 1930 na Argentina.

CAPÍTULO

9

TRABALHO E SOCIEDADE

ENEM
C2: H10
C3: H14
C4: H16, H17, H18, H20

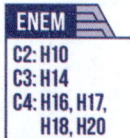

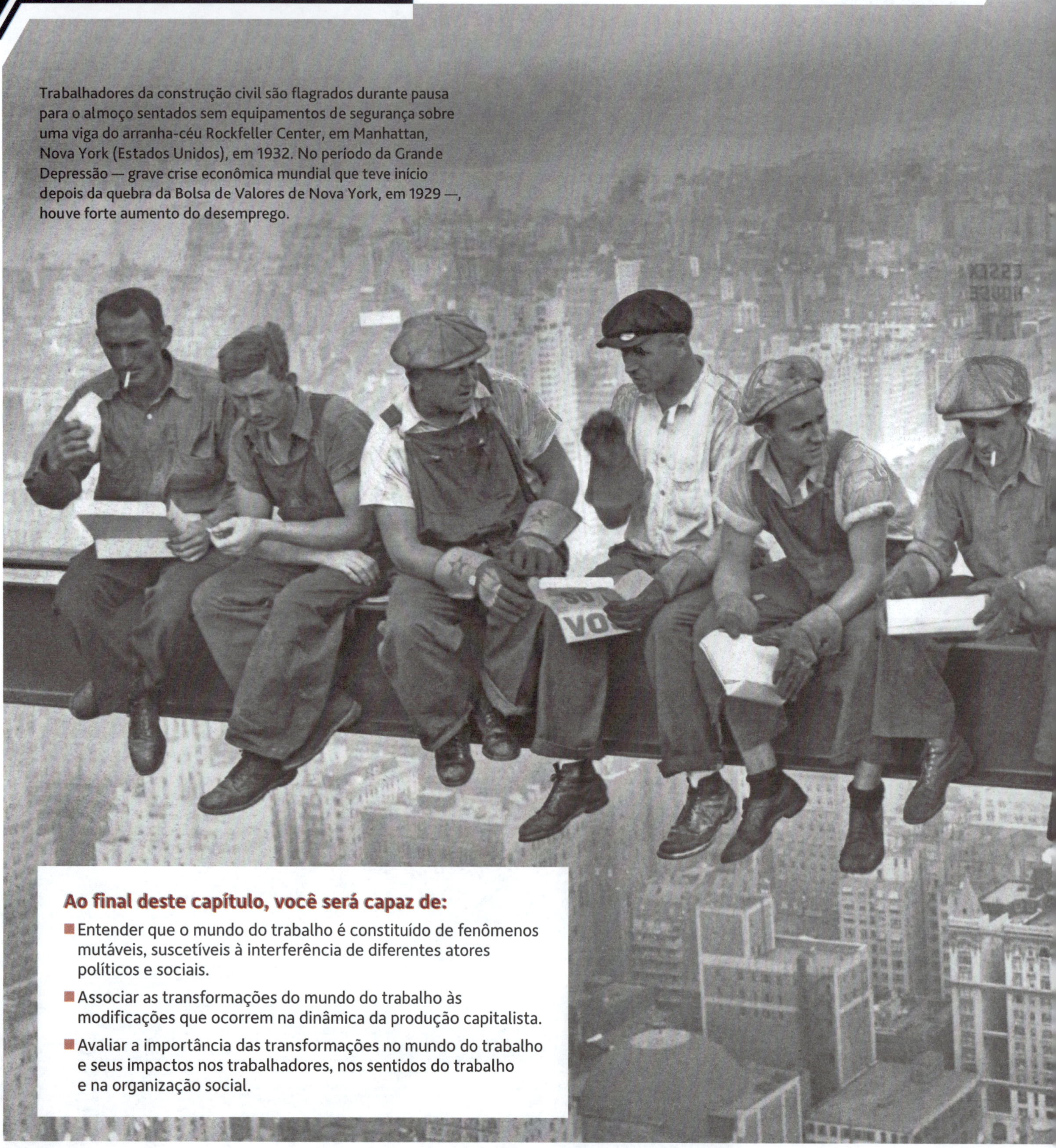

Trabalhadores da construção civil são flagrados durante pausa para o almoço sentados sem equipamentos de segurança sobre uma viga do arranha-céu Rockfeller Center, em Manhattan, Nova York (Estados Unidos), em 1932. No período da Grande Depressão — grave crise econômica mundial que teve início depois da quebra da Bolsa de Valores de Nova York, em 1929 —, houve forte aumento do desemprego.

Ao final deste capítulo, você será capaz de:

- Entender que o mundo do trabalho é constituído de fenômenos mutáveis, suscetíveis à interferência de diferentes atores políticos e sociais.
- Associar as transformações do mundo do trabalho às modificações que ocorrem na dinâmica da produção capitalista.
- Avaliar a importância das transformações no mundo do trabalho e seus impactos nos trabalhadores, nos sentidos do trabalho e na organização social.

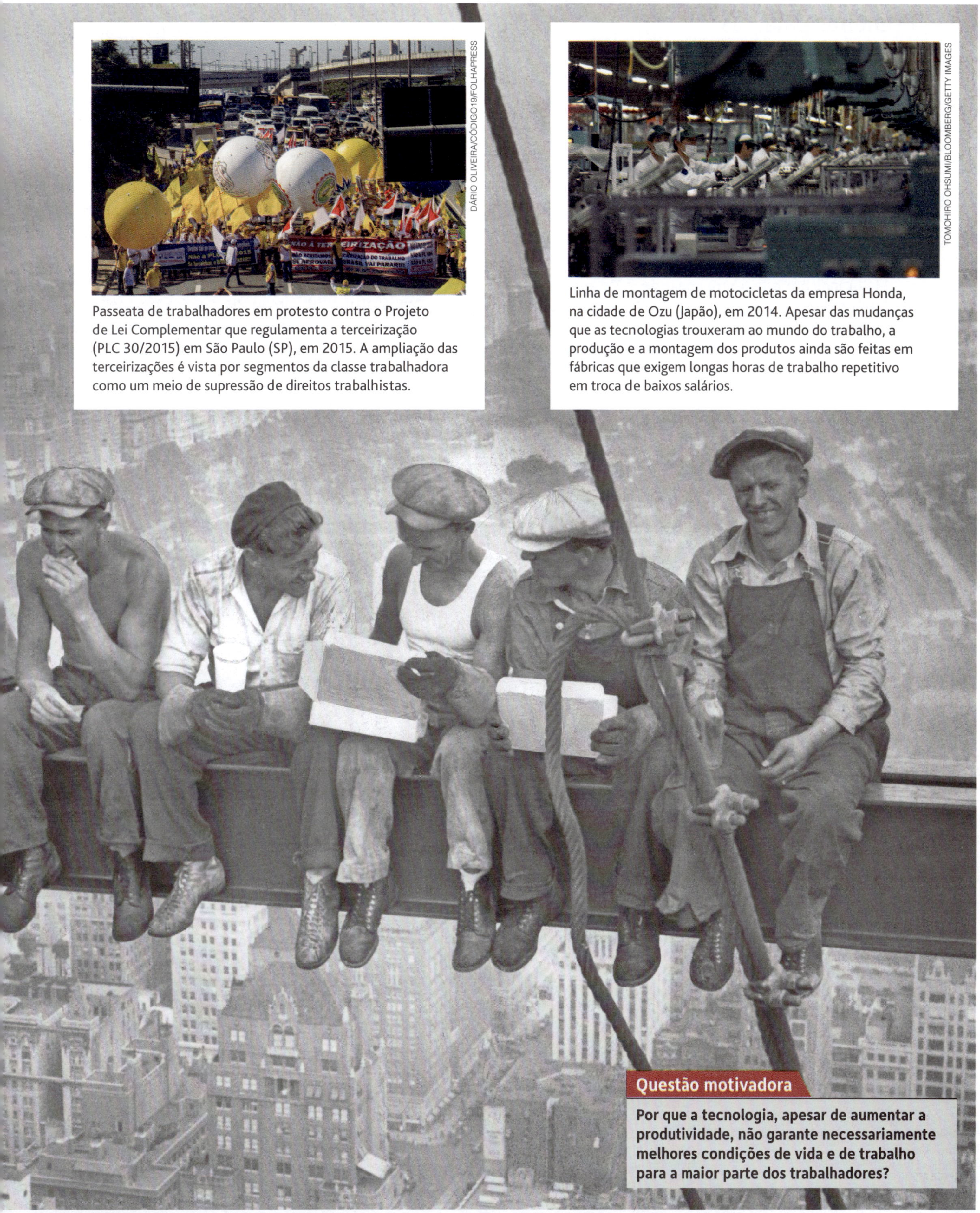

Passeata de trabalhadores em protesto contra o Projeto de Lei Complementar que regulamenta a terceirização (PLC 30/2015) em São Paulo (SP), em 2015. A ampliação das terceirizações é vista por segmentos da classe trabalhadora como um meio de supressão de direitos trabalhistas.

Linha de montagem de motocicletas da empresa Honda, na cidade de Ozu (Japão), em 2014. Apesar das mudanças que as tecnologias trouxeram ao mundo do trabalho, a produção e a montagem dos produtos ainda são feitas em fábricas que exigem longas horas de trabalho repetitivo em troca de baixos salários.

Questão motivadora

Por que a tecnologia, apesar de aumentar a produtividade, não garante necessariamente melhores condições de vida e de trabalho para a maior parte dos trabalhadores?

Capítulo 9 • Trabalho e sociedade

1. Primeiras palavras

Leonardo M., 32 anos, com pós-graduação em Gestão de Comércio Eletrônico, já recebeu várias ofertas de emprego em sua vida profissional. Atualmente está desempregado, depois de ter sido dispensado da empresa em que trabalhava devido a um corte de vagas. Continua em busca de uma colocação, mas pensa em trabalhar por conta própria, por encontrar dificuldade para voltar ao mercado de trabalho.

Muitos jovens nascidos entre as décadas de 1980 e 1990, no Brasil, enfrentaram o desemprego, que se acentuou por volta de 2015. Dados do Instituto Brasileiro de Geografia e Estatística (IBGE) indicam que, entre maio de 2014 e maio de 2015, o desemprego subiu de 4,9% para 6,7% e que esse crescimento atingiu com mais força os jovens de 18 a 24 anos. Nessa faixa, a taxa de desocupação passou de 12,3% em 2014 para 16,4% em 2015. Ainda de acordo com o IBGE, em maio de 2014 e maio de 2015, o grupo de 18 a 24 anos representava 32% da população desocupada, e o de 25 a 49 anos, 51,1%. O indivíduo desempregado, de modo geral, sofre pressões sociais por não ser considerado bem-sucedido. Será que a valorização do trabalho só diz respeito à sociedade contemporânea?

Na história das sociedades ocidentais, o trabalho foi usado para classificar pessoas. A atividade intelectual em grande parte das sociedades teve valor maior que a atividade braçal, estabelecendo uma hierarquia entre os indivíduos. Na Grécia antiga, o trabalho braçal era associado à escravidão. Os romanos viam os escravos como instrumentos de trabalho, dividindo-os conforme a seguinte classificação: *instrumentum vocale* (escravo), *instrumentum semivocale* (animal) e *instrumentum mutum* (ferramenta). Se verificarmos a origem latina da palavra "trabalho" (*tripalium*, antigo instrumento de tortura), vamos confirmar o valor negativo atribuído às atividades laborais.

Já na Idade Moderna, o surgimento do capitalismo promoveu transformações profundas nessa perspectiva negativa do trabalho. Nas principais economias do mundo ocidental, o trabalho deixou de ser visto como uma atividade repugnante e transformou-se em algo capaz de trazer dignidade ao ser humano. De acordo com o sociólogo alemão Max Weber, a Igreja protestante desempenhou papel fundamental nessa transformação ao pregar o ascetismo, isto é, a vida regrada e a inclinação para o trabalho como caminho imprescindível para a salvação.

Mosaico romano do século III a.C., 99 cm × 206 cm, mostra trabalhos braçais realizados no passado por escravos na Grécia e em Roma. Culturalmente marginalizados, esses trabalhos eram destinados àqueles que não podiam se dedicar às atividades intelectuais.

Cronologia

1801 — Invenção do tear mecânico pelo inglês Edmund Cartwright.

1857 — A manifestação por melhores condições de trabalho, organizada pelas trabalhadoras da indústria têxtil Cotton, em Nova York, no dia 8 de março, teve resultado trágico. As tecelãs foram duramente reprimidas pela polícia e refugiaram-se dentro da fábrica, que foi trancada e incendiada: 130 trabalhadoras morreram carbonizadas.

1906 — Fundação da Confederação Operária Brasileira (COB).

1929 — Primeira grande crise do capitalismo, motivada pela superprodução (excesso de oferta) e em consequência da desvalorização das ações na Bolsa de Valores de Nova York. A crise atingiu o auge em 29 de outubro e deu início ao período conhecido como Grande Depressão.

1931 — Entra em vigor o Decreto-lei nº 19.770/1931, que legaliza os sindicatos. Na visão do governo Vargas, os sindicatos eram "órgãos de conciliação de classe, e não de luta social".

1935 — O governo Vargas cria a lei de Segurança Nacional, que, entre outras medidas, proíbe o direito de greve e dissolve a Central Sindical Unitária Brasileira (CSUB), criada pelo Partido Comunista Brasileiro (PCB).

Miniatura flamenca pertencente ao *Breviário Grimani* (c. 1515- -1520), 280 mm × 195 mm. Esta cena, referente ao trabalho realizado nos campos durante o mês de outubro, mostra servos preparando as terras de um senhor feudal para cultivo. Na Idade Média, as sociedades europeias eram essencialmente agrárias. Portanto, possuir terra significava riqueza. Além da terra, os senhores feudais detinham o poder político e militar.

Ao longo dos séculos XVIII e XIX, a ideologia capitalista instituiu a orientação para o trabalho como modo de realização individual e social. Contudo, a degradação, a exploração e as péssimas condições de trabalho contradiziam esse modelo.

No século XX, a sociedade capitalista ocidental intensificou o ritmo da produção industrial. A crescente demanda por produtos industrializados, característica da sociedade de consumo, fez com que a produção se acelerasse, assim como o trabalho.

Na sociedade contemporânea, o temor do desemprego e a precarização das relações trabalhistas, resultado de práticas como a **terceirização** e as atividades informais, têm gerado incertezas e inconstâncias no mundo do trabalho.

Embora o conceito de trabalho tenha assumido diferentes significados ao longo da história, essa atividade sempre foi indispensável na vida das pessoas, pois é por meio dela que o ser humano cria as condições para sua sobrevivência.

Mulheres trabalham em fábrica de construção de aeronaves, em Leeds (Inglaterra), por volta de 1939. A divisão do trabalho e a introdução das máquinas no processo produtivo modificaram as relações sociais de produção. Nessa época, era corrente o emprego da mão de obra feminina em condições aviltantes.

QUESTÕES

Compare a origem latina do termo **trabalho** com seu significado no mundo atual.

Terceirização. Fenômeno pelo qual uma empresa contrata, por meio de outra, os trabalhadores necessários para realizar determinadas atividades. A empresa tomadora do serviço se beneficia da mão de obra necessária para a realização de suas atividades, mas não estabelece nenhum vínculo duradouro com o trabalhador.

1943 — O governo Vargas, com o Decreto-lei nº 5.452, de 1º de maio, institui a Consolidação das Leis do Trabalho (CLT).

1966 — A ditadura militar cria o Fundo de Garantia por Tempo de Serviço (FGTS) e põe fim ao direito à estabilidade no emprego após dez anos de trabalho.

1980 — Fundação do Partido dos Trabalhadores (PT).

2002 — Eleição para a Presidência da República do ex-operário metalúrgico e líder sindical Luiz Inácio Lula da Silva, pelo PT.

2006 — Lula é reeleito presidente da República, pelo PT.

2015 — Câmara dos Deputados aprova o Projeto de Lei nº 4.330/2004, conhecido como PL da Terceirização. É sancionada pela presidenta da República a Lei Complementar nº 150/2015, que regulamenta os direitos dos trabalhadores domésticos, garantindo à categoria benefícios como: seguro-desemprego, salário-família, auxílio-creche, adicional noturno, obrigatoriedade do recolhimento de FGTS por parte do empregador e seguro contra acidentes de trabalho.

Capítulo 9 • Trabalho e sociedade

2. A questão do trabalho em Marx, Weber e Durkheim

Para a Sociologia, a vida cotidiana é marcada profundamente pelo modo como as relações de trabalho se apresentam em determinado momento histórico. As relações de trabalho e a ocupação que exercemos nos colocam em posições diferentes em cada sociedade; por isso, é importante conhecer como estão organizadas essas relações de trabalho.

Karl Marx, Max Weber e Émile Durkheim dedicaram parte central de suas teorias à reflexão sobre o mundo do trabalho capitalista. De modos diferentes, esses expoentes do pensamento sociológico elaboraram análises que ainda hoje ajudam a compreender a sociedade em que vivemos.

Para assistir

Terceirização — a escravidão em versão neoliberal
Brasil, 2005.
Realização: Sindieletro-MG.
Duração: 24 min.
O documentário trata da terceirização e da precarização do trabalho na Companhia Energética de Minas Gerais (Cemig). Em 1995, parte das ações da empresa foi privatizada e a contratação de terceirizados ganhou amplo espaço. Contudo, como mostra o vídeo, as condições de trabalho entre funcionários contratados e terceirizados eram bem diferentes.

Karl Marx e a história da exploração do homem

Karl Marx examinou o universo do trabalho na caracterização e na compreensão da vida social. Para ele, as sociedades estão organizadas em modos de produção, que consistem no conjunto das forças produtivas (pessoas que trabalham, matérias-primas, energia, ferramentas) e das relações de produção (isto é, como as pessoas se organizam em sociedade para produzir). Esses modos de produção mudam de acordo com o tempo e segundo a forma pela qual cada sociedade divide as tarefas, ou seja, de acordo com a divisão social do trabalho. A divisão da sociedade em classes é definida quando há a propriedade privada dos meios de produção: alguns se tornam proprietários — no caso do capitalismo, esta classe social chama-se **burguesia** — e outros são não proprietários dos meios de produção — no capitalismo, esta classe social denomina-se **proletariado**.

Marx identifica três elementos no processo de trabalho: a força de trabalho (o potencial humano), o objeto de trabalho (aquilo que será modificado pela atividade humana) e o meio de trabalho (os instrumentos utilizados para produzir os itens ou o espaço em que são produzidos). Nas sociedades capitalistas, o trabalho serve para produzir uma mercadoria com valor de troca (destinada à venda). Como essa mercadoria é propriedade do burguês, o excedente econômico — lucro — obtido com a troca ou venda dessa mercadoria também fica com ele.

O principal mecanismo utilizado pelos donos dos meios de produção para obter lucro foi denominado por Marx de **mais-valia** — excedente de valor obtido pela exploração do trabalho. Mas como isso acontece? O trabalho, no processo produtivo, gera valor. A força de trabalho, sendo pensada como uma mercadoria, que pode ser vendida e comprada, quando empregada na transformação de um objeto, acrescenta valor a ele. Esse valor, no entanto, não é adequadamente pago ao trabalhador, sendo apropriado pelo dono dos meios de produção. Em outras palavras, mais-valia é a diferença entre a quantidade de trabalho necessária para produzir uma mercadoria e o que o trabalhador efetivamente recebe como salário para produzi-la.

Há dois modos de gerar mais-valia. O primeiro está relacionado ao aumento de horas trabalhadas, o que permite ao burguês apropriar-se do aumento de riqueza gerado pelo proletário, já que este passa mais tempo trabalhando e, portanto, aumenta a produção — mais-valia absoluta. O segundo modo é aquele que deriva da incorporação de tecnologia ou de organização do trabalho que aumente a produtividade do trabalhador. Nessa situação, não há necessariamente aumento no número de horas trabalhadas, mas produz-se mais riqueza em um período de tempo igual — mais-valia relativa. Portanto, uma coisa é o valor pago pelo burguês pela força de trabalho, isto é, o salário, e outra é quanto esse trabalho rende ao capitalista.

Para Marx, a exploração do trabalhador começa com a expropriação dos meios de produção, quando os camponeses foram retirados de suas terras pelo Estado, restando-lhes apenas o trabalho nas grandes cidades e nas incipientes fábricas. Do processo de trabalho no qual os homens coletivamente transformam e produzem itens restou ao trabalhador somente a força de trabalho, que é, então, vendida ao capitalista como mercadoria. O proletariado é explorado pela burguesia quando ela se apropria do excedente da produção, o que configura uma forma de desigualdade social. O caráter contraditório das relações de trabalho está no fato de que o aumento de produtividade não melhora a vida dos trabalhadores; ao contrário, o que ocorre é um processo de pauperização e de proletarização da sociedade, do qual uma das consequências é a desigualdade social.

Como consequência da divisão social do trabalho na sociedade capitalista, o trabalhador fica sujeito a um processo de alienação. Esse processo está relacionado à desapropriação dos meios de produção, à falta de controle sobre o processo de trabalho e à sua dificuldade de se apropriar das mercadorias que resultam de seu trabalho.

Para ler

ANTUNES, Ricardo. *Os sentidos do trabalho: ensaio sobre a afirmação e a negação do trabalho.*
São Paulo: Boitempo Editorial, 1999.
No livro, o autor discute as diferentes definições do trabalho, destacando que o sentido atribuído pelo capital ao trabalho não é o mesmo atribuído pela humanidade. Além disso, ele chama a atenção dos leitores para a possibilidade de concluirmos, precipitada e equivocadamente, que o trabalho perdeu a centralidade e a importância para a compreensão do mundo contemporâneo.

Para Karl Marx, a exploração dos trabalhadores é uma marca do capitalismo. O combate à desigualdade exige uma nova organização do trabalho e da produção.

Max Weber e a ética do trabalho

Ao analisar o tema trabalho, para Max Weber partiu de pontos de vista diferentes dos apresentados por Marx. Weber propõe uma compreensão do capitalismo que parte do âmbito cultural em vez do econômico. Para ele, o capitalismo industrial tem sua origem na ideologia puritana e calvinista. No século XVI, com o advento da Reforma protestante, a Igreja católica perdeu o monopólio religioso na Europa e surgiram diferentes vertentes do protestantismo. Weber analisou os puritanos e os calvinistas, seguidores da reformulação da doutrina cristã que ocorreu na Inglaterra no século XVI.

Havia uma presença muito significativa de protestantes entre os empresários e os trabalhadores qualificados nos países capitalistas mais industrializados. Weber imaginou que deveria existir uma relação entre certos valores calvinistas e puritanos e a gênese do capitalismo moderno.

Analisando as conexões entre as mudanças na esfera religiosa e as transformações na economia — o que ele denomina "espírito do capitalismo" —, Weber observou um fato importante: a mudança de valores e atitudes graças ao surgimento do protestantismo criou a predisposição ao trabalho como modo de salvação da alma. A partir desse momento, o trabalho passou a ser visto como algo voltado para a glorificação de Deus e também como a principal fonte de salvação.

Diante dessa doutrina, os seguidores deveriam desenvolver, além da "vocação" para o trabalho, um comportamento social comedido, ou seja, uma prática metódica e racional de busca pelo desenvolvimento espiritual. Essa ascese, isto é, a negação do prazer para atingir a salvação, passou a ser uma ação racional para o protestante. Nesse sentido, a perda de tempo seria o principal de todos os pecados. O puritanismo condenava o ócio, o luxo e a preguiça.

Weber buscou na história da racionalização do trabalho a explicação para o surgimento das relações de trabalho capitalista, em que o trabalho se torna um valor em si mesmo, uma vocação.

Ele afirma que, para os protestantes, é com base no sucesso profissional que o indivíduo recebe a indicação da salvação: o sucesso no trabalho é o sinal divino de que a pessoa será salva. Como isso "explicaria" a existência de ricos e de pobres? Os ricos seriam disciplinados e imbuídos de espírito empreendedor, ao passo que os pobres se deixariam levar pela imprevidência e pela preguiça, motivo pelo qual eles não prosperariam. Assim, Deus abençoaria seus escolhidos por meio do sucesso no trabalho.

Assim, a interpretação de Weber sugere que a ética protestante contribuía para que os frutos do trabalho fossem direcionados à acumulação, e não ao consumo nem a gastos supérfluos. Essa ética seria um fator cultural determinante para o desenvolvimento do capitalismo.

Émile Durkheim e o trabalho como gerador de solidariedade

Assim como para Marx e Weber, o contexto de desenvolvimento do pensamento de Émile Durkheim foi a Europa em processo de industrialização. Porém, ao contrário da visão crítica estabelecida por Marx, Durkheim argumenta que a divisão social do trabalho seria algo positivo, pois possibilitaria a coesão social.

O trabalho representa uma esfera primordial para a existência da solidariedade em uma comunidade. Diferentemente do senso comum, que costuma definir solidariedade como sinônimo de ações altruístas, Durkheim desenvolve a ideia de que o trabalho constitui um dos principais vínculos entre os indivíduos de uma sociedade. Segundo ele, a maior ou menor intensidade da especialização da divisão do trabalho pode gerar dois modelos de solidariedade, como vimos no capítulo 2 **(A Sociologia e a relação entre o indivíduo e a sociedade)**.

As sociedades pré-capitalistas seriam caracterizadas pela solidariedade mecânica, com pouca divisão do trabalho, como mostra a cena, que representa o cotidiano de uma cidade maia.

Capítulo 9 • Trabalho e sociedade

A **solidariedade mecânica**, de acordo com Durkheim, é típica de sociedades pré-capitalistas, nas quais a coesão social se constrói por meio da forte identificação dos indivíduos com as tradições e os costumes culturais da comunidade, pois a divisão do trabalho pouco influencia as relações. Nesses casos, a consciência coletiva exerce intenso poder de coerção nas ações individuais.

A divisão social do trabalho é um processo de especialização de funções que torna os indivíduos interdependentes. Para Durkheim, a modernidade é caracterizada por relações de trabalho capitalistas, com alto grau de divisão do trabalho e heterogeneidade cultural. A grande diversidade de funções e de trabalhos produzidos nessas sociedades faz com que se fortaleça a interdependência entre os indivíduos: a esse novo vínculo entre os membros de uma sociedade, Durkheim denominou **solidariedade orgânica**. Nesse caso, a coesão social não é garantida pela rigidez de uma consciência coletiva (coercitiva), mas, sim, para suprir as necessidades individuais, tendo em mente o que é produzido pelos outros membros do grupo.

Nesse caso, Durkheim interpreta as tensões sociais criadas pela exploração capitalista como um problema moral, isto é, se a divisão do trabalho não produz coesão social é porque as relações entre os diversos setores da sociedade não estão adequadamente regulamentadas pelas instituições sociais existentes, o que gera anomia.

Trabalhadores costuram sacos de juta em uma fábrica de Manaus (AM), em 2013, que serão usados no acondicionamento do café para exportação. A intensa divisão do trabalho aumenta a interdependência entre os trabalhadores, o que dá origem à solidariedade orgânica.

QUESTÕES

Após a leitura das concepções de Durkheim, Marx e Weber sobre o trabalho, cite dois principais conceitos de cada autor para analisar o tema do trabalho.

3. As experiências de racionalização do trabalho

Com o crescimento da industrialização, o método de controle da produção de bens materiais passou a ser um componente cada vez mais expressivo do antagonismo entre os interesses de burgueses e os de proletários. A partir da segunda metade do século XIX, desenvolveu-se uma área do conhecimento científico fundamentada em normas e funções que visavam organizar o espaço produtivo e aumentar a produtividade do trabalho. Entre as diversas teorias que surgiram, ganhou destaque a do engenheiro estadunidense Frederick W. Taylor, que propunha estratégias gerenciais fundamentadas em um rigoroso controle de tempo e de movimentos, na especialização das atividades e na remuneração por desempenho.

A principal característica desse método é a separação entre o planejamento e a execução das atividades. Esse sistema organizacional, chamado **taylorismo**, busca a padronização de todas as atividades de produção, definidas pela administração e posteriormente repassadas aos trabalhadores. O objetivo do sistema é o aumento da produtividade por meio de mecanismos que permitam às administrações controlar e intensificar o ritmo e, desse modo, aumentar o lucro dos donos dos meios de produção.

Para jogar

Assassin's Creed Syndicate

A trama principal envolve dois irmãos que fazem parte de gangues de Londres no século XIX. A história se passa no contexto da Revolução Industrial, e as desigualdades e a exploração nas fábricas inglesas são o pano de fundo do enredo. Vários personagens históricos aparecem na trama, entre eles Karl Marx. O conflito de classes é um dos elementos da história.

Quem escreveu sobre isso

Frederick Taylor

Nascido na Filadélfia, nos Estados Unidos, Frederick Winslow Taylor (1856-1915) formou-se em Engenharia Mecânica em 1883. Considerado o pai da administração científica, procurou desenvolver métodos científicos para a administração de empresas, visando à eficiência operacional na administração industrial. Em seu livro *Princípios de administração científica*, de 1911, defendeu a racionalização das tarefas que cabiam à administração e à produção, com o intuito de obter maior rapidez e precisão no trabalho, o que aumentaria a produtividade nas fábricas.

Frederick Taylor desenvolveu métodos científicos para a administração de empresas.

> **Para assistir**
>
>
>
> **A classe operária vai ao paraíso**
> Itália, 1971.
> **Direção:** Elio Petri.
> **Duração:** 125 min.
> O filme mostra a trajetória de Ludovico Massa, também conhecido como Lulu, um simples operário italiano do período áureo do fordismo que se dedica inteiramente à linha de produção até sofrer um acidente e começar a questionar toda a estrutura da fábrica e o próprio sistema capitalista.

Um modelo prático de organização da produção que se baseou no taylorismo foi o **fordismo**. Seu criador, Henry Ford, desempenhou papel fundamental na difusão do sistema de organização do trabalho que aliou o esquema taylorista às suas próprias ideias. Proprietário da Ford Motor Company, em Detroit, Estados Unidos, Ford inovou o cenário industrial a partir de 1914, ao produzir veículos padronizados e em grandes quantidades — o que barateava os custos de produção — para alcançar o consumo em massa. Para isso, foi criada uma linha de montagem em série, na qual os trabalhadores se fixavam em seus postos e os objetos de trabalho se deslocavam em trilhos ou esteiras. Cada trabalhador deveria ser especializado em uma única tarefa, e o ritmo era ditado pela velocidade da linha de produção. Ao repetir movimentos iguais incessantemente, o operário atuava como uma peça da máquina, alienado do conjunto de seu trabalho.

Partia-se do princípio de que os trabalhadores eram pagos para executar, não para pensar.

O modelo **taylorista-fordista** ocasionou alto índice de rotatividade, sobretudo nas áreas mais próximas às linhas de produção, com baixo nível de qualificação educacional e profissional dos operários, o que os tornava descartáveis. Esse sistema de organização do trabalho expandiu-se para o mundo e passou a ser amplamente utilizado no século XX, sobretudo após a Segunda Guerra Mundial, a partir do grande crescimento econômico produzido pelo consumo de massa.

Para os pensadores que analisaram os efeitos do fordismo sobre a sociedade, este foi baseado em um modelo de família, de produção e de consumo. Segundo o filósofo Antonio Gramsci, por exemplo, o aumento de salário promovido por Ford para os operários (a chamada "jornada de 5 dólares") não foi benevolência do patrão: Ford pretendia obter consentimento e menor resistência dos trabalhadores em relação à aceleração do ritmo de trabalho e à desqualificação do trabalhador. O controle do corpo do trabalhador era muito importante a fim de mantê-lo forte e saudável para aguentar a dura rotina de trabalho. A Lei Seca, nos Estados Unidos, visava justamente proibir as bebidas alcoólicas, principal "distração" dos trabalhadores. A família monogâmica era também estimulada, a fim de deixar o trabalhador concentrado em seu trabalho.

O economista francês Benjamin Coriat também foi outro estudioso do fordismo. Para ele, o principal resultado do taylorismo/fordismo é o fim do "ofício": o controle político sobre os trabalhadores, por meio do controle do capital sobre a máquina, que passa a ocupar o papel central no processo de produção. O trabalhador vira um "apêndice" da máquina.

Manifestoon

Linha de produção dos carros modelo T, da Ford, nos Estados Unidos, entre 1910 e 1920. O controle do tempo e dos movimentos do trabalhador garantia tanto a aceleração da produção quanto o disciplinamento dos corpos em um contexto de crescente desumanização e alienação do trabalho.

Capítulo 9 • Trabalho e sociedade **203**

4. Sistemas flexíveis de produção

O cenário de crise econômica global nos anos 1970 e 1980 desferiu um duro golpe nos investimentos produtivos industriais, concomitantemente à expansão das atividades ligadas ao setor de serviços. Isso fez com que a indústria tivesse de se reorientar em relação a um mercado consumidor mais segmentado, que passou a exigir maior oferta, maior qualidade e menor preço. O modelo fordista, que tinha se desenvolvido para atender ao mercado de massa com produtos padronizados e com pouca possibilidade de flexibilização, passou a sofrer críticas.

A crise que atingiu o capitalismo a partir da década de 1970 criou um ambiente favorável ao surgimento de mudanças que representam o afastamento radical dos princípios fordistas, caracterizado como pós-fordismo. Nesse contexto, passa a se destacar um sistema de organização do trabalho denominado **toyotismo** (ou **ohnismo**), desenvolvido pelo engenheiro Taiichi Ohno, da Toyota Motor Company. Apesar de a Toyota ter adotado o modelo na década de 1950, só vinte anos mais tarde ele se tornaria paradigma do sistema industrial mundial. Suas características básicas são: flexibilidade na produção, com a capacidade de rápida alteração dos modelos a serem produzidos; organização da produção e da entrega no momento e na quantidade exatos, tornando-as mais rápidas; importância da qualidade dos produtos; baixos preços com base na lógica de empresa "enxuta"; estoques baixos; e número reduzido de trabalhadores.

O toyotismo promoveu a passagem dos sistemas de produção "estáticos" para os "flexíveis". A flexibilidade na produção está ligada à ideia de fábrica enxuta, pois rompe com o modelo de produção em série que necessitava de muitos trabalhadores. O toyotismo pôde dar conta de pedidos pequenos de mercadorias, feitas especialmente para um único cliente, bem como da **customização em massa**. Hoje em dia, pode-se identificar esse modo de produção nas empresas que não possuem lojas físicas e vendem o produto ao cliente antes mesmo de fabricá-lo, o que só ocorre depois de as especificações serem definidas pelo consumidor na loja virtual.

O sistema *just in time* adotado pelo toyotismo baseia-se na coordenação minuciosa de entrega de produtos ou matérias-primas para a produção, ou seja, um sistema de terceirização pelo qual não é preciso estocar produtos. Essa **produção sob demanda** permite que a empresa venda o produto antes de comprar as matérias-primas necessárias para fabricá-lo. Caso ocorra qualquer problema na entrega da matéria-prima, toda a produção estará comprometida.

Enquanto no sistema taylorista-fordista o trabalhador se tornava especialista em uma única, simples e rotineira função, o toyotismo desenvolveu a figura do trabalhador "polivalente" ou "multifuncional", que deveria aprender várias funções. Apesar de favorecer os aspectos ligados à criatividade do trabalhador, à produção em equipe, à qualificação, entre outros, esse modelo ainda esbarra nos limites do **trabalho alienado**, ou seja, o trabalhador continua a ser explorado e a não dominar todo o processo produtivo.

> **Produção enxuta (*lean production*).** Visa à diminuição de desperdício de tempo e de estoques e é organizada de acordo com as demandas do cliente, e não mais na produção em massa, como no fordismo.
> **Customização em massa.** Produção em grande quantidade que atende a demandas específicas individuais a custos semelhantes aos dos produtos fabricados em massa.

Operários em fábrica de automóveis na província de Aichi (Japão), em 2014. Apesar dos novos modelos de gerenciamento de mão de obra e da ideologia do ambiente confortável de trabalho, a maioria dos trabalhadores está submetida a uma rotina massificante, marcada pela competitividade e pela insegurança quanto à continuidade no emprego.

Para assistir

Tempos modernos
Estados Unidos, 1936.
Direção: Charles Chaplin.
Duração: 87 min.
O filme retrata a dura realidade vivida pelos trabalhadores no período da Grande Depressão de 1929 e é uma crítica às relações e às condições de trabalho no sistema capitalista.

Dessa forma, se por um lado o toyotismo provocou grande aumento da produtividade do trabalho, por outro conservou o mesmo nível de controle sobre o trabalhador — e em algumas situações o controle até aumentou. Um exemplo disso ocorre quando os empregados estão em situação de concorrência por aumento de produtividade. Ao contrário da verticalização do controle taylorista-fordista, com sua rígida hierarquia de comando, o trabalho em equipe do toyotismo gera horizontalização do controle, pois cada operário fiscaliza o outro para o correto cumprimento das tarefas.

Outro fenômeno que surgiu com o toyotismo foi o **sindicalismo de empresa**, no qual o sindicato estabeleceu uma relação que favorece a aplicação de uma política sindical propícia a alinhar-se com a estratégia de negócios da empresa, gerando uma convergência de objetivos. Esse modelo passou a rivalizar com o sindicalismo combativo — de confronto, de classe e de luta —, típico do sistema taylorista-fordista.

Em linhas gerais, pode-se dizer que as características do toyotismo listadas anteriormente, associadas ao sindicalismo de empresa, às ferramentas gerenciais — o *just in time* (JIT) e a *kanban* (cartela na qual o trabalhador antecedente indica onde parou) — e à robotização da produção, alteraram profundamente a matriz da empresa fordista e geraram novos fenômenos no âmbito da flexibilização do trabalho. Por exemplo, o que o sociólogo estadunidense Richard Sennett chamou de "corrosão do caráter", referindo-se às expectativas impostas aos trabalhadores, que dispensam aspectos do caráter — como lealdade, objetivos de longo prazo, confiança e comprometimento — e valorizam a flexibilidade, o trabalho em rede e a possibilidade de cada um ser capaz de se reinventar o tempo todo.

Em suma, o modo de produção toyotista, por meio do controle de qualidade e de desperdício, de trabalhos sob encomenda e da multifuncionalidade da mão de obra, acelerou a produção, diminuindo os gastos e aumentando a lucratividade das empresas.

Para ler

CAMPOS, Anderson. *Juventude e ação sindical*.
Rio de Janeiro: Letra e Imagem, 2010.
O livro problematiza a situação vivida pelos jovens em sua inserção no mundo do trabalho e analisa a precarização das relações de trabalho e das lutas desenvolvidas para melhorar essa condição.

Saiba mais

Sindicalismo

Os sindicatos são organizações que têm como objetivos a organização da classe operária e a intermediação da relação entre patrão e empregado.

O sindicalismo no sistema taylorista-fordista

No sistema taylorista-fordista, a exploração do operário na linha de produção intensificou a atuação e a resistência sindical. Os sindicatos atuavam para garantir melhores condições de trabalho e aumento de salários de acordo com a produtividade geral. Nos Estados Unidos, o fordismo, associado ao Estado de bem-estar social, abordado no capítulo 6 (p. 136), possibilitou boas condições de atuação aos sindicatos e a garantia de direitos trabalhistas.

O sindicalismo no toyotismo

A flexibilização produtiva e as novas formas de trabalho modificaram a atuação e a importância dos sindicatos. A terceirização, os contratos temporários, o trabalho informal e o doméstico fizeram com que muitos trabalhadores perdessem o vínculo com o local de trabalho, uma vez que se tornaram apenas prestadores de serviços. Tome-se como exemplo uma escola em que os faxineiros, merendeiros, seguranças e secretários sejam terceirizados e parte dos professores ou outros profissionais da educação trabalhe sob contrato temporário. Nesse cenário, observa-se que os trabalhadores da escola estão vinculados a uma empresa. De um dia para o outro, esses funcionários poderão ser transferidos para outro local determinado pela empresa. Sem vínculo direto com o local de trabalho, muitos trabalhadores não se engajam na luta em prol da melhoria da escola. A atuação do sindicato fica comprometida pela dificuldade de mobilização dos profissionais, que estão em constante rotatividade. Dados de 2008, da Organização Internacional do Trabalho (OIT), indicam que a taxa de sindicalização no Brasil é de 19,1%, um aumento pequeno em comparação ao de 1992 (18%) e ao de 1998 (16,7%). Em 2012, segundo o Instituto Brasileiro de Geografia e Estatística (IBGE), a taxa de sindicalização da população ocupada adulta era de 17%. As baixas taxas de sindicalização apontam para uma crise socioinstitucional dos sindicatos, que necessitam se adaptar às novas condições de trabalho e produção.

5. Trabalho: cenário atual, avanços e retrocessos

El empleo (O emprego)

A partir dos anos 1990, observamos uma série de mudanças nos países industrializados que levaram a uma nova configuração do mercado de trabalho: o processo de liberalização da economia (que ampliou o domínio do setor privado em segmentos antes controlados pelo Estado, como serviços de telefonia e de transportes); o incremento da tecnologia (como a robótica); e a renovação das relações de trabalho (novas relações de trabalho, como a terceirização e o trabalho temporário).

Capítulo 9 • Trabalho e sociedade **205**

Mas não é tão simples analisar os impactos do desenvolvimento da tecnologia nos processos e nas relações de trabalho. Se por um lado a automação (em bancos, escritórios, telecomunicações etc.) eliminou empregos para trabalhadores qualificados, por outro, propiciou aumento de postos de trabalho em setores da economia antes pouco expressivos, como o de tecnologia da informação.

Os dois primeiros elementos, liberalização econômica e incremento tecnológico, ocasionaram o fenômeno conhecido como **desemprego estrutural**. Essa modalidade de desemprego é resultado de profundas transformações na estrutura do mercado laboral, que o impedem de absorver a mão de obra disponível por longos períodos, fato que o diferencia do **desemprego conjuntural**, provocado por fases pontuais de recessão do ciclo econômico. Assim, tanto os trabalhadores qualificados (que perderam funções na indústria) quanto os mais jovens — por ainda não terem qualificação — são vitimados por esse fenômeno.

Nesse sentido, o crescimento do trabalho em tempo parcial, temporário, subcontratado, terceirizado e vinculado à economia informal, mesmo nos países industrializados ricos, parece confirmar a tese de que o trabalho está sofrendo uma degradação ou precarização.

As mudanças no mercado de trabalho também levaram a uma concentração do emprego no setor de serviços evidenciada por meio tanto de relações formais quanto de relações informais. Assim, observamos um aumento do chamado **setor terciário**, que consiste, em linhas gerais, na concentração dos trabalhadores nas atividades econômicas que envolvem a comercialização de produtos em geral e a oferta de serviços comerciais, pessoais etc.

Para navegar

Organização Internacional do Trabalho
www.oit.org.br
Site da agência da Organização das Nações Unidas (ONU) que tem por missão promover o acesso a um trabalho decente e produtivo, em condições de liberdade e dignidade.

Para assistir

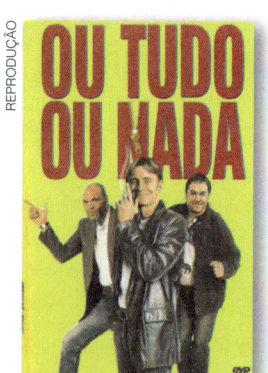

Ou tudo ou nada
Reino Unido, 1997.
Direção: Peter Cattaneo.
Duração: 92 min.
O filme conta a história de alguns amigos desempregados que procuram uma alternativa incomum e bem-humorada para seus problemas financeiros.
O pano de fundo são as transformações econômicas do final do século XX na cidade de Sheffield (Inglaterra), onde o fechamento de várias indústrias deixa um grande contingente de desempregados.

Centenas de pessoas buscam o benefício do seguro-desemprego na Superintendência Regional do Trabalho e Emprego, em São Luís (MA), em 2013. Direitos trabalhistas assegurados pela lei, como o seguro-desemprego, tornam-se cada vez mais difíceis.

No caso brasileiro, de acordo com o Instituto de Pesquisa Econômica Aplicada (Ipea), em 2008, mais de 57% dos trabalhadores estavam ocupados no setor de serviços. Nesse mesmo ano, 24% da população economicamente ativa (PEA) trabalhava na indústria e apenas 18,4%, na pecuária, na caça e na pesca.

Entre os processos que influenciam esse cenário estão propostas de desregulamentação, de flexibilização, de privatização acelerada e de desindustrialização. Esses fenômenos, que pelo menos até 2015 vinham sendo fortemente impulsionados, são exemplificados pelo contrato por tempo determinado, pelo banco de horas, pela redução de encargos sociais e de direitos trabalhistas.

Apesar do crescimento de 3,6% no número de empregados com carteira assinada em relação ao ano de 2012, de acordo com dados da *Pesquisa nacional por amostra de domicílios* (Pnad), de 2013, o **subproletariado** do mercado informal cresceu. Esse fato sinaliza que, paralelamente às mudanças no mercado de trabalho, também se alteram a condição do trabalhador e sua relação com o trabalho. De acordo com boa parte dos estudiosos, pode-se observar o crescimento da precarização do trabalho, ou seja, das condições degradantes e da intensidade do trabalho. Essa seria uma "nova" condição dos trabalhadores, característica do século XXI, diferente da condição proletária, do século XIX, ou da condição assalariada, do século XX.

Mesmo representando os trabalhadores do mercado formal, os sindicatos passam a enfrentar desafios na representação de trabalhadores em funções mais flexíveis, informais e precárias. Desse modo, novas formas de organização surgem da "base", ou seja, dos trabalhadores que não participam da estrutura sindical.

Nesse cenário, sociólogos têm estudado os desafios enfrentados pelos sindicatos, que não contam mais com um grupo de trabalhadores estáveis. Isso acabou ocasionando, durante alguns anos, a diminuição do número de greves e do poder de representação dos sindicatos.

Subproletariado. Trabalhadores à margem da organização de classe, que oferecem sua força de trabalho (mesmo sem garantias trabalhistas) sem encontrar interessados que paguem por ela um valor que assegure condições básicas para a sobrevivência dessas pessoas.

Saiba mais

Precariado: nova classe ou velho proletariado?

A globalização do capitalismo tem melhorado as condições de vida nos países mais pobres e mantido direitos nos países de Estado de bem-estar social? O que temos visto é a contínua degradação das condições de trabalho em todas as regiões do mundo, ao contrário do que se previa com o desenvolvimento das nações mais pobres. O mundo do trabalho passa a ser flexível, e as condições de trabalho se reorganizam sob o signo da precariedade. Mesmo nos setores mais modernos de produção, observa-se que a cadeia produtiva global pode conter, ao mesmo tempo, trabalhos altamente remunerados, trabalhos precariamente protegidos por leis e trabalhos em situação análoga à escravidão.

Com esse cenário, alguns sociólogos têm observado que a precariedade não é apenas uma nova condição do trabalho para todos os trabalhadores. Com a globalização, reorganiza-se a estrutura de classes em âmbito global, o que leva ao surgimento de uma nova classe: o **precariado**. Isso é o que afirma o sociólogo inglês Guy Standing. Ele analisa o grupo de pessoas em trabalhos altamente instáveis e com salários muito baixos, que emergem como uma nova classe social, diferente do assalariado protegido legalmente e pertencente à classe média. O sociólogo divide o precariado em três tipos: *os atávicos*, em geral não instruídos e atraídos por ideologias de extrema direita para dar sentido às suas frustrações; *os nostálgicos*, tipo basicamente formado por migrantes e minorias sem nenhuma relação mais fixa, que politicamente se manifestam em explosões isoladas; e *os boêmios*, seção mais instruída do precariado, que tem possibilidades de agir em função de maiores transformações.

No Brasil, a ideia de precariado tem ganhado força, principalmente graças aos escritos dos sociólogos Ruy Braga e Giovanni Alves. Os sociólogos brasileiros criticam a visão europeia sobre os trabalhadores precários, pois entendem que eles formam uma parcela do proletariado, não estando fora das relações sociais capitalistas assalariadas. Para Ruy Braga, o precariado pode ser situado entre aquilo que Karl Marx denominou "superpopulação relativa", estando no "coração do próprio modo de produção capitalista", porém sem acesso a trabalhos seguros e mais bem remunerados, dos quais muitos trabalhadores assalariados puderam usufruir durante o Estado de bem-estar social. O autor distingue ainda as diferenças entre os conceitos de subproletariado — que consistiria nos trabalhadores enquadrados em vínculos mais precários, com pouca ou nenhuma possibilidade de organização política — e de precariado.

Embora concorde com as críticas de Ruy Braga à sociologia europeia, que enxerga o precariado como "fora" da relação salarial, o sociólogo Giovanni Alves admite que o precariado é algo historicamente novo. Ele o define como uma "nova camada da classe social do proletariado", correspondendo aos trabalhadores urbanos precarizados, jovens adultos escolarizados, porém com inserções precárias no trabalho e na vida social.

Em Paris (França), jovens protestam em 1º de maio de 2006 contra a precarização do trabalho e a utilização abusiva da mão de obra dos estagiários.

Vale, por fim, mencionar uma curiosa e bem-humorada frase do psicólogo, escritor e professor estadunidense da Universidade do Sul da Califórnia Warren Bennis: "A fábrica do futuro só vai precisar empregar um homem e um cachorro: o homem será necessário para alimentar o cachorro, e este, para manter o homem longe das máquinas". Trata-se, obviamente, de um exagero. É preciso postular a importância do ser humano no mundo do trabalho (aqui representado pelo setor produtivo, que tem as fábricas como carro-chefe). Isso porque, citando o sociólogo brasileiro Ricardo Antunes, "máquinas não recebem salários, não consomem e, por isso mesmo, não participam do mercado".

Desse modo, a "utopia" constatada no pensamento de Bennis — de exclusão do ser humano — levaria o sistema de produção ao colapso.

Para assistir

Dois dias, uma noite
Bélgica, Itália, França, 2014.
Direção: Jean-Pierre Dardenne e Luc Dardenne
Duração: 95 minutos

Após voltar de uma longa licença médica devido a depressão, uma trabalhadora recebe a notícia de sua demissão. Inconformada com a injustiça, ela tentará convencer seus colegas de trabalho a votarem por sua permanência na empresa em vez de aceitarem um bônus anual de mil euros. Apoiada pelo marido, ela tem apenas um fim de semana para visitar os colegas, com destinos tão frágeis quanto o seu, e persuadi-los. O filme aborda aspectos relacionados ao trabalho, à economia, além de questões como senso de solidariedade, enterrado sob o egoísmo materialista, e a importância da família.

Economia solidária

Como vimos, a flexibilização dos processos de produção e das relações de trabalho e de consumo ocasionou a precarização das relações de trabalho, marcadas pela fragilidade contratual e pela redução do controle público sobre as conquistas trabalhistas. Essa precarização, associada à crescente automação, penalizou o trabalho e elevou as taxas de desemprego, empurrando uma parcela significativa da população para a informalidade. O deslocamento dos postos de trabalho formais para os informais tem levado ao crescimento de cooperativas, do trabalho domiciliar e familiar e das pequenas empresas.

Nesse contexto, desenvolveu-se a **economia solidária**, que se baseia em um modo de produção caracterizado pelo equilíbrio de poder entre todos os trabalhadores, o que proporciona um ambiente democrático e cooperativo. Segundo a Secretaria Nacional de Economia Solidária (Senaes), economia solidária é o conjunto de atividades econômicas organizadas sob a forma de autogestão, sejam essas atividades de produção, de distribuição, de consumo, de poupança ou de crédito. A autogestão significa que não existe patrão nem empregados, pois todos os integrantes do empreendimento são trabalhadores e donos ao mesmo tempo.

Sendo assim, os empreendimentos econômicos solidários têm como característica a supressão da relação de dominação do patrão sobre os empregados, em que o primeiro detém o controle sobre os outros, sendo responsável pelas decisões, enquanto aos demais cabe apenas a execução das ordens. Além da autogestão, da igualdade entre os trabalhadores e da democracia interna, outro elemento fundamental para a caracterização dos empreendimentos solidários é o comprometimento com melhorias na comunidade e com relações de comércio e de troca justas.

A economia solidária contempla ainda a defesa de um novo modo de consumo, que valorize a produção local, que se preocupe com o meio ambiente e que não beneficie as empresas que exploram a mão de obra e o ambiente de modo irresponsável.

De maneira mais ampla, a economia solidária pode ser compreendida como um movimento social que busca a instituição de um modelo de desenvolvimento pautado pela igualdade, pela cooperação e pela evolução da condição humana. Constitui-se, portanto, em um projeto político de sociedade.

Trata-se, assim, de um movimento que busca modificar as relações entre economia e sociedade, com base nos princípios de solidariedade, democracia, igualdade, cooperação, direitos humanos e conservação ambiental.

Nesse movimento, desencadeiam-se processos de articulações políticas, protagonizados por organizações e redes de diversas práticas associativas, que resultam na construção de espaços coletivos, como a criação do Fórum Brasileiro de Economia Solidária (FBES), em 2003, com a finalidade de articular e mobilizar as bases da economia solidária em todo o país em torno da Carta de Princípios e da Plataforma de Lutas.

Pautado na lógica da autogestão e da cooperação entre trabalhadores, o FBES propõe ações que visam ao fortalecimento das lutas sociais em favor do trabalho associado e da autonomia da classe trabalhadora.

Alguns pesquisadores, no entanto, têm apontado limites no alcance das práticas da economia solidária, ao revelar que, embora procurem estabelecer relações sociais de produção diferentes e até contrárias às capitalistas, acabam por manter-se presas ao contexto do mercado, que abre e fecha — de acordo com sua dinâmica própria — os espaços em que ela pode se desenvolver.

Tais limites dizem respeito também à ineficiência das políticas sociais do Estado, que não se mostram capazes de reverter as causas da pobreza e da desigualdade, relacionadas à concentração da propriedade e da renda, problemas estruturais da economia brasileira.

Para ler

SENNETT, Richard. *A corrosão do caráter: as consequências pessoais do trabalho no novo capitalismo.*
Rio de Janeiro: Record, 2000.
O livro discute a formação das personalidades e das identidades sob as novas relações de trabalho do capitalismo do final do século XX. O autor procura demonstrar como essas relações, caracterizadas pela flexibilidade, impactam o modo como os indivíduos conformam seu caráter em nossos dias.

QUESTÕES

- A palavra *flexível* pode ser compreendida como um adjetivo que qualifica algo mais maleável e, portanto, algo que pode ter uma conotação positiva. Busque em um dicionário o significado dessa palavra e depois compare as semelhanças e diferenças com o conceito de trabalho flexível analisado neste capítulo.
- Diferencie em termos históricos e sociológicos os conceitos de *proletariado* e de *precariado*.

Para navegar

Tela Crítica
www.telacritica.org
Endereço eletrônico coordenado pelo professor de Sociologia Giovanni Alves, da Universidade Estadual Paulista (Unesp), de Marília (SP), em que se discutem temas da Sociologia, em especial os relacionados ao mundo do trabalho, por meio da análise de filmes dos mais diferentes gêneros, origens e épocas.

 208 Sociologia em movimento

Considerações sociológicas

Breve radiografia da terceirização no Brasil

Manifestantes durante ato contra a terceirização e medidas que alteram as regras de acesso a benefícios previdenciários e limitam o acesso ao seguro-desemprego, ocorrido na Zona Norte de São Paulo (SP), em 2015. De acordo com o Departamento Intersindical de Estatística e Estudos Socioeconômicos (Dieese), os terceirizados estão mais sujeitos a acidentes por terem piores condições de trabalho; trabalham, em média, três horas a mais por semana; recebem salários menores e têm menos direitos trabalhistas em relação aos trabalhadores contratados diretamente pelas empresas.

"As pesquisas mais recentes sobre terceirização, em várias regiões do Brasil, têm chegado, invariavelmente, aos mesmos resultados, confirmando uma epidemia sem controle.

Conforme observado por Druck e Franco (2007), nos anos 2000, a terceirização cresceu em todas as direções, destacadamente no setor público e nas empresas estatais. No caso do setor privado, atingiu as áreas nucleares das empresas e passou a usar novas modalidades, a exemplo das cooperativas, das empresas 'pejotizadas' e do trabalho em domicílio, também chamado de teletrabalho. Os diversos setores pesquisados nesses anos, como bancários, *telemarketing*, petroquímico, petroleiro, além das empresas estatais e privatizadas de energia elétrica, comunicações, assim como nos serviços públicos de saúde, revelam, além do crescimento da terceirização, as múltiplas formas de precarização dos trabalhadores terceirizados em todas essas atividades: nos tipos de contrato, na remuneração, nas condições de trabalho e de saúde e na representação sindical.

É sabido que não há estatísticas precisas sobre a terceirização no Brasil, dada a dificuldade de captá-las nas empresas, mas o Departamento Intersindical de Estatística e Estudos Socioeconômicos (Dieese), por meio da *Pesquisa de emprego e desemprego* (PED), estimou, para as principais regiões metropolitanas, que, em 2009, 11,6% dos empregados urbanos eram subcontratados em serviços terceirizados e autônomos que trabalhavam para empresas. Em estudo mais recente (Dieese-CUT, 2011), registrou-se que, em 2010, os setores 'tipicamente terceirizados' correspondiam a 25,5% dos empregos formais no Brasil. Nesse mesmo estudo, um conjunto de indicadores revela as desigualdades entre trabalhadores terceirizados e os demais, pois a remuneração dos empregados em setores tipicamente terceirizados é 27,1% menor do que a dos demais empregados; a jornada de trabalho é de três horas a mais para os terceirizados; o tempo de permanência no emprego é 55,5% menor do que o dos demais empregados; e a taxa de rotatividade nas empresas tipicamente terceirizadas é de 44,9%, enquanto nas demais empresas é de 22,0%.

Para o estado de São Paulo, Pochmann (2012) mostra a evolução do número de trabalhadores formais em atividades tipicamente terceirizáveis, que salta de 110 mil em 1995 para mais de 700 mil em 2010. No período 1996-2010, o crescimento médio anual do emprego formal terceirizado foi de 13,1% ao ano e de 12,4% o aumento médio anual do número de empresas. [...]"

ANTUNES, Ricardo; DRUCK, Graça. A terceirização como regra? *Revista do Tribunal Superior do Trabalho*, Brasília, v. 79, n. 4, p. 222, out./dez. 2013.

Direito e sociedade

Regulamentação do trabalho

O trabalho é uma das dimensões mais fundamentais do ser humano. Na vida em sociedade, ele confere identidade e pertencimento aos indivíduos. Em qualquer sistema político e econômico, o trabalho é regulamentado por leis e dispositivos jurídicos. No sistema capitalista, a livre concorrência é uma diretriz de organização. Mas livre concorrência não significa ausência de regulamentação. No Brasil, o trabalho é regulamentado pela Consolidação das Leis do Trabalho (CLT), Decreto-lei nº 5.452, de 1º/5/1943. Esse conjunto de leis é uma das principais ações de promoção de cidadania e de garantia de direitos aos trabalhadores brasileiros. Vamos conhecer, a seguir, algumas passagens importantes da CLT.

CONSOLIDAÇÃO DAS LEIS DO TRABALHO

TÍTULO I

"Art. 1º Esta Consolidação estatui as normas que regulam as relações individuais e coletivas de trabalho, nela previstas.

Art. 2º Considera-se empregador a empresa, individual ou coletiva, que, assumindo os riscos da atividade econômica, admite, assalaria e dirige a prestação pessoal de serviço.

§ 1º Equiparam-se ao empregador, para os efeitos exclusivos da relação de emprego, os profissionais liberais, as instituições de beneficência, as associações recreativas ou outras instituições sem fins lucrativos que admitirem trabalhadores como empregados. [...]

Art. 3º Considera-se empregado toda pessoa física que prestar serviços de natureza não eventual a empregador, sob a dependência deste e mediante salário. [...]"

A regulamentação do trabalho é fundamental para que práticas abusivas, mesmo no contexto de uma economia capitalista, possam ser combatidas. Uma dessas práticas é o trabalho escravo, ou aquele que lhe é assemelhado. Veja a matéria a seguir.

MPF já denunciou 19 pessoas à Justiça no Pará em 2015

"O Ministério Público Federal (MPF/PA) encaminhou à Justiça, de janeiro até o fim de julho deste ano, 11 processos que denunciam 19 pessoas pela submissão de trabalhadores em condições análogas à escravidão no Pará. As ações, ajuizadas nos municípios de Belém, Marabá, Paragominas, Redenção, Santarém e Tucuruí, pedem que os acusados sejam condenados a até oito anos de reclusão, além do pagamento de multas.

As principais irregularidades encontradas [...] foram a contratação de mão de obra sem documentação, falta de registro de empregados e ausência de pagamento de salários regulares, acomodação dos trabalhadores em locais sem condições mínimas de conforto, saúde e higiene, ausência de instalações sanitárias e água potável, local impróprio para as refeições e preparação dos alimentos, ausência de equipamentos de proteção individual e utensílios de trabalho, além do isolamento geográfico e servidão por dívida. [...]

MPF no combate ao trabalho escravo

[...] De 2010 para cá, houve um aumento de mais de 800% nos procedimentos extrajudiciais instaurados. [...] O trabalho escravo contemporâneo se caracteriza por ameaças de morte, castigos físicos e dívidas que impedem o livre exercício do ir e vir, além de jornadas que ultrapassam 12 horas por dia, sem alimentação ou água potável.

[...]"

MINISTÉRIO PÚBLICO FEDERAL. Brasil. Trabalho escravo: MPF/PA já denunciou 19 pessoas à Justiça em 2015. Disponível em: <http://mod.lk/v1A26>. Acesso em: abr. 2017.

TRABALHO ANÁLOGO À ESCRAVIDÃO

Após refletir sobre os textos, reúna-se com três colegas e realizem as atividades a seguir.

1. Pesquisem sobre casos de trabalho análogo à escravidão que ocorreram no Brasil (ou na região onde vocês moram) nos últimos anos. É importante selecionar recortes de jornal ou textos extraídos da internet com matérias noticiando o fato e levar para a sala de aula.

2. Com esse material em mãos, leia para a turma o caso selecionado pelo seu grupo, pontuando de que forma ocorreu o processo e as características de trabalho análogo à escravidão.

3. Cada grupo deverá trocar de matéria com outro e então produzir um texto que resuma a matéria recebida, comentando-a à luz dos artigos da lei trabalhista. Nesse texto, procure utilizar as discussões em sala sobre o capítulo, além de partes da Consolidação das Leis do Trabalho, que pode ser obtida facilmente na internet.

ATIVIDADES

REFLEXÃO E REVISÃO

1. Relacione as colunas, conforme as características básicas do fordismo e do toyotismo.

   ( ) Intensa mecanização, com o uso de máquinas-ferramentas especializadas e crescente divisão do trabalho.

   ( ) Aplicação do sistema *just in time*, ou seja, produzir somente o necessário, no tempo necessário e na quantidade necessária.

   (1) Fordismo ( ) Intensificação do trabalho por meio de sua racionalização científica (estudo dos tempos e movimentos na execução de uma tarefa).

   (2) Toyotismo ( ) Desenvolvimento da "desespecialização", exigência da polivalência (multifuncionalidade) e desenvolvimento de novas formas de controle por meio da valorização do trabalho em equipe.

   ( ) Fundamentou-se na produção seriada, fornecendo grande estímulo para o consumo em massa.

2. Leia o texto a seguir.

Exaustos-e-correndo-e-dopados

"Nos achamos tão livres como donos de *tablets* e celulares, vamos a qualquer lugar na internet, lutamos pelas causas mesmo de países do outro lado do planeta, participamos de protestos globais e mal percebemos que criamos uma pós-submissão. Ou um tipo mais perigoso e insidioso de submissão. Temos nos esforçado livremente e com grande afinco para alcançar a meta de trabalhar 24 × 7. Vinte e quatro horas por sete dias da semana. Nenhum capitalista havia sonhado tanto. O chefe nos alcança em qualquer lugar, a qualquer hora. O expediente nunca mais acaba. Já não há espaço de trabalho e espaço de lazer, não há nem mesmo casa. Tudo se confunde. A internet foi usada para borrar as fronteiras também do mundo interno, que agora é um fora. Estamos sempre, de algum modo, trabalhando, fazendo *networking*, debatendo (ou brigando), intervindo, tentando não perder nada, principalmente a notícia ordinária. Consumimo-nos animadamente, ao ritmo de *emoticons*. E, assim, perdemos só a alma. E alcançamos uma façanha inédita: ser senhor e escravo ao mesmo tempo.

[...] os anos já não começam nem terminam, apenas se emendam, tanto quanto os meses e como os dias, a metade de 2016 chegou quando parecia que ainda era março. Estamos exaustos e correndo. [...] E a má notícia é que continuaremos exaustos e correndo, porque exaustos-e-correndo virou a condição humana dessa época. E já percebemos que essa condição humana um corpo humano não aguenta. O corpo então virou um atrapalho, um apêndice incômodo, um não-dá-conta que adoece, fica ansioso, deprime, entra em pânico. E assim dopamos esse corpo falho que se contorce ao ser submetido a uma velocidade não humana. Viramos exaustos-e-correndo-e-dopados. Porque só dopados para continuar exaustos-e-correndo. [...]

Chegamos a isto: a exploração mesmo sem patrão, já que o introjetamos. Quem é o pior senhor se não aquele que mora dentro de nós? Em nome de palavras falsamente emancipatórias, como empreendedorismo, ou de eufemismos perversos como 'flexibilização', cresce o número de 'autônomos', os tais PJs (Pessoas Jurídicas), livres apenas para se matar de trabalhar. [...] E mesmo os empregados se 'autonomizam' porque a jornada de trabalho já não acaba. Todos trabalhadores culpados porque não conseguem produzir ainda mais, numa autoimagem partida, na qual supõem que seu desempenho só é limitado porque o corpo é um inconveniente. [...]"

BRUM, Elaine. Exaustos-e-correndo-e-dopados. *EL País*. 4 jul. 2016. Disponível em: <http://mod.lk/Od5wq>. Acesso em: abr. 2017.

Considerando o texto citado e a discussão acerca das condições de trabalho na atualidade, assinale a alternativa **correta**.

a) A necessidade de qualificação contínua é um mecanismo relevante de superação da condição flexibilizada de grande parcela dos trabalhadores, constituindo-se uma exigência do setor terciário.

b) As novas tecnologias de informação e comunicação são ferramentas que aumentam a produtividade e, ao mesmo tempo, fortalecem os vínculos sindicais entre os trabalhadores contemporâneos.

c) A autonomização dos trabalhadores vincula-se à transformação do espaço privado como espaço de produção e ao uso extensivo de novas tecnologias, ampliando os limites da jornada de trabalho e da exploração contemporânea.

d) O adoecimento dos trabalhadores contemporâneos relaciona-se às condições de vida dos centros urbanos, aos constantes estímulos das novas tecnologias de informação e de comunicação e ao aumento da mão de obra qualificada.

e) As redes de apoio e de formação de empreendedores são fundamentais, na medida em que reduzem o adoecimento dos trabalhadores e, consequentemente, os índices de afastamento do trabalho.

QUESTÕES PARA DEBATE

"O esquema de curto prazo das instituições modernas limita o amadurecimento da confiança informal. Uma violação particularmente flagrante do compromisso mútuo muitas vezes ocorre quando novas empresas são vendidas pela primeira vez.

Capítulo 9 • Trabalho e sociedade 211

ATIVIDADES

> "Nas empresas que estão começando, exigem-se longas horas e intenso esforço de todos; quando a empresa abre o capital — quer dizer, oferece ações publicamente negociadas —, os fundadores podem vender e pegar o dinheiro, deixando atrás os empregados de níveis inferiores. Se uma organização, nova ou velha, opera como uma estrutura de rede flexível, frouxa, e não com um rígido comando de cima para baixo, a rede também pode afrouxar os laços sociais."
>
> SENNETT, Richard. *A corrosão do caráter*: consequências pessoais do trabalho no novo capitalismo. Rio de Janeiro: Record, 2000. p. 24.

O texto identifica uma consequência das novas relações de trabalho no capitalismo: a inconsistência dos laços sociais oriundos da experiência no mundo do trabalho. Considerando essas discussões e o conteúdo deste capítulo, debata com seus colegas as questões a seguir.

1. Por que as novas relações de trabalho não permitem a construção de laços consistentes entre trabalhadores ou entre eles e as empresas nas quais trabalham?

2. É possível afirmar que essa ausência de laços afetivos na esfera do trabalho também se reproduz nas relações estabelecidas no âmbito dos jovens nas instituições educacionais? Justifique sua resposta com argumentos concretos e, se possível, dê exemplos práticos retirados do seu cotidiano.

3. Seria possível pensar em possíveis características concretas para transformar a ausência de laços afetivos tanto no ambiente de trabalho como nas relações sociais como um todo? Não deixe de apresentar exemplos de tais mudanças.

ENEM E VESTIBULARES

Questão 1

(Enem, 2011)

> "Estamos testemunhando o reverso da tendência histórica da assalariação do trabalho e socialização da produção, que foi característica predominante na era industrial. A nova organização social e econômica baseada nas tecnologias da informação visa à administração descentralizadora, ao trabalho individualizante e aos mercados personalizados. As novas tecnologias da informação possibilitam, ao mesmo tempo, a descentralização das tarefas e sua coordenação em uma rede interativa de comunicação em tempo real, seja entre continentes, seja entre os andares de um mesmo edifício."
>
> CASTELLS, M. *A sociedade em rede*. São Paulo: Paz e Terra, 2006 (adaptado).

No contexto descrito, as sociedades vivenciam mudanças constantes nas ferramentas de comunicação que afetam os processos produtivos nas empresas. Na esfera do trabalho, tais mudanças têm provocado

a) o aprofundamento dos vínculos dos operários com as linhas de montagem sob influência dos modelos orientais de gestão.

b) o aumento das formas de teletrabalho como solução de larga escala para o problema do desemprego crônico.

c) o avanço do trabalho flexível e da terceirização como respostas às demandas por inovação e com vistas à mobilidade dos investimentos.

d) a autonomização crescente das máquinas e computadores em substituição ao trabalho dos especialistas técnicos e gestores.

e) o fortalecimento do diálogo entre operários, gerentes, executivos e clientes com a garantia de harmonização das relações de trabalho.

Questão 2

(Enem, 2013)

> "Na produção social que os homens realizam, eles entram em determinadas relações indispensáveis e independentes de sua vontade; tais relações de produção correspondem a um estágio definido de desenvolvimento das suas forças materiais de produção. A totalidade dessas relações constitui a estrutura econômica da sociedade — fundamento real, sobre o qual se erguem as superestruturas política e jurídica e ao qual correspondem determinadas formas de consciência social."
>
> MARX, K. Prefácio à crítica da economia política. In: MARX, K. ENGELS F. *Textos 3*. São Paulo: Edições Sociais, 1977 (adaptado).

Para o autor, a relação entre economia e política estabelecida no sistema capitalista faz com que

a) o proletariado seja contemplado pelo processo de mais-valia.

b) o trabalho se constitua como o fundamento real da produção material.

c) a consolidação das forças produtivas seja compatível com o progresso humano.

d) a autonomia da sociedade civil seja proporcional ao desenvolvimento econômico.

e) a burguesia revolucione o processo social de formação da consciência de classe.

Questão 3

(Udesc, 2008)

Para otimizar a produção fabril no século XIX, duas teorias se destacaram: o taylorismo (Winslow Taylor — 1856-1915) e o fordismo (Henry Ford — 1863-1947). Leia e analise as afirmativas sobre os desdobramentos concretos dessas teorias.

I. O taylorismo propunha uma série de normas para elevar a produtividade, por meio da maximização da eficiência da mão de obra, aprimorando a racionalização do trabalho e pagando prêmios pela produtividade.

II. O fordismo impunha uma série de normas para aumentar a eficiência econômica de uma empresa. Entre elas, exigia que a produção fosse especializada e verticalizada.

III. Produção especializada significa produzir um só produto em massa, ou em série, apoiando-se no trabalho especializado e em uma tecnologia que aumente a produtividade por operário.

IV. O taylorismo foi muito benéfico à organização dos trabalhadores europeus que, por isso, criaram vários sindicatos e várias leis de proteção ao trabalhador.

V. Tanto o taylorismo como o fordismo só chegaram ao Brasil em 1980.

Assinale a alternativa **correta**.

a) Somente as afirmativas I, II e III são verdadeiras.
b) Somente as afirmativas I e V são verdadeiras.
c) Somente as afirmativas II e IV são verdadeiras.
d) Somente as afirmativas III, IV e V são verdadeiras.

Questão 4

(UEL, 2009)

O texto a seguir faz referência a uma forma específica de organização do trabalho, que impulsionou o desenvolvimento do capitalismo industrial no século XX.

Texto XIX

"O trabalho era [...] prender tampas de vidro em garrafas pequenas. Trazia na cintura a meada de barbante. Segurava as garrafas entre os joelhos, para poder trabalhar com as duas mãos. Nesta posição, sentado e curvado sobre os joelhos, os seus ombros estreitos foram se encurvando; o peito ficava contraído durante dez horas por dia [...] O superintendente tinha grande orgulho dele e trazia visitantes para observarem-no [...] Isso significava que ele atingira a perfeição da máquina. Todos os movimentos inúteis eram eliminados. Todos os movimentos dos seus magros braços, cada movimento de um músculo dos dedos magros, eram rápidos e precisos. Trabalhava sob grande tensão, e o resultado foi tornar-se nervoso."

LONDON, J. *Contos*. São Paulo: Expressão Popular, 2005. p. 98.

Com base no texto e nos conhecimentos sobre o tema, é **correto** afirmar que essa forma de organização do trabalho:

a) implicou um enriquecimento das tarefas a serem desenvolvidas, de tal modo que os trabalhadores poderiam operar, por exemplo, com a habilidade das duas mãos.

b) produziu um trabalhador mais intelectualizado, visto que a complexidade do seu trabalho coincidia com a complexidade da máquina utilizada.

c) apoiava-se no princípio do *just in time*, isto é, trabalho a tempo justo, na maior autonomia do trabalhador perante seus meios de trabalho.

d) generalizou a tarefa parcelar, monótona e desinteressante, pela subordinação do homem à máquina, distanciando-o, assim, do trabalho criativo.

e) revelou-se inviável em outros setores de atividade, como o caso dos escritórios e restaurantes de *fast-food*, embora tenha sido amplamente utilizada no espaço fabril ao longo do século XX.

QUESTÕES PARA PESQUISA

1. As novas tecnologias da informação e comunicação (TIC) alteram profundamente as relações do trabalhador com seu trabalho, podendo provocar impactos sobre o número de empregos disponíveis, estresse e satisfação no trabalho, além de exigir novas competências e habilidades do trabalhador.

   • Converse e entreviste pessoas com mais de 50 anos para saber como eram seus trabalhos antigamente e se as novas tecnologias (*smartphones*, *tablets*, computadores) tiveram muito ou pouco impacto no modo como trabalhavam. Anote as respostas e, em conjunto com a turma, façam uma tabela dos trabalhos que sofreram mais ou menos alterações com o uso dessas tecnologias e se as mudanças foram positivas ou negativas.

2. A questão do emprego entre jovens de 15 a 24 anos tem sido um dos principais temas da discussão sobre o novo mundo do trabalho. Para aprofundar o debate, pesquise a situação do desemprego entre os jovens de sua região seguindo as orientações abaixo.

   • Consulte dados oficiais sobre o número de jovens de 15 a 24 anos existentes em sua cidade.

   • Depois, seguindo as orientações do professor, faça uma pesquisa com jovens dessa faixa etária em sua cidade ou em seu bairro. Verifique as taxas de desemprego entre esses jovens. Aproveite para estabelecer alguns parâmetros de análise que considerem sexo, origem étnica e escolaridade. Verifique se há diferenças nas taxas quando se analisa cada um desses critérios separadamente.

   • Disponibilize as informações em gráficos e debata o tema com os colegas e o professor.

   • Busque apresentar possíveis e diferentes causas para explicar esse fenômeno. De preferência, apresente tais dados tendo por base as diferentes regiões do país e compare-as com os dados nacionais.

Mais questões: no livro digital, em **Vereda Digital Aprova Enem** e **Vereda Digital Suplemento de revisão e vestibulares**; no *site*, em **AprovaMax**.

CAPÍTULO

10

ESTRATIFICAÇÃO E DESIGUALDADES SOCIAIS

ENEM
C3: H11, H14, H15
C4: H18
C5: H25

Luxo e grandeza estão presentes no balneário Széchenyi, um dos maiores complexos de águas termais da Europa e o primeiro balneário terapêutico construído em Budapeste, capital da Hungria (foto de 2013). A seleção de frequentadores pela condição econômica acaba por se constituir em indicador de estratificação social.

Ao final deste capítulo, você será capaz de:
- Compreender as características fundamentais das diversas formas de estratificação e desigualdades sociais.
- Avaliar a dinâmica das mudanças e permanências da desigualdade social no Brasil.

Imagem de criança branca com ama de leite negra, em foto de 1860. Muitas das desigualdades sociais a que os negros eram sujeitos não terminariam com a abolição da escravatura.

Garis fazem manifestação saindo da sede da Companhia Municipal de Limpeza Urbana (Comlurb), na Tijuca, em direção à prefeitura, situada na região central da cidade do Rio de Janeiro (RJ), em 2014.

Questão motivadora

Quais são os impactos da desigualdade social na trajetória de vida da juventude brasileira?

Capítulo 10 • Estratificação e desigualdades sociais 215

1. Primeiras palavras

João e José nasceram no mesmo dia e na mesma cidade. João é filho de trabalhadores informais. A mãe trabalha como diarista em diversas casas na zona nobre da cidade. O pai era operário fabril, mas, com a crise, perdeu o emprego e passou a executar pequenos serviços de reparos na vizinhança. A família mora numa comunidade localizada em um bairro da periferia. José é filho de uma médica e de um empresário. A família reside num bairro de classe média alta numa área muito valorizada da cidade. João estudou em escolas públicas e saiu poucas vezes da cidade. Como mora distante do centro, frequenta muito pouco os pontos turísticos e os museus. José, por sua vez, viajou bastante e conhece até museus de outros países. Será que João e José têm expectativas iguais para o futuro? Caso elas sejam iguais, as possibilidades de elas se concretizarem são semelhantes?

As situações narradas acima são fictícias; porém, elas dialogam diretamente com a realidade com que nos deparamos todos os dias no Brasil e no mundo. Como explicar diferenças tão gritantes entre jovens nascidos na mesma cidade e no mesmo dia? Para compreender esse fenômeno, vamos estudar neste capítulo as diferentes formas de estratificação e de desigualdades sociais presentes nas sociedades modernas e contemporâneas.

Os noticiários e os discursos dos principais governantes democráticos e das instituições internacionais em defesa dos direitos humanos frequentemente citam a desigualdade social como uma grande barreira a ser superada. O conceito refere-se, em linhas gerais, à privação de direitos ou de acesso a recursos para uma pessoa ou um grupo, o que cria distinções entre os indivíduos. Há várias formas de desigualdade: econômica, de gênero, racial, digital etc. Por isso, nas Ciências Sociais, falamos em **desigualdades sociais** no plural. Essas diferentes possibilidades de privação de direitos geralmente não se apresentam isoladas. Ao contrário, em muitos casos estão relacionadas entre si e se reforçam mutuamente. Portanto, para combater um tipo de desigualdade é preciso combater também as demais formas.

Para estudar as desigualdades sociais, é importante estar atento a três elementos centrais: a estrutura, a estratificação e a mobilidade social. A **estrutura social** é determinada pelo modo como se organizam os aspectos econômico, cultural, social, político e histórico de uma sociedade. É por meio da análise dessa estrutura que as Ciências Sociais buscam explicação para os fenômenos que dizem respeito às sociedades. A sociedade brasileira, por exemplo, fundou-se sobre as bases do trabalho escravo, do patrimonialismo e do patriarcalismo. Esses três elementos estruturais influenciam o cenário da sociedade brasileira contemporânea e comprometem as possibilidades de negros, indígenas e mulheres terem acesso a bens e a direitos, dificultando a ascensão social dessas e de outras parcelas da população, e ajudam a compreender os motivos que levaram ao uso do Estado para fins privados.

Pirâmide da sociedade açucareira no Brasil colonial

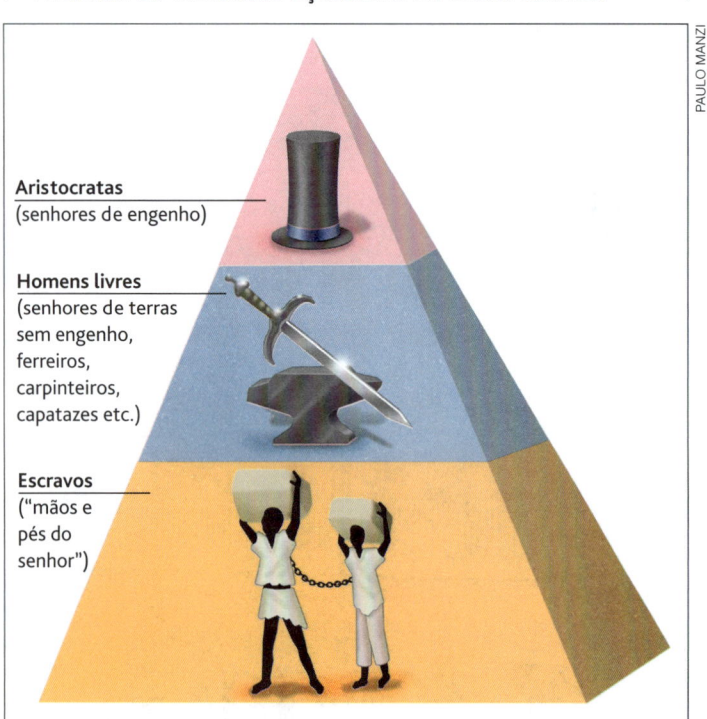

As pirâmides sociais são uma maneira de representar a estratificação social. O topo da pirâmide representa o grupo que tem mais acesso a bens, riquezas e poder.

Cronologia

1789 — Inspirada nos ideais da Revolução Francesa, surge a Declaração dos Direitos do Homem e do Cidadão.

1848 — Karl Marx e Friedrich Engels publicam *O manifesto do partido comunista,* no qual denunciam as desigualdades sociais produzidas pelo sistema capitalista.

1888 — Abolição da escravatura no Brasil.

1948 — Após as atrocidades cometidas na Segunda Guerra Mundial, a ONU aprova e adota a Declaração Universal dos Direitos Humanos.

1949 — A Constituição indiana abole o sistema de castas em todo o território do país.

1964 — Aprovação das leis de direitos civis nos Estados Unidos, o que pôs fim à segregação racial em locais públicos e privados.

1966 — Criação do Programa das Nações Unidas para o Desenvolvimento (Pnud).

Para assistir

Quem quer ser um milionário?
Estados Unidos/Reino Unido, 2009.
Direção: Danny Boyle.
Duração: 120 min.

Jamal Malik é um jovem que viveu em meio à miséria e à violência. À procura de uma alternativa de vida, inscreve-se em um programa de TV chamado *Quem quer ser um milionário?*. Sem formação escolar sólida, o protagonista busca nos dramas de sua vida respostas para as questões que lhe são apresentadas a cada etapa do programa.

Saiba mais

Desigualdade digital

Um olhar sobre o mundo atual permite perceber um novo tipo de desigualdade: a digital. A revolução digital trouxe para o cotidiano a presença impositiva de novas tecnologias. Celulares, computadores pessoais, internet e redes sociais são algumas das muitas maneiras de utilizar a tecnologia como ferramenta de estudo e de trabalho e, principalmente, como meio de comunicação.

O acesso ao mundo digital, no entanto, não é igualitário. As diferenças econômicas, geralmente acompanhadas da desigualdade de escolaridade, fazem com que alguns se tornem consumidores de toda e qualquer tecnologia disponível, enquanto muitos outros continuam dependendo das iniciativas de governos ou de organizações não governamentais (ONGs), ou, ainda, de locais que disponibilizem o acesso à internet mediante pagamento por hora para conseguir utilizar essas tecnologias. A diferença de escolaridade também contribui para a desigualdade digital, pois pessoas com dificuldades de leitura e escrita podem ter maior dificuldade de se apropriar dos novos recursos tecnológicos.

Ao mesmo tempo, a desigualdade digital acaba reforçando outras formas de desigualdade, pois o domínio da tecnologia facilita o acesso a bons empregos.

O termo **estratificação** diz respeito ao modo como cada sociedade está dividida. No caso, trata-se das camadas sociais que se sobrepõem umas às outras. Essa divisão costuma ocorrer de acordo com diferentes critérios sociais e históricos, que estabelecem uma espécie de hierarquia. Conforme a posição que um indivíduo ocupa nessa hierarquia, ele terá mais ou menos acesso a direitos e recursos. Além disso, a posição na qual se encontram os indivíduos determinará a quantidade de poder ou de influência que terão. Assim, a desigualdade social também é fruto das relações de poder, o que implica dominação e exploração de alguns grupos por outros.

Dessa maneira, chegamos ao terceiro conceito fundamental que nos permitirá a compreensão da desigualdade: a **mobilidade social**, isto é, a possibilidade de um indivíduo mudar de posição na hierarquia social. No passado, houve, em algumas sociedades, uma estrutura de estratificação excessivamente rígida, que não permitia aos indivíduos deixar de pertencer a um estrato social ou passar a pertencer a ele. Nos tempos atuais, em quase todas as sociedades, existe sempre a possibilidade formal ou jurídica de haver mobilidade, mas a ascensão social não costuma ser fácil, pois as camadas de baixa renda, em boa parte das vezes, enfrentam restrições de acesso aos recursos, justamente o que acaba por distingui-las das demais classes.

Quando identificamos na realidade esses conceitos, passamos a reconhecer as causas e a diagnosticar as consequências das desigualdades sociais. Compreender um problema é fundamental para superá-lo.

2. Formas de estratificação

A estratificação social e as desigualdades que ela produz não são naturais. Ao contrário, são geradas histórica e socialmente de uma diversidade de situações e influenciam de maneira direta ações e relações estabelecidas na vida em sociedade. Há inúmeros modelos de estratificação no mundo, mas analisaremos três: as castas, os estamentos e as classes. Essa tríade apresenta subdivisões e, por vezes, "camadas" constitutivas que representam elementos políticos, econômicos e culturais determinantes para o curso da vida cotidiana da coletividade.

1985 — É realizado o concerto de *rock* Live Aid, no Wembley Stadium, em Londres, para arrecadar fundos em prol das pessoas que passavam fome na Etiópia. A seca, combinada à dívida externa do país, teria provocado a morte de quase 1 milhão de pessoas.

1988 — Promulgação da mais recente Constituição da República Federativa do Brasil.

1990 — O Pnud publica o *Relatório de desenvolvimento humano*, no qual aparece pela primeira vez o Índice de Desenvolvimento Humano (IDH), que mede o desenvolvimento de uma nação considerando três dimensões: renda, saúde e educação.

1992 — O grupo extremista Talibã assume o controle de partes do Afeganistão e reduz os direitos das mulheres e de outras minorias quanto à participação social, econômica, cultural e política.

1994 — Fim do *apartheid*, regime de segregação racial que vigorava oficialmente na África do Sul desde 1948.

2000 — É assinada por 189 países a Declaração do Milênio das Nações Unidas, que estabelece como metas erradicar a pobreza extrema e a fome, promover a igualdade entre os sexos e a autonomia das mulheres, reduzir a mortalidade infantil e garantir a sustentabilidade ambiental, entre outras medidas.

2015 — Asiáticos e africanos de diversas procedências fogem de guerras, perseguições políticas e crises econômicas fazendo uma arriscada travessia do Mediterrâneo, a fim de chegarem à Europa em busca de melhores condições de vida.

Castas: um sistema de estratificação muito antigo

Oficialmente reconhecido até poucas décadas atrás, o **sistema de castas** regulou a vida de centenas de milhões de pessoas na Índia. Apesar de ter existido também em outros locais do mundo (como no Japão), em lugar nenhum esse sistema consolidou-se tão fortemente como naquele país.

Em geral, as castas constituem comunidades fechadas e compartilham características sociais hereditárias, como a ocupação profissional ou o poder político e econômico. A hereditariedade é a base para a divisão da sociedade, sem nenhuma possibilidade de ascensão social: aqueles que pertencem a castas inferiores não podem manter contatos sociais com os grupos superiores. Normalmente, a estratificação é reconhecida pelo sobrenome, mas, em algumas regiões, pode-se perceber a casta de um indivíduo por meio do dialeto falado, pelos alimentos que consome ou pelas vestimentas e pelos acessórios que usa.

Mulheres de castas consideradas inferiores protestam por melhores condições de vida próximo ao Parlamento em Nova Délhi (Índia), em 2013. O sistema de castas da Índia, apesar de abolido juridicamente na década de 1950, continua a ser um referencial cultural e político para a sociedade indiana, o que amplia as situações de desigualdade social no país.

Para ler

BOULET, Marc. *Na pele de um* dalit.
2. ed. Rio de Janeiro: Bertrand Brasil, 2009.
Romance de 1994 inspirado em fatos reais. O autor metamorfoseou-se em um intocável na Índia e viveu durante algumas semanas como um indigente da mais baixa casta indiana.

Todo modelo de estratificação social apresenta características próprias de controle social. No sistema de castas indiano — o **hinduísmo** —, esse controle se pauta pelo comportamento do indivíduo em uma vida anterior: se sua conduta foi considerada boa, será recompensado nascendo em uma casta mais elevada na próxima vida; do contrário, será punido nascendo em uma casta mais baixa.

> **Hinduísmo.** Tradição religiosa originada na Índia, caracteriza-se por uma diversidade de cultos, de deuses e de seitas. É frequentemente citado como a religião mais antiga e teve, no passado, grande influência na organização social das castas daquele país.

Sociedade de castas da Índia

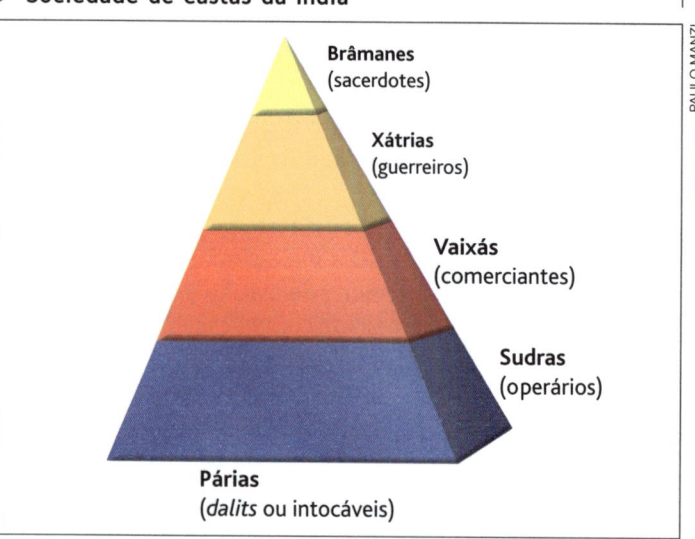

O sistema de castas existente na Índia não permite mobilidade social, ou seja, os indivíduos que nascem em uma determinada casta, ou sem casta, como é o caso dos párias, permanecerão o restante de suas vidas nesse grupo.

Saiba mais

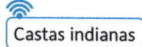
Castas indianas

O sistema de castas na Índia

O sistema de castas (e de subcastas) indiano existiu oficialmente durante milhares de anos e baseia-se numa hierarquização estabelecida de acordo com religião, etnia, cor, hereditariedade e ocupação.

Em um primeiro momento, existiam somente quatro tipos de casta: a dos *brâmanes* (sacerdotes), a dos *xátrias* (militares), a dos *vaixás* (fazendeiros e comerciantes) e, a mais baixa, a dos *sudras* (pessoas que deveriam servir as castas superiores).

Os indivíduos que não faziam parte de nenhuma dessas castas eram denominados *dalits* ou *párias* (intocáveis) e formavam um grupo de excluídos, cuja incumbência era realizar trabalhos considerados deploráveis. Ao longo do tempo, o sistema tornou-se mais complexo, o que fez crescer muito o número de castas.

Estamentos: estratificação social de um mundo em transição

Durante cerca de dez séculos — do século V ao século XV —, a Europa ocidental viveu o período conhecido como Idade Média. Organizada em torno da vida rural, essa época caracterizou-se pela intensa influência da cultura cristã, representada pela Igreja católica romana, que ditava as normas de conduta e de convivência para as populações europeias.

A divisão da sociedade apoiava-se em dois parâmetros: a posse de terras e a "ordem de importância" perante Deus. Sendo assim, a sociedade se compunha de quatro partes: clero, nobreza, comerciantes e camponeses. Cada uma dessas partes era chamada **estamento**, e cada um deles era caracterizado por um conjunto de direitos e deveres considerados naturais, determinados por Deus e sustentados legalmente. Dizemos que são partes interconectadas, pois, para entender as "determinações divinas", é indispensável compreender o modo pelo qual conceitos como tradição, linhagem, vassalagem e honra predominavam no pensamento e na ação das pessoas e na sua relação direta com a propriedade de terras.

Os membros do clero detinham mais benefícios, pois se consideravam responsáveis pela proteção espiritual de toda a sociedade. Por isso, eram isentos de impostos e arrecadavam o dízimo. A nobreza era dona das terras e arrecadava impostos dos comerciantes, artesãos e camponeses, dividindo-os com o clero. A quarta camada social, formada pelos servos (camponeses) e pequenos artesãos, devia taxas e tributos aos senhores e não gozava de nenhum privilégio.

Gravura colorida, 1789, de autoria desconhecida. A caricatura, publicada no ano inicial da revolução que derrubou o Antigo Regime na França, critica as pesadas taxas de impostos pagas pelos camponeses, que trabalhavam para sustentar a nobreza e o clero.

Miniatura flamenca pertencente ao *Breviário Grimani* (c. 1515-1520), 280 mm × 195 mm. Esta cena, referente ao trabalho realizado nos campos no mês de março, mostra servos trabalhando nas terras do senhor feudal. Esse grupo social não tinha privilégios, e a possibilidade de mobilidade social era baixa.

Em uma comparação com o sistema de castas, o sistema estamental é "mais aberto": impõe rígidos obstáculos, mas não impossibilita a mobilidade social. Como analisa Max Weber, os estamentos representaram um momento de transição na Europa: o sistema social mudava de uma sociedade fechada, estável e organizada por castas para uma sociedade de classes.

Para o jurista e sociólogo gaúcho Raymundo Faoro, a sociedade brasileira foi moldada de acordo com critérios estamentais, o que é exemplificado pela prática do patrimonialismo, tipo tradicional de dominação no qual os governantes agem em benefício privado.

Classes e desigualdades sociais

As classes sociais podem ser entendidas como agrupamentos de pessoas que surgem em razão das desigualdades sociais.

Uma característica do sistema de classes é a possibilidade de mobilidade social, que pode ser de dois tipos: vertical e horizontal. No primeiro caso, altera-se a classe social, o que pode acontecer de modo ascendente (de uma classe baixa para outra superior) ou de modo descendente (de uma classe alta para outra inferior). No outro caso, a mobilidade social opera-se dentro da mesma "camada", como a provocada por fatores geracionais ou profissionais. A Sociologia costuma privilegiar as abordagens concebidas por Karl Marx e Max Weber sobre as classes sociais.

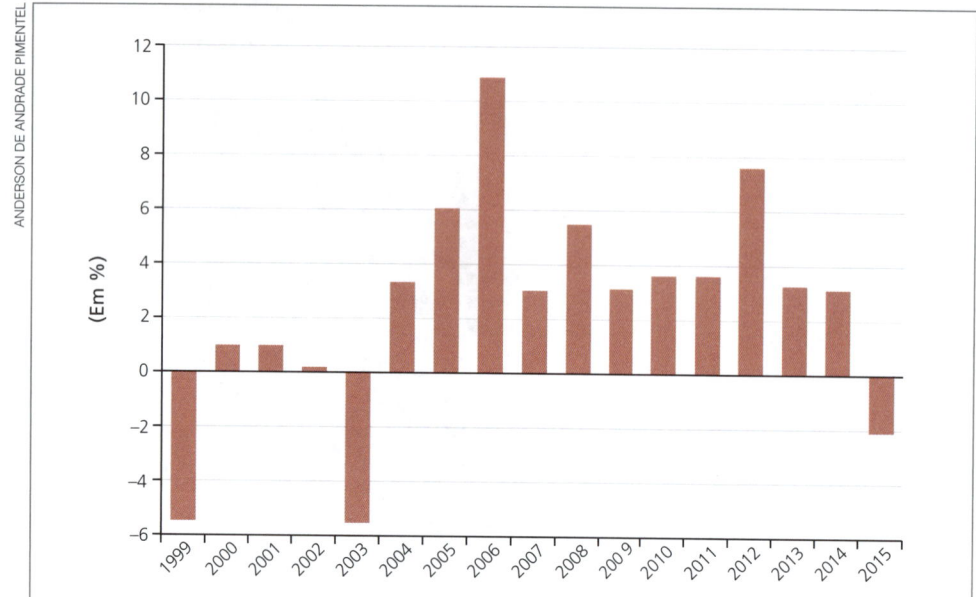

Evolução da renda no Brasil — 1999-2015

Os períodos de crescimento e de crise econômica são um dos fatores responsáveis pela mobilidade ascendente ou descendente da população.

Fonte: CANZIAN, Fernando. Brasil volta a concentrar renda após década de avanços. *Folha de S.Paulo*, 24 mar. 2016. Mercado, São Paulo, A17.

QUESTÕES

No sistema de classes sociais, há possibilidades de mobilidade social horizontal e vertical. Principalmente em momentos de crescimento da economia, com maior oferta de emprego e de formalização do trabalho (trabalhadores informais que obtêm carteira assinada, por exemplo), uma parcela da sociedade consegue ascender socialmente. Nos períodos de crise econômica, ocorre geralmente uma queda de parte da sociedade, muitas vezes em decorrência da perda do emprego. Como você analisa a atual mobilidade na sociedade brasileira? Apresente exemplos concretos.

Para ler

POCHMANN, Marcio et al. (Orgs.). *Proprietários: concentração e continuidade.*
São Paulo: Cortez, 2009. (Série Atlas da Nova Estratificação Social no Brasil, v. 3).
A coleção à qual pertence o livro, produzida pelo Instituto de Pesquisa Econômica Aplicada (Ipea), contou com a participação de vários economistas da entidade. Uma das conclusões apresentadas na obra é que os meios de produção de riqueza do país estão concentrados nas mãos de apenas 6% dos brasileiros.

Conceito de "classe" para Marx

Os trabalhos de Karl Marx representam a primeira grande teoria sociológica da estratificação social. Valendo-se do conceito de classe social, o autor critica de modo contundente a ideia de igualdade política e jurídica proclamada pelos liberais, entendidos como aqueles que, orientados pelos interesses da burguesia, defendem a democracia representativa e o livre-mercado.

Para Marx, os direitos inalienáveis de liberdade e justiça — propostos pelos liberais — não resistem às evidências das desigualdades sociais promovidas pelas relações de produção capitalistas, que dividem os homens em proprietários e não proprietários dos meios de produção. Dessa divisão originam-se duas classes sociais centrais: o **proletariado** — aqueles que vendem sua força de trabalho em troca de salário — e a **burguesia** — dona dos meios de produção sob a forma legal da propriedade privada, que se apropria do produto do trabalho dos operários e lhes paga um valor inferior ao que foi gerado pelo uso da mão de obra. Essas duas classes têm interesses em constante conflito.

Por exemplo, durante uma greve, os trabalhadores lutam por melhores condições de trabalho e de remuneração, enquanto os patrões têm interesse em atingir o maior lucro possível, o que só pode ser obtido com a extensão da jornada de trabalho ou com a substituição de trabalhadores por máquinas que produzem mais em menos tempo. E o atendimento das reivindicações dos trabalhadores pode levar à diminuição do lucro dos patrões. Isso demonstra a oposição entre os interesses de classe.

Assembleia dos metroviários de São Paulo (SP), em 2014, que decidiu manter a paralisação das atividades. A greve de trabalhadores é um exemplo da oposição entre trabalhadores e patrões.

A polarização entre essas duas classes não significa para Marx que não existam outras, como as dos pequenos proprietários rurais e dos diferentes tipos de profissionais liberais. Estas, no entanto, exercem papel intermediário no conflito entre o proletariado e a burguesia, aproximando-se ora de uma, ora de outra, dependendo do momento. Assim, para Marx, a classe social de um indivíduo é determinada pela posição que ele ocupa no processo produtivo, como proprietário ou como trabalhador.

Conceito de "classe" para Weber

Max Weber afirmou que a estratificação social decorre das diferentes maneiras de distribuição de poder em uma sociedade. Para ele, a estratificação decorrente dessa diferença de poder acontece de acordo com pelo menos três dimensões: econômica, política e social. Portanto, a estratificação da ordem social organiza-se em termos de distribuição de poder político e de prestígio. Por isso, além da classe, a divisão da sociedade pode ser observada em outros fenômenos de distribuição de poder, como o partido e o *status*.

Weber descreveu as classes sociais como um conjunto de posições sociais definidas por três dimensões: propriedade de bens, *status* e destino pessoal. Uma classe se forma por interesses e oportunidades. Contudo, esse autor não pensava que um critério único (por exemplo, possuir propriedade) determinasse a posição de classe: esta seria definida pela "situação de mercado" da pessoa, o que incluiria não somente a posse de bens, mas também outros fatores, como o nível de escolaridade e o grau de habilidade técnica.

Para assistir

Preciosa: uma história de esperança
Estados Unidos, 2009.
Direção: Lee Daniels.
Duração: 105 min.

O filme aborda a exclusão e a desigualdade social tendo por base a história de uma jovem negra estadunidense (Claireece "Preciosa" Jones) que sofre as mais diversas privações e violências. A jovem cresce pobre, maltratada, analfabeta e sem amor. Violentada pelo pai e grávida do segundo filho, Preciosa é convidada a frequentar uma escola alternativa, na qual vê a esperança de conseguir dar novo rumo à sua vida.

Expandindo sua teoria da estratificação, Weber afirma que a classe social é apenas uma forma de distribuição dos indivíduos na sociedade. Ainda teríamos *status* e partido. *Status* refere-se às diferenças de prestígio ou honra social e ao estilo de vida. Por exemplo, os "novos ricos", mesmo tendo conquistado riqueza igual ou até superior à de outros grupos privilegiados, são vistos com certo desprezo pelos ricos, cujas fortunas são anteriores a eles mesmos, provenientes de famílias consideradas "tradicionais".

Vendedor de óleo de babaçu em feira livre realizada no distrito de Marcolino Moura, na cidade de Rio de Contas (BA), em 2014, local com pessoas de renda e valores identificados como a "nova classe média" — a que mais cresceu no Nordeste, segundo estudo realizado em 2011 pelo órgão de pesquisa Data Popular. Para Weber, o que determina a classe é a situação do indivíduo em relação às oportunidades de consumo e ao *status* decorrente dessa inserção.

Já os partidos, na terminologia de Weber, não são apenas grupos que disputam eleições, mas, sim, organizações que procuram impor sua vontade aos outros. O controle de partidos, em especial de grandes organizações burocráticas, não depende apenas de riqueza ou de outro critério de classe: alguém pode dirigir uma **burocracia** militar, científica ou de outro tipo e não ser rico, da mesma maneira que é possível ser rico e ter pouco prestígio.

Burocracia. Para Weber, a organização burocrática é resultado da racionalização que coloca a organização puramente técnica como superior a qualquer outra forma de organização. É caracterizada pela existência de cargos hierárquicos e canais de comunicação entre seus níveis; esferas de autoridade claramente definidas, determinadas por regras comuns e pela separação das atividades oficiais dos assuntos privados. A burocracia é característica do Estado moderno e das empresas capitalistas, pois estas demandam um modo estável, duradouro, objetivo e racional de administração pública e privada.

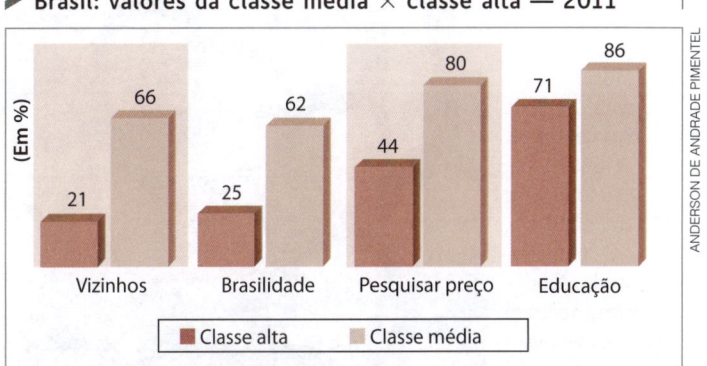

Brasil: valores da classe média × classe alta — 2011

	Vizinhos	Brasilidade	Pesquisar preço	Educação
Classe alta	21	25	44	71
Classe média	66	62	80	86

(Em %)

As diferenças entre as classes sociais são determinadas pela questão econômica e também pelos valores, gostos, sentimentos e desejos.

Fonte: MEIRELLES, Renato. *Consumo na nova classe média brasileira*. São Paulo: Instituto Data Popular, 2013. p. 14.

Capítulo 10 • Estratificação e desigualdades sociais **221**

A teoria weberiana de estratificação é importante para mostrar que outras dimensões além da classe (econômica) influenciam a vida das pessoas. O autor chamou a atenção para a interação complexa entre grupos de *status* e partidos e também para o fato de que eles operam separadamente, ampliando os fatores envolvidos nas análises de estratificação social.

Trocando ideias

A "nova classe média" do Brasil

Durante os dois mandatos presidenciais de Lula (2003-2010) e metade do primeiro mandato de Dilma (2011-2014), houve crescimento econômico, e as políticas de assistência social, como o Bolsa Família, e de crédito possibilitaram a mobilidade social da parcela mais pauperizada da população brasileira, que passou a integrar a chamada "classe C" ou "nova classe média". Com essas políticas, pode-se afirmar que houve alteração na estrutura social da sociedade brasileira? Ocorreram mudanças no nível de desigualdade social no país?

- Pesquise em jornais, *sites* de notícias e relatórios de órgãos como IBGE, Ipea e Dieese sobre o crescimento econômico e social do Brasil nesse período e compare com o momento atual para responder à questão: a mobilidade ascendente das pessoas depende exclusivamente dos méritos individuais ou de fatores sociais? Debata suas conclusões com os demais colegas e com o professor.

3. Brasil: a interpretação da pobreza e o cenário de mudanças e permanências socioeconômicas

As concepções naturalistas da pobreza

No Brasil, as primeiras tentativas de explicação da pobreza datam do final do século XIX. As justificativas, geralmente naturalistas, relacionavam a pobreza à suposta influência do clima (o calor deixaria as pessoas "preguiçosas") ou à "incapacidade" inata dos brasileiros para a construção do saber (a miscigenação diminuiria a inteligência natural do branco europeu).

Como afirma o sociólogo Renato Ortiz, nossa história foi apreendida em termos deterministas, de modo que as noções de clima e de raça eram utilizadas para explicar suposições como a natureza do brasileiro, as manifestações inseguras da elite intelectual, o nervosismo e a sexualidade desenfreada do negro.

Por essa óptica, o povo brasileiro era tachado de acomodado e pouco afeito ao trabalho. A expressão que remete à carta escrita por Pero Vaz de Caminha ao rei de Portugal dom Manuel I, "em se plantando tudo dá" (entendendo-se a generosidade da natureza em prover frutos, plantas, solo fértil etc.), explicaria por que a industrialização não era necessária. Complementando essas explicações, havia o fator da raça e da mestiçagem.

Operários, 1933, de Tarsila do Amaral (1886-1973). Óleo sobre tela, 150 cm × 205 cm. Os primeiros estudos sobre a pobreza no Brasil responsabilizavam o povo, em especial a mestiçagem, pelo subdesenvolvimento econômico e social do país.

Quem escreveu sobre isso

Renato Ortiz

Professor titular da Universidade Estadual de Campinas (Unicamp), Renato José Pinto Ortiz (1947-) concentra suas pesquisas nas áreas de cultura, ideologia e modernidade, além de discutir sobre identidade e globalização/mundialização.

Renato Ortiz optou pela Sociologia depois de uma trajetória acadêmica sinuosa, que incluiu Zootecnia e Engenharia.

O povo brasileiro, como resultado do encontro de indígenas, brancos e negros, estaria fadado à "degeneração e falência da nação", como notava criticamente Nina Rodrigues (1862-1906), ou, ainda de acordo com Euclides da Cunha (1866-1909), apresentava-se "decaído, sem a energia física dos ascendentes selvagens, sem a altitude intelectual dos ancestrais europeus".

Essas explicações foram superadas pelas teorias da desigualdade. De modo resumido, elas afirmam que as desigualdades são decorrentes de fatores sociais e históricos, como as diferenças de **classe**, de **cor/raça** (**etnia**) e de **gênero**.

Essas desigualdades são identificadas, em intensidades diversas, também no sistema de castas e no de estamentos. Contudo, na sociedade de classes, com sua concepção de que todos os cidadãos são iguais perante a lei, esse fenômeno se torna uma preocupação e coincide com as lutas e conquistas de múltiplos direitos de cidadania.

Para navegar

A cidade e a moradia dos trabalhadores

Portal Domínio Público
www.dominiopublico.gov.br/pesquisa/PesquisaObraForm.jsp
Site mantido pelo Ministério da Educação que disponibiliza diferentes materiais educacionais produzidos em *software* de uso livre. Oferece muitas obras de apoio para a discussão sobre estratificação e desigualdade social no Brasil.

As desigualdades de gênero e de raça no Brasil

No conjunto de ideias e conceitos com base em crenças e tradições compartilhadas, que denominamos **imaginário coletivo**, existe uma série de ideias fixas e pouco questionadas. É assim, por exemplo, que a mulher é percebida como "naturalmente inferior" ao homem. Essa concepção, base da discriminação presente nas relações de gênero, coloca a mulher em desvantagem nas diversas maneiras de relação social. Essa desvantagem intensifica-se se estiver associada a outro modo de desigualdade, como classe ou raça. No mundo do trabalho, por exemplo, de acordo com a *Pesquisa mensal de emprego* (PME) realizada pelo IBGE, em 2011 as mulheres ganharam, em média, até 28% menos do que os homens para desempenhar as mesmas funções.

Apesar de as leis brasileiras determinarem que não haja diferenças salariais entre os sexos, pesquisas (como as da empresa Catho, especializada em recrutamento *on-line*) demonstram que de 2002 para cá, em algumas regiões metropolitanas brasileiras, as mulheres aumentaram sua participação no mercado de trabalho (na liderança das empresas, por exemplo, o crescimento foi de cerca de 109%) e melhoraram o grau de instrução em relação aos homens, mas continuam recebendo menos do que eles. Quando se trata de mulheres negras, tal diferença supera os 170%.

Para navegar

IBGE — Instituto Brasileiro de Geografia e Estatística
www.ibge.gov.br
O Instituto é responsável pela realização do Censo demográfico no Brasil e por diferentes pesquisas sobre as condições socioeconômicas na sociedade brasileira, entre elas a *Pesquisa nacional por amostra de domicílios* (Pnad), o *Censo agropecuário* e os *Índices de preços*. O *site* ainda disponibiliza o *download* gratuito de inúmeros produtos da instituição, como o *Atlas nacional do Brasil Milton Santos*, o *Atlas geográfico escolar* (7ª edição), o *Atlas do censo demográfico 2010*, entre outras publicações.

Por causa da desigualdade de gênero, as mulheres ganham menos que os homens no mercado de trabalho, mesmo quando têm a mesma qualificação e exercem as mesmas funções.

Essa relação desigual aparece também fora do mundo do trabalho. Boa parte das mulheres exerce dupla jornada, no emprego e em casa. E, ainda que tenham ocorrido avanços nessa relação, os casos de exploração, violência e discriminação são comuns.

Capítulo 10 • Estratificação e desigualdades sociais

O *Global gender gap report* é um relatório do Fórum Econômico Mundial que considera índices obtidos nas áreas da educação, saúde, economia e na possibilidade de acesso a cargos políticos para aferir as desigualdades de gênero no mundo. De acordo com a edição de 2014, mais de 80% dos países melhoraram alguns de seus indicadores em matéria de igualdade de gênero, mas, em outros itens, como a igualdade social, a situação piorou. No *ranking* da igualdade social, o Brasil ocupa a 84ª posição, último colocado da América do Sul (Cuba está em 1º lugar na região e em 20º no mundo). Um dos problemas mais graves no país, de acordo com o relatório, é a disparidade salarial entre homens e mulheres que ocupam o mesmo cargo. Para reverter esse quadro, algumas ações vêm sendo tomadas por iniciativa tanto de governos quanto de grupos da sociedade civil e de movimentos sociais, que realizam campanhas e denúncias em diferentes espaços.

A urbanista e professora Raquel Rolnik (1956-), relatora da ONU que tem se debruçado sobre o direito das mulheres à moradia e à terra, faz um alerta para um aspecto dramático dessa questão: a violência doméstica. De acordo com a estudiosa, muitas mulheres não conseguem romper o ciclo da violência porque não têm alternativas economicamente viáveis de moradia. Os salários mais baixos para a mesma atividade também impactam a dependência financeira que elas têm dos companheiros ou familiares e, portanto, limitam sua autonomia. A situação de dependência vivida por essas mulheres as mantém em posição de maior vulnerabilidade em relação à violência doméstica e à exploração no trabalho.

A imagem mostra uma campanha de conscientização sobre violência física contra mulheres divulgada em redes sociais.

QUESTÕES

Em 1985 foi criada, na cidade de São Paulo, a primeira Delegacia de Defesa da Mulher (órgão da Polícia Civil), iniciativa pioneira no mundo. Passados mais de trinta anos, o Brasil continua apresentando altos índices de violência contra as mulheres.

- Pesquise em jornais e em *sites* de notícias casos de violência praticada contra as mulheres em espaços públicos, residências e redes sociais e apresente os resultados aos colegas de classe e ao professor.
- Discutam como esses atos poderiam ser evitados e, ao final, lancem um manifesto de alerta na escola e na comunidade, por meio de um blogue ou *site*, sobre os vários tipos de violência praticados contra a mulher.

Rendimento médio real habitualmente recebido no trabalho principal, segundo a cor ou raça, por Região Metropolitana (em reais, a preços de dez./2015)*

	Total	Recife	Salvador	Belo Horizonte	Rio de Janeiro	São Paulo	Porto Alegre
Branca							
2003	2.220,00	1.926,00	3.146,00	2.072,00	2.231,00	2.327,00	1.748,00
2005	2.254,00	2.019,00	2.827,00	2.129,00	2.310,00	2.365,00	1.734,00
2007	2.416,00	1.996,00	2.974,00	2.290,00	2.500,00	2.548,00	1.883,00
2009	2.571,00	1.984,00	3.192,00	2.533,00	2.713,00	2.681,00	2.003,00
2011	2.716,00	2.164,00	3.367,00	2.777,00	3.096,00	2.688,00	2.202,00
2013	2.838,00	2.216,00	2.936,00	2.973,00	3.199,00	2.846,00	2.354,00
2015	2.774,00	2.139,00	3.013,00	2.760,00	3.287,00	2.722,00	2.364,00
Preta/parda							
2003	1.075,00	965,00	1.015,00	1.049,00	1.153,00	1.102,00	1.056,00
2005	1.093,00	935,00	1.058,00	1.052,00	1.149,00	1.141,00	1.051,00
2007	1.198,00	1.004,00	1.156,00	1.204,00	1.247,00	1.231,00	1.156,00
2009	1.322,00	1.038,00	1.304,00	1.335,00	1.402,00	1.344,00	1.283,00
2011	1.472,00	1.223,00	1.493,00	1.474,00	1.563,00	1.470,00	1.384,00
2013	1.629,00	1.397,00	1.502,00	1.647,00	1.754,00	1.638,00	1.556,00
2015	1.641,00	1.410,00	1.445,00	1.679,00	1.826,00	1.618,00	1.600,00

*Médias das estimativas mensais.

Fonte: IBGE. *Principais destaques da evolução do mercado de trabalho nas regiões metropolitanas abrangidas pela pesquisa*: Recife, Salvador, Belo Horizonte, Rio de Janeiro, São Paulo e Porto Alegre, 2003-2015. p. 296. Disponível em: <http://mod.lk/w0a0u>. Acesso em: maio 2017.

Outra manifestação recorrente da desigualdade social no Brasil é aquela sofrida por negros, indígenas e seus descendentes desde o período colonial. O fim da escravidão não significou para os negros sua inserção em condições de igualdade na sociedade brasileira. Para o sociólogo paulista Octavio Ianni, o que ocorreu foi a transformação do negro de escravo em mão de obra livre e subalterna. O processo de privação material e de dominação ideológica empreendido desde então exemplifica o tratamento desigual dispensado aos negros na sociedade brasileira.

Quem escreveu sobre isso

Octavio Ianni

Nasceu em 1926 na cidade de Itu, interior do estado de São Paulo. Graduou-se em Ciências Sociais na Universidade de São Paulo (USP) em 1954; depois, cursou mestrado sob orientação de Florestan Fernandes. Em 1961, recebeu o título de doutor, também pela USP, com a tese O *negro na sociedade de castas*. Foi professor da referida universidade, aposentando-se em 1969 durante o regime militar. Suas pesquisas concentram-se nas áreas de raça, Estado, América Latina, revoluções e classes.

Na análise de Octavio Ianni, os escravos libertos foram incorporados à sociedade de classes como mão de obra subalterna.

Do ponto de vista material, todas as pesquisas mostram um tratamento diferenciado entre brancos e negros. Por exemplo, a *Pesquisa mensal de emprego* do IBGE de 2013, realizada em algumas regiões metropolitanas brasileiras, constatou que um trabalhador negro ganha em média 57,4% do que recebe um trabalhador branco, conforme demonstra a a tabela da página anterior.

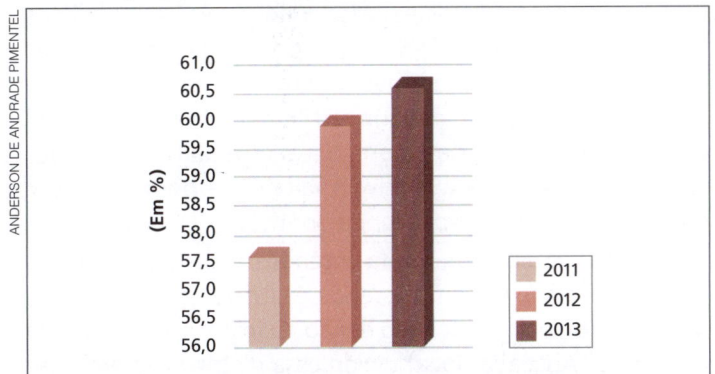

Brasil: percentual de negros na população desempregada — 2011-2013

O mercado de trabalho também reflete os efeitos do racismo na estrutura da sociedade brasileira. A população negra ocupa postos de trabalho sem qualificação e são os principais atingidos pelo desemprego.

Fonte: IBGE. *Pesquisa nacional por amostra de domicílios*: síntese de indicadores 2013. Disponível em: <http://mod.lk/afwes>. Acesso em: maio 2017.

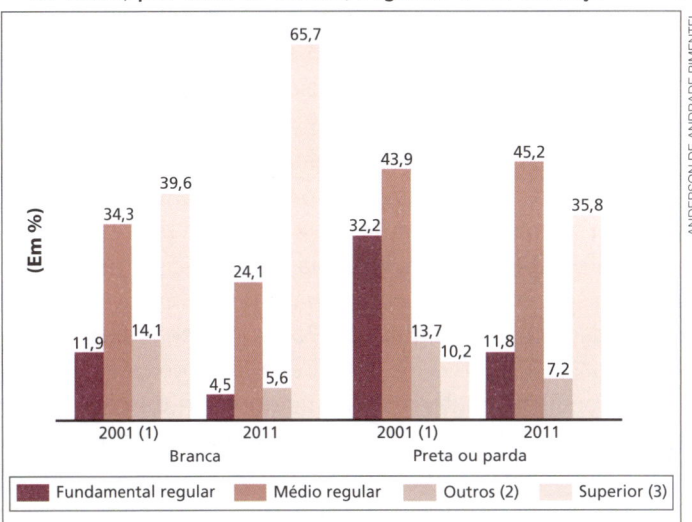

Brasil: distribuição dos estudantes de 18 a 24 anos de idade, por nível de ensino, segundo a cor ou raça

Apesar das mudanças, as desigualdades de oportunidades entre brancos e negros/pardos são históricas e ainda retratam a dificuldade de superação do dilema racial brasileiro.
(1) Exclusive a população rural de Rondônia, Acre, Amazonas, Roraima, Pará e Amapá. (2) Pré-vestibular, supletivo e alfabetização de adultos.
(3) Inclusive graduação, mestrado ou doutorado.

Fonte: TERRA EDUCAÇÃO. IBGE: em 10 anos, triplica percentual de negros na universidade. Disponível em: <http://mod.lk/CUWRH>. Acesso em: maio 2017.

Outro aspecto da desigualdade sofrida pela população negra são os casos de discriminação e violência dos quais são vítimas. O *Mapa da violência 2014* (http://mod.lk/QxLwT) apresenta dados alarmantes. Os jovens negros constituem a maioria das vítimas de homicídio. Entre 2002 e 2012, enquanto a taxa de brancos assassinados caiu de 19.846 em 2002 para 14.928, o número de negros mortos subiu de 29.656 para 41.127 no mesmo período. De acordo com o coordenador da pesquisa, o sociólogo Julio Jacobo Waiselfisz, os dados indicam o caráter seletivo das mortes. Uma pesquisa da Universidade de São Carlos divulgada em 2014 demonstrou que 58% das mortes provocadas por policiais no estado de São Paulo têm como alvo a população negra, que, por sua vez, corresponde a apenas 34% da população do estado.

No que se refere à juventude negra, outro dado importante são as diferenças no acesso à educação. Os dados da *Pesquisa nacional por amostra de domicílios* (Pnad) de 2011, abrangendo a população de 18 a 24 anos de idade, demonstram que os jovens negros entre 18 e 24 anos possuem inserção escolar desigual em relação à população branca. Isso se explica pelas dificuldades encontradas pela população negra de entrar e permanecer na escola. Ainda que se tenha observado melhora nos índices relacionados à juventude negra, quando comparados com os da juventude branca, verifica-se que eles são muito inferiores.

Pesquisa nacional por amostra de domicílios. Pesquisa realizada pelo IBGE, com o objetivo de obter informações anuais sobre os aspectos socioeconômicos e demográficos da população brasileira. Investiga diversas características socioeconômicas: educação, trabalho, rendimento, habitação, fecundidade, saúde, entre outras. Outros temas podem ser incluídos na pesquisa de acordo com as necessidades de informação do país.

Essa inserção desigual tem consequências, por exemplo, no mercado de trabalho. Os dados da Pnad de 2012 indicaram que, dos trabalhadores desempregados, 59,9% eram negros, um aumento em relação ao ano anterior, cujo percentual era de 57,6%. Na Pnad seguinte, esse índice subiu para 60,6%.

Os povos indígenas também vivem em um contexto de profunda discriminação e desigualdade. Pelo Censo do IBGE de 2010, foram contabilizados pouco mais de 896 mil indígenas, que, em sua maioria, vivem em condições de pobreza e sujeitos a diferentes tipos de violência. Segundo S. James Anaya, relator especial da ONU para Situação dos Direitos Humanos e Liberdades Fundamentais dos Povos Indígenas, eles sofrem com a negação efetiva de seus direitos de autodeterminação e das condições materiais para que possam desenvolver-se economicamente. Além disso, são vítimas constantes da violência praticada por grupos que se interessam por suas terras.

Um exemplo desse tratamento desigual pode ser encontrado no constante desrespeito às tradições dos povos e nações indígenas. Projetos governamentais, como a construção de barragens em terras ocupadas por essas populações, desconsideram os efeitos da inundação dessas áreas para a cultura e a sobrevivência autônoma dos indígenas.

Para ler

JESUS, Carolina Maria de. *Quarto de despejo: diário de uma favelada.*
São Paulo: Ática, 2009.
Carolina Maria de Jesus foi uma catadora de papel e moradora da favela do Canindé, na cidade de São Paulo (SP), na década de 1950. Em pedaços de papel e em um caderno velho encontrados no lixo, registrou o cotidiano de sua realidade de dificuldades com os três filhos, os sonhos e as tensões sociais por ela vividas. A obra, que permanece atual em todos os seus aspectos, foi traduzida em treze idiomas, tornando-se *best-seller* internacional.

Catadores recolhem restos de comida e outros objetos que serão reaproveitados, em Castanhal (PA), em 2014. Compreender as causas da pobreza no Brasil é essencial para modificar a situação.

Indígenas da etnia iaualapiti diante de faixa de protesto durante uma cerimônia de Quarup, em Gaúcha do Norte (MT), em 2012. Diversos projetos públicos e privados desrespeitam os direitos dos povos indígenas.

A desigualdade na distribuição da riqueza

A questão da pobreza e da distribuição de renda e riquezas no Brasil (entendendo-se renda como o montante recebido em um dado período de tempo e riqueza como o que se possui, o patrimônio propriamente dito) apresenta grandes disparidades. O conceito de **pobreza** pode ter diversas elaborações. A que será discutida aqui combina a carência de bens e serviços essenciais (como alimentação e moradia) com a falta de recursos econômicos (renda e riqueza) e carência social, caracterizada pela exclusão social (problemas que levam à discriminação e impossibilitam a inserção do indivíduo em alguns espaços, como os educacionais e os parlamentares).

Apesar de não haver consenso sobre qual critério deve ser adotado como linha de pobreza, costuma-se, para efeito de pesquisa, distinguir pobreza absoluta (ou extrema) de pobreza relativa. **Pobreza absoluta**, de acordo com a ONU, é "uma condição caracterizada por grave privação de necessidades humanas básicas, como alimentos, água potável, instalações sanitárias, saúde, residência, educação e informação. Isso depende não só do rendimento, mas também do acesso aos serviços". Um exemplo de indicador de pobreza absoluta ou extrema é a porcentagem de pessoas cuja ingestão diária de calorias é inferior ao mínimo necessário (2.000/2.500 quilocalorias) e que vivem com menos de 1,25 dólar por dia. Estima-se que 1 bilhão de pessoas estejam nessa condição e que 2,7 bilhões tenham renda inferior a 2,5 dólares por dia. Já a **pobreza relativa** é uma situação em que o indivíduo, em comparação com a média, não tem nenhum atributo desejável: renda ou condições favoráveis de emprego. Os especialistas consideram teto para a pobreza relativa o valor correspondente a um quinto da renda média *per capita* por mês.

Por **distribuição de renda** entende-se, de modo simples e direto, a maneira como a renda é distribuída pelos habitantes de um país ou de uma região. O Instituto de Pesquisa Econômica Aplicada (Ipea) divide essa distribuição em duas categorias: a distribuição funcional da renda, que analisa a repartição do Produto Interno Bruto (PIB) — a riqueza produzida no país durante um ano — entre proprietários de capital e trabalhadores assalariados, e a distribuição pessoal de renda, que verifica os rendimentos que as pessoas e famílias recebem.

226 Sociologia em movimento

Na produção científica sobre o tema, pesquisas de grandes institutos, como IBGE, Ipea e Dieese, indicam que o Brasil tem conseguido há alguns anos reduzir a desigualdade na distribuição de renda, mas ainda é o quarto país com maior discrepância da América Latina, conforme dados do estudo *Estado das cidades da América Latina e Caribe: rumo a uma nova transição urbana*, divulgados pela ONU em 2012.

A má distribuição de renda reflete na paisagem urbana: em primeiro plano, habitações precárias da comunidade Alto Santa Lúcia (ou Morro do Papagaio), em Belo Horizonte (MG), contrastam com luxuosos prédios que se estendem ao fundo, na região central da capital mineira (foto de 2011).

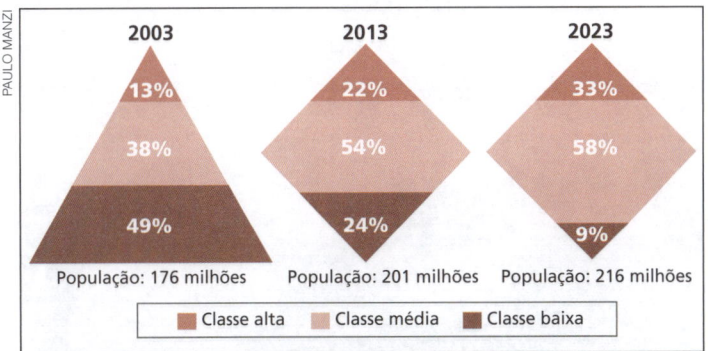

A visão positiva das estratégias de distribuição de renda no Brasil projeta que haverá queda no percentual de pobres no país.

Fonte: MEIRELLES, Renato. *Brasil emergente*: valores, visão de mundo e perspectiva de consumo. São Paulo: Instituto Data Popular, 2013. p. 10.

Para assistir

Ilha das Flores
Brasil, 1989.
Direção: Jorge Furtado.
Duração: 15 min.
O documentário faz uma crítica ácida e contundente à estrutura econômica da sociedade capitalista pelo relato da trajetória de um tomate, desde a plantação até chegar ao lixão onde foi descartado.

Com base em uma concepção positiva desse período, com melhor distribuição de renda, a tradicional divisão de classes sociais em A, B, C, D e E sofreu rearranjo, pois a estrutura passou de uma forma piramidal para outra do tipo losango, que mostra o expressivo crescimento da classe denominada C, com redução quantitativa das classes D e E.

Essa visão otimista em relação à redução da desigualdade social no Brasil defende que um conjunto de políticas públicas implementado nos anos 2000, sobretudo os programas sociais, elevou o perfil de renda das classes pobres e, com isso, possibilitou a mobilidade social de setores das chamadas classes C e D. Para alguns analistas, esse fato configuraria o surgimento de uma "nova classe média".

Manchete de jornal de 2006 destaca a ascensão de sete milhões de pessoas para a classe média. Os que defendem a ideia de que teria havido redução significativa na desigualdade e, consequentemente, ampliação da mobilidade social no país baseiam-se sobretudo nos índices de consumo das classes sociais.

No entanto, essa ideia de que o aumento da classe C no Brasil constituiria um fenômeno de "mobilidade social" não é consenso nas discussões sobre o tema, recebendo críticas de diversos estudiosos. Para o sociólogo Jessé de Souza, por exemplo, a formação de um novo perfil da classe trabalhadora, que conquistou maior poder de compra, não significa o aumento da classe média no país. Para o sociólogo, chamar os trabalhadores brasileiros de "nova classe média" é uma interpretação que pretende esconder contradições da vida desses indivíduos, como se o capitalismo financeiro fosse bom e sem defeitos.

Para ler

POCHMANN, Marcio. *Nova classe média?*
São Paulo: Boitempo, Editorial 2012.
A obra aponta a inegável ascensão social de enormes massas humanas resgatadas da condição de pobreza e critica o despreparo das instituições democráticas para promover ações de interesse para essa classe trabalhadora com maior poder aquisitivo.

À esquerda, fila de pacientes aguardando atendimento médico no Hospital do Servidor Público Estadual, na capital paulista, em 2013; à direita, quadra em condições precárias na Escola Municipal Leonardo Villas Boas, em São Paulo (SP), em 2014. As condições de acesso à educação e à saúde continuam restritas para a maioria da população.

De acordo com Jessé de Souza, além da renda, a classe média tem outras vantagens em relação aos demais trabalhadores, principalmente no que se refere ao acesso à cultura, à família e à escola — o que Pierre Bourdieu denominou **capital cultural**.

Outra crítica que pode ser feita à concepção positiva é que, ao associar a ascensão social exclusivamente à melhora na renda e à ampliação da capacidade de consumo, ela desconsidera que o advento de uma crise econômica possa realocar as pessoas nas condições socioeconômicas anteriores. Nesse aspecto, devem-se considerar, juntamente com a melhora da renda, condições adequadas de acesso à saúde, à educação e ao lazer, que, no caso brasileiro, estão longe de serem ideais.

O economista Marcio Pochmann sustenta uma posição intermediária sobre o tema. Ele salienta que não se trata de uma nova classe, muito menos de uma classe média, mas, sim, de novos segmentos no interior da classe trabalhadora. Os empregos gerados na primeira década de 2000 — ofertados não pela indústria, mas pelo setor de serviços e com remuneração mensal de até 1,5 salário mínimo — fizeram surgir uma classe trabalhadora consumista, individualista e despolitizada. Pochmann destaca ainda que a maior parte dos ocupados na base da pirâmide social permanece excluída da proteção social e trabalhista e apresenta baixa taxa de sindicalização (menos de 13%).

O autor conclui que os trabalhadores da base da pirâmide ampliaram sua dimensão e tornaram-se protagonistas de um importante movimento durante o período recente. Essa alteração na estrutura ocupacional foi acompanhada de elevação real das remunerações, o que possibilitou a potencialização da mobilidade social e a inclusão no mercado de bens de consumo sem, no entanto, permitir afirmar que se constitua uma nova classe média.

Consumidores brasileiros, muitos dos quais pertencentes à "nova classe média", aproveitam liquidação em loja de departamentos em São Paulo (SP), em 2014.

Igualdade de oportunidades × desigualdade de condições: um longo caminho a percorrer

Apesar de algumas avaliações otimistas e da melhora em certos índices, dados do último Censo demográfico, em 2010, mostram que a desigualdade de renda ainda é bastante acentuada no Brasil. De acordo com o economista Marcelo Neri, a baixa escolaridade da população brasileira mantém o país entre as dez nações mais desiguais do mundo.

O **Índice de Gini** (ou Coeficiente de Gini), um importante **indicador social**, é a ferramenta estatística mais utilizada para estudar desigualdade de renda. O Gini é uma medida, e seu valor varia de 0 a 1. O valor 0 (zero) indica que cada unidade familiar de um país ganha exatamente a mesma quantidade de dinheiro — é a completa igualdade de renda. No polo oposto, o índice com valor igual a 1 indica que uma só família ganha a renda nacional inteira — completa desigualdade de renda. Esses são extremos teóricos: na realidade, a maioria dos países tem índice de Gini entre 0,2 e 0,5.

Como exemplo, a Pnad 2013 apurou que o rendimento médio mensal real do trabalho das pessoas de dez anos ou mais de idade cresceu 4% no último biênio estudado. Também apurou que o perfil dos desocupados de 15 anos ou mais de idade compõe-se, em mais da metade, de mulheres e que mais de um terço (33,9%) do total tinha entre 18 e 24 anos de idade, sendo predominantemente negros ou pardos e com ensino médio incompleto.

Esses dados são importantes porque confirmam que as desigualdades de gênero e raça continuam a ocorrer no Brasil, apesar da implantação de políticas públicas e ações afirmativas voltadas para esses segmentos sociais.

Outro indicador importante na questão social é o **Índice de Desenvolvimento Humano (IDH)**. Criado pelo Programa das Nações Unidas para o Desenvolvimento (Pnud), ele é usado como referência da qualidade de vida e desenvolvimento. Sem se prender apenas a índices econômicos, baseia-se em dados como expectativa de vida, escolaridade e renda média.

Hoje, apesar do contexto de consolidação da democracia, é possível constatar que a desigualdade socioeconômica brasileira está muito associada à desigualdade de oportunidades e de condições. Em outras palavras, existem diferenças nas circunstâncias que afetam o sucesso das pessoas e que não dependem de seus esforços nem de suas decisões pessoais. Essas circunstâncias incluem o grau de escolaridade e a ocupação dos pais, a qualidade da escola que o indivíduo frequenta, seus ambientes de socialização, além de outros elementos, como cor da pele.

Ao tomar como exemplo a juventude brasileira pobre, observa-se que a desigualdade social ajuda a explicar diferentes realidades vividas por esse segmento da população. Seja no plano econômico, seja nos aspectos de gênero, de etnia ou de orientação sexual, nem sempre valorizados igualmente, esse segmento sofre com uma série de discriminações particulares e com a desigualdade de condições.

Essa situação de desigualdade tem sido, muitas vezes, considerada natural, dada sua longa existência. No entanto, um fator que deve ser destacado é o binômio igualdade de oportunidades/desigualdade de condições, que é em si uma contradição.

> **Indicador social.** É um recurso metodológico que informa sobre um aspecto da realidade social ou sobre mudanças que estejam ocorrendo. Pode ser de interesse teórico (para pesquisa acadêmica) ou programático (para formulação de políticas públicas).

> **Para navegar**
>
> **Cupong**
> http://cupong.me
> Aplicativo gratuito de celular que permite a organizações não governamentais (ONGs) receberem doações do programa Nota Fiscal Paulista, do governo do estado de São Paulo. Mais informações estão disponíveis no site do desenvolvedor da ferramenta.

Atualmente, em boa parte dos países vigora o pressuposto de igualdade de oportunidades, ou seja, todos os cidadãos têm o direito de tratamento idêntico pela lei, vetando-se diferenciações arbitrárias e discriminações — como consta do artigo 5º da Constituição Federal de 1988, que afirma serem "todos iguais perante a lei, sem distinção de qualquer natureza [...]". Esse pressuposto consagra o princípio da igualdade de oportunidades.

Entretanto, essa proposição de igualdade esbarra na imensa desigualdade de condições, por exemplo, na hora de iniciar e continuar os estudos ou de garantir uma alimentação adequada. Esses são dois elementos, entre outros, que demonstram o impacto representado pelas desigualdades sociais sobre a geração de possibilidades de desenvolvimento pessoal e profissional.

Claro está, portanto, que há um grande desafio quando se fala em reduzir a distância entre a igualdade formal de oportunidades e a desigualdade real de condições. Em linhas gerais, esse desafio seria o aprimoramento das políticas e dos programas sociais destinados a redistribuir renda, fundados em regras de funcionamento claras e abrangentes, e que, sobretudo, sejam políticas de Estado, e não de governo, ou seja, que tenham continuidade, independentemente de quem ocupe o Poder Executivo.

Por outro lado, há urgência na ampliação das oportunidades para que os jovens possam encontrar maneiras reais de mobilidade social, o que significa melhores condições de acesso à educação, à saúde, ao mercado de trabalho e uma redução da violência da qual são vítimas, principalmente aqueles que representam as minorias sociais discriminadas, como mulheres, negros e indígenas.

Jovens conversam sentados em uma ponte sobre um rio na Cidade do Cabo (África do Sul), em 2012. A juventude negra encontra muitas dificuldades de inserção social. Ainda que juridicamente não haja diferenças, na prática, as oportunidades, quando comparadas às da juventude branca, não são as mesmas.

Capítulo 10 • Estratificação e desigualdades sociais

MovimentAção // Festival: música e desigualdade social no Brasil contemporâneo

Na década de 1960, movimentos culturais originados de situações de classe, como o movimento punk da classe operária inglesa, transformaram as lutas sociais dos grupos subalternos em temas para sua manifestação artística, principalmente na música, na literatura e nas artes plásticas. Essa questão pode ser percebida no campo econômico, por meio da divisão de classe, e também no campo social, pela existência de uma hierarquia na sociedade, expressa em diferentes escalas de prestígio, de acordo com a profissão, local de moradia e origem étnica. Com base na situação atual do país, aproveite para criar sua música escolhendo o ritmo ou o estilo que desejar.

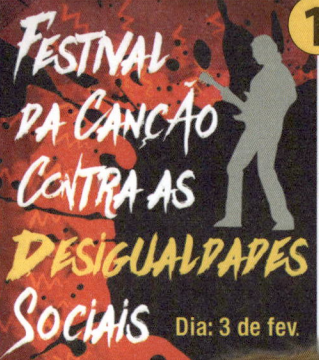

1 O FESTIVAL
A proposta é que seja realizado um festival de música com o tema "desigualdade social". Para isso, as canções precisam expressar situações reais do país: dados do capítulo e desta seção devem constar em sua composição.

2 DISTRIBUIÇÃO DE TAREFAS
A realização do festival é coletiva, porém é preciso que cada aluno saiba seu papel no festival (cantores, compositores, produtores, cenógrafos, técnicos de som e vídeo etc.).

③ CRIAÇÃO E ENSAIO

Compor as músicas e ensaiar! Aproveite para pedir ajuda aos professores de outras disciplinas, como Língua Portuguesa ou Educação Artística.

④ PREPARATIVOS

É necessário escolher o local (auditório, quadra ou pátio da escola), providenciar instrumentos e equipamentos de som, montar a cenografia para o palco, bem como intensificar a divulgação do dia e horário do evento para toda a comunidade escolar.

⑤ EXPRESSÃO ARTÍSTICA E SABER SOCIOLÓGICO

O festival promove a integração da comunidade escolar e também reflete a compreensão dos alunos sobre os temas da desigualdade social. É um momento para ser registrado como forma de conciliação entre a expressão artística e coletiva e o saber sociológico.

BRASIL: ÍNDICE DE DESENVOLVIMENTO HUMANO (IDH) — 2013

IDH
- De 0,631 a 0,646
- De 0,658 a 0,674
- De 0,682 a 0,729
- De 0,731 a 0,761
- De 0,774 a 0,824

OCEANO ATLÂNTICO

Fonte: FERREIRA, Graça M. L. *Moderno atlas geográfico*. 6. ed. São Paulo: Moderna, 2016. p. 63.

BRASIL: ESPERANÇA DE VIDA AO NASCER, POR REGIÃO — 2011

Sul — Sudeste — Centro-oeste — Norte — Nordeste

Fonte: FERREIRA, Graça M. L. *Atlas geográfico*: espaço mundial. 4. ed. São Paulo: Moderna, 2013. p. 134.

ILUSTRAÇÃO: LUIZ IRIA

Capítulo 10 • Estratificação e desigualdades sociais 231

Considerações sociológicas

Desigualdade, pobreza e políticas públicas: notas para um debate

"De acordo com Grusky, 'a tarefa de identificar as dinâmicas principais por trás das mudanças sociais tem sido fundamental para a Sociologia, mas em nenhum lugar esse interesse é mais bem desenvolvido ou mais essencial do que no campo das análises de desigualdades'.

[...] Não é possível, portanto, falar em transformações sociais sem levar em consideração as mudanças nas formas de distribuição de riqueza e nos processos de alocação dos indivíduos na estrutura social. Ainda mais verdadeira é essa afirmação se considerarmos que a desigualdade é a marca mais expressiva da sociedade brasileira e apresenta-se como um fenômeno multidimensional, transversal e durável. Por esse motivo, é um tema tão relevante para a compreensão de nossa sociedade, na medida em que se expressa em inúmeras dimensões, resulta de diferentes fatores e tem consequências variadas.

Por esse motivo, o debate sobre o enfrentamento das desigualdades conduz a uma discussão mais abrangente sobre políticas sociais e projetos de nação. E, no Brasil, coloca a necessidade de analisar as condições em que as desigualdades surgem e se reproduzem historicamente, levando a uma discussão sobre quais são as condições necessárias para que as oportunidades sejam mais bem distribuídas.

Sabemos que a desigualdade não é um fato natural, mas, sim, uma construção social. Ela depende de circunstâncias e é, em grande parte, o resultado das escolhas políticas feitas ao longo da história de cada sociedade. Mas também sabemos que todas as sociedades experimentam desigualdades e que estas se apresentam de diversas formas: como prestígio, poder, renda, entre outros — e suas origens são tão variadas quanto suas manifestações. O desafio não é apenas descrever os fatores e componentes das desigualdades sociais, mas também explicar sua permanência, e em alguns casos seu aprofundamento, apesar dos valores igualitários modernos.

O que torna o Brasil um caso especial é a sobrevivência de desigualdades históricas em meio a um processo de modernização acelerado. Mais ainda, nossos níveis de desigualdade de renda são extremamente elevados. Apesar da queda constante do Gini na última década, ele ainda permanece num patamar bastante alto, até mesmo para um continente tão desigual quanto a América Latina. [...]

[...] é importante ressaltar que, num contexto de extrema desigualdade como o que temos no Brasil, até mesmo a cidadania, entendida aqui como participação, é desigualmente distribuída. Esta é uma conjuntura que coloca em xeque o conceito de 'sociedade civil', ou pelo menos o seu uso no singular. Cada vez mais os atores sociais são chamados à participação, porém as condições dessa participação são claramente definidas com base nas possibilidades e oportunidades de inserção na arena pública. E essas possibilidades e oportunidades não são, de fato, iguais. Devemos considerar que, quando os custos e as chances de participação são tão desiguais, em geral nos defrontamos com uma situação em que os incluídos aumentam suas vantagens relativas sobre os excluídos, apropriando-se de forma mais efetiva dos benefícios gerados pela sociedade ou pelo Estado. Portanto, a dinâmica da relação entre Estado e sociedade, na qual se inscreve a prática das políticas públicas, é atravessada por desigualdades na distribuição de poder: seja ele político, econômico, social, intelectual ou simbólico. [...]"

Palafitas de comunidade ribeirinha no rio Capibaribe, em Recife (PE), registradas em 2015. A esfera habitacional é um dos setores em que as desigualdades sociais podem ser observadas no Brasil.

SCALON, Celi. Desigualdade, pobreza e políticas públicas: notas para um debate. *Contemporânea*, n. 1, p. 49-68, jan.-jun. 2011.

Direito e sociedade

PEC das domésticas

A extensão dos direitos trabalhistas para os trabalhadores domésticos, consolidada na Lei Complementar 150, de 1º de junho de 2015, gerou inúmeras controvérsias na sociedade brasileira. De um lado, estavam os que tinham sido contrários à lei, argumentando que se criaria uma situação insustentável do ponto de vista econômico, pois oneraria a classe média e poderia levar ao desemprego da categoria.

De outro, houve os que defenderam sua aprovação afirmando que a lei fora resultado de décadas de uma luta pela regulamentação formal da categoria. Em 2013, o sociólogo Joaze Bernardino Costa, da Universidade de Brasília, foi contundente ao classificar os opositores à lei como produtores de um discurso "eticamente insustentável, encharcado de herança escravagista, baseado na exploração principalmente de mulheres negras".

Para muitos, o debate é resultado de décadas de luta para que os trabalhadores domésticos fossem equiparados aos demais trabalhadores. Esquecida pelas leis trabalhistas da década de 1940, a categoria, constituída em sua imensa maioria de mulheres negras, não pode ter sua trajetória desvinculada da questão racial no Brasil. Em muitos casos, a função é uma derivação direta das tarefas exercidas pelos negros no período anterior à abolição. A função de propriedade do patrão é destacada por Creuza Maria de Oliveira, presidente da Federação Nacional das Trabalhadoras Domésticas em 2012. "Se você pega um jornal, vê: precisa-se de empregada que não estude e que durma no emprego. É um objeto na casa do empregador", diz ela.

De acordo com Joaze B. Costa, "o Brasil não pode submeter trabalhadores domésticos a um tratamento desigual, com privação de direitos, para garantir o conforto da classe média". No entanto, ele chama a atenção para o fato de que a legislação é apenas um caminho na construção de uma nova representação das trabalhadoras e trabalhadores dessa categoria.

Passados alguns anos, cabe avaliar. Será que somos capazes de perceber a vinculação entre a situação das domésticas e as questões de gênero e raça que marcam a desigualdade social no Brasil? Até que ponto temos sido capazes de construir um novo olhar sobre o trabalho doméstico no país? Ou a luta apenas começou?

Cena do filme *Que horas ela volta?*, de 2015, que retrata a relação entre empregadas domésticas e patrões.

PESQUISA COMPARATIVA

Forme grupo com os colegas de turma e, após uma programação inicial, realizem uma pesquisa com trabalhadoras domésticas, de acordo com as etapas a seguir.

1. Identifiquem se a legislação em vigor é cumprida pelos seus empregadores.
2. Verifiquem se na percepção das domésticas a lei modificou efetivamente suas condições de trabalho.
3. Peçam às entrevistadas que façam uma comparação entre a situação anterior e a atual.

Interfaces — Geografia e Química

Os subterrâneos do mundo do trabalho

Leia o texto a seguir.

"[...] Todos os anos, importantes organizações internacionais como a ONU e a OIT, além de ONGs como a Anistia Internacional e a Human Rights Watch, divulgam relatórios denunciando a situação precária dos trabalhadores em minas de carvão, minério de ferro, cobre, magnésio, manganês, prata, ouro, diamante, entre outras. Jornais também frequentemente reportam acidentes nos quais mineradores morrem ou passam dias soterrados, como o que ocorreu em uma mina de cobre em Copiapó, no Chile, em 2010. Ou em minas de carvão na China em 2010, 2013 e 2014. A China é [...] a campeã mundial em acidentes em minas de carvão. [...]

Ainda, as jazidas, em geral isoladas, fazem brotar um comércio ao seu redor, atraindo comerciantes, em sua maioria mulheres. Essas mulheres trazem consigo seus filhos, que acabam virando empregados nas jazidas. Além das péssimas condições de saneamento, elas também estão sujeitas a todo tipo de violência, especialmente abusos sexuais.

Nas jazidas, os turnos chegam a ser de 24 horas, e é comum que algum trabalhador, em geral menor de idade, sofra acidentes sérios ou até mesmo fatais. Um entrevistado de apenas 17 anos disse que sofreu uma queda em um poço fundo junto com outros dois colegas. Ele foi o único que sobreviveu. Há ainda uma enorme frequência de doenças relacionadas ao contato direto dos garimpeiros com mercúrio — um metal altamente tóxico usado para facilitar a 'limpeza' do ouro. [...]

De quem é a culpa?

[...] Primeiramente é necessário compreender a importância da indústria extrativa para o mundo atual. Não se trata apenas de benefícios econômicos a um ou outro país, mas, sim, de sua importância para a população mundial. O minério de ferro, por exemplo, é a principal matéria-prima para produção do aço, que por sua vez é utilizado 'na produção de ferramentas, máquinas, [...] além de ter uma infinidade de outras aplicações'. [...]

Os governos dos países onde as jazidas estão localizadas têm interesse em atrair grandes empresas, compradores e investidores para seus territórios. As multinacionais querem explorar ou comprar produtos primários a preços baixos a fim de aumentar as vendas de seus produtos finais. Até mesmo os consumidores possuem interesse, uma vez que querem serviços e produtos baratos.

A 'culpa', dessa forma, não é somente de um governo ou de uma empresa, mas de toda uma cadeia produtiva que requer baixíssimos gastos com mão de obra para se manter lucrativa. Apesar de ser possível manter lucros sem cometer violações aos direitos humanos, existe pouco interesse por parte dos envolvidos para promover mudanças. Também existe pouca pressão da sociedade civil. A indústria extrativa é mais agressiva e letal que a têxtil, contudo, não se vê a mesma mobilização para promover boicotes, como no caso das *sweatshops*. [...]"

ALT, Vivian. Mineração é a maior responsável por mortes no trabalho ao redor do mundo. In: Politike. *Carta Capital*. Disponível em: <http://mod.lk/k9rMN>. Acesso em: maio 2017.

Sweatshop. Termo pejorativo que designa empresas envolvidas com a exploração extrema dos funcionários, cujas jornadas de trabalho são abusivas e os salários abaixo do mínimo necessário à sobrevivência, além de não oferecerem nenhuma forma de garantia ou proteção trabalhista.

Sweatshop chinesa instalada em Lesoto (África), em 2005. Segundo a Federação Internacional de Têxteis e Couro, as fábricas chinesas que confeccionam os produtos de vestuário para marcas famosas ainda são responsáveis por práticas de trabalho abusivas e exploração do trabalho feminino.

ATIVIDADE

O texto acima faz parte de uma série de reportagens da revista *Carta Capital* sobre a exploração do trabalho no mundo contemporâneo. Ainda no século XXI, características normalmente atribuídas aos primórdios das sociedades industriais (superexploração do trabalho feminino e infantil), bem como situações análogas ao trabalho escravo, são presenciadas com muita frequência. Reflita sobre as consequências das condições de vida e de trabalho dos trabalhadores de minas. Converse com os colegas e com o professor a respeito das consequências do contato com o mercúrio e das condições precárias de saneamento, higiene e alimentação sobre a saúde do trabalhador. Discuta também o impacto socioambiental dessas atividades econômicas.

ATIVIDADES

REFLEXÃO E REVISÃO

1. A análise e a reflexão sobre a desigualdade social sempre ocuparam lugar importante nas obras das Ciências Sociais, uma vez que se trata de um fenômeno presente em todos os contextos da sociedade. Ainda que, pelo senso comum, esse conceito geralmente esteja relacionado apenas à esfera econômica, a desigualdade social pode se configurar com base em múltiplas variantes, uma vez que as sociedades são organizadas e hierarquizadas considerando diferentes aspectos.

Tendo como referência a análise desse trecho e de tudo o que foi debatido no capítulo, indique a alternativa **correta**.

a) Utilizando o conceito de classe social, Karl Marx defende a ideia de igualdade política e jurídica proclamada pelos liberais.

b) Para Max Weber, a classe social de um indivíduo é determinada pela posição que ele ocupa no processo produtivo, como proprietário ou como trabalhador.

c) Karl Marx definiu as classes sociais como o conjunto de probabilidades típicas de propriedade de bens, de posição externa (*status*) e de destino pessoal.

d) De acordo com Max Weber, a estratificação decorrente da diferença de poder acontece de acordo com pelo menos três dimensões: econômica, política e social.

e) Para Karl Marx, coexistem duas classes sociais centrais: o proletariado — formado por aqueles que vendem sua força de trabalho em troca de salário — e a burguesia — dona dos meios de produção e que tem interesses em comum com os operários.

2.

A divisão desigual do trabalho doméstico é uma das faces da divisão injusta de gênero no Brasil.

A charge retrata um fenômeno comum na sociedade brasileira: a desigualdade de gênero. Sobre esse tema, indique a alternativa **correta**.

a) É tão ínfimo que nos últimos anos deixou de fornecer dados relevantes para os estudos sobre a desigualdade social brasileira.

b) A desigualdade de gênero existente no Brasil permanece restrita aos estratos pobres da população, tendo em vista que nas elites ela não constitui o que se poderia chamar de um fenômeno recorrente.

c) A desigualdade social no Brasil é apenas econômica, de modo que a charge não expressa uma realidade brasileira.

d) A desigualdade de gênero no Brasil é algo que remonta ao período colonial e, apesar dos muitos avanços, ainda constitui um fenômeno bastante recorrente na sociedade.

e) A desigualdade social no Brasil é apenas de gênero, pois as mulheres costumam ser discriminadas em praticamente todas as esferas sociais, seja na família, seja na escola, seja no trabalho, seja na vida social e cultural.

QUESTÕES PARA DEBATE

Brasil é 18º em índice mundial de progresso social

"Na América do Sul, país fica atrás do Chile e da Argentina.
País decepciona em itens como 'segurança pessoal' e 'respeito a mulheres'"

O Brasil está classificado no 18º lugar em lista de 50 países que tiveram seu desempenho social e ambiental avaliado em novo indicador [...] chamado Índice de Progresso Social, que foi concebido pelo professor da Harvard Business School, Michael Porter, e pela instituição Social Progress Imperative.

Em primeiro lugar no *ranking* ficou a Suécia, seguida pelo Reino Unido e pela Suíça. Na outra ponta, a Etiópia ficou na última colocação (50ª), antes da Nigéria, na 49ª, e da Uganda, na 48ª.

O índice é uma pontuação calculada de 0 e 100. Para ficar na 18ª colocação, o Brasil teve pontuação 52,27. A Suécia, por exemplo, ficou com 64,81 para levar o primeiro lugar e a Etiópia teve nota 32,13 para ficar em último lugar. [...]

Entre os Brics, o Brasil é o mais avançado (a China está no 32º lugar, a Rússia no 33º, a África do Sul no 39º e a Índia no 43º).

Brasil decepciona em segurança

Para a medição, foram analisados dados de 52 fontes, agrupadas em três categorias principais, que são: necessidades humanas básicas, em que o Brasil ficou na 30ª posição, fundamentos de bem-estar, na qual o país ocupou o 20º lugar, e oportunidades, cuja posição foi a 16ª.

Capítulo 10 • Estratificação e desigualdades sociais **235**

ATIVIDADES

Dentro de cada um desses tópicos, há subitens. Em oportunidades, um dos quesitos que puxaram o Brasil para cima é o 'tolerância e respeito', no qual o país ocupa a segunda posição. Ainda dentro do mesmo tópico, de oportunidades, no subitem 'igualdade de oportunidades para minorias étnicas', o Brasil aparece em primeiro lugar.

Na outra ponta, o Brasil foi muito mal em segurança pessoal, que está no tópico 'necessidades humanas básicas'. Nesse quesito, ficou em 46ª posição e, no quesito 'taxa de homicídios', ficou na 47ª.

Em relação ao item 'mulheres tratadas com respeito', que fica dentro do tópico oportunidades, o Brasil também ficou muito mal, ocupando o 43º lugar.

De acordo com o especialista, a intenção é que os dados sirvam de parâmetros para os governos pensarem em suas políticas públicas.

O Brasil, por exemplo, está na 30ª posição no item necessidades humanas básicas, em 33ª em acesso ao ensino superior e em 31ª em qualidade da saúde.

De acordo com Porter, para a edição inicial da pesquisa foram levados em conta 50 países que tinham dados compatíveis que pudessem ser cruzados. A intenção é fazer a edição do ano que vem com 100 países."

GASPARIN, Gabriela. Brasil é 18º em índice mundial de progresso social, diz pesquisa. *G1*, 4 set. 2013. Disponível em: <http://mod.lk/nCApE>. Acesso em: maio 2017.

O texto apresenta os resultados de 2013 e 2015 de um novo índice que avalia, em sentido amplo, as condições de vida das pessoas. Algumas de suas conclusões foram debatidas de maneiras diversas ao longo do capítulo. Com base nessas informações, reflita com os colegas sobre as questões a seguir.

1. O texto mostra a conceituação de progresso social, base da pesquisa. Defina, com suas palavras, progresso social.

2. Quais são os exemplos da realidade social do Brasil que poderiam servir para confirmar ou negar as indicações apresentadas no texto sobre a noção de progresso social?

3. No texto, informa-se que no quesito "tolerância e respeito" o Brasil ocupa a segunda posição mundial, mas que nos de "segurança pessoal" e "taxa de homicídios" ele acaba por ficar muito mal posicionado: respectivamente, nas posições de número 46 e 47. Quais seriam, em sua opinião, as causas apresentadas pela teoria sociológica para a persistência desses graves problemas sociais?

4. Que consequências provocadas pelos problemas apontados pela pesquisa do Índice de Progresso Social podem ser comumente observadas no cotidiano?

5. Os dados apresentados no texto podem ser utilizados como parâmetros para a elaboração de políticas públicas de combate às desigualdades. Apresente exemplos de políticas públicas direcionadas às questões sociais medidas pelo novo índice de progresso social.

ENEM E VESTIBULARES

Questão 1

(UPE, 2016)

Leia o texto a seguir.

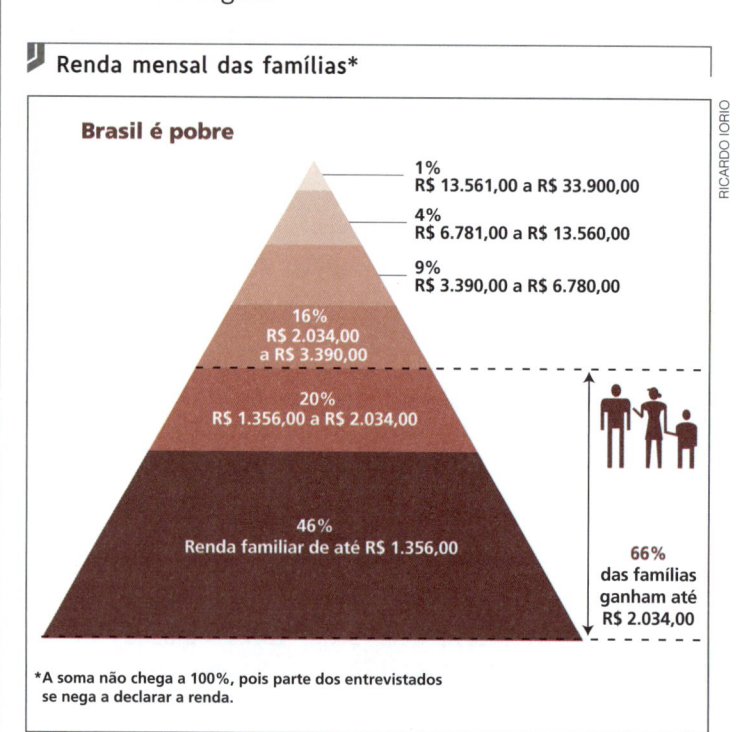

Renda mensal das famílias*

Brasil é pobre

- 1% — R$ 13.561,00 a R$ 33.900,00
- 4% — R$ 6.781,00 a R$ 13.560,00
- 9% — R$ 3.390,00 a R$ 6.780,00
- 16% — R$ 2.034,00 a R$ 3.390,00
- 20% — R$ 1.356,00 a R$ 2.034,00
- 46% — Renda familiar de até R$ 1.356,00

66% das famílias ganham até R$ 2.034,00

*A soma não chega a 100%, pois parte dos entrevistados se nega a declarar a renda.

O conceito sociológico contido no texto faz referência à maneira pela qual os indivíduos se organizam socialmente, com base em fatores econômicos, políticos, históricos, religiosos etc. Portanto, o texto se constitui por

a) um meio de divisão igualitária de gênero.
b) uma homogeneidade cultural.
c) uma distribuição igualitária do poder.
d) um aumento mensal da renda familiar.
e) uma organização social de base econômica.

Questão 2

(FGV, 2016)

Em junho de 2015, o Papa Francisco tornou pública a encíclica *Laudato si'* (Louvado sejas), na qual trata do meio ambiente e da atual crise ecológica, conforme trecho a seguir.

"48. O ambiente humano e o ambiente natural degradam-se em conjunto; e não podemos enfrentar adequadamente a degradação ambiental, se não prestarmos atenção às causas que têm a ver com a degradação humana e social. De fato, a deterioração do meio ambiente e a da sociedade afetam de modo especial os mais frágeis do planeta: 'Tanto a experiência comum da vida quotidiana como a investigação científica demonstram que os efeitos mais graves de todas as agressões ambientais recaem sobre as pessoas mais pobres'. Por exemplo [...], a poluição da água afeta particularmente os mais pobres que não têm possibilidades de comprar água engarrafada, e a elevação do nível do mar afeta principalmente as populações costeiras mais pobres que não têm para onde se transferir. O impacto dos desequilíbrios atuais manifesta-se também na morte prematura de muitos pobres, nos conflitos gerados pela falta de recursos e em muitos outros problemas que não têm espaço suficiente nas agendas mundiais."

Carta encíclica *Laudato si'* do Santo Padre Francisco sobre o cuidado da casa comum. Disponível em: <http://w2.vatican.va/content/francesco/pt/encyclicals/documents/papa-francesco_20150524_enciclica-laudato-si.html>.

No trecho selecionado da encíclica, o papa estabelece

a) a relação entre a desigualdade social e a fragilidade do equilíbrio ecológico planetário.

b) o vínculo entre a responsabilidade humana no aquecimento global e a elevação do nível do mar.

c) a interdependência entre o desenvolvimento tecnológico e o progresso material e moral.

d) o papel da política internacional para o uso responsável das fontes hídricas.

e) a importância de preservar o bem comum, sobretudo a água potável.

Questão 3

(Enem, 2011)

"Quem é pobre, pouco se apega, é um giro-o-giro no vago dos gerais, que nem os pássaros de rios e lagoas. O senhor vê: o Zé-Zim, o melhor meeiro meu aqui, risonho e habilidoso. Pergunto: — Zé-Zim, por que é que você não cria galinhas-d'angola, como todo o mundo faz? — Quero criar nada não... — me deu resposta: — Eu gosto muito de mudar... [...] Belo um dia, ele tora. Ninguém discrepa. Eu, tantas, mesmo digo. Eu dou proteção. [...] Essa não faltou também à minha mãe, quando eu era menino, no sertãozinho de minha terra. [...] Gente melhor do lugar eram todos dessa família Guedes, Jidião Guedes; quando saíram de lá, nos trouxeram junto, minha mãe e eu. Ficamos existindo em território baixio da Sirga, da outra banda, ali onde o de-Janeiro vai no São Francisco, o senhor sabe."

ROSA, J. G. *Grande sertão*: veredas. Rio de Janeiro: José Olympio (fragmento).

Na passagem citada, Riobaldo expõe uma situação decorrente de uma desigualdade social típica das áreas rurais brasileiras marcadas pela concentração de terras e pela relação de dependência entre agregados e fazendeiros. No texto, destaca-se essa relação porque o personagem-narrador

a) relata a seu interlocutor a história de Zé-Zim, demonstrando sua pouca disposição em ajudar seus agregados, uma vez que superou essa condição graças à sua força de trabalho.

b) descreve o processo de transformação de um meeiro — espécie de agregado — em proprietário de terra.

c) denuncia a falta de compromisso e a desocupação dos moradores, que pouco se envolvem no trabalho da terra.

d) mostra como a condição material da vida do sertanejo é dificultada pela sua dupla condição de homem livre e, ao mesmo tempo, dependente.

e) mantém o distanciamento narrativo condizente com sua posição social, de proprietário de terras.

Questão 4

(Enem, 2010)

"Homens da Inglaterra, por que arar para os senhores que vos mantêm na miséria?

Por que tecer com esforços e cuidado as ricas roupas que vossos tiranos vestem?

Por que alimentar, vestir e poupar do berço até o túmulo esses parasitas ingratos que exploram vosso suor — ah, que bebem vosso sangue?"

SHELLEY. Os homens da Inglaterra apud HUBERMAN, L. *História da riqueza do homem*. Rio de Janeiro: Zahar, 1982.

A análise do trecho permite identificar que o poeta romântico Shelley (1792-1822) registrou uma contradição nas condições socioeconômicas da nascente classe trabalhadora inglesa durante a Revolução Industrial. Tal contradição está identificada

a) na pobreza dos empregados, que estava dissociada da riqueza dos patrões.

b) no salário dos operários, que era proporcional aos seus esforços nas indústrias.

c) na burguesia, que tinha seus negócios financiados pelo proletariado.

d) no trabalho, que era considerado uma garantia de liberdade.

e) na riqueza, que não era usufruída por aqueles que a produziam.

Questão 5

(UFPR, 2010)

Qual é o significado da expressão "mobilidade social vertical"? Como identificar a posição de classe de um indivíduo?

Capítulo 10 • Estratificação e desigualdades sociais **237**

ATIVIDADES

Questão 6

(UFPR, 2011)

> "As classes sociais são agrupamentos que têm a mesma posição na estrutura de produção e mantêm relações umas com as outras, produzindo e reproduzindo a estrutura social."
>
> ARAÚJO, S.; BRIDI, M. A.; MOTIM, B. *Sociologia*: um olhar crítico. p. 26.

Com base nessa afirmação, discorra sobre as relações entre capital e trabalho na sociedade contemporânea.

Questão 7

(UEM, 2014)

A noção de "classe social" tornou-se uma ferramenta conceitual importante para o desenvolvimento das Ciências Sociais na medida em que permitiu a descrição e a análise de diferentes relações sociais nas sociedades modernas. Considerando as variadas perspectivas sociológicas sobre as "classes sociais", assinale o que for **correto**.

(01) O termo "classe social" é equivalente ao termo "classe de consumo", pois a sociologia entende que a posição social das pessoas deve ser explicada pela sua capacidade de comprar ou de consumir bens.

(02) A ideia de "classes sociais" refere-se a uma forma de classificar e de descrever as relações sociais, pois remete às diferentes posições ou estratificações sociais que os indivíduos e os grupos ocupam em uma sociedade.

(04) O conceito de "classes sociais" não sugere apenas a existência de diferenças ou de variações individuais entre as pessoas, mas principalmente a produção de desigualdades entre as posições sociais que elas ocupam.

(08) O termo "luta de classes" está ligado ao reconhecimento de desigualdades e de hierarquias na formação e na organização das sociedades que podem levar a conflitos e a disputas entre os distintos grupos que as compõem.

(16) Quando o conceito de "classe social" é utilizado para descrever um grupo de indivíduos, o seu uso indica que essas pessoas possuem algumas características em comum que podem identificá-las enquanto parte de um grupo social.

QUESTÕES PARA PESQUISA

De acordo com os dados do Censo 2010 do IBGE, o Brasil, na primeira década do século XXI, apresentou uma melhora nos índices socioeconômicos. Houve melhora na renda, queda na mortalidade infantil e aumento da frequência escolar. Divulgados em 2013, esses índices tiveram diferentes acolhidas na sociedade brasileira. Para alguns setores da sociedade, isso indicava uma mudança de paradigma e o êxito das políticas públicas de inclusão social. Para outros, eram dados que não demonstravam a consolidação da reversão do quadro de desigualdades presentes no país.

Nas Ciências Sociais, uma maneira bastante comum de verificar a precisão das afirmações feitas sobre os fenômenos sociais é investigá-los com pesquisas. Vamos verificar como os elementos destacados no texto se apresentam em nossa cidade, bairro ou região? Para isso, formem pequenos grupos de pesquisadores e, com a orientação do professor, montem um questionário e façam uma pesquisa semelhante à realizada pelo IBGE, que deve respeitar etapas a seguir.

1. Antes de começar, selecionem os elementos a serem pesquisados.

2. Organizem os grupos de acordo com o número de elementos de pesquisa.

3. Definam o universo e as estratégias de pesquisa a serem adotadas: população-alvo (idade, gênero, etnia, escolaridade etc.) e espaços de abrangência (área rural ou urbana, parte nobre ou não).

4. Montem os questionários com base na orientação do professor e atentem para a forma de aplicação.

5. Realizem a pesquisa e façam a tabulação dos resultados, de preferência com a ajuda do professor.

6. Apresentem esses resultados em forma de seminário ou de painéis, comparando-os com os dados apresentados no texto. Em sua região, os dados são semelhantes ou diferentes?

7. Convidem um ou mais professores ou especialistas no assunto (quem sabe até uma autoridade municipal, estadual ou federal) para que venha(m) discutir com os colegas da escola os dados obtidos.

8. Com base nos resultados e no conhecimento acumulado na leitura do capítulo e nos debates com os colegas, elaborem por escrito (painel ou cartaz) uma proposta de política pública para os possíveis aspectos problemáticos apurados pela pesquisa.

9. Sob a orientação do professor, encaminhem as propostas aos órgãos competentes para que elas sejam avaliadas e, até mesmo, colocadas em prática.

Mais questões: no livro digital, em **Vereda Digital Aprova Enem** e **Vereda Digital Suplemento de revisão e vestibulares**; no *site*, em **AprovaMax**.

UNIDADE 5

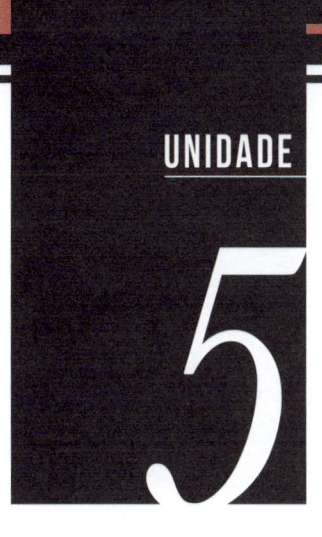

GLOBALIZAÇÃO E SOCIEDADE DO SÉCULO XXI: DILEMAS E PERSPECTIVAS

Capítulo 11
Sociologia do desenvolvimento, 240

Capítulo 12
Globalização e integração regional, 262

Presente em aspectos econômicos, culturais, políticos e sociais, a globalização reconfigura o mundo e abre novas perspectivas para o ser humano. No entanto, questões importantes a ela associadas, como distribuição mais justa da riqueza e do bem-estar, centrais no debate sobre desenvolvimento e subdesenvolvimento, ainda se apresentam como desafios para o século XXI.

CAPÍTULO 11

SOCIOLOGIA DO DESENVOLVIMENTO

ENEM
C2: H8, H9
C3: H15
C4: H17, H18, H20
C5: H25
C6: H28

Ao final deste capítulo, você será capaz de:

- Compreender a importância dos conceitos de desenvolvimento e subdesenvolvimento para a análise do capitalismo como sistema mundial.

- Associar as teorias sobre desenvolvimento com os diferentes momentos sociais e econômicos dos séculos XX e XXI.

- Compreender as relações econômicas que são estabelecidas entre os países com base em diferentes posições de poder.

- Avaliar os limites e as possibilidades da aplicação das teorias e dos conceitos de desenvolvimento no mundo contemporâneo.

Edifício-sede da Comissão Econômica para a América Latina e o Caribe (Cepal) na cidade de Santiago (Chile), em 2011. A Cepal foi criada em 1948, com o objetivo de estimular o desenvolvimento dos países latinoamericanos.

Crianças em favela no bairro de Kallyanpur, na cidade de Daca (Bangladesh), em 2010, são exemplo dos efeitos da pobreza em países em desenvolvimento.

Aula em escola pública no município de Arapiraca (AL), em 2013. As imagens que contrastam riqueza e pobreza no mundo nos remetem à oposição entre desenvolvimento e subdesenvolvimento, centro e periferia. Tal polarização está presente no atual sistema capitalista, marcado por contradições, como as elevadas desigualdades econômicas, tanto entre os indivíduos como entre os países.

Questão motivadora

Considerando a persistência da concentração de renda na economia mundial, como conciliar o crescimento econômico com o desenvolvimento social e político de uma nação?

Capítulo 11 • Sociologia do desenvolvimento

1. Primeiras palavras

Em seu relatório divulgado em 2014, o Programa das Nações Unidas para o Desenvolvimento (Pnud) chamava a atenção para o fato de que a humanidade, apesar de ter progredido de forma impressionante, continuava a apresentar imensas desigualdades, visto que cerca de 40% da riqueza do mundo estava concentrada nas mãos de apenas 1% da população mundial. Por que isso ocorre? Em que medida o modo como a riqueza é produzida e distribuída no mundo afeta a qualidade de vida das pessoas? O que o crescimento econômico e o desenvolvimento social têm a ver com as desigualdades sociais (pobreza, desemprego, educação deficiente, falta de moradia, entre outros aspectos)?

Com as transformações políticas e econômicas da Revolução Francesa e da Revolução Industrial, foram estabelecidos ideais para que as sociedades que haviam rompido com o Antigo Regime pudessem seguir os trilhos da democracia e da liberdade, do desenvolvimento econômico e do bem-estar. Para isso, também foi necessário definir o que se entendia por liberdade e por desenvolvimento, assim como os demais conceitos que passariam a ser objetivos comuns das sociedades modernas. Os meios para atingir essas metas variavam de acordo com o sistema socioeconômico: planificação socialista, liberalismo capitalista e outras posições construídas com base em combinações de políticas sociais, regulação econômica e mercado.

O desenvolvimento pode ser entendido como um processo sustentável de melhoria da qualidade de vida de determinada sociedade, onde a forma para atingir esse objetivo é definida por seus próprios membros. Assim, as disputas pelos diferentes projetos de desenvolvimento, marcadas pelo conflito entre capitalismo e socialismo, tomaram novos rumos no final do século XX. A partir de 1990, com a dissolução do bloco soviético — conjunto de países socialistas aliados à União Soviética —, o capitalismo tornou-se o modo de organização socioeconômica hegemônico no planeta.

A polarização entre a economia soviética e o modelo de **livre-comércio** deixou de existir, e o debate sobre o modo de produção e distribuição de riquezas tem praticamente se restringido à busca de formas de organização e gerenciamento da economia de mercado capitalista.

Fenômenos decorrentes do capitalismo — como a concentração de renda e o aumento da pobreza, a destruição das instituições de proteção social e dos recursos humanos e naturais —, bem como de situações delicadas que dele fazem parte, acabam gerando crises. Medidas de regulação de seus aspectos destrutivos seguiram diferentes orientações ao longo da história, mas hoje podem ser analisadas pelas teorias do desenvolvimento, que constituem importante capítulo da Sociologia.

Este capítulo pretende explicitar o modelo de desenvolvimento do capitalismo brasileiro, principalmente após 1945, com a modernização e a industrialização da sociedade brasileira. Refletiremos ainda sobre as relações entre Estado e mercado e a dinâmica de desenvolvimento implementada após os anos 1990.

> **Livre-comércio.** Consiste na circulação de mercadorias, na forma de importação e exportação, sem que sejam submetidas a tarifas. Os que defendem as restrições ao comércio alegam que elas são necessárias para proteger empregos, ajudar a indústria nascente e impedir a concorrência desleal. Já os defensores do livre-comércio afirmam que este, por causa do princípio das vantagens comparativas, será sempre melhor para produtores e consumidores.

Para navegar

Pnud — Programa das Nações Unidas para o Desenvolvimento
www.br.undp.org
Além de oferecer informações e documentos sobre o combate à desigualdade e à pobreza no Brasil, o *site* detalha parcerias estabelecidas entre governo e sociedade civil com o intuito de promover ações solidárias na sociedade brasileira e contribuir para o desenvolvimento humano e o crescimento do país nas áreas prioritárias.

Cronologia

1929 — Início da grande depressão econômica, que se estendeu pelos anos 1930. Foi o mais longo período de recessão do século XX, com altas taxas de desemprego, queda no PIB da maioria dos países, declínio da produção industrial e desvalorização de ações. Devido à crise, o liberalismo passou a ser questionado como meio de organização econômica para o desenvolvimento.

1945 — Realização da Conferência sobre Organização Internacional ou Conferência de São Francisco, que deu origem à Organização das Nações Unidas (ONU).

1948 — É aprovada pela Assembleia Geral da ONU a criação da Comissão Econômica para a América Latina e o Caribe (Cepal), organização responsável por avaliar e fomentar as possibilidades de progresso para os países em desenvolvimento da região.

1959 — Criação da Superintendência do Desenvolvimento do Nordeste (Sudene), iniciativa regional da política desenvolvimentista do governo de Juscelino Kubitschek. O órgão foi extinto em 2001 e substituído pela Agência do Desenvolvimento do Nordeste (Adene). Em 2007, a Adene foi extinta, e a Sudene, reimplantada.

1989 — Realização do Consenso de Washington, seminário internacional que reuniu representantes das principais agências multilaterais do mundo, assim como do governo e do Banco Central dos Estados Unidos, além dos governos de diversos países latino-americanos. Foram propostas recomendações para o desenvolvimento econômico dos países da América Latina — a cartilha neoliberal.

2. Capitalismo: um sistema entre crises e desenvolvimento

Em algum momento em sua vida, em casa ou no noticiário da TV, você escutou que este ou aquele país está "em crise". Por que essa palavra é tão recorrente? O sistema capitalista é uma forma de organização social e econômica relativamente nova na história da humanidade, mas que com frequência se encontra em crise. Ele resulta de um processo de transformação econômica associado à difusão da ideologia liberal, às mudanças políticas trazidas pela Revolução Francesa e às forças produtivas estabelecidas pela Revolução Industrial. Isso permitiu que a produção e a distribuição da riqueza de um país deixassem de ser geridas pelo monarca e passassem a ser organizadas pela racionalidade técnica e científica, submetidas às leis de mercado.

O capitalismo é um sistema socioeconômico que se baseia na propriedade privada dos meios de produção e é movido pelo trabalho livre e assalariado. É também um sistema fundamentado na busca incessante por lucros, obtidos primordialmente com a produção industrial e, cada vez mais, pelos setores de serviços e inovação.

No contexto atual, a economia capitalista não deve ser confundida com a industrialização, que, desde sua origem, foi o principal meio de desenvolvê-la. Hoje, por exemplo, a gestão capitalista da agricultura também é uma tendência, expressa pela mecanização das grandes monoculturas operadas por mão de obra especializada e assalariada em substituição à agricultura familiar e a outros métodos tradicionais de cultivo. A administração da produção rural pelos fundamentos da economia de mercado e da produção industrial é denominada **agronegócio**.

À esquerda, colheitadeiras de soja em fazenda no município de Tangará da Serra (MT), em 2012; à direita, cultivo orgânico em pequenampropriedade no município de Ibiúna (SP), em 2011. O modo de produção capitalista avança sobre as práticas tradicionais e leva desemprego às áreas rurais, já que privilegia o uso intensivo de tecnologia para aumentar a produtividade e a lucratividade.

1991
Dissolução da União Soviética põe fim à polarização entre capitalismo e socialismo na disputa mundial pela melhor estratégia de desenvolvimento. O debate passa a concentrar-se na regulação ou na maior liberalização do próprio capitalismo.

1998
Amartya Sen, economista indiano, recebe o Prêmio Nobel de Ciências Econômicas por suas contribuições para as teorias da decisão social e do Estado de bem-estar social. Foi o primeiro economista de um país em desenvolvimento a receber o prêmio.

2001
Publicação do relatório *Building better global economics Bric*, que apontou para o aumento da importância social, econômica, política e militar de Brasil, Rússia, Índia e China, cujas iniciais formam a sigla Bric. Esses países alcançaram índices de industrialização próximos aos dos países desenvolvidos, mas ainda não resolveram seus principais problemas sociais, como a distribuição de renda.

2007
Lançamento do Programa de Aceleração do Crescimento (PAC), uma série de medidas do governo federal para estimular o crescimento econômico no Brasil.

2014
Brasil, Rússia, Índia, China e África do Sul oficializam a criação do Novo Banco de Desenvolvimento (NBD), conhecido como Banco do Brics. Com capital inicial autorizado de US$ 100 bilhões, o Banco do Brics pode oferecer créditos para infraestrutura ou socorrer economias em crise, servindo de alternativa para o sistema de gerenciamento econômico internacional definido em 1944 pelas conferências de Bretton Woods.

Capítulo 11 • Sociologia do desenvolvimento

Desempregados formam fila diante de centro de alimentação gratuita oferecida a necessitados em Chicago (Estados Unidos), em 1931. O capitalismo tem se revelado um modo de produção caracterizado por crises cíclicas nas quais os momentos de grande lucratividade são contrastados por períodos igualmente longos de crise, com redução da demanda e dos lucros e aumento da pobreza.

As economias de mercado enfrentam periodicamente momentos em que as taxas de lucro ou a acumulação de capital ficam muito baixas, igual a zero ou negativas. Quando isso acontece, dizemos que a economia capitalista está em crise. Os momentos de crise do capitalismo podem ser causados por uma superprodução de mercadorias ou por especulações financeiras. No primeiro caso, as mercadorias produzidas pelas empresas não encontram compradores suficientes, o que leva a perdas constantes e prejuízos; foi o que ocorreu quando da crise da Bolsa de Valores de Nova York, em 1929. Já no segundo, os empresários passam a investir no mercado de ações com expectativa de maiores ganhos futuros, retirando investimentos de outras indústrias. Esse movimento de especulação financeira conduz à criação de "bolhas" — ou seja, valores superestimados das mercadorias em decorrência da alta expectativa de ganhos futuros — que, inevitavelmente, acabam "explodindo", pois os salários não acompanham essa alta nos preços, e as mercadorias ficam inacessíveis para os consumidores.

A diminuição dos investimentos nas indústrias acarreta a diminuição da contratação de mão de obra, da compra de matérias-primas e de máquinas. Por sua vez, as empresas que produzem máquinas e extraem matérias-primas veem seus lucros serem reduzidos, o que as leva a diminuir investimentos e a demitir funcionários. Os trabalhadores desempregados não encontram novos postos de trabalho e, como não têm outra fonte de renda, acabam aumentando os percentuais de pobreza. Nesse cenário de retração, também chamado **recessão**, é muito improvável que os investidores voltem a atuar e que a economia recupere o dinamismo com base apenas na decisão espontânea dos capitalistas, que preferem guardar seu dinheiro a investir na produção.

As propostas de solução para as crises do capitalismo estiveram, durante muito tempo, centradas na ideia de que somente uma economia planificada, gerida por um sistema político socialista, seria capaz de produzir crescimento com justiça social. Essa conclusão era resultado da experiência que mostrava como as falhas nas leis de mercado levavam um país à estagnação e seu povo à pobreza. Atualmente, a administração das crises do capitalismo obedece à própria lógica do sistema. Desde a falência do liberalismo econômico clássico no começo do século XX, do fascismo e do socialismo soviético, o principal agente capaz de estabelecer os princípios de resolução das crises tem sido o Estado nacional democrático, por meio do **planejamento econômico**.

Saiba mais

Nação

Compreender o conceito de **nação** é fundamental para entender as relações políticas contemporâneas. O termo teve origem no discurso político europeu e ganhou força com a Revolução Francesa. Nação associa-se a uma ideia de agregação de indivíduos de diferentes segmentos sociais por meio de laços identitários comuns, capazes de vinculá-los a uma única estrutura política governamental. Assim, existe uma vinculação entre a ideia de nação (comunidade de indivíduos unidos por laços sócio-históricos e culturais) e a ideia de Estado (entidade política responsável pela administração da vida pública).

A nação é um elemento central para a Sociologia do desenvolvimento, pois suas teorias empregaram frequentemente essa ideia como meio de obtenção de consenso social para a execução de seus projetos. Com a formação de novos blocos político-econômicos integrando diferentes Estados, é possível que haja uma ressignificação do conceito de nação, uma vez que outras estruturas identitárias podem vir a configurar-se.

Recessão. É quando um país diminui sua taxa de crescimento econômico, ou seja, o volume de riqueza (PIB) produzido em comparação a um momento anterior diminui. Essa retração na atividade econômica também pode vir acompanhada de aumento do desemprego, redução do investimento e diminuição da renda das famílias.

Planejamento econômico. Para o pensamento econômico clássico, as empresas e as famílias defendem seus interesses no mercado. As sociedades modernas, no entanto, reconhecem a existência de bens não privados, interesses comuns e bens sociais para os quais não existem mercados eficientes. Nesse caso, as decisões devem ser tomadas por um terceiro agente, que em sociedades democráticas é o governo. Ele adota medidas econômicas, monetárias ou jurídicas para atingir seus objetivos. A decisão sobre os gastos públicos e a regulamentação sobre eles é exercida pela "mão visível da burocracia", expressão usada para se contrapor à "mão invisível do mercado autorregulado", de Adam Smith. Na prática, o Estado deve disciplinar a atividade produtiva para promover o desenvolvimento econômico e evitar (ou amenizar) os efeitos das crises econômicas.

À esquerda, o presidente Juscelino Kubitschek em caminhão que transportava operários alocados na construção da rodovia Belém-Brasília, em 1958; à direita, proferindo palestra sobre o desenvolvimento econômico e as metas do governo no Rio de Janeiro (RJ), em 1959. Durante o governo Kubitschek (1955-1960), o planejamento econômico do Estado decidiu alocar recursos em bens públicos (como estradas) para os quais não havia ainda um mercado eficiente. Outras obras de infraestrutura necessárias para o crescimento do país foram realizadas.

O debate atual sobre questões socioeconômicas conduz à avaliação dos limites e poderes do Estado quando se trata de evitar ou resolver as crises do capitalismo. Discute-se a respeito de seus possíveis papéis como regulador, fomentador ou simples coadjuvante na esfera econômica. Esse debate pode ser resumido no esforço de definir os papéis e as responsabilidades do Estado no processo global de desenvolvimento de uma nação. Portanto, se a crise econômica está associada à queda dos lucros e a suas consequências para capitalistas e trabalhadores, o desenvolvimento resulta da produção da riqueza e da forma como ela é distribuída para atingir os ideais coletivos da sociedade. Compreender os papéis do Estado e do setor privado em contextos de desenvolvimento e de crise é o ponto de partida para aprendermos mais sobre os diferentes fatores que articulam esses agentes.

3. Abordagens e perspectivas do desenvolvimento

Nas economias de mercado, a produção e a distribuição de mercadorias são idealmente reguladas pela **lei da oferta e da procura**, e sua eficiência é responsável pelo crescimento econômico. Segundo essa perspectiva, o conceito de progresso é avaliado pelo aumento da produção de riquezas viabilizado pelo mercado e medido pelo dinheiro. Para os economistas liberais, o mercado funcionaria de forma independente das instituições responsáveis pela coesão social e pelo bem-estar dos indivíduos. Por isso, diz-se que esse mercado é autorregulado.

Assim, bastaria que um país adotasse políticas corretas de mercado para alcançar, de modo linear, a mesma fase de desenvolvimento desfrutado pelas grandes economias mundiais.

Do ponto de vista da Sociologia, o mercado é apenas uma das instituições de que uma sociedade precisa para existir. As instituições responsáveis pela socialização garantem que, quando algum cidadão não for capaz de prover sua existência ou a de seus dependentes, diferentes redes de sociabilidade atuarão para evitar sua destruição. Essas redes não funcionam conforme as leis de mercado, mas são reguladas por princípios de **reciprocidade** mediados pelos diferentes laços sociais. Isso significa que, além da escassez dos recursos disponíveis, existem fatores morais e sociais que determinam as escolhas econômicas. Portanto, a economia está imersa tanto em instituições econômicas (entre as quais o mercado) quanto em não econômicas (como as famílias e as igrejas).

Sociedades liberais, como as que foram construídas na Inglaterra e nos Estados Unidos entre o final do século XVIII e o início do século XX, tendem a colocar em risco a existência da maioria de seus integrantes e os laços que mantêm a sociedade coesa. Historicamente, podemos verificar que, no período imediatamente anterior à Primeira Guerra Mundial, o sistema econômico estava em conflito com os mecanismos de autoproteção da sociedade.

Reciprocidade. Relação de troca não fundamentada na racionalidade econômica ocidental moderna e na qual valores afetivos e morais orientam as trocas. A doação, para a qual se espera outra doação futura em contrapartida (também chamada, na Antropologia, dom e contradom), pode ser um valor econômico e uma força política de coesão que regula as relações em uma sociedade.

Capítulo 11 • Sociologia do desenvolvimento

A produção de riqueza no capitalismo deve ser acompanhada de consumo. Se ocorrer um decréscimo do consumo, haverá uma consequente queda da lucratividade. Corte dos custos da produção, aumento do nível de desemprego e desequilíbrio de preços acabam por configurar um contexto de crise.

Saiba mais

Autorregulação do mercado: lei da oferta e da procura

Para os economistas liberais, o livre-mercado existe quando compradores e vendedores negociam bens, produtos ou serviços, ou seja, quando existe produção excedente que é disponibilizada em uma relação formal de troca. O mercado será competitivo quando existirem muitos compradores e vendedores. Assim, o comportamento de cada ator econômico (um indivíduo, uma empresa etc.) — suas decisões de comprar e vender — poderá ser desconsiderado na determinação dos preços; isso quer dizer que um único ator econômico não é capaz de alterar os preços nem a quantidade ofertada e demandada.

A curva de oferta e demanda mostra que a quantidade de bens de consumo disponibilizados no mercado depende do preço. Quanto maior o preço, menor a demanda e, por sua vez, maior a oferta (incentivada pela perspectiva de altos lucros). O encontro das curvas é denominado **equilíbrio de mercado**. Para a tradição liberal, em um mercado perfeitamente livre, o comportamento de compradores e vendedores tenderá ao equilíbrio. Quando a oferta é superior à demanda, os preços tendem a cair e, da mesma forma, quando a demanda é superior à oferta, tendem a subir. Quando oferta e demanda se encontram, estabelece-se o equilíbrio de mercado.

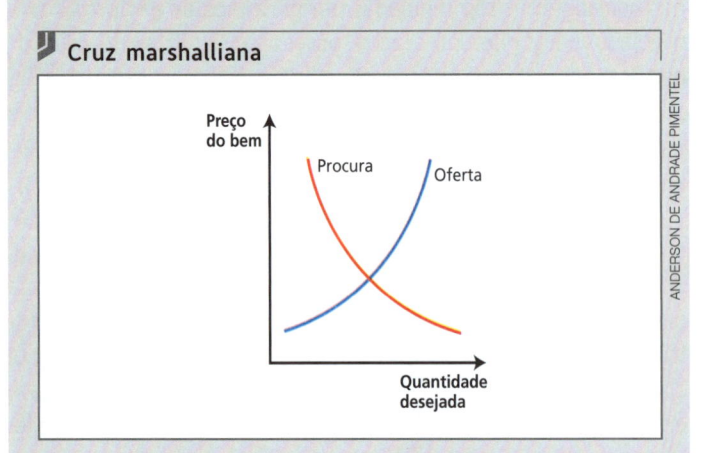

Cruz marshalliana

Segundo o diagrama idealizado pelo economista britânico Alfred Marshall, quando a quantidade ofertada de um bem se iguala à sua procura, é atingido o equilíbrio de mercado. Esse é o funcionamento da autorregulação ou "mão invisível do mercado".

Fonte: MARSHALL, Alfred. *Princípios da economia*. São Paulo: Nova Cultural, 1996. (Coleção Os Economistas).

Como, nessa fase, as instituições de regulação social e os laços de reciprocidade estavam enfraquecidos, a concentração de renda e o aumento progressivo da desigualdade social reduziram os meios de assegurar condições mínimas de vida para todos.

Esse fenômeno foi estudado por Karl Polanyi, na década de 1940. Com a sociedade em crise, situação evidenciada pelo número crescente de pobres e miseráveis, tornou-se necessário impor limites à autorregulação do mercado. Como resposta a esse desafio, surgiram propostas de planejamento da economia pelo Estado. Pela via política, foi possível reintroduzir na dinâmica do mercado princípios de sociabilidade capazes de evitar a autodestruição da sociedade capitalista. As crises econômicas, como a deflagrada em 2008 em consequência das bolhas especulativas que foram criadas no mercado imobiliário dos Estados Unidos, são exemplos dos riscos presentes em uma sociedade que pauta sua vida econômica exclusivamente pela autorregulação do mercado. Essas crises sugerem que o modelo de crescimento que sacrifica o bem-estar social deve ser revisto.

A crise iniciada com a quebra da Bolsa de Valores de Nova York em 1929 teve como resposta a adoção do planejamento econômico pelos Estados Unidos, país que se tornou símbolo do liberalismo econômico no mundo.

Quem escreveu sobre isso

Karl Polanyi

O húngaro Karl Polanyi (1886-1964) foi advogado e professor de História Econômica em Oxford, na Inglaterra, para onde emigrou em 1933, fugindo do nazismo. Em 1944, escreveu sua obra-prima: *A grande transformação: as origens de nossa época*. Um dos pontos principais dessa obra foi a demonstração de que o capitalismo precisa transformar a terra, o trabalho e o dinheiro em "mercadorias fictícias", sujeitas às relações de mercado. São fictícias porque, apesar de negociadas no mercado, não podem ser produzidas para a venda pelo trabalho assalariado. O trabalho está relacionado à vida humana, à terra e à natureza, enquanto o dinheiro está vinculado a instituições sociais, como os bancos e o Estado. É possível queimar uma safra de café para forçar a elevação dos preços, mas não é possível fazer o mesmo com o trabalho (vida), a terra (natureza) ou o Estado (instituição social) sem causar graves consequências para a existência da sociedade. Outros princípios de troca devem reger esses aspectos da sociedade, como a reciprocidade.

Para Karl Polanyi, o processo econômico é instituído em diferentes arranjos institucionais (como aqueles que envolvem relações de reciprocidade), e não apenas no moderno mercado autorregulado.

Mundialização da crise econômica dos Estados Unidos de 1929

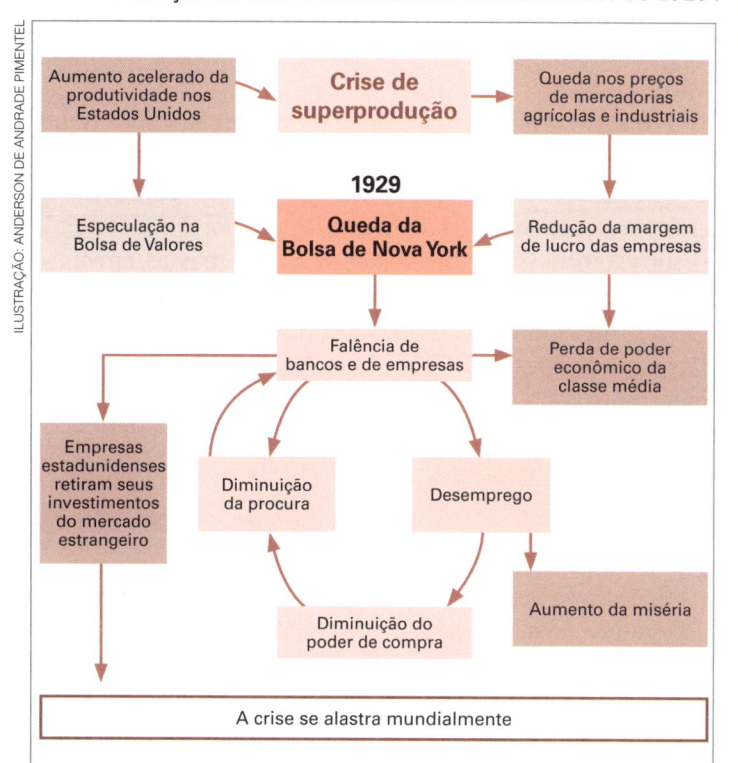

- Aumento acelerado da produtividade nos Estados Unidos → Crise de superprodução → Queda nos preços de mercadorias agrícolas e industriais
- Especulação na Bolsa de Valores → 1929 Queda da Bolsa de Nova York → Redução da margem de lucro das empresas
- Falência de bancos e de empresas → Perda de poder econômico da classe média
- Empresas estadunidenses retiram seus investimentos do mercado estrangeiro
- Diminuição da procura ↔ Desemprego
- Diminuição do poder de compra
- Aumento da miséria

A crise se alastra mundialmente

Fonte: elaborado pelos autores.

As leis de mercado não são suficientes para regular a vida social: a quebra da Bolsa de Valores de Nova York deixou milhares de cidadãos estadunidenses pobres e desprotegidos, o que levou o Estado a rever sua função na economia. Os dois quadros desta página mostram o ciclo mundial da crise e a solução keynesiana, que resgatou a economia capitalista e abriu caminho para o Estado de Bem-Estar Social.

A política de intervenção pública na economia estadunidense foi batizada de **New Deal** (Novo Acordo) e tornou-se um modelo de resposta capitalista à crise. A intervenção do Estado consistia em medidas como o aumento dos gastos públicos, o controle dos preços e da produção e a redução da jornada de trabalho, a fim de abrir novas vagas para a massa de desempregados. A sociedade aprendia, pela experiência da crise econômica, que o mercado, por si só, não era capaz de promover o desenvolvimento.

A Ciência Econômica acreditava que poderia dar uma resposta capaz de garantir a sobrevivência e o bem-estar da população sem abrir mão do projeto capitalista, ao contrário do ocorrido na União Soviética, que aboliu o capitalismo e adotou o socialismo a partir de 1917.

Os fundamentos teóricos do New Deal eram inspirados no modelo proposto pelo economista britânico John Maynard Keynes (1883-1946). Favorável à intervenção do Estado na economia com base em uma teoria não ortodoxa, mas sem abrir mão dos princípios do capitalismo (como propriedade privada e trabalho assalariado), o pensamento keynesiano predominou nos Estados Unidos, na Europa e em outras partes do mundo. No segundo pós-guerra, serviu de parâmetro para que muitos países iniciassem seus projetos de reestruturação econômica, administrativa e social.

Conforme o pensamento keynesiano, o Estado deveria agir em três áreas interligadas. Na economia, coordenaria a produção capitalista, estimulando a poupança, promovendo o desenvolvimento econômico, corrigindo possíveis distorções do mercado, bem como garantindo o pleno emprego e controlando setores estratégicos para o desenvolvimento nacional, como telecomunicações e petróleo. Na área social, promoveria políticas públicas que garantiriam ao cidadão acesso universal a direitos sociais, como educação e saúde. Por fim, na área administrativa, manteria o controle do funcionamento interno do Estado por meio de uma burocracia tecnicamente qualificada e com tarefas definidas. Em consequência, o desenvolvimento passou a ser compreendido como algo mais amplo do que o simples crescimento econômico, envolvendo transformações econômicas, sociais e políticas mediadas pelo Estado.

Solução keynesiana para a crise de 1929

Intervenções do Estado
- Investimentos em grandes obras públicas, como estradas, moradia, sistemas de saneamento etc.
- Controle da atividade bancária por meio de taxações e restrições de juros
- Desvalorização da moeda
- Subsídios para agricultores reduzirem a produção
- Redução da jornada de trabalho

Geração de empregos → Aumento da renda familiar → Aumento do consumo → Crescimento da produção industrial → Reanimação do comércio → Impostos → Impostos

Fonte: elaborado pelos autores.

No plano ideológico da **Guerra Fria**, esse projeto de fortalecimento das economias de mercado com base no Estado visava conter a expansão socialista, que, pelo caráter planificado de sua economia, não sofreu tanto com as crises econômicas que abalaram o mundo capitalista no entreguerras. Assim, o aumento da capacidade de consumo e de expansão do comércio, bem como a estabilização das relações econômicas e a consolidação de infraestrutura — enfim, o desenvolvimento —, era um meio de fortalecer os países do bloco capitalista e impedir o avanço do bloco socialista.

> **Guerra Fria.** Designa o período situado entre o fim da Segunda Guerra Mundial (1945) e a extinção da antiga URSS (1991), no qual Estados Unidos e União Soviética disputaram a hegemonia política, ideológica, econômica e militar no mundo. O adjetivo "fria" refere-se ao fato de o poderio nuclear das duas superpotências impedir um confronto direto entre ambas. Entretanto, houve vários confrontos indiretos, como as guerras da Coreia (1950-1953), do Vietnã (1959-1975) e do Afeganistão (1979-1989).

Saiba mais

As instituições de Bretton Woods

Em razão da Grande Depressão que marcou os Estados Unidos e de suas consequências, associadas ao pensamento keynesiano e aos temores causados pelos regimes nazifascistas, delegados das nações aliadas (entre as quais ainda estava a URSS) reuniram-se na cidade de Bretton Woods (Estados Unidos) para estabelecer as regras comerciais e financeiras que iriam vigorar no mundo a partir do pós-guerra. Das reuniões realizadas em julho de 1944, surgiram as grandes instituições financeiras que até hoje balizam a economia global: o **Banco Internacional para a Reconstrução e o Desenvolvimento (Bird)** — posteriormente dividido, dando origem ao Banco Mundial e ao Banco para Investimentos Internacionais — e o **Fundo Monetário Internacional (FMI)**. Desde o início, contudo, ficou claro que essas instituições visavam antes atender aos interesses dos Estados Unidos e de seus principais aliados do que promover o equilíbrio econômico e o desenvolvimento social entre as nações. Assim, os países socialistas logo desistiram de participar das instituições de Bretton Woods, ao passo que, no decorrer dos anos, vários países periféricos, como o Brasil, tiveram suas políticas nacionais de desenvolvimento interrompidas quando, devido a problemas econômicos, precisaram buscar socorro nos recursos geridos por essas instituições.

Com sede em Washington (Estados Unidos), o FMI foi criado para auxiliar a reconstrução do sistema monetário internacional. Atualmente, visa promover a cooperação econômica, estimular o livre-comércio e favorecer a estabilidade monetária e cambial dos países-membros por meio da disponibilização condicionada de recursos financeiros. Entretanto, tem sido criticado por constituir um forte instrumento de dominação dos países centrais sobre os países periféricos, quer por meio de suas políticas monetárias restritivas, quer por meio dos juros exorbitantes que são cobrados pelos recursos disponibilizados.

Imediatamente após a Segunda Guerra Mundial, o êxito das políticas keynesianas inspirou diversas teorias de matriz liberal-capitalista sobre o desenvolvimento, todas referenciadas na história euro-americana. Uma delas foi a teoria estrutural-funcionalista, construída entre os anos 1950 e 1960. Essa abordagem, que também apresenta caráter linear, evolucionista, tem no economista e político estadunidense Walt Whitman Rostow um de seus principais representantes.

Em seu clássico *Etapas do crescimento econômico: um manifesto não comunista*, de 1959, Rostow discorre sobre uma teoria do desenvolvimento estruturada em cinco etapas, sendo a primeira a sociedade tradicional, marcada por uma economia de subsistência, e a última a do consumo de massas, em que o setor de serviços se torna dominante. Com ênfase na eficácia do livre-mercado, o modelo evolucionista de Rostow converge para a perspectiva keynesiana, pela qual o governo exerce um importante papel no desenvolvimento nacional.

Saiba mais

A ONU e o desenvolvimento global

Em 1945, ao final da Segunda Guerra Mundial, foi criada a **Organização das Nações Unidas (ONU)**. Desde o início, a ONU esteve voltada para a manutenção da ordem internacional estabelecida no pós-guerra. Sua função seria garantir os direitos fundamentais em todos os países-membros e funcionar como palco para o debate sobre os objetivos e as políticas de desenvolvimento, que trariam à cena conflitos de interesses no plano internacional.

Embora a Assembleia Geral, na qual todos os países-membros estão igualmente representados, seja o principal espaço de debates da ONU, todas as deliberações da organização estão subordinadas ao Conselho de Segurança (CS), seu verdadeiro órgão executivo. O CS é formado por quinze membros, dos quais dez são rotativos e cinco são permanentes. Os membros permanentes — Estados Unidos, Inglaterra, França, China e Rússia (sucessora da URSS) — têm poder de veto sobre qualquer matéria, podendo isoladamente bloquear uma decisão ou iniciativa da ONU. Isso gera um franco desequilíbrio e alimenta as crescentes demandas pela democratização da ONU e de seu Conselho de Segurança.

Embora o Conselho de Segurança da ONU seja formado por quinze membros, os cinco representantes permanentes (Estados Unidos, Inglaterra, França, China e Rússia) podem isoladamente bloquear qualquer decisão ou iniciativa da ONU proposta pelos outros membros, o que gera um desequilíbrio de poderes.

> **QUESTÕES**
>
> Com relação às duas perspectivas sobre o desenvolvimento, quais são as principais discordâncias em relação ao papel do Estado?

As teorias do subdesenvolvimento

A crítica às teorias capitalistas do desenvolvimento, que buscavam nas características internas dos países pobres as razões para sua condição de subordinação e subdesenvolvimento econômico, abriu diferentes possibilidades interpretativas; entre elas estão os estudos de Raúl Prebisch e Celso Furtado.

Na transição dos anos 1940 para os anos 1950, uma nova interpretação do desenvolvimento econômico e social latino-americano foi formulada pela Comissão Econômica para a América Latina e o Caribe — **Cepal**, organização criada pelo Conselho Econômico e Social das Nações Unidas. Seus fundamentos foram elaborados por Raúl Prebisch, ao tratar da divisão dos países em "centrais ou periféricos". O "centro" englobaria as nações industrializadas, e a "periferia" seria formada pelas nações em desenvolvimento. As desigualdades no sistema centro-periferia resultariam do papel desempenhado pelos países nas relações internacionais. Os países centrais teriam um comportamento ativo, ao passo que as nações periféricas teriam uma conduta passiva, dependente do dinamismo interno e do crescimento das economias centrais.

> **Cepal.** Criada em 25 de fevereiro de 1948, a Comissão Econômica para a América Latina e o Caribe tem como objetivos promover o desenvolvimento econômico da região mediante o compromisso de assessorar as ações realizadas para tal e contribuir para o estreitamento das relações econômicas entre seus países-membros e os demais países do mundo. Recentemente, a Cepal incorporou a meta de promover o desenvolvimento social sustentável.

Quem escreveu sobre isso

Raúl Prebisch

O economista argentino Raúl Prebisch (1901-1986) foi membro da Cepal. Ele ganhou notoriedade por ter formulado os princípios que seriam a base da teoria da dependência. Em 1950, escreveu o ensaio *Crescimento, desequilíbrio e disparidades: interpretação do processo de desenvolvimento econômico*, que ficou conhecido como "Manifesto latino-americano".

Raúl Prebisch formulou as bases da teoria da dependência e valeu-se das ideias de Keynes para defender políticas de desenvolvimento para a América Latina.

A compreensão das desigualdades entre países periféricos e centrais dependeria também da crítica à **teoria das vantagens comparativas**, desenvolvida pela economia clássica inglesa — cujos expoentes foram Adam Smith (1723-1790) e David Ricardo (1772-1823). Essa foi a primeira teoria a formular os benefícios que o livre-comércio poderia trazer a todos os países que dele participassem.

Contudo, o princípio das vantagens comparativas não explicava a situação vivida na América Latina. Ao contrário, o livre-comércio beneficiava as economias centrais, que detinham grande poder sobre as economias periféricas. Essa situação resultava em uma distribuição desigual dos benefícios e das tecnologias, gerando um círculo vicioso batizado por Prebisch de "deterioração dos termos de troca". Os países pobres permaneciam pobres, pois não tinham como processar as matérias-primas. Em vez de produzir bens manufaturados de maior valor agregado, continuavam produzindo bens agrícolas primários, cujos preços diminuíam com o aumento da produção, enquanto o valor das mercadorias industrializadas importadas aumentava. Logo, os países não industrializados tinham de produzir cada vez mais matérias-primas para obter igual quantidade de bens industrializados, o que perpetuava sua condição periférica.

Por esse motivo, os autores vinculados à Cepal afirmavam que era necessário pensar a América Latina tendo por base seu próprio contexto histórico. Em outras palavras, para entender a subordinação dos países latino-americanos, era imprescindível compreender as especificidades históricas locais e, consequentemente, rejeitar a aplicação de modelos importados sem relação com a história de cada país.

No que diz respeito ao aspecto político, influenciados pelo pensamento keynesiano, os cepalinos (pensadores responsáveis pela produção intelectual da Cepal) afirmavam que seria necessária uma forte atuação do Estado no incremento da industrialização e na superação da pobreza.

Saiba mais

Princípio das vantagens comparativas

A **vantagem comparativa** resulta da análise daquilo de que cada produtor tem de abrir mão para a produção de determinado bem (isso é chamado **custo de oportunidade**). Por exemplo, o produtor que precisa de menos horas de trabalho para produzir um bem (isto é, tem menor custo de oportunidade) tem uma vantagem comparativa na fabricação desse bem. Isso significa que cada produtor deve utilizar sua capacidade para produzir um bem em condições vantajosas em relação a seus vizinhos e comprar deles tudo de que precisar. Na formulação original de Adam Smith, o sapateiro fabrica sapatos e compra do alfaiate trajes, enquanto o alfaiate fabrica os próprios trajes e compra do sapateiro sapatos. Esse princípio valeria tanto para a economia doméstica quanto para o comércio internacional.

Capítulo 11 • Sociologia do desenvolvimento

A abertura dos países periféricos aos investimentos estrangeiros também era admitida e incentivada pelos cepalinos, para que esses países pudessem acelerar seu ritmo de industrialização. Nos anos 1950, tais medidas passaram a ser conhecidas como "substituição de importações". Isso significava rejeitar a ideia de que seria mais eficiente manter sua vocação agrário-exportadora (como previa o princípio das vantagens comparativas) e estabelecer um parque industrial capaz de suprir o mercado interno.

A vertente da teoria do subdesenvolvimento iniciada por Raúl Prebisch centrava suas críticas nos aspectos econômicos que sustentavam as desigualdades existentes entre países centrais e periféricos. Pouco esclarecia sobre as estruturas de dominação internacional que organizavam e mantinham as relações entre centro e periferia. Era preciso estender a análise econômica para os campos da política e da cultura, a fim de traçar um diagnóstico mais preciso da situação do subdesenvolvimento e permitir políticas mais eficazes para sua superação.

No Brasil, a obra de Celso Furtado apresenta um esforço contínuo de caracterização do subdesenvolvimento como condição estrutural da periferia. Com base em estudos históricos, Furtado argumentava que o subdesenvolvimento deve ser compreendido como resultante de um processo histórico que não necessariamente está relacionado às etapas pelas quais passaram as economias centrais. Nesse sentido, o subdesenvolvimento não deve ser caracterizado como um estágio inferior da história econômica mundial, mas um fenômeno que decorre do próprio desenvolvimento atingido pelos países capitalistas centrais.

Para assistir

Um sonho intenso
Brasil, 2014.
Direção: José Mariani.
Duração: 101 min.

O documentário aborda questões como desenvolvimento e subdesenvolvimento do Brasil, com base em entrevistas com sociólogos, economistas e historiadores eminentes. Além de apresentar a história do Brasil a partir dos anos 1930, o filme discute uma série de perspectivas sobre a situação do país em termos de desenvolvimento e sobre seu futuro.

Brasil: localização das indústrias — 2013

Para navegar

Cepal — Comissão Econômica para a América Latina e o Caribe
www.cepal.org
Neste *site* são encontradas informações sobre a Cepal, bem como artigos, análises e interpretações sobre o desenvolvimento da América Latina e do Caribe.

A política de substituição de importações permitiu o desenvolvimento da indústria no país. Nos dias atuais, o Brasil apresenta um nível de industrialização próximo ao dos países desenvolvidos.

Fonte: IBGE. *Atlas geográfico escolar*. Disponível em: <http://mod.lk/ThxZC>. Acesso em: maio 2017.

É nesse momento que Furtado estabelece a diferença entre crescimento e desenvolvimento. A primeira categoria trata do aumento da produção; a segunda consiste nas suas consequências para o conjunto da economia da sociedade. Como forma de superação do subdesenvolvimento, Furtado defende ampla participação do Estado no planejamento da economia, em parceria com o capital nacional. Além disso, propõe ampliar o desenvolvimento tecnológico. Tudo isso deve ser impulsionado por uma indústria local diversificada e apoiada pela demanda interna.

Quem escreveu sobre isso

Celso Furtado

Nascido em Pombal (PB), Celso Furtado (1920-2004) é um dos mais importantes nomes do pensamento social brasileiro. Sua teoria original sobre o subdesenvolvimento rompeu com o pensamento vigente em sua época e abriu caminho para a produção de diagnósticos e políticas nacionais para abordar os problemas da sociedade brasileira e dos demais países periféricos. Trabalhou na Cepal em 1949 e, dez anos depois, criou a Superintendência do Desenvolvimento do Nordeste (Sudene). Posteriormente, foi diretor do Banco Nacional de Desenvolvimento Econômico e Social (BNDES). Ministro do Planejamento no governo João Goulart, teve os direitos políticos cassados pela ditadura civil-militar de 1964 e seguiu para o exílio na França, onde se tornou professor de Economia do Desenvolvimento na Universidade de Sorbonne. Após seu retorno ao Brasil, foi nomeado ministro da Cultura no governo José Sarney. Sua obra mais importante é *Formação econômica do Brasil*, de 1959.

Celso Furtado contribuiu com ideias originais para a teoria e a política econômica no Brasil e na América Latina.

QUESTÕES

Explique a importância das ideias de Raúl Prebisch e de Celso Furtado para o debate sobre desenvolvimento no Brasil.

Teoria da dependência

Com base nas reflexões de Prebisch e Furtado, criou-se uma segunda vertente teórica do subdesenvolvimento, depois denominada teoria da dependência. De início proposta por sociólogos como o brasileiro Fernando Henrique Cardoso e o chileno Enzo Faletto (1935-2003), que mantiveram a crítica econômica anterior, essa nova vertente avançou progressivamente para uma perspectiva de viés marxista.

Em linhas gerais, a teoria da dependência apontava a importância de analisar as relações entre o **imperialismo** e as classes dominantes locais para a compreensão do subdesenvolvimento. Admitia também que os mercados, a tecnologia e as finanças que tinham origens nos países centrais colocavam a periferia em situação de dependência.

Pode-se acusar a teoria da dependência de não acrescentar inovação ao explicar a realidade latino-americana, já que o capitalismo internacional historicamente imprimiu um sistema político de exploração entre nações centrais e periféricas; mas, por outro lado, ela pode inspirar um projeto nacional para os países dependentes.

Quem escreveu sobre isso

Fernando Henrique Cardoso

Nascido no Rio de Janeiro, Fernando Henrique Cardoso (1931-) é sociólogo e político. Formado pela Universidade de São Paulo (USP), da qual posteriormente veio a ser professor emérito, foi um dos principais nomes da teoria da dependência. Entre suas obras mais significativas, estão *Capitalismo e escravidão no Brasil meridional* (1962) e *Dependência e desenvolvimento na América Latina* (1970), escrita em parceria com Enzo Faletto. Em 1978, ingressou na política como candidato ao Senado por São Paulo. Ministro das Relações Exteriores e, depois, ministro da Fazenda durante o governo Itamar Franco, que durou de 29 de dezembro de 1992 a 1º de janeiro de 1995, foi o principal articulador da equipe que criou o Plano Real. Foi eleito presidente da República em 1994, reelegendo-se quatro anos depois. Intelectual de prestígio internacional, deixou um legado contraditório como presidente. De um lado, está o êxito no combate à inflação e na reestruturação do sistema bancário brasileiro; de outro, estão o aprofundamento da desigualdade social e escândalos de corrupção envolvendo a privatização de empresas estatais.

Um dos principais nomes da teoria da dependência, quando presidente (entre 1995 e 2003), Fernando Henrique Cardoso adotou o receituário neoliberal e, na prática, renegou parte expressiva de sua produção intelectual.

Imperialismo. Dominação econômica e política que um país ou região exerce sobre outros povos. Essa relação pode ser formal, mediante acordos e tratados, ou informal, por força das relações comerciais, diplomáticas etc.

Capítulo 11 • Sociologia do desenvolvimento

Na corrente teórica do dependentismo, a interpretação sobre o desenvolvimento passa pela relação entre a economia e as esferas de poder. Para os dependentistas, as escolhas econômicas nunca são neutras e estão sempre pautadas por um princípio político, isto é, privilegiam determinados interesses em detrimento de outros. Nesse sentido, a questão do desenvolvimento envolve o poder, ou seja, a capacidade de decidir até que ponto determinados grupos dominantes podem ter seus interesses contrariados sem que se estabeleça uma crise. Portanto, os caminhos propostos para o desenvolvimento passam pelas disputas políticas e pelos interesses dos grupos dominantes, e as pressões sociais decorrentes desse processo incidem diretamente sobre o Estado e seus projetos.

Por sua vez, os interesses das forças imperialistas externas podem coincidir com os valores, os projetos e as perspectivas dos grupos dominantes (hegemônicos) nos países periféricos, o que configura um sistema de dominação fundado na relação entre duas dimensões de poder: uma doméstica e outra internacional. Nessa visão, a dependência não seria apenas o resultado de uma força estrutural externa, mas também da construção da hegemonia de grupos e classes sociais internos. Em suma, a dependência deve ser vista como um mecanismo de dominação baseado tanto nos interesses dos grupos hegemônicos internos como nos daqueles de origem estrangeira.

Com base nessa ideia, a teoria da dependência introduziu o conceito de dominação na análise econômica e destacou que a exploração e as desigualdades entre os países centrais e periféricos estariam assentadas sobre outras bases. Em outras palavras, com o pesado investimento estrangeiro feito pelas multinacionais, com a extração das riquezas naturais dos países dependentes, com o apoio que os países ricos deram (e ainda dão) às ditaduras nos países pobres e com o crescente endividamento externo dos países periféricos, que aumenta sua dependência em relação aos países credores, as nações ricas mantinham sua dominação sobre as nações pobres. A teoria da dependência possibilita entender que, nos países da América Latina, as dificuldades estruturais, em princípio, são muito mais graves e socialmente danosas do que aquelas vivenciadas pelos Estados Unidos e pelos demais países do centro do capitalismo mundial.

Para ler

GALEANO, Eduardo. *As veias abertas da América Latina.* Rio de Janeiro: Paz e Terra, 1979.
O livro do escritor uruguaio, um clássico latino-americano, explica a conexão das riquezas dos países europeus e dos Estados Unidos com a pobreza das ex-colônias, relacionando a questão do desenvolvimento e da desigualdade à herança da colonização.

A abordagem neoliberal do desenvolvimento

Apesar de seus êxitos, a teoria da dependência foi desprezada no debate político e econômico dos anos 1990 e 2000, quando o neoliberalismo tornou-se hegemônico. Nesse período, sob o domínio dos países centrais e das **agências multilaterais** por eles controladas, a ação do Estado como agente de desenvolvimento foi rediscutida. Essa rediscussão decorreu, por um lado, da crise econômica internacional dos anos 1970 e 1980 (derivada do aumento dos preços do petróleo e da crise financeira que se abateu sobre países como México, Argentina e Brasil) e, por outro, da **crise fiscal do Estado** de bem-estar social.

Agência multilateral. Também denominada instituição financeira internacional, é um organismo formado por representantes de várias nações. A agência multilateral é responsável pelo financiamento de projetos de desenvolvimento e pela concessão de auxílio financeiro aos países em dificuldades econômicas. Exemplos importantes dessas agências são o Fundo Monetário Internacional (FMI) e o Banco Mundial.

Crise fiscal do Estado. Refere-se à crescente incapacidade do Estado em financiar políticas públicas que atendam às demandas dos diferentes segmentos da economia e da sociedade.

A América Latina, como região periférica e dependente, vem sendo submetida às decisões políticas e econômicas dos Estados Unidos e dos demais países centrais. Muitas vezes, essa dominação é expressa pela submissão da região a agências multilaterais, como o Banco Mundial e o FMI.

Para assistir

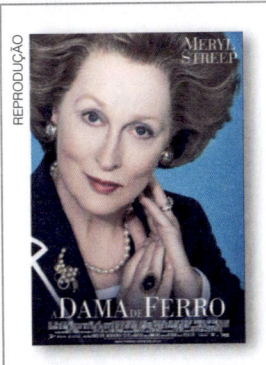

A Dama de Ferro
Reino Unido/França, 2011.
Direção: Phyllida Lloyd.
Duração: 105 min.

Filme biográfico sobre Margareth Thatcher, tida como a primeira-dama do neoliberalismo. Embora centrado na vida pessoal da personagem, explicita momentos políticos cruciais da Inglaterra, além da insatisfação popular com suas medidas.

A busca pela superação da crise dentro do sistema capitalista teve como eixo o resgate dos fundamentos do velho liberalismo e resultou em uma drástica redução do papel do Estado na economia. Privatizações foram estimuladas pelas reformas econômicas associadas às condições impostas pelas agências multilaterais. A maioria dos governos latino-americanos submeteu-se ao tripé desregulação, privatização e abertura econômica como receita para a recuperação de suas economias.

Contudo, tal como ocorrera no passado, os princípios (neo)liberais não foram suficientes para a promoção do desenvolvimento. Na dinâmica das relações internacionais, os países centrais continuaram a fornecer auxílio e socorro econômico (financiamentos, empréstimos etc.) quando necessário, mas sob condições. Além disso, como as nações em desenvolvimento em geral não produzem os bens, nem serviços, nem mesmo a infraestrutura de que necessitam, elas estão sempre recorrendo aos capitais, às tecnologias, aos produtos e a outros elementos vindos dos países desenvolvidos. Assim, os países em desenvolvimento mantêm-se endividados e obrigados a aceitar as condições impostas pelos países centrais e pelas agências multilaterais. Consequentemente, as causas da dependência se mantêm.

Para ler

GÓES, José Angelo Wenceslau. *Fast-food: um estudo sobre globalização alimentar.*
Salvador: Edufba, 2010.
Nesta obra, o autor apresenta um estudo etnográfico sobre as mudanças de hábitos alimentares dos usuários de uma grande franquia de *fast-food* instalada em Salvador (BA). Por meio de relatos e de observações em campo, buscou nas relações socioculturais e simbólicas dos indivíduos um novo "olhar" do ato de alimentar-se e sua influência na saúde dos consumidores.

MÉSZÁROS, István. *Para além do capital.*
São Paulo: Boitempo Editorial, 2002.
Neste livro, o filósofo húngaro István Mészáros (1930-) trata das explicações marxistas sobre o capital e sua dinâmica e critica a teoria de que não há alternativa ao capital e ao capitalismo, bem como investiga a crise econômica, política e ideológica no mundo atual.

Em síntese, vemos que, sob a hegemonia neoliberal, o subdesenvolvimento continua existindo, e as nações desenvolvidas tendem a manter seu padrão de desenvolvimento (apesar das crises que atravessam, como ocorre desde 2008). Logo, a desigualdade pode ser vista como uma condição inerente à modernidade. A divisão internacional do trabalho e a própria dinâmica das relações internacionais retroalimentam o ciclo vicioso que ainda hoje separa os países entre centro e periferia, desenvolvidos e em desenvolvimento.

O debate sobre o desenvolvimento a partir dos anos 1990

Com o fracasso das políticas neoliberais, que deixaram milhões de pessoas desempregadas e empobrecidas a partir dos anos 1990, a questão do desenvolvimento e das soluções para os problemas ligados a ele voltou a ser debatida. A industrialização crescente de alguns países, como o Brasil, levou a uma situação em que o crescimento econômico — cujos principais indicadores são o produto interno bruto (PIB), os números absolutos da balança comercial e do consumo (gasto das pessoas, empresas, Estado) — convivia com elevados índices de concentração de renda, analfabetismo, fome e mortalidade infantil. A forma de classificação dos países mudou, passando de "subdesenvolvidos" a países "em desenvolvimento" e, posteriormente, a "emergentes". Era preciso que as conquistas da economia se refletissem no aumento do bem-estar, que, por sua vez, deveria ser definido e medido adequadamente.

Foi nesse contexto que o pensamento desenvolvimentista voltou a se fazer presente, apontando alternativas para os países e sociedades periféricos. Uma das abordagens contemporâneas sobre o desenvolvimento é aquela proposta por intelectuais como o indiano Amartya Sen e o paquistanês Mahbub Ul Haq (1934-1998), que, em 1993, criaram um índice que incluía o ser humano e seu bem-estar na avaliação do desempenho econômico de uma nação: o **Índice de Desenvolvimento Humano (IDH)**. Esse índice, além de considerar a renda (o PIB dividido pelo número de habitantes do país, isto é, o PIB *per capita*), leva em conta a longevidade (medida pela expectativa de vida) e os indicadores relacionados à educação (taxa de alfabetização e taxa de matrícula).

Assim, uma ideologia baseada no crescimento econômico (neoliberalismo) foi preterida por outra (proposta por Sen e Ul Haq), cujo fundamento estava no desenvolvimento humano. Os diferentes processos de transformação que ocorreram nos anos 1990 e que envolveram tanto a revolução nas tecnologias de comunicação quanto o fim da Guerra Fria (com a queda do Muro de Berlim, em 1989, e a dissolução da União Soviética, em 1991) contribuíram para essa mudança de ideologia. O desenvolvimento voltou a ser debatido e incorporou outras variáveis. Além do ser humano, o meio ambiente passou a ser considerado importante, em virtude do uso crescente de recursos não renováveis, da destruição de ecossistemas e da poluição da atmosfera provocada pelo crescimento industrial.

Capítulo 11 • Sociologia do desenvolvimento **253**

Quem escreveu sobre isso

Amartya Sen

O economista Amartya Sen (1933-) é um dos mais reconhecidos intelectuais da atualidade e seu pensamento contribui para a construção de meios efetivos que sirvam para orientar o capitalismo rumo a um processo de crescimento com resultados mais justos e igualitários. Ele relacionou o crescimento econômico com a necessidade de a população ter formas de fazer suas escolhas e, assim, exercer de fato a cidadania. Entre suas principais obras estão *O desenvolvimento como liberdade* (2000), *Desigualdade reexaminada* (2001) e *As pessoas em primeiro lugar* (2010).

Um dos criadores do Índice de Desenvolvimento Humano (IDH), Amartya Sen considera que o crescimento deve vir junto com a igualdade social.

Para assistir

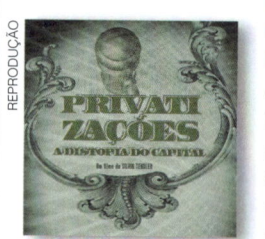

Privatizações: a distopia do capital
Brasil, 2014.
Direção: Silvio Tendler.
Duração: 56 min.

O documentário procura apontar os limites da era das privatizações, a partir dos anos 1990, resgatando o papel do Estado no pós-guerra e a ideologia desenvolvimentista para situar o que significou o neoliberalismo. Recorre a opiniões de especialistas, entre os quais sociólogos, geógrafos e economistas.

Ainda nos anos 1990, surge o pensamento de Manuel Castells (1942-). Ele sustenta que o modo de desenvolvimento preponderante no futuro próximo não será mais baseado na indústria, mas no conhecimento. Dessa forma, em vez do industrialismo, a sociedade atual viveria na era da informação, o informacionalismo, no qual as tecnologias mais importantes estariam relacionadas à informática, pois possibilitariam a expansão do conhecimento e o aumento do fluxo de informações. O desenvolvimento, na teoria de Castells, está ligado à capacidade de incentivar os avanços da tecnologia e valorizar o conhecimento.

O debate desenvolvimentista continua no século XXI. Uma das novas proposições dos últimos anos é a de Ha-Joon Chang. Segundo ele, para alcançar seu atual *status*, as potências desenvolvidas precisaram contrariar os princípios liberais radicais e operar uma efetiva intervenção estatal na economia. A política econômica que orientou seu desenvolvimento seguiu diferentes princípios de planejamento, como incentivo à indústria nacional, **protecionismo econômico** e fortalecimento de um Estado empenhado em garantir direitos como saúde, educação e habitação.

Quem escreveu sobre isso

Ha-Joon Chang

O professor sul-coreano Ha-Joon Chang (1963-) ensina Política Econômica na Universidade de Cambridge, na Inglaterra. Escreve desde os anos 1990 sobre economia do desenvolvimento, capitalismo, propriedade intelectual e indústria. Atualmente, é um dos mais reconhecidos economistas heterodoxos, contrário aos princípios liberais de não intervenção do Estado na economia. Sua crítica ao capitalismo contemporâneo decorre da avaliação histórica que faz sobre a evolução desse sistema socioeconômico, que ainda considera o melhor sistema de produção e trocas criado pelos seres humanos, apesar de suas crises. Em seu livro *Chutando a escada: a estratégia do desenvolvimento em perspectiva histórica*, de 2002, Chang mostra como os países desenvolvidos estão "chutando a escada" pela qual subiram ao topo ao impedir que países em desenvolvimento adotem as políticas e as práticas que eles próprios usaram.

O pensamento heterodoxo do economista sul-coreano Ha-Joon Chang influenciou políticas econômicas de países como o Equador, no governo de Rafael Correa (em 2016).

Chang também demonstra que essas estratégias de desenvolvimento e modernização adotadas pelos países desenvolvidos não foram reproduzidas, desde o início, pelos países periféricos. Ainda hoje, os Estados desenvolvidos impõem àqueles em desenvolvimento políticas liberais e de **austeridade fiscal** não adotadas por eles em seu próprio processo de formação nacional. Um exemplo de política liberal que hoje se coloca como regra para países em desenvolvimento que buscam superar a pobreza e a estagnação econômica é a prática do livre-comércio. O princípio de trocas comerciais livres de impostos e barreiras, apresentado como solução para países emergentes ou em desenvolvimento, não foi adotado pelos países desenvolvidos. Para crescer com autonomia, esses países se valeram das práticas que hoje condenam, como o protecionismo econômico.

Protecionismo econômico. Mecanismo usado para salvaguardar as indústrias nacionais da concorrência externa. Essa proteção se dá por meio de aumento da carga tributária sobre a importação de gêneros agrícolas e manufaturados, criação de normas restritivas para a entrada de produtos estrangeiros e utilização de subsídios (créditos, incentivos fiscais etc.) governamentais para baratear os produtos nacionais.

Austeridade fiscal. Situação que se busca atingir por meio do controle dos gastos públicos. Implementa-se uma política de austeridade quando existe déficit público, isto é, o Estado teve uma despesa maior do que suas receitas. Assim, as medidas de austeridade visam ao corte dos gastos públicos, especialmente gastos sociais.

Outro tema importante no século XXI tem sido a questão da segurança. Por causa dos atentados de 11 de setembro de 2001, promovidos pelo grupo terrorista Al-Qaeda, que lançou aviões sobre as torres do World Trade Center e sobre o Pentágono, nos Estados Unidos, o terrorismo internacional passou a ser tema de diversos debates. A promoção do desenvolvimento seria uma forma de dificultar o crescimento do terrorismo.

Além disso, em 2000, a ONU produziu um documento, assinado por mais de 180 países, que criou uma parceria internacional para o desenvolvimento mundial: a Declaração do Milênio. Esse documento fixou vários objetivos relativos ao desenvolvimento, entre os quais eliminar a fome, reduzir a mortalidade infantil, promover a educação universal e a preservação do meio ambiente. Seguindo essa mesma linha, em 2012, no Rio de Janeiro, ocorreu a Rio+20, uma conferência internacional para que os países da ONU adotem medidas comuns para a promoção do desenvolvimento sustentável. Em 2015, em Paris, foi realizada a 21ª Conferência das Partes da Convenção das Nações Unidas sobre Mudança do Clima (COP 21), que teve como principal objetivo estabelecer um novo acordo entre os países para diminuir a emissão de gases de efeito estufa. Como esse debate acontece nos fóruns globais de discussão, vê-se que o desenvolvimento é um tema que está cada vez mais atrelado às novas condições econômicas e políticas que articulam o nacional com o global, ou seja, a política interna dos países com as questões mais amplas das relações internacionais.

Militantes de grupos considerados terroristas desfilam pelas ruas da cidade de Raca, ao norte da Síria, em 2014, para celebrar a proclamação de um "califado" islâmico. Incentivar o desenvolvimento seria uma forma de coibir o avanço do terrorismo e, consequentemente, de ações de impacto para a sociedade, como as atividades do grupo Estado Islâmico.

Saiba mais

Como funciona uma missão de paz da ONU?

Imigrantes: um novo desafio ao desenvolvimento?

De acordo com a ONU, em 2014 o número de deslocamentos forçados no mundo ultrapassou os 50 milhões de pessoas, sendo maior do que durante a Segunda Guerra Mundial. Além dos refugiados, o mundo conta também com uma série de migrações por motivos econômicos, o que leva a deslocamentos maciços, sobretudo de jovens em idade economicamente ativa.

A chanceler alemã Angela Merkel (1954-) chegou a afirmar, em 2015, que a imigração para a Europa constituía um "problema" maior do que os conflitos no Oriente Médio. Os países daquele continente adotavam então políticas mais duras em relação aos imigrantes, justamente por vê-los como um problema. De acordo com a Eurostat (Gabinete de Estatísticas da União Europeia), os países europeus que mais recebiam imigrantes na época eram a Alemanha, a Inglaterra e a França, ou seja, justamente aqueles que empregavam as políticas mais "duras" em relação a eles.

A imigração tem sido considerada prioridade nas políticas de países ricos justamente por colocar em evidência o problema do desenvolvimento capitalista nos países pobres. Os conflitos políticos e religiosos levam famílias inteiras a pedirem asilo, o que torna difícil sua expulsão por parte desses governos. Embora haja países — como Canadá, Austrália, Nova Zelândia e Noruega — que estimulem a imigração de pessoas com alta qualificação educacional e profissional, quando se trata de jovens oriundos de países pobres, particularmente africanos, as nações desenvolvidas quase sempre coíbem a entrada e a permanência desses indivíduos.

Para os países periféricos, a saída dos jovens também estabelece desafios ao desenvolvimento. Isso ocorre porque grande parte deles constitui uma geração de universitários e pesquisadores que poderiam trabalhar em prol de suas nações: é o que se chama de "fuga de cérebros". De acordo com a Rede Africana de Academias de Ciências (Nasac), cerca de um terço de todos os cientistas africanos trabalha em países desenvolvidos, o que faz com que o continente perca parte do potencial científico e tecnológico capaz de amenizar a dependência de seus países. O gráfico abaixo mostra a quantidade de deslocamentos em uma década.

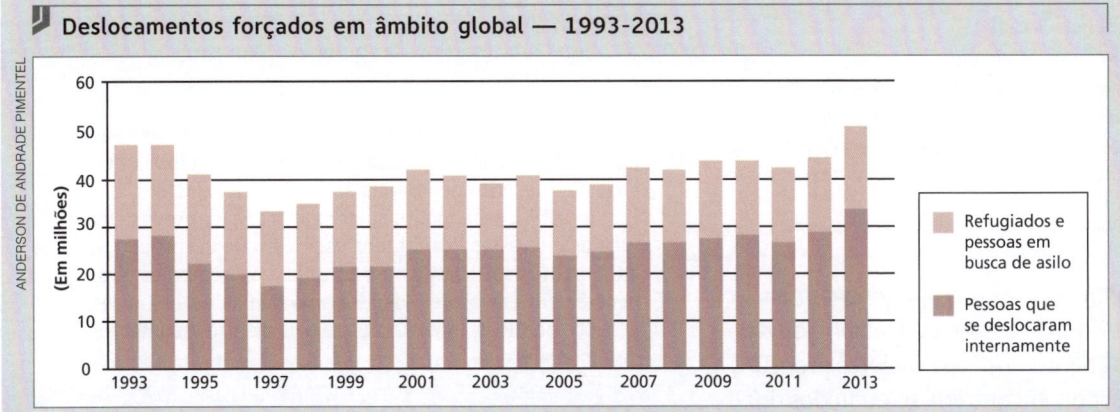

Deslocamentos forçados em âmbito global — 1993-2013

- Refugiados e pessoas em busca de asilo
- Pessoas que se deslocaram internamente

Fonte: ALTO COMISSARIADO PARA REFUGIADOS DAS NAÇÕES UNIDAS (ACNUR). *El coste humano de la guerra*. Genebra: Acnur, 2014. p. 6. Disponível em: <www.unhcr.org/trends2013>. Acesso em: maio 2017.

Capítulo 11 • Sociologia do desenvolvimento

4. O debate sobre desenvolvimento na era da globalização

"Globalização" é uma palavra-chave para os debates sociológicos, econômicos e políticos. Em geral, o termo "global" refere-se à nova dinâmica econômica e política do mundo capitalista após os anos 1970-1980, contrapondo-se ao termo "nacional". Esse debate surge com as políticas neoliberais inauguradas nos Estados Unidos e na Inglaterra. Sabemos que o neoliberalismo defende medidas econômicas de controle de gastos do Estado (com redução de subsídios do Estado para políticas sociais), venda de empresas públicas (privatização), combate à luta sindical e incentivo à concentração bancária e financeira, o que conferiu muito poder às agências multilaterais e outras instituições internacionais.

Em poucas palavras, muitos se referem à globalização como perda de poder do Estado nacional e do mercado interno, que abre espaço para trocas comerciais e financeiras internacionais e cede poder para diferentes instituições internacionais, ou seja, empresas, bancos e agências multinacionais. A globalização e suas consequências foram vistas de formas diferentes pelos estudiosos do assunto. De maneira geral, há consenso entre os especialistas de que esse processo acarretou forte diminuição dos níveis de emprego na indústria, aumento dos níveis de pobreza e redução do acesso a direitos fundamentais e sociais.

Atualmente, inúmeros sociólogos, economistas e outros intelectuais estão estudando a globalização e suas relações com o neoliberalismo e com o desenvolvimento. Como resultado desses estudos, hoje nem todos concordam que o "global" se opõe ao "nacional" e muitos defendem que o desenvolvimento deve ser resgatado como paradigma de atuação do Estado e das próprias instituições financeiras internacionais. Desde o início do século XXI, em especial depois da crise econômica e política que se arrasta desde 2008, voltou à cena o debate sobre os "excluídos" da globalização, isto é, os grupos ou classes sociais mais prejudicados na atual conjuntura econômica, sobretudo os jovens.

Para navegar

Ministério do Trabalho e Previdência Social
www.mtps.gov.br/trabalhador-economiasolidaria
Site governamental sobre economia solidária. Fornece informações básicas a respeito de alternativas solidárias de geração de emprego e renda que contam com uma economia mais criativa e coletiva. Além do histórico das ideias a respeito de economia solidária, há textos e publicações para se aprofundar no assunto.

Os chamados Neet (Not in education, employment or training, expressão que significa "fora da escola, do trabalho ou de uma capacitação") são atualmente uma das maiores preocupações nas políticas públicas, pois encontram-se excluídos dos eventuais efeitos benéficos da globalização em virtude de uma "ausência estrutural" que apresenta consequências nocivas para o presente e o futuro. Assim, no debate contemporâneo sobre globalização, o desenvolvimento vem sendo resgatado como um paradigma oposto ao neoliberalismo. Seu propósito seria restabelecer níveis de emprego e de "inclusão" desses grupos, deslocados do mercado de trabalho e da esfera de direitos pelas políticas restritivas implementadas sob o ideário neoliberal.

O desenvolvimento também é a base de algumas ações políticas inovadoras no cenário internacional, como a proposição do Banco do Brics, uma iniciativa conjunta de Brasil, Rússia, Índia, China e África do Sul que pretende colocar-se como alternativa às instituições de Bretton Woods no socorro financeiro a países em desenvolvimento e auxiliar na superação dessa posição.

QUESTÕES

O desenvolvimento encontra obstáculos para sua realização em muitos países em desenvolvimento, principalmente com o advento da globalização. Aponte algumas dificuldades impostas pelo processo de globalização ao desenvolvimento nesses países.

Saiba mais

Brics

A sigla Bric foi criada em 2001 pelo economista inglês Jim O'Neill, executivo do grupo financeiro Goldman Sachs, para se referir aos países que, em sua visão, em poucos anos estariam entre as grandes potências globais. Esses países seriam Brasil, Rússia, Índia e China. A proposição de O'Neill foi imediatamente acolhida pelos próprios países destacados, que, desde então, formam um grupo de cooperação política. Em dezembro de 2010, o grupo acolheu a África do Sul, motivo pelo qual passou a ser conhecido como **Brics** (Brasil, Rússia, Índia, China e África do Sul, cujo nome, em inglês, é South Africa). Do ponto de vista da geopolítica, o Brics apresenta-se ao mundo como um bloco marcado pela força militar da Rússia, pelo crescimento econômico da China, pelo desenvolvimento tecnológico da Índia e pelo potencial produtivo do Brasil e da África do Sul. Além disso, reúne países com grande extensão territorial, vasto contingente populacional e situados em diferentes regiões do planeta.

Geopolítica. Ramo da Ciência Política que estuda as relações entre espaço, poder e posição. Fundada no século XIX com base nas ideias do geógrafo alemão Friedrich Ratzel (1844-1904), a Geopolítica por muitas décadas teve como foco os interesses dos Estados nacionais. Hoje, contudo, a Geopolítica crítica também considera os interesses e as necessidades de atores sociais como sindicatos, empresas, partidos políticos, movimentos sociais e outros segmentos da sociedade civil.

Considerações sociológicas

O capitalismo e as novas perspectivas sobre o desenvolvimento na globalização

A queda do Muro de Berlim e a expansão global do capitalismo a partir dos anos 1990 trouxeram novas perspectivas para a discussão sobre desenvolvimento. Embora o capitalismo já demonstrasse que seu processo de acumulação levava a uma necessária expansão territorial, a diferença do desenvolvimento capitalista entre as nações era o foco das análises das teorias do século XX. Tentava-se, como vimos, compreender essas diferenças como intrínsecas ao capitalismo, dividindo os países em uma escala de desenvolvimento ou ainda reconhecendo quais nações poderiam ser consideradas de economia dependente, embora integradas ao sistema capitalista.

Os anos 1990 trouxeram outras correntes sobre o desenvolvimento. Uma delas é a que abrange as teorias das "variedades de capitalismo". A principal proposta dessas teorias é analisar a relação das instituições políticas com o mercado, assumindo que o escopo nacional-institucional é ainda central para a modulação dos mercados. Peter Hall e David Soskice afirmam que as convergências para um modelo neoliberal não se concretizaram de fato: os Estados nacionais moldavam suas economias para a entrada na globalização com base em uma complementaridade institucional (o conjunto das instituições em cada país tem um resultado) e em suas vantagens competitivas, impedindo uma convergência rumo a um modelo único.

Antes mesmo desse cenário, outra teoria vinha se desenvolvendo desde os anos 1970 com o sociólogo estadunidense Immanuel Wallerstein. Ele é o precursor da teoria do sistema-mundo, que considera o capitalismo um sistema global dividido em áreas de desenvolvimento desigual: centro, periferia e semiperiferia. Nessa perspectiva, não existem estágios de desenvolvimento do capitalismo, mas, sim, zoneamentos criados pelo sistema-mundo capitalista, com diferentes graus de desenvolvimento econômico e social gerados pelas contradições internas do próprio sistema.

Immanuel Wallerstein utiliza-se das teorias da dependência e das pesquisas sobre a independência de ex-colônias africanas para avançar nos estudos sobre o capitalismo mundial. Atentando para a divisão técnica e tecnológica do capitalismo, que gera zonas de maior ou menor grau de lucro nas cadeias de valor, o sociólogo sublinha as trocas desiguais entre nações ou regiões que foram incorporadas na hierarquia do sistema-mundo. O autor salienta que o capitalismo, desde seu surgimento, constituiu-se em um sistema social que incorpora, aos poucos, zonas do globo. Assim surgiriam os Estados-nações e a divisão internacional do trabalho, com o intuito de gerar excedentes com distribuições desiguais.

Diferentemente das teorias da dependência, a teoria do sistema-mundo parte da "totalidade" capitalista e da incorporação de regiões no globo, e não da formação das nações e de sua inserção em um sistema, que posteriormente se torna global. Entretanto, muitos teóricos da dependência, como o economista político e sociólogo brasileiro Theotonio dos Santos e o sociólogo alemão André Gunder Frank, passaram a contribuir para a teoria do sistema-mundo, combinando a análise dos ciclos econômicos e dos ciclos históricos de longo prazo.

Regiões de diferentes desenvolvimentos — 2013

Mapa das regiões em diferentes fases de desenvolvimento, segundo a teoria do sistema-mundo.

Fonte: ELWELL, Frank W. *Wallerstein's world-systems theory*. Disponível em: <http://mod.lk/zqeiS>. Acesso em: maio 2017.

Direito e sociedade

O Banco do Brics e o desenvolvimento dos países periféricos

Desde a realização de sua primeira reunião de cúpula, ocorrida na cidade de Ecaterimburgo, na Rússia, em julho de 2009, os países-membros do Brics procuram coordenar suas ações políticas e avançar na cooperação econômica e financeira.

No campo político, eles buscam ampliar sua participação em agências multilaterais, como o FMI, bem como democratizar a ONU e seu Conselho de Segurança, do qual já fazem parte a Rússia e a China. Nos campos econômico e financeiro, em que se destacam iniciativas como o financiamento a projetos de infraestrutura e desenvolvimento sustentável, a ação mais importante até o momento foi a criação do Novo Banco de Desenvolvimento (NBD), mais conhecido como Banco do Brics. Estabelecido ao final da VI Cúpula de Chefes de Estado e de Governo do Brics, realizada em julho de 2014 na cidade de Fortaleza (CE), esse banco tem um aporte inicial autorizado de US$ 100 bilhões. Leia, a seguir, um trecho do documento jurídico-diplomático que deu origem ao Banco do Brics.

"[...] Os Brics, bem como outras economias de mercado emergentes e países em desenvolvimento, continuam a enfrentar restrições de financiamento significativas para lidar com lacunas de infraestrutura e necessidades de desenvolvimento sustentável. Tendo isso presente, temos satisfação em anunciar a assinatura do Acordo constitutivo do Novo Banco de Desenvolvimento, com o propósito de mobilizar recursos para projetos de infraestrutura e desenvolvimento sustentável nos Brics e em outras economias emergentes e em desenvolvimento."

BRICS. Ministério das Relações Exteriores. *VI Cúpula do Brics*: Declaração de Fortaleza [item 11]. Disponível em: <http://mod.lk/GKzYA>. Acesso em: maio 2017.

Os mandatários de Rússia, Índia, Brasil, China e África do Sul posam para uma fotografia oficial na VI Cúpula do Brics, ocorrida na cidade de Fortaleza (CE), em 2014.

OS PROPÓSITOS DO BANCO DO BRICS

A articulação política e econômica de países fora do eixo América do Norte-Europa ocidental-Japão é fundamental para o fortalecimento dos países periféricos, também denominados "subdesenvolvidos" ou "em desenvolvimento" e para que as grandes instituições internacionais, quer políticas, como a ONU, quer econômicas e financeiras, como o Banco Mundial e o FMI, possam ser mais permeáveis aos interesses e necessidades desses países. Contudo, sabemos que as relações de dependência que dividem os países em desenvolvidos (centro) e em desenvolvimento (periferia) não podem ser extintas por meros atos de vontade.

▸ Em grupos, discutam a importância do Banco do Brics como alternativa para o desenvolvimento autônomo dos países em desenvolvimento e apresente o resultado dessa discussão para os demais colegas e o professor. Ao longo dos debates, reflitam sobre os fatores que impulsionam os propósitos desse banco, bem como sobre aqueles que podem dificultar a materialização desses objetivos.

ATIVIDADES

REFLEXÃO E REVISÃO

Com base nos temas, conceitos e teorias trabalhados ao longo do capítulo, responda às questões a seguir, a fim de consolidar os conhecimentos estudados.

1. Apesar de muitas vezes serem confundidos, crescimento econômico e desenvolvimento são conceitos que se referem a fenômenos distintos. A principal diferença entre os dois é que o desenvolvimento está diretamente relacionado à dimensão:

    a) política, pois o desenvolvimento coloca ênfase na participação política dos cidadãos na esfera formal de representação.

    b) social, uma vez que se refere à melhoria das condições de vida das pessoas que buscam isso de forma autônoma.

    c) cultural, quando fomenta a tolerância e a austeridade com a diferença entre os povos.

    d) econômica, visando aumentar a produtividade do trabalhador e, por conseguinte, a oferta de bens e serviços da economia.

    e) civil, pois busca a retomada do sentimento de nacionalismo e de identificação com estratégias protecionistas.

2. Na teoria liberal de David Ricardo, o conceito das **vantagens comparativas** explicaria como os países poderiam ter acesso aos benefícios do desenvolvimento com base no livre-comércio. As teorias do subdesenvolvimento criticam essa posição uma vez que:

    a) é impossível chegar à situação dos países desenvolvidos, pois os países em desenvolvimento não têm recursos naturais.

    b) os países desenvolvidos investem nos países subdesenvolvidos, mas a corrupção impede o crescimento econômico.

    c) a relação de desigualdade entre os países desenvolvidos e os subdesenvolvidos decorre da deterioração dos termos de troca.

    d) apesar de a desigualdade ser pequena entre essas nações, seus fundamentos não envolvem a tecnologia e as relações de poder.

    e) os países subdesenvolvidos não implementam as mesmas instituições e cultura dos países desenvolvidos.

QUESTÕES PARA DEBATE

Questão 1

"[...] Compreendamos bem. O decrescimento é uma necessidade: não é, de saída, um ideal, nem o único objetivo de uma sociedade de pós-desenvolvimento ou de um outro mundo possível. Mas façamos das tripas coração e admitamos, para as sociedades do hemisfério Norte, o decrescimento como um objetivo do qual se pode tirar proveito. A palavra de ordem de decrescimento tem sobretudo como finalidade marcar nitidamente o abandono do objetivo insensato do crescimento pelo crescimento. Em particular, o decrescimento não é o crescimento negativo, expressão contraditória e absurda que traduz bem a dominação do imaginário do crescimento. Isso quereria dizer ao pé da letra: 'avançar recuando'. A dificuldade em que nos encontramos para traduzir 'decrescimento' em inglês é muito reveladora dessa dominação mental do economês e simétrica, de alguma forma, da impossibilidade de traduzir crescimento ou desenvolvimento (mas também, naturalmente, decrescimento...) nas línguas africanas.

[...]

Uma política de decrescimento poderia consistir inicialmente em reduzir, e até suprimir, o peso sobre o meio ambiente das cargas que não trazem benefício algum. O questionamento do volume considerável dos deslocamentos de homens e de mercadorias através do planeta com o impacto negativo correspondente (portanto, uma 'relocalização' da economia), o questionamento do volume não menos considerável da publicidade exagerada e frequentemente nefasta e, enfim, o questionamento da obsolescência acelerada dos produtos e dos aparelhos descartáveis, sem outra justificativa a não ser fazer com que gire cada vez mais depressa a megamáquina infernal, são reservas representativas de decrescimento no consumo material. [...] Entendido dessa forma, o decrescimento não significa necessariamente uma regressão do bem-estar [...]."

LATOUCHE, Serge. As vantagens do decrescimento. *Le Monde Diplomatique Brasil*, 1º nov. 2003. Disponível em: <http://mod.lk/el5mu>. Acesso em: maio 2017.

Com base no que vimos ao longo do capítulo e na ideia de decrescimento defendida pelo filósofo e economista francês Serge Latouche, avalie as questões a seguir.

- O crescimento da economia de um país, expresso na elevação constante de seu produto interno bruto (PIB), é condição essencial para o bem-estar de sua população?

- Seria viável e desejável a implementação de uma política de decrescimento econômico?

- Que outras soluções podem ser propostas para o problema gerado pela lógica do crescimento econômico imposta pelo capitalismo?

Questão 2

As sucessivas crises econômicas vividas pelas sociedades capitalistas desde a década de 1970 têm sido um obstáculo para o pleno desenvolvimento econômico e social de quase todos os países do mundo. Nesse contexto, a situação social da juventude tem se agravado paulatinamente

ATIVIDADES

no Brasil e no mundo, como visto ao final do capítulo. No Distrito Federal, apesar de o desemprego ter fechado o ano de 2012 em 12,4% (menor taxa desde quando começou a ser medido, em 1992), as taxas de desemprego ainda apresentam grande diferença entre homens e mulheres, com 9,6% e 15,1%, respectivamente. Os jovens são os mais prejudicados com a pressão no mercado de trabalho. O índice de desocupados chega a 27,2% entre pessoas de 16 a 24 anos.

A falta de oportunidade de emprego para os jovens é sinal de um quadro social de crescente tensão. Qual é a relação entre esse fenômeno e as discussões sobre desenvolvimento realizadas ao longo do capítulo? Avalie as possíveis causas das diferenças nas taxas de desemprego entre homens e mulheres, jovens e adultos.

Questão 3

> "A década de 1980 foi marcada pelo surto da ideologia neoliberal. Ele se iniciou com a vitória de Mme. Thatcher como primeira-ministra da Inglaterra e a eleição de Ronald Reagan como presidente dos Estados Unidos. Nesse período, as políticas econômicas dos países mais poderosos estiveram dirigidas a uma desregulamentação de vários mercados, à privatização de certas empresas, ao aumento da competitividade internacional. Nos Estados Unidos e na Inglaterra, sobretudo, tais medidas se complementaram com a diminuição de impostos sobre as camadas mais ricas da população e cortes importantes dos gastos sociais.
>
> Essa política termina com a derrota de Bush em 1993, mas renasce com a vitória republicana nas eleições parlamentares de 1995, logo substituída pela reeleição de Bill Clinton em 1997. A queda da Mme. Thatcher em 1991 e a derrota dos conservadores ingleses em 1997 vêm encerrar o ciclo neoliberal. Trata-se de uma excelente oportunidade para analisar o alcance e os efeitos da doutrina e da prática política neoliberais. [...]"
>
> SANTOS, Theotonio dos. O neoliberalismo como doutrina econômica. *Revista Econômica*, Niterói, v. 1, n. 1, p. 119, jun. 1999. Disponível em: <http://mod.lk/EBOB5>. Acesso em: maio 2017.

No final do século passado, quando foi escrito o artigo citado, o autor afirmava que o neoliberalismo chegava ao fim. Hoje, contudo, poderíamos dizer o mesmo? Considerando essa reflexão, forme com os colegas grupos de, no máximo, quatro alunos. Cada um dos grupos responderá à seguinte pergunta:

- A centralidade que o mercado, os agentes econômicos privados, as agências multilaterais, os capitais especulativos e outros elementos têm na economia mundial, globalizada, permite confirmar a perspectiva de que o neoliberalismo não é mais o modelo hegemônico de produção capitalista?
- Depois, cada grupo vai expor e debater suas conclusões, que deverão levar em conta o texto do capítulo e outras referências bibliográficas.

ENEM E VESTIBULARES

Questão 1
(Enem, 2015)

> "Não acho que seja possível identificar a globalização apenas com a criação de uma economia global, embora esse seja seu ponto focal e sua característica mais óbvia. Precisamos olhar além da economia. Antes de tudo, a globalização depende da eliminação de obstáculos técnicos, não de obstáculos econômicos. Isso tornou possível organizar a produção, e não apenas o comércio, em escala internacional."
>
> HOBSBAWM, E. *O novo século*: entrevista a Antonio Polito. São Paulo: Cia. das Letras, 2000 (adaptado).

Um fator essencial para a organização da produção, na conjuntura destacada no texto, é a

a) criação de uniões aduaneiras.
b) difusão de padrões culturais.
c) melhoria na infraestrutura de transportes.
d) supressão das barreiras para comercialização.
e) organização de regras nas relações internacionais.

Questão 2
(UEM, 2008)

Nas décadas de 1950 e 1960, os estudos da Comissão Econômica para a América Latina (Cepal) motivaram um intenso debate sobre a condição subdesenvolvida de países como o Brasil. Sobre esse assunto, assinale o que for **correto**.

(01) Pesquisadores como Celso Furtado afirmaram que as economias capitalistas não seguem uma trajetória evolucionista. Assim, o subdesenvolvimento não seria uma etapa anterior ao desenvolvimento, mas resultado de processos históricos autônomos.

(02) No período indicado acima, os estudiosos do subdesenvolvimento defendiam que o Estado deveria intervir na economia como caminho para o desenvolvimento. Esse diagnóstico influenciou as políticas econômicas implantadas em vários países da América Latina.

(04) A Cepal foi instituída pela Organização das Nações Unidas (ONU) no final da década de 1940, com o objetivo de formular planos de desenvolvimento para a América Latina.

(08) No período histórico em questão, o Brasil alcançou um grau significativo de industrialização, a exemplo do setor automobilístico. A geração de emprego nesse e em outros setores da economia nacional foi suficiente para romper as barreiras do subdesenvolvimento.

(16) Os estudiosos do subdesenvolvimento preconizavam que, além da industrialização, o Estado deveria promover reformas sociais para alcançar o desenvolvimento.

Questão 3

(Enem, 2016)

> "Quanto mais complicada se tornou a produção industrial, mais numerosos passaram a ser os elementos da indústria que exigiam garantia de fornecimento. Três deles eram de importância fundamental: o trabalho, a terra e o dinheiro. Numa sociedade comercial, esse fornecimento só poderia ser organizado de uma forma: tornando-os disponíveis à compra. Agora eles tinham que ser organizados para a venda no mercado. Isso estava de acordo com a exigência de um sistema de mercado. Sabemos que em um sistema como esse, os lucros só podem ser assegurados se se garante a autorregulação por meio de mercados competitivos interdependentes."
>
> POLANYI, K. *A grande transformação*: as origens de nossa época. Rio de Janeiro: Campus, 2000 (adaptado).

A consequência do processo de transformação socioeconômica abordado no texto é a

a) expansão das terras comunais.
b) limitação do mercado como meio de especulação.
c) consolidação da força de trabalho como mercadoria.
d) diminuição do comércio como efeito da industrialização.
e) adequação do dinheiro como elemento padrão das transações.

Questão 4

(UPE, 2014)

Analise o texto a seguir.

> "Há um modo de pensar a superação da crise com base na teoria keynesiana, mediante o aumento dos gastos sociais, socializando os custos da reprodução social, numa linha oposta à neoliberal, de privatização de tais custos em termos de previdência, de educação. A socialização de tais custos me parece um bom caminho inicial. A outra peça da teoria keynesiana é o investimento em infraestrutura. Os chineses perderam 30 milhões de empregos entre 2008 e 2009, por conta do colapso das indústrias de exportação. Em 2009, eles tiveram uma perda líquida de só três milhões de empregos, o que significa dizer que eles criaram 27 milhões de empregos em cerca de nove meses. Isso foi resultado de uma opção pela construção de novos edifícios, novas cidades, novas estradas, represas, todo o desenvolvimento de infraestrutura, liberando uma vasta quantidade de dinheiro para os municípios, para que suportassem o desenvolvimento. Essa é uma clássica solução 'sinokeynesiana' e me parece que uma coisa semelhante aconteceu no Brasil, por meio do Bolsa-Família e de programas de investimento estatal em infraestrutura.
>
> HARVEY, David. *Revista do Ipea*, 2012 (adaptado).

O autor cita a teoria keynesiana e sua linha oposta, o neoliberalismo. Sobre as diferenças entre essas duas posições teóricas, é **correto** afirmar que o

a) keynesianismo é um conjunto de ideias, que propõe a intervenção estatal na vida econômica, enquanto o neoliberalismo é um sistema econômico, que prega uma participação mínima do Estado na economia.
b) ideário do neoliberalismo tem como ponto forte o aumento da participação estatal nas políticas públicas, enquanto a ideologia keynesiana fomenta a liberdade e a competitividade de mercados.
c) neoliberalismo estimula os valores da solidariedade social conduzida pelo Estado máximo, enquanto o keynesianismo faz a defesa de um mercado forte em que a iniciativa privada deve intervir como promotora de privatizações.
d) ideário do keynesianismo defende um mercado autorregulador no qual o indivíduo tem mais importância que o Estado, enquanto o neoliberalismo argumenta que quanto maior for a participação do Estado na economia mais a sociedade pode se desenvolver, buscando o bem-estar social.
e) poder da publicidade na sociedade de consumo para satisfazer a população é um grande aliado da política keynesiana, enquanto as ideias neoliberais não são favoráveis a soluções de mercado, opondo-se ao corporativismo empresarial.

QUESTÕES PARA PESQUISA

1. Tendo como base as teorias contemporâneas sobre o desenvolvimento, particularmente a teoria do professor e economista sul-coreano Ha-Joon Chang, forme um grupo com mais três colegas e pesquisem o assunto, sistematizando as questões propostas a seguir.

    a) A relação entre o desenvolvimento e a globalização.
    b) O papel do Estado no desenvolvimento.
    c) Conclusões a que se pode chegar sobre o lugar do Brasil no cenário internacional.

2. A ONU, em parceria com outras instituições, lançou em 2012 o *Relatório mundial da felicidade*. Como resposta aos relatórios que apontavam o fracasso das políticas econômicas, o Butão lançou em 1972 o Índice de Felicidade Interna Bruta (FIB), para o qual o desenvolvimento de uma sociedade baseia-se na complementaridade entre o desenvolvimento material e o espiritual.

    Nos últimos anos, países como a Arábia Saudita e a Venezuela criaram o Ministério da Felicidade. A criação desse tipo de instituição, por si só, é capaz de promover o desenvolvimento das sociedades? Justifique sua resposta.

Mais questões: no livro digital, em **Vereda Digital Aprova Enem** e **Vereda Digital Suplemento de revisão e vestibulares**; no *site*, em **AprovaMax**.

CAPÍTULO 12

GLOBALIZAÇÃO E INTEGRAÇÃO REGIONAL

ENEM
C1: H3, H5
C2: H7, H8, H9
C3: H15
C4: H17, H20
C5: H21
C6: H28, H30

Ao final deste capítulo, você será capaz de:

- Compreender as características fundamentais dos processos de globalização e integração regional.
- Identificar as dinâmicas de integração e de fragmentação socioeconômicas, políticas e culturais presentes no processo de globalização.
- Reconhecer os desequilíbrios produzidos pelo processo de globalização e as possíveis alternativas presentes no debate político e social.
- Relacionar a integração regional com a realidade brasileira.

Limitada pela dinâmica de expansão do capitalismo, a globalização muitas vezes confirma a divisão internacional do trabalho (DIT) vigente no mundo, na qual os Estados Unidos e a Europa ocidental são os principais beneficiários do trabalho desempenhado por diversos povos e países do cenário mundial.

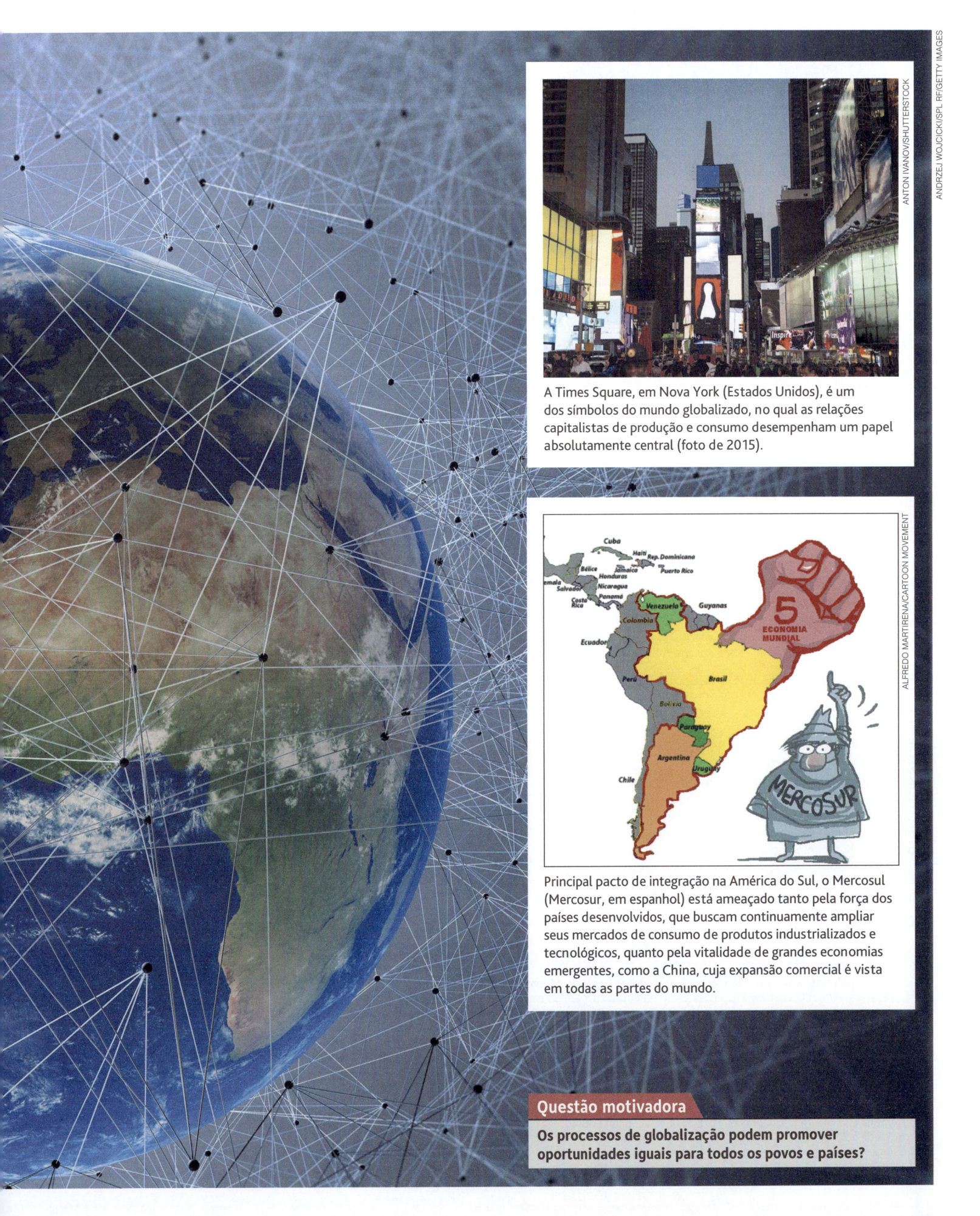

A Times Square, em Nova York (Estados Unidos), é um dos símbolos do mundo globalizado, no qual as relações capitalistas de produção e consumo desempenham um papel absolutamente central (foto de 2015).

Principal pacto de integração na América do Sul, o Mercosul (Mercosur, em espanhol) está ameaçado tanto pela força dos países desenvolvidos, que buscam continuamente ampliar seus mercados de consumo de produtos industrializados e tecnológicos, quanto pela vitalidade de grandes economias emergentes, como a China, cuja expansão comercial é vista em todas as partes do mundo.

Questão motivadora

Os processos de globalização podem promover oportunidades iguais para todos os povos e países?

Capítulo 12 • Globalização e integração regional 263

1. Primeiras palavras

O ano de 2015 foi marcado pela questão dos refugiados que tentaram chegar à Europa ocidental, ao Canadá e aos Estados Unidos em busca de condições dignas de existência. Entre as muitas histórias de refugiados provenientes de países periféricos como Congo, Afeganistão, Haiti, Iraque e Síria, uma das mais marcantes foi a de Alan Kurdi, menino sírio de três anos de idade que morreu afogado quando sua família tentava atravessar de barco da Turquia para a Grécia.

Histórias como a de Alan e de sua família nos fazem perguntar: o que é **globalização**? Essa questão tem sido recorrente desde os anos 1990, quando a percepção das transformações culturais, econômicas e políticas entre os países, que vinham ocorrendo desde os anos 1970, tornou-se mais concreta na mídia e na própria comunidade internacional.

Neste capítulo, estudaremos as transformações que contribuíram para a ampliação das desigualdades internacionais, bem como algumas das alternativas econômicas, políticas e sociais que se apresentam no contexto das Ciências Humanas e Sociais.

Entre opiniões favoráveis e contrárias ao processo de internacionalização do capital, daremos especial importância às pesquisas sobre os processos de integração social, de políticas econômicas e sociais, dos movimentos altermundialistas (que propõem novo rumo para a globalização, mais igualitário) e dos fluxos migratórios internacionais, que ajudam a compreender, diagnosticar e propor alternativas aos desequilíbrios criados ou acentuados pelo próprio capitalismo.

Para assistir

O menino e o mundo
Brasil, 2013.
Direção: Alê Abreu.
Duração: 85 min.

Animação brasileira que une diferentes técnicas artísticas mostra as aventuras de um garoto que vive em uma região rural isolada e sai em busca do pai. Nessa trajetória, ele descobre uma sociedade marcada por grandes problemas do mundo moderno, como preconceito, desemprego, desigualdade social e exploração.

2. O debate sobre a globalização: um ponto de partida sociológico

A **globalização** é um fenômeno de múltiplas dimensões — econômica, social, política e cultural. O estudo da globalização vem sendo feito com base na articulação dos conceitos utilizados para explicar a organização e as consequências do capitalismo. Trata-se, portanto, da análise de relações de poder, organização da produção, apropriação de padrões culturais e ideológicos etc., produzidas em escala global, com efeitos importantes em todo o mundo.

Como acontece em todo debate que envolve agentes sociais com interesses conflitantes, a discussão sobre a globalização também produz leituras divergentes sobre seu funcionamento atual e suas possibilidades futuras. O **pensamento único** procura estabelecer a globalização como um processo natural e benéfico para a humanidade. Assim, a globalização é um momento de realização do sonho de reduzir o mundo a uma única aldeia global, como imaginou o teórico canadense da comunicação Marshall McLuhan em meados do século XX.

Nessa aldeia, a tecnologia permitiria a difusão imediata das notícias e manteria toda a população informada, ao mesmo tempo que tornaria as viagens cada vez mais rápidas, encurtando significativamente as distâncias. Tal mobilidade permitiria o funcionamento de um gigantesco mercado global capaz de tornar homogêneos os diferentes locais do mundo e produzir, assim, uma identidade universal que serviria de fundamento para a instauração de uma verdadeira cidadania global.

Pensamento único. Ao longo da década de 1990, o pensamento neoliberal passou a ser difundido como o único possível para orientar políticas econômicas e sociais. Medidas econômicas heterodoxas, assim como soluções alternativas ao capitalismo neoliberal, eram desqualificadas. Em discurso, a primeira-ministra britânica Margaret Thatcher afirmou: "Não há alternativa" (a frase original em inglês, "There is no alternative", ficou conhecida no mundo anglo-saxão pela abreviação Tina e caracterizou um pensamento conservador que não aceitava críticas).

Cronologia

1929 — Primeira grande crise do capitalismo mundial, marcada pela quebra da Bolsa de Valores de Nova York, nos Estados Unidos, com repercussões econômicas e sociais em todo o mundo capitalista.

1957 — Fundação da Comunidade Econômica Europeia (CEE), com a finalidade de criar um mercado comum na Europa.

1960 — Criação da Associação Latino-Americana de Livre-Comércio (Alalc) como tentativa de integração regional latino-americana.

1973 — Crise do petróleo: o aumento do preço do petróleo, determinado pela Organização dos Países Exportadores de Petróleo (Opep), provocou nova crise no sistema capitalista mundial.

1974 — Fundação do Fórum Europeu de Administração em Davos, na Suíça. Em 1987 passou a ser conhecido como Fórum Econômico Mundial.

2008 — Deflagração da crise econômica nos Estados Unidos, cujos efeitos negativos se fizeram sentir na economia em todo o mundo.

2015 — Crise dos refugiados: milhares de pessoas egressas de diferentes países tentam chegar preferencialmente à Europa ocidental, ao Canadá e aos Estados Unidos. Na América do Sul, o Brasil é o principal destino dos refugiados.

2017 — Em junho de 2017, o Reino Unido negociava a sua saída oficial da União Europeia, após um plebiscito no qual 52% votaram pela saída do país do bloco econômico. Com isso, a União Europeia poderá se enfraquecer comercialmente em escala global, e o desligamento incentivará movimentos nacionalistas em outros países-membros.

Quem escreveu sobre isso

Herbert Marshall McLuhan

O canadense Herbert Marshall McLuhan (1911-1980) foi um filósofo e teórico da comunicação. Suas pesquisas influenciaram decisivamente a TV e a publicidade, e seus estudos voltaram a atrair o interesse dos especialistas e do público depois da consolidação da internet, pois McLuhan previu a existência da rede mundial de computadores 30 anos antes de sua criação. Ele previu, ainda nos anos 1960, que a cultura da leitura e da escrita individual seria substituída pela mídia eletrônica, uma cultura audiovisual, e que a identidade individual daria lugar a uma identidade coletiva, em uma nova organização social, que chamou de "aldeia global". Há vários livros de sua autoria traduzidos no Brasil, entre os quais se destaca *Guerra e paz na aldeia global* (1971).

McLuhan previu o surgimento da internet 30 anos antes de sua criação e hoje seu trabalho contribui para a análise social dos meios de comunicação.

Essa visão pura e romântica da globalização é duramente criticada por especialistas da área das Ciências Humanas, como o geógrafo baiano Milton Santos, que procurou desmitificar o pensamento único. O autor partiu de evidências sociológicas sobre a distribuição da riqueza e do poder que explicam as desigualdades sociais nos planos internacional e local para então demonstrar o caráter ideológico de tal posição sobre o momento atual do capitalismo.

Quem escreveu sobre isso

Milton Santos

O geógrafo baiano Milton Santos (1926-2001) foi um dos mais importantes intelectuais brasileiros. Trabalhou em universidades e organizações internacionais em diferentes países, como Canadá, Venezuela, Estados Unidos e Tanzânia. No Brasil, atuou como professor titular e pesquisador da Universidade de São Paulo (USP). Seus estudos são diversificados e abordam principalmente urbanismo, espaço, subdesenvolvimento, geografia, globalização e urbanização. Entre os muitos livros que escreveu, destaca-se *A natureza do espaço: técnica e tempo, razão e emoção* (1996), no qual reinventa os conceitos de centro e periferia e define o caráter sociológico do espaço e a força política do lugar.

Milton Santos foi um dos principais intelectuais brasileiros. Dedicou grande parte de sua vida a interpretar o fenômeno da globalização.

Reunião do Fórum Econômico Mundial de Davos (Suíça, 2015), evento anual que reúne chefes de Estado, de governo, empresários, autoridades internacionais e que discute questões econômicas, políticas, sociais e ambientais em escala global.

De fato, a velocidade com que as notícias circulam no mundo nem sempre se traduz em informação para as pessoas. O encurtamento das distâncias atende apenas os que possuem condições financeiras de viajar. E o grande mercado global tem, cada vez mais, demarcado diferenças regionais e promovido o consumismo. Ignorância, pobreza, desemprego, incapacidade de exercer a cidadania, disputas étnicas e movimentos separatistas são situações ainda comuns no planeta e revelam a dificuldade de aceitar a visão ideológica da globalização como um processo de aperfeiçoamento do mundo.

A crítica a uma globalização livre de problemas também nos leva a pensar sobre a possibilidade de ser estabelecida outra globalização. As bases técnicas que permitem que esse movimento intensifique os aspectos negativos do capitalismo internacional podem também ser usadas para promover uma globalização mais humana.

O desenvolvimento tecnológico não leva necessariamente a efeitos perversos, evidenciados por desigualdades e violações dos direitos humanos. Tais consequências decorrem da forma como esses meios são empregados pela sociedade. Eles poderiam, portanto, ser utilizados para promover os ideais modernos de liberdade, igualdade e fraternidade no plano internacional.

Para assistir

Encontro com Milton Santos — O mundo global visto do lado de cá
Brasil, 2007.
Direção: Silvio Tendler.
Duração: 89 min.

O documentário tem como fio condutor uma entrevista com o geógrafo brasileiro Milton Santos, gravada meses antes de sua morte, em 2001. Suas falas, intercaladas com imagens que retratam diferentes aspectos econômicos, políticos e sociais do processo de globalização, sugerem uma profunda reflexão sobre o papel do Estado, da mídia e das grandes corporações no mundo atual, com base em uma abordagem crítica que aponta as contradições desse modelo.

Capítulo 12 • Globalização e integração regional

Marcha antes da abertura da Cúpula dos Povos, na Cidade do Panamá (Panamá), em 2015, evento que defende a preservação dos recursos naturais, a segurança alimentar, a universalização do emprego, entre outras reivindicações.

Há evidências no mundo globalizado que justificariam essa posição, pois é possível reconhecer os potenciais democráticos e libertários que um uso alternativo da capacidade tecnológica e cultural da humanidade permitiria. Essas evidências podem ser percebidas nos fenômenos listados a seguir.

a) A mistura crescente de povos, culturas e costumes promove outra mistura, de filosofias e pensamentos, que lentamente acaba com a exclusividade do racionalismo europeu na construção das "verdades" do mundo.

b) A aglomeração de pessoas em áreas menores intensifica essas trocas e a produção de ideias e de ações novas, o que foi denominado **sociodiversidade**.

c) Ocorre a emergência da cultura popular, que se apropria dos meios da cultura de massa e imprime valor estético e cultural a um espaço antes ocupado pela lógica do mercado.

Essas evidências apontariam para a sobrevivência e o revigoramento das relações locais, abrindo a possibilidade de usar os avanços tecnológicos em prol da humanidade.

Trocando ideias

Estamos vivendo um momento de grandes inovações tecnológicas. Internet, *tablets* e *smartphones* já fazem parte do dia a dia das pessoas. Alguns sociólogos afirmam que o uso dessas tecnologias pode trazer mais educação e conhecimento aos usuários. Outros estudiosos acreditam que se deve levar em consideração o tipo de informação e investigação que é explorado.

- Pesquise o assunto em cadernos específicos de jornais, em revistas e *sites* de conteúdo voltado para a tecnologia da informação e comunicação (TIC) e discuta com a turma: há vantagens no uso das novas tecnologias para a busca do conhecimento? Dê exemplos.

Sociodiversidade. Convivência das diferenças em uma sociedade com múltiplas formas de cultura e aberta a todos. Uma coletividade de oportunidades. A sociedade com sociodiversidade é multicultural e inclusiva.

3. O mundo se modifica e um novo debate se inicia

As várias facetas da globalização são traduzidas por conceitos como compressão espaço-temporal, interdependência econômica, impressão de encurtamento das distâncias, integração global, reordenação das relações de poder, surgimento de uma cultura global e consciência do aumento das diversidades. Cada uma dessas diferentes facetas é citada nos muitos discursos sobre o tema.

A oposição ao processo de globalização e a seus efeitos também inclui diferentes pontos de vista de movimentos nacionais, alguns com tendências fundamentalistas (que rejeitam a globalização e valorizam a estrutura local com posições conservadoras ou até mesmo xenofóbicas), e de movimentos antiglobalização (que denunciam a globalização como produtora de desigualdade e pobreza) ou altermundialistas.

A ideia de globalização passa a sensação de que as pessoas mudaram a forma como vivenciam o cotidiano e como percebem relações mais amplas, que fogem à experiência imediata. É o caso da popularização de telefones celulares, que influenciam aspectos da vida privada, bem como das transações comerciais e dos conflitos políticos entre os países na esfera pública. Como explicar essa sensação de ruptura?

Não são novas as ideias de um mundo globalizado, no qual as pessoas iriam além de suas fronteiras nacionais e culturais e compartilhariam valores planetários comuns. É certo que a revolução tecnológica que se iniciou no final dos anos 1960, cujos efeitos só foram difundidos quase 30 anos depois, constituiu o grande diferencial entre o presente e o passado próximo.

Durante a década de 1990, foi intensamente divulgada a ideia de que as fronteiras nacionais perderiam parte do sentido e de que o mundo seria governado pelos princípios das relações comerciais autorreguladas pelas leis de mercado.

Manifestantes protestam nas ruas de Seul (Coreia do Sul), em 2010, contra o encontro do G20 — Grupo dos 20, formado pelos ministros da Economia e presidentes dos bancos centrais das dezenove maiores potências econômicas mundiais, além da União Europeia.

O avanço tecnológico e a resposta neoliberal às crises econômicas dos anos 1970 foram responsáveis pela reorganização da produção, ao mesmo tempo que a dissolução da União Soviética acabava com o principal modelo alternativo ao capitalismo: o socialismo.

Tudo isso fortaleceu a visão da globalização como legitimadora do pensamento único. A internet, usada como veículo de transmissão de notícias e ideias, e também para transações econômicas internacionais, levou a um novo patamar o entrelaçamento econômico, político e cultural das nações. A diversidade de informações disponíveis passou a influenciar os mais variados grupos sociais e criou novas formas de diálogo entre o global e o local.

Exemplos de possibilidades abertas pelas transformações tecnológicas, políticas e culturais decorrentes do surgimento da internet são a capacidade de mobilizar milhares de pessoas para participar de manifestações, como nos eventos da chamada Primavera Árabe, e a transferência de grandes quantias de dinheiro de uma parte do mundo para outra usando um computador pessoal ou um aparelho celular. Grupos e organizações de diversos tipos, como a Al-Qaeda, o Anonymous, o Greenpeace, entre outros, ampliaram suas bases de ação e buscam uma identidade que não se restringe a um território nacional, pois agem transnacionalmente.

Manifestantes coordenados pelo grupo Anonymous marcham rumo ao Parlamento, em Londres (Reino Unido), em 2012. O grupo atua pelo mundo em defesa de diferentes causas.

O atentado da Al-Qaeda ao World Trade Center, em Nova York (Estados Unidos), em 2001, levou um Estado nacional a declarar guerra a um grupo transnacional e inseriu o tema da segurança no debate sobre a globalização.

Primavera Árabe. Manifestações populares ocorridas em países do norte da África e do Oriente Médio que levaram à queda de ditaduras nessas regiões.
Al-Qaeda. Grupo fundamentalista islâmico responsável pelos atentados terroristas de 11 de setembro de 2001, nos Estados Unidos.
Anonymous. Comunidade que atua promovendo ações em diferentes partes do mundo, relacionadas à garantia dos direitos sociais.
Greenpeace. Organização não governamental que promove ações contra a destruição de recursos naturais.

O cientista político estadunidense Samuel P. Huntington (1927-2008) desenvolveu uma linha de raciocínio chamada "choque de civilizações", segundo a qual as identidades culturais e religiosas das populações serão as principais fontes de conflitos bélicos no mundo após a Guerra Fria.

Assim, ele se coloca na contramão de alguns pensadores, segundo os quais os Estados nacionais seriam as únicas alternativas ideológicas válidas depois do fim da Guerra Fria. Para esse autor, os conflitos de grande intensidade não terão lugar entre as classes sociais, mas, sim, entre os povos pertencentes a diferentes entidades culturais e religiosas.

Essa ideia defendida por Huntington recebeu inúmeras críticas; algumas chegaram a afirmar que o teórico estava induzindo a confrontos por imaginar o choque cultural no contexto da globalização. Porém, a teoria serve de alerta, sendo esse o verdadeiro objetivo do pensador.

Capítulo 12 • Globalização e integração regional **267**

O mito da globalização

Para o cientista político argentino José María Gómez, a globalização funciona como um mito, uma ferramenta a serviço das novas estratégias de acumulação do capitalismo internacional.

Quem escreveu sobre isso

José María Gómez

O cientista político argentino José María Gómez (1947-) é pesquisador do Brics Policy Center, centro de estudos e pesquisa da prefeitura do Rio de Janeiro em parceria com a Pontifícia Universidade Católica da mesma cidade (PUC-RJ). Atua como professor e pesquisador na área de Relações Internacionais. Suas pesquisas abordam os direitos humanos, o autoritarismo e a ditadura, assim como a globalização, a regionalização e a integração. Estudou ainda o imperialismo contemporâneo, os movimentos altermundialistas, as identidades, o Mercosul e a Comunidade Europeia. O fio condutor de suas pesquisas são a cidadania e as lutas para a garantia de direitos, tanto no plano nacional quanto no plano global.

O cientista político José María Gómez, pesquisador de temas como globalização, regionalização e integração.

Como foi produzido esse mito? O termo "globalização" passou a ser difundido no início dos anos 1980, depois de ser criado nas escolas americanas de administração de empresas. Contemporâneo da consolidação hegemônica do neoliberalismo, passou a fazer parte do discurso neoliberal depois de ser mencionado em livros de especialistas em estratégia e *marketing* internacional e divulgado na imprensa.

A base do mito, portanto, está na visão das grandes corporações internacionais e de grupos e classes comprometidos com a geração de lucros no universo capitalista. Para estes, a globalização é um fenômeno benéfico e irreversível, pois combina as ideias de ampliação das possibilidades de lucro, de velocidade de comunicação e de tomadas de decisão em tempo real, enquanto difunde como inevitável o fato de as grandes corporações privadas ditarem as formas de organização da produção no mundo.

Tal afirmação seria legitimada pelo suposto "fim do Estado" como protagonista econômico e político nas relações internacionais, uma vez que o Estado nacional seria o responsável pelas restrições ao livre-comércio que impediriam o capital financeiro internacional e as corporações de agir livremente e gerar prosperidade e bem-estar para todas as nações.

Essa visão otimista e favorável à globalização foi assumida pelo pensamento neoliberal mais radical.

Para ler

FRIEDMAN, Thomas L. *O mundo é plano: uma breve história do século XXI*.
Rio de Janeiro: Objetiva, 2007.
Thomas Friedman analisa os efeitos da globalização em linguagem jornalística e pela metáfora do achatamento do mundo. Para o autor, os indivíduos estão percebendo sua capacidade de colaborar e concorrer no âmbito mundial.

Por uma outra globalização

Independentemente da divulgação do mito, entre os muitos efeitos concretos da globalização podem-se citar o aumento geral do comércio e a maior fluidez das transações financeiras. Uma importante consequência da posição liberal, que entendia esses efeitos como necessariamente positivos, foi a defesa da ideia de que as melhores soluções para as questões sociais estariam nas leis do mercado. Por exemplo, quanto mais livre fosse a concorrência, melhor seria a qualidade do produto e menores os preços — o que supostamente aumentaria o consumo da população e, em consequência, a qualidade de vida. Ou, ainda, quanto maiores os níveis de competitividade e concorrência, maiores seriam a criatividade, a inovação e o ganho do consumidor. Seguindo esse princípio, a cidadania estaria cada vez mais associada ao consumo e cada vez menos relacionada aos direitos sociais conquistados ao longo da História.

Os aspectos negativos dos efeitos da globalização, porém, logo se fizeram notar. Nos países periféricos da economia capitalista internacional, por exemplo, as elites locais geralmente se associam ao grande capital, o que facilita a instalação das grandes corporações multinacionais, que exploram a força de trabalho e os recursos naturais pagando salários cada vez mais baixos e utilizando métodos predatórios. As consequências negativas também se revelam em situações extremas, como na exploração do trabalho infantil, no turismo sexual, que usa crianças e adolescentes, e na destruição do meio ambiente.

As críticas direcionadas ao fenômeno da globalização acabam atingindo outro alvo: a crença irrestrita no progresso, fundamentada na concepção evolucionista da História, segundo a qual o futuro será necessariamente melhor que o passado. Ao evidenciarem as mazelas criadas ou aprofundadas pelo processo de globalização, os críticos contrariam os que defendem o desenvolvimento capitalista como único destino possível para a humanidade com base nessa concepção.

Para ler

SEVCENKO, Nicolau. *A corrida para o século XXI. No* loop *da montanha-russa*.
São Paulo: Companhia das Letras, 2001. (Coleção Virando Séculos).
O autor trata da aceleração dos processos de transformações tecnológicas na passagem para o século XXI e da emergência de um mundo cada vez mais globalizado. Por outro lado, procura mostrar como, apesar da "síndrome do *loop*", as transformações sociais do fim do século XX trazem consigo novas possibilidades de crítica e novas formas de luta social.

Essas considerações revelam tendências tanto conservadoras e nacionalistas como universalistas e progressistas. São representadas por organizações e movimentos sociais, como ambientalistas, sindicalistas, feministas e defensores dos direitos humanos, e têm em comum a meta de viabilizar outro tipo de globalização, que garanta os direitos de todos, preserve a natureza e utilize os recursos de forma racional e justa. Ou seja, esses movimentos não se opõem ao fenômeno globalizador, mas à globalização no molde capitalista liberal, que privilegia as grandes corporações e as potências econômicas.

O debate sobre a globalização e seus limites envolve diferentes enfoques e prioridades, desde a dilapidação do meio ambiente e dos recursos naturais até a ampliação da exploração dos trabalhadores sob condições que lembram as do início do século XIX.

As alternativas oferecidas também variam, com destaque para as que priorizam a atuação da sociedade civil, por meio dos movimentos sociais e das organizações não governamentais (ONGs), para pressionar Estados e empresas em favor das minorias. Outras propostas sugerem que os Estados enfraquecidos se unam em blocos transnacionais, a fim de enfrentar as grandes corporações, de maneira que possam voltar a regular as atividades das grandes empresas.

Nesse contexto, surgem iniciativas de alguns governos, como a Aliança Bolivariana para os Povos de Nossa América (Alba), fundada por Cuba e Venezuela, que já inclui Bolívia, Nicarágua e El Salvador. A ideia é fazer frente ao imperialismo estadunidense e ao domínio de organizações internacionais, bem como às grandes corporações transnacionais.

QUESTÕES

- A globalização costuma ser interpretada de forma otimista por alguns teóricos e pessimista por outros. Defina globalização e apresente argumentos que expliquem essas duas posições.
- Em um mundo globalizado existe maior possibilidade de diálogo e, consequentemente, de paz entre países e povos? Cite exemplos.

Para assistir

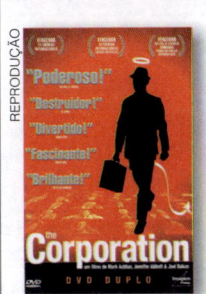

The Corporation (A corporação)
Canadá, 2003.
Direção: Mark Achbar e Jennifer Abbott.
Duração: 145 min.
O documentário une vídeos institucionais, imagens documentais e entrevistas de personalidades como Noam Chomsky, Milton Friedman e Sir Mark Moody-Stuart (ex-dirigente mundial da Shell), além de artistas, jornalistas e executivos, para investigar a atuação das grandes corporações transnacionais no mundo contemporâneo. Por meio de uma abordagem psicológica, com análise dos crimes praticados por algumas empresas, o filme procura mostrar como o "comportamento" dessas pessoas jurídicas pode ser associado ao que se entende como psicopatologia, devido à sua busca incessante por lucro e realização "pessoal", sem nenhuma preocupação com possíveis danos causados a terceiros.

4. Integração regional

Os processos de integração regional estão diretamente ligados ao desenvolvimento do capitalismo globalizado. Novos **blocos econômicos** surgiram em meados do século XX, o que resultou em diferentes graus de integração entre os países. O diálogo econômico implica integração política. A ideia de complementar de maneira mais satisfatória a relação econômica entre os países de uma mesma região tem como finalidades o crescimento econômico e a melhoria da qualidade de vida.

Mas nem sempre isso é possível. A integração regional muitas vezes contempla economias muito distintas. Além disso, países com menor grau de desenvolvimento industrial e tecnológico tendem a perder espaço na concorrência comercial. As ações políticas e econômicas de integração também têm impacto significativo na vida das pessoas, e muitas vezes os resultados sociais são perversos para determinados países e para populações mais vulneráveis economicamente.

A seguir, estudaremos a formação de blocos econômicos tomando como exemplo o Mercado Comum do Sul (Mercosul), uma experiência de integração regional que envolve cinco países da América do Sul, incluindo o Brasil, os quais buscam a cooperação econômica e o estreitamento de relações nos campos político, cultural e social.

A formação de blocos econômicos

A formação de blocos econômicos é uma importante modalidade de organização do sistema internacional. Um **bloco econômico** é um acordo entre governantes de países, geralmente com alguma proximidade geográfica, que busca diminuir impostos nas transações comerciais entre os países-membros e impulsionar a economia de todos.

Do ponto de vista político e jurídico, a integração a blocos econômicos é um ato soberano do Estado. No entanto, a união de diferentes países, com pesos econômicos também diferentes, que passam a assumir posições e compromissos comuns, pode conduzir a certo grau de perda de soberania ou, pelo menos, de autonomia de alguns deles.

Do ponto de vista econômico, a integração ocorre em diferentes níveis de intensidade. É também um processo político entre dois ou mais países para reduzir, total ou parcialmente, as barreiras comerciais entre eles. Podem-se distinguir pelo menos quatro grandes etapas nos processos de integração econômica.

a) **Área ou Zona de Livre-Comércio (ZLC).** Tem como objetivo estabelecer uma tarifa zero entre os países-membros, os quais eliminam barreiras ao comércio recíproco, mas mantêm políticas comerciais independentes em relação a outras nações. Um exemplo de ZLC é o Nafta (North American Free Trade Agreement — Tratado Norte-Americano de Livre-Comércio).

b) **União Aduaneira (UA).** Também denominada união alfandegária, é uma ZLC na qual os Estados-membros seguem uma política comercial comum em relação a outros países, mediante a adoção de uma tarifa externa comum (TEC). São exemplos de UA a Zollverein dos estados germânicos, de 1834, e o Mercosul, de 1991.

c) **Mercado Comum (MC).** União aduaneira em que há a livre circulação de fatores de produção (mão de obra, capitais, insumos etc.) entre os países da região, sem restrições legais. O melhor exemplo de MC foi a Comunidade Econômica Europeia (CEE), criada em 1957.

d) **União Econômica ou Monetária (UE).** Mercado comum no qual há unificação das políticas monetárias e fiscais. Com o estabelecimento da união econômica, a plena unificação dos mercados é atingida.

A criação de um bloco econômico é a principal política de integração regional para criar e ampliar espaços internacionais ou supranacionais que permitam maior complementaridade, intercâmbio e incremento da capacidade competitiva dos países-membros em relação ao resto do mundo.

Alguns analistas destacam que essas políticas seriam etapas prévias para um mundo verdadeiramente globalizado. Outros afirmam exatamente o contrário, ou seja, que políticas de integração são reações dos países aos efeitos nocivos da globalização.

Plenária do bloco **Cooperação Econômica Ásia-Pacífico** (**Apec** — Asia-Pacific Economic Cooperation), em Honolulu (Havaí), em 2011. Formada por 21 países-membros localizados no Círculo do Pacífico, a Apec é um exemplo de bloco econômico que abrange países de continentes diferentes e apresenta os maiores volumes de negócios do planeta.

QUESTÕES

Percebe-se, analisando a história da economia mundial, que em muitos momentos de euforia econômica apenas uma minoria ou região prospera. Pode-se afirmar que ocorrerá o mesmo com a globalização? Justifique sua resposta.

Ministros de Relações Exteriores dos países que compõem a **União de Nações Sul-Americanas (Unasul)** posam para foto durante a cúpula na cidade de Quito (Equador), em 2015. A Unasul é uma organização intergovernamental composta de doze Estados da América do Sul. Criada em maio de 2008, durante a Terceira Cúpula de Chefes de Estado, realizada em Brasília, ela busca construir, em âmbito continental, uma integração cultural, social, econômica e política, respeitando a realidade das diversas nações.

O Mercosul

A história das políticas de integração na América Latina remonta a 1815, quando Simón Bolívar publicou a *Carta de Jamaica*, conclamando os povos da região (que antes pertencia ao Império Espanhol) a unir-se contra o domínio europeu e a formar uma confederação hispano-americana. A partir desse momento, houve inúmeras iniciativas, nenhuma completamente bem-sucedida. A mais expressiva ocorreu em 1960, quando, sob inspiração da Comissão Econômica para a América Latina e o Caribe (Cepal), criou-se a Associação Latino-Americana de Livre-Comércio (Alalc), sucedida pela Associação Latino-Americana de Integração (Aladi), de 1980, que hoje só existe formalmente.

Nos anos 1980, no contexto da redemocratização da região, Brasil e Argentina resgataram a ideia de construir políticas de integração regional. O resultado do diálogo, ampliado pela presença do Paraguai e do Uruguai, foi a criação do **Mercado Comum do Sul (Mercosul)** pelo Tratado de Assunção, em 1991.

Em 1998, foi assinado o Protocolo de Ushuaia, na cidade argentina de mesmo nome, pelos quatro Estados-membros do Mercosul (Argentina, Brasil, Paraguai e Uruguai) e mais dois Estados associados (Bolívia e Chile). Nesse protocolo, foi reafirmado o compromisso democrático entre todos os Estados do Mercosul, tanto os membros quanto os associados.

Em 31 de julho de 2012, o Mercosul incluiu seu quinto membro, a Venezuela. Além deles, a instituição conta com Estados associados — os já mencionados Bolívia e Chile, além de Colômbia, Equador e Peru —, todos envolvidos em outros pactos de integração. O México e a Nova Zelândia são Estados observadores, ou seja, ainda não participam, mas pretendem participar em um futuro próximo.

Ao contrário da União Europeia, que apresenta instâncias supranacionais de poder (como ensaia o Parlamento Juvenil do Mercosul), a estrutura do Mercosul é essencialmente intergovernamental, ou seja, tudo o que for votado tem que passar pela aprovação de cada um dos Estados-membros. Dos pactos integracionistas que contam com a presença do Brasil, esse é o mais importante e um dos eixos da política externa do país.

Com base no Protocolo de Ouro Preto, de 1994, o Mercosul apresenta sua estrutura institucional dividida em conselho, grupo e comissão.

a) **Conselho do Mercado Comum (CMC).** Órgão superior, responsável pela condução política do acordo. O CMC é formado pelos ministros das Relações Exteriores e da Economia dos países-membros e pronuncia-se por meio de **decisões**.

b) **Grupo Mercado Comum (GMC).** Órgão executivo, responsável por fixar os programas de trabalho e negociar acordos com terceiros em nome do Mercosul. O GMC é composto pelos ministérios das Relações Exteriores e da Economia e pelos bancos centrais dos países-membros e pronuncia-se mediante **resoluções**.

c) **Comissão de Comércio do Mercosul (CCM).** Órgão técnico, responsável por apoiar o GMC no que tange à política comercial do bloco. Pronuncia-se por meio de **orientações**.

Para navegar

Parlamento Juvenil Mercosur
http://parlamentojuvenil.educ.ar/?page_id=173
Site do Parlamento Juvenil do Mercosul. Apresenta propostas para o projeto "A escola que queremos". Contém material desenvolvido exclusivamente pelo Instituto Internacional de Planejamento da Educação (Iipe), da Unesco, para professores e alunos, que serve de estímulo a debates sobre temas como: inclusão, gênero, trabalho, participação e direitos.

Unasul
unasursg.org
Logotipo da Unasul. Em sua página oficial, a organização aponta como desafios eliminar as desigualdades socioeconômicas, alcançar a inclusão social, aumentar a participação cidadã, fortalecer a democracia e reduzir os desequilíbrios existentes, considerando a soberania e a independência dos Estados.

QUESTÕES

O Mercosul, apesar da grande importância no desenvolvimento regional da América Latina, ainda é criticado por alguns pensadores. O Brasil, mais industrializado, está em vantagem na concorrência em relação aos países com menor grau de desenvolvimento.

- Quais são os efeitos negativos que podem afetar esses países e como isso pode se tornar um obstáculo para os objetivos do bloco?

Fim das barreiras e fronteiras?

Embora os processos de integração regional procurem diminuir barreiras comerciais ou culturais em sua área de influência, as fronteiras ainda são muito fortes quando se trata de imigrantes, especialmente aqueles oriundos de países da África, Ásia ou América Latina. No entanto, elas parecem livres quando se trata de circulação de mercadorias.

Para um dos mais importantes sociólogos da atualidade, o polonês Zygmunt Bauman, a mobilidade é uma das novas formas de distinção social. O mundo estaria se tornando, já faz algumas décadas, cada vez mais polarizado e, ao mesmo tempo, economicamente integrado. A estrutura social, da mesma forma, estaria cada vez mais polarizada, com as possibilidades de deslocamento no espaço global figurando entre os principais fatores de distinção entre os "de cima" e os "de baixo".

Capítulo 12 • Globalização e integração regional

Segundo Bauman, a mobilidade tornou-se o fator de estratificação mais poderoso e mais cobiçado pelas "pessoas que investem" — aquelas que têm o capital necessário para o investimento. Não é difícil perceber que um grande empresário tem mais e melhores meios de mobilidade que seu empregado. Mas o que ele aponta é que essa possibilidade de deslocamento tornou-se um elemento fundamental para distinguir as classes sociais em âmbito global, não só pelos meios com os quais se movimentam, mas também, ou principalmente, pelas restrições e segregações espaciais que isso acarreta.

O debate sobre os refugiados, por exemplo, ganha enorme importância quando são abordadas as questões referentes aos direitos humanos. Um exemplo foi a criação, em 1950, do Alto Comissariado das Nações Unidas para Refugiados (Acnur), órgão subordinado à ONU, com o objetivo de proteger e auxiliar as vítimas de perseguição, da violência e da intolerância. Hoje, podemos afirmar que é uma das principais agências humanitárias do mundo.

Em 2015, milhares de refugiados sírios, fugindo da guerra civil, ultrapassaram diversas fronteiras e chegaram a vários países europeus. Tal onda imigratória gerou inúmeros debates, principalmente no que diz respeito à autonomia dos países europeus de escolher entre receber ou não esses refugiados.

Considerando as formas de deslocamento, muitos estudos sobre globalização se concentram nos fluxos migratórios. Em geral, eles indicam um movimento "periferia-centro", o que deixa claro que ainda há um "centro" no capitalismo global, para onde muitos vão em busca de melhores salários: Europa, Estados Unidos e Japão. Uma das características da última década, no entanto, vem sendo a migração entre os países do hemisfério sul, em direção a países dependentes que vêm mantendo um dinamismo econômico capaz de atrair mão de obra (como China e Brasil).

Os limites à entrada de imigrantes e as concomitantes políticas restritivas não são a única forma de segregação espacial existente hoje. Mesmo em uma grande cidade, ou do ponto de vista do deslocamento campo-cidade, persistem velhas formas de segregação, enquanto outras são criadas. O alto custo do transporte, por exemplo, é um elemento que ainda pode excluir muitas pessoas dos benefícios que os novos meios de mobilidade oferecem.

Para jogar

Supercrise
Jogo desenvolvido pelo jornal *O Estado de S. Paulo*, baseado no jogo de cartas *Supertrunfo*, em que dados econômicos (PIB, inflação, taxa de desemprego, juro real e *rating*) de trinta nações são comparados. Além de propiciar o contato com dados de diferentes países, o jogo estimula o participante a refletir sobre os indicadores econômicos de cada país com base em uma perspectiva de comparação global. Para conhecer o jogo, acesse: <http://mod.lk/wenZe>.

Trocando ideias

Para alguns intelectuais, os fluxos migratórios promoveram maior integração entre povos de culturas diferentes, trazendo riqueza e novos hábitos e costumes. Já outros estudiosos refletem sobre a ocorrência de casos de racismo e xenofobia com o surgimento dos fluxos migratórios. Em grupos, pesquisem em jornais impressos, revistas eletrônicas e boletins *on-line* sobre a chegada de imigrantes ao Brasil. Coletem dados como: número de entrada de imigrantes no país em um período determinado (últimos cinco ou três anos ou no último ano, por exemplo), país de origem e língua nativa, grau de escolaridade, finalidade da viagem e expectativa com relação ao país de destino (se essas informações estiverem disponíveis). Disponibilizem em uma tabela os dados obtidos e exponham para a turma as conclusões a que o grupo chegou.

- Depois, discutam a questão: estrangeiros são sempre bem-vindos ao Brasil ou essa noção da hospitalidade brasileira é um mito?

5. Juntando e separando países

A construção de blocos regionais e a dissolução de fronteiras no processo de globalização podem ser mais bem compreendidas mediante o debate sobre integração. O princípio de "separar e juntar" (*solve et coagula*), muito importante para que os alquimistas da Idade Média entendessem o processo de transformação dos metais, também é utilizado para indicar as mudanças que ocorrem nas sociedades humanas. Essa analogia ajuda a entender a política em tempos de globalização, sintetizada nos polos: integração e fragmentação das relações internacionais.

Hoje, a integração e a globalização transformam as relações entre países. Enquanto a primeira "junta", a segunda "separa". O processo de integração regional surgiu para agregar o poder dos agentes internacionais de determinada área geográfica em torno de interesses comuns e distribuir o poder entre os diferentes Estados soberanos.

Uma das consequências dessa redistribuição de poder são as mudanças que a nova configuração traz para a compreensão dos direitos. O Estado nacional, na modernidade, define os direitos dos seus cidadãos, que, numa primeira abordagem, estão reduzidos às fronteiras nacionais. Porém, com os processos de integração regional, os direitos passam a ser pensados de duas formas principais: no âmbito do Estado e no âmbito internacional. A maior expressão da segunda forma ficou consolidada como direitos humanos.

É possível perceber que, a partir da "guerra ao terror", lançada pelos Estados Unidos após os atentados de 11 de setembro de 2001, a reafirmação da soberania e a busca por ordem e segurança fizeram com que os direitos de muitos cidadãos em vários países fossem suspensos com base em uma posição arbitrária dos Estados Unidos. Esse poder unilateral fica evidente quando organizações internacionais, como a Cruz Vermelha, denunciam a existência de centenas de presos na prisão de Guantánamo (instalada em território cubano), a maioria de cidadania afegã ou iraquiana, ali mantidos sem acusação formal, sem processo constituído e sem direito a julgamento. Situações como essa revelam a realidade perversa da globalização, diferente do mito da cidadania global e do mundo sem fronteiras.

Presos aguardam no centro de detenção temporária dentro da base naval de Guantánamo (Cuba), em 2002, para serem processados, enquanto são observados por guardas militares estadunidenses. O lado perverso da globalização também pode ser visto na atitude dos Estados Unidos de manter na prisão de Guantánamo pessoas de diferentes nacionalidades em condições que violam os direitos humanos e a Convenção de Genebra.

Diante da Casa Branca, na cidade de Washington (Estados Unidos), em 2013, manifestantes pedem o fechamento da prisão de Guantánamo por causa das violações dos direitos humanos.

Somada aos conflitos políticos, a competição econômica também exibe uma faceta negativa. O consumo, e não a cidadania, torna-se medida de inclusão social. A competição mediada pelo mercado e pela indústria cultural elimina mecanismos de proteção social, o que pode ter consequências como fome, pobreza, doenças, educação de baixa qualidade etc.

Nessa perspectiva, a integração é um processo em que os Estados se reúnem, motivados por interesses, para se defender de uma ameaça comum. As decisões são tomadas de acordo com a soberania de cada país. Esse procedimento pode ser chamado de intergovernamentalismo: os Estados governam com base em princípios definidos entre si, em uma esfera supranacional que não desautoriza nem contraria os princípios nacionais de nenhum deles. Assim, o regionalismo pode ser interpretado como sinônimo de integração.

Em razão de suas contradições, existe certo ceticismo em relação aos benefícios da globalização, ao mesmo tempo que há uma visão otimista. As formas diferenciadas de ver o mesmo fenômeno foram estudadas pelos cientistas sociais britânicos David Held e Anthony McGrew, que criaram dois conceitos para definir essas perspectivas: céticos e globalistas. Para os autores, os céticos concentram seus estudos na identidade nacional, na ação estatal, no comunitarismo, no imperialismo e nas assimetrias regionais. Os globalistas, por sua vez, dedicam-se, entre outras coisas, a estudar os fluxos, as redes, o declínio do poder do Estado, o cosmopolitismo e o multilateralismo.

Uma terceira abordagem considera a integração um **fenômeno identitário**. Sob essa perspectiva, países europeus com identidade europeia se reuniriam na Comunidade e/ou União Europeia. Por analogia, brasileiros, argentinos, uruguaios, paraguaios e venezuelanos se reuniriam em um modelo de integração comum, o Mercosul. A integração apresentaria ainda uma tendência de expansão, em vez de ficar restrita a uma região. Isso se daria por dois motivos: o primeiro seria a influência cada vez menor da soberania do Estado nacional nas decisões, já que em instituições ou órgãos internacionais integradores as decisões tenderiam a ser supranacionais, isto é, seriam legitimadas por organizações internacionais, e não por um Estado nacional; o segundo seria o fato de que essas instituições incorporariam cada vez mais Estados, indo além da região de atuação original.

Para o sociólogo libanês Amin Maalouf, o mundo atual precisa resolver os problemas globais produzidos nos últimos anos. A globalização foi conduzida principalmente pelo Ocidente (Europa e Estados Unidos) e está muito distante de atender aos ideais universalistas que ostenta como seu fundamento. Para integrar-se ao espaço defendido pelo discurso universalista, seria necessário abandonar antigas tradições ou posições nacionalistas, por exemplo. Também seria preciso organizar a coexistência, viabilizar o desenvolvimento sustentável e consolidar uma solidariedade global para evitar imposições neoimperialistas dos países centrais e evitar a dissolução das civilizações. Maalouf afirma que isso pode ser uma possibilidade para o futuro, caso o progresso se mantenha e determinadas utopias se concretizem.

Fenômeno identitário. Remete à existência de uma cultura global que unifica pessoas de diversas partes do mundo e facilita o entendimento político entre elas com o estabelecimento de discussões e agendas comuns. Para muitos, também é a identidade que sustenta os princípios de integração, pois permite o apoio de cidadãos à cessão de soberania de seus governos em determinados processos.

Capítulo 12 • Globalização e integração regional

Quem escreveu sobre isso

Amin Maalouf

O escritor franco-libanês Amin Maalouf (1949-) graduou-se em Sociologia e Ciências Econômicas na Universidade Saint-Joseph, de Beirute, no Líbano, e passou dez anos cobrindo guerras como jornalista, período durante o qual visitou cerca de 60 países. Escritor desde 1985, ficou conhecido por seus romances e ensaios, nos quais aborda antigos problemas nas relações entre Oriente e Ocidente lançando mão de perspectivas diferenciadas. Entre seus trabalhos mais comentados estão *A Cruzada vista pelos árabes* (1983) e seu ensaio *Um mundo em desajuste: quando nossas civilizações se esgotam* (2009), no qual defende que tanto o Ocidente quanto o mundo árabe precisariam, para superar os impasses das crises política, econômica e cultural da atualidade globalizada, reinventar suas crenças e produzir valores universais capazes de conduzir o mundo a um novo momento histórico.

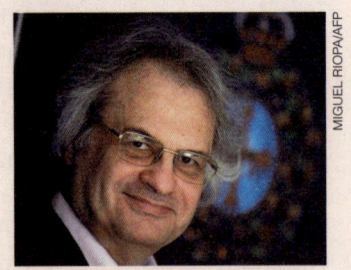

Amin Maalouf, escritor e ensaísta franco-libanês, problematiza o esgotamento das civilizações ocidental e árabe.

Saiba mais

A Comunidade dos Países de Língua Portuguesa

Um exemplo marcante de integração política e cultural realizada no contexto da globalização pode ser visto na Comunidade dos Países de Língua Portuguesa (CPLP), uma organização internacional criada no mês de julho de 1996, com sede na cidade de Lisboa, e constituída pelos seguintes Estados: Angola, Brasil, Cabo Verde, Guiné-Bissau, Guiné Equatorial, Moçambique, Portugal, São Tomé e Príncipe e Timor Leste. Os órgãos que a compõem são a Conferência de Chefes de Estado e Governo, o Conselho de Ministros, o Comitê de Concertação Permanente e o Secretariado Executivo.

Embora muito se discuta sobre a dissolução de laços comunitários ou locais na era global, a formação dessa "comunidade internacional" implica uma importante discussão sobre os significados da globalização: em que medida é possível constituir novos grupos e comunidades globais, novas identidades e formas de se "inserir" na sociedade global? A inserção de nações ou regiões na nova organização geopolítica e econômica mundial é um dos principais pontos nas agendas de diversos governos, uma vez que pode criar laços política ou economicamente vantajosos na nova era da competitividade global.

Comunidade dos Países de Língua Portuguesa — 2015

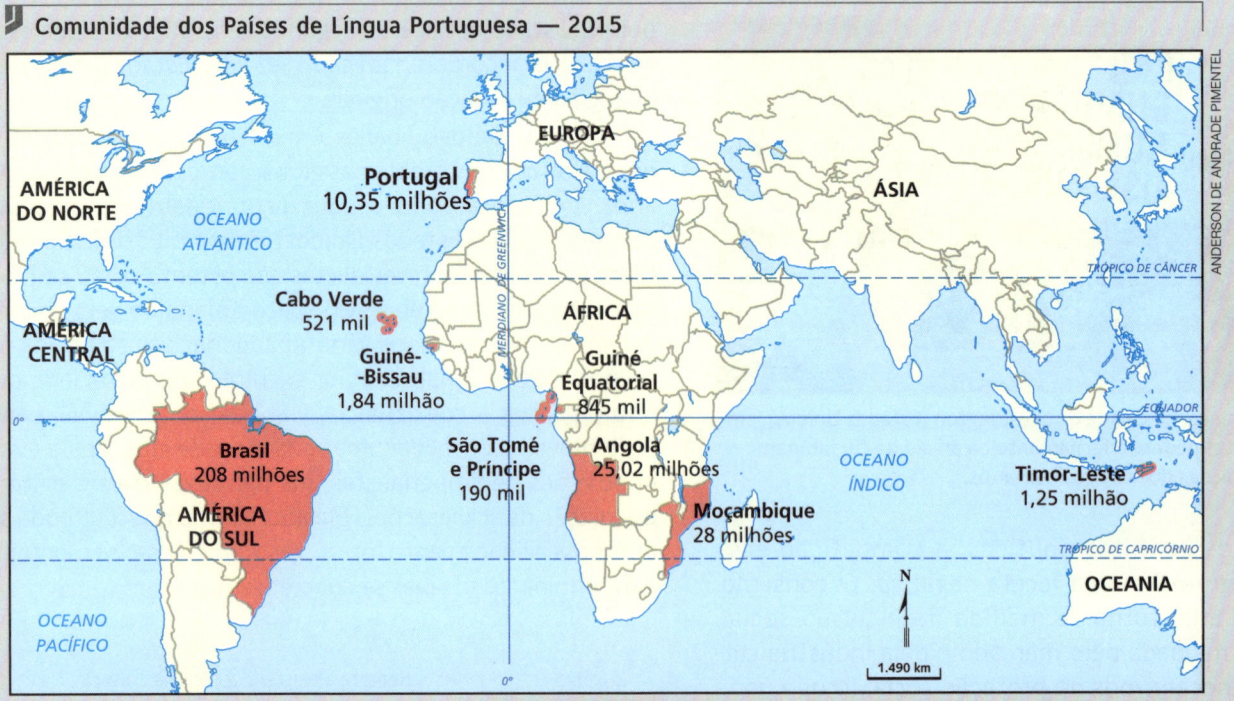

- Portugal: 10,35 milhões
- Cabo Verde: 521 mil
- Guiné-Bissau: 1,84 milhão
- Guiné Equatorial: 845 mil
- Brasil: 208 milhões
- São Tomé e Príncipe: 190 mil
- Angola: 25,02 milhões
- Moçambique: 28 milhões
- Timor-Leste: 1,25 milhão

Fonte: *The World Bank*. Disponível em: <www.worldbank.org/en/country>. Acesso em: jun. 2017.

O Acordo Ortográfico da Língua Portuguesa (1990), que unifica a língua portuguesa e entrou em vigor a partir de 1º de janeiro de 2016, obrigatoriamente, para os países da CPLP, é um exemplo de integração cultural com desdobramentos econômicos na área editorial.

Com base nesse ponto de vista, o ideal de integração ao qual Maalouf se refere vai além do processo regional conhecido. A questão que se coloca é: como seria possível integrar um mundo completamente esfacelado, desajustado e esgotado pela globalização — em especial no que se refere às relações entre o Ocidente e o Oriente? Com um ponto de vista contrário ao processo de integração, o pensador indo-americano Parag Khanna, especialista em Relações Internacionais, mostra de que maneira está ocorrendo um retorno às relações de poder existentes no mundo medieval. Nosso mundo não seria integrado, mas fragmentado, dotado cada vez mais de conexões dispersas entre o público e o privado, submetido à influência política de organizações globais e de indivíduos de projeção mundial. A integração, portanto, não poderia ser considerada um fenômeno estável e duradouro.

O caminho para a transformação da "nova Idade Média" em um "novo Renascimento" estaria na mudança dos padrões de **governança**. Os atores principais envolvidos nos processos de integração foram os agentes estatais (por meio da diplomacia). Porém, esses mesmos agentes foram os que sentiram mais profundamente a globalização, pois cada vez mais novos atores passaram a intervir em suas decisões, como consequência da globalização das comunicações. Por conta disso, seria necessário mudar a governança, indo além dos meios de exercício do poder existentes nas escalas intergovernamental e supranacional.

O autor indo-americano Parag Khanna propõe uma espécie de "megadiplomacia" por intermédio de uma nova geração (em especial aquela que cresceu após o término do conflito polarizado da Guerra Fria entre capitalistas e socialistas) que atuaria de maneira totalmente interligada, expandindo as relações sociais para além das fronteiras e lidando com os problemas universais de maneira interdisciplinar. Essa forma de governança seria mais contemporânea e também buscaria um novo e interessante caminho para proporcionar integração e uma (re)ação diante da globalização. Assim, nesse contexto, figura uma proposta que se projeta tendo por sustentação os diversos problemas sociais no mundo atual rumo a uma globalização mais humana, ética e democrática.

> **Governança.** O conjunto das condições que garantem que um Estado seja eficiente. A governança pressupõe que a capacidade de governo não pode ser avaliada apenas pelos resultados da política governamental, mas também pela forma como o poder é exercido. O conceito foi definido pelo Banco Mundial em 1992, como o exercício da autoridade, controle, administração, poder de governo e a maneira pela qual este é exercido na administração dos recursos sociais e econômicos de um país com vistas ao desenvolvimento.

Para navegar

CPLP — Comunidade dos Países de Língua Portuguesa
www.cplp.org
Site da Comunidade dos Países de Língua Portuguesa. É um espaço de cooperação e meio para uma ação coletiva, multilateral, nos mais variados setores de atividade, entre eles a educação.

Quem escreveu sobre isso

Parag Khanna

O indo-americano Parag Khanna (1977-), nascido em Kampur, na Índia, é PhD em Relações Internacionais pela London School of Economics. Intelectual global amplamente citado, participa de forma ativa dos meios de comunicação de todo o mundo, tendo vários artigos publicados. Em 2008, foi consultor de política externa da campanha de Barack Obama (1961-) à presidência dos Estados Unidos. Seu primeiro livro, *O Segundo Mundo: impérios e influência na nova ordem global*, foi *best-seller* internacional, traduzido em mais de vinte línguas. Nessa obra, Khanna analisa as transformações globais em curso com base na perspectiva dos Estados emergentes e considera a ascensão de um "Segundo Mundo" muito importante para o futuro, na medida em que possibilita uma nova governança global, capaz de fazer a transição de um mundo "neomedieval" para um novo "Renascimento". De acordo com o especialista, na atualidade, a expressão "Segundo Mundo" diz respeito a 40% das nações que têm características do Primeiro e do Terceiro Mundo simultaneamente, como a Índia, a Rússia, o Irã e o Brasil.

Segundo Parag Khanna, as decisões dos países do Segundo Mundo podem alterar o equilíbrio global do poder.

Para assistir

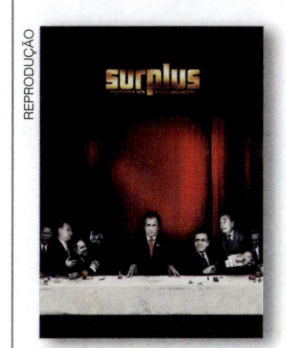

Surplus
Suécia, 2003.
Direção: Erik Gandini.
Duração: 54 min.

O documentário chama a atenção pela forma como as imagens e falas são editadas, num ritmo surpreendente. Trata da questão do consumo no mundo globalizado, com ênfase em realidades distintas. O filme mostra também imagens da Índia para revelar a exploração do trabalho, a degradação ambiental e exemplificar a maneira como a lógica do consumo vem alterando as relações sociais.

QUESTÕES

De que forma os processos de integração regional produzem fragmentação? Os fluxos migratórios internacionais são exemplo de qual desses processos?

Capítulo 12 • Globalização e integração regional **275**

Saiba mais

Fórum Social Mundial

O Fórum Social Mundial (FSM) surgiu em 2001, na cidade de Porto Alegre, quando representantes de organizações e movimentos sociais de diversos países se reuniram para defender um modelo alternativo de globalização. Desde então, o evento tem ocorrido anualmente em diferentes lugares do mundo (Brasil, Índia, Quênia, Mali, Venezuela, Tunísia) com um público estimado superior a 1 milhão de participantes se somarmos todas as suas edições, tornando-se o contraponto do Fórum Econômico Mundial (FEM), realizado anualmente em Davos, na Suíça, que reúne os representantes das instituições mais poderosas do mundo e os líderes políticos dos países mais ricos.

Cartaz da edição de 2015 do Fórum Social Mundial, realizado na cidade de Túnis (Tunísia).

Entre as principais discussões do FSM estão o esgotamento do modelo neoliberal e a proposta de modelos alternativos de organização econômica, política e social. Em 2005, de volta à capital gaúcha, o FSM lançou, como alternativa ao Consenso de Washington, o Consenso de Porto Alegre, um manifesto com propostas de medidas para uma globalização que ofereça autonomia às pessoas e aos povos, com justiça e democracia.

As medidas propostas no manifesto são:

Econômicas

- Cancelamento da dívida externa para os países do sul global (com foco na América Latina e na África).
- Estabelecimento de uma taxa internacional para grandes transações, a fim de evitar a especulação financeira internacional.
- Fim dos paraísos fiscais.
- Direito universal a emprego, proteção social e aposentadoria.
- Promoção da economia solidária e rejeição da economia livre, com ênfase na importância de serviços públicos como educação, saúde, serviços sociais e direitos culturais, que devem estar acima dos direitos comerciais.
- Garantia da soberania alimentar a todos os países, com estímulo ao campesinato e à agricultura familiar.
- Abolição de patentes sobre conhecimento e bens essenciais.

Para a paz e a justiça

- Adoção de políticas públicas para lutar contra o racismo, a discriminação, o sexismo, a xenofobia, o antissemitismo e a intolerância religiosa, além do reconhecimento pleno dos direitos políticos, culturais e econômicos dos indígenas.
- Adoção de medidas para deter a destruição ambiental e amenizar o aquecimento global com base em modelos alternativos de desenvolvimento econômico.
- Desmantelamento de todas as tropas de todos os países, exceto as que estão sob ordem explícita da ONU.

Democráticas

- Garantia do direito à informação e do direito de informar, com descentralização da produção de conteúdo noticioso e enfraquecimento do poder da grande mídia. Garantia de autonomia para os jornalistas das mídias alternativas.
- Reforma de instituições internacionais baseadas na Declaração Universal dos Direitos Humanos e incorporação do Banco Mundial, do FMI e da Organização Mundial do Comércio (OMC) à ONU.

— Ribamar, tem certeza que não erramos de endereço?

A charge satiriza a diferença entre as grandes potências do Fórum Econômico Mundial e as alternativas e críticas ao modelo de desenvolvimento vigente.

Trocando ideias

Para alguns sociólogos, a Organização das Nações Unidas (ONU) desempenha papel central no atual contexto internacional. Para outros pensadores, atores diversos têm desempenhado papel mais significativo que o da ONU, como ONGs, blocos econômicos e empresas privadas. Já outros teóricos consideram que a ONU teria papel relevante apenas em pequenos conflitos que não envolvessem as nações poderosas.

Em grupos, pesquisem em sites de notícias e na própria página da entidade sobre o papel da ONU como principal instituição que garante a paz no mundo. Em seguida, respondam às perguntas a seguir.

- Qual é o papel da ONU na resolução dos conflitos internacionais? Será que a organização cumpre totalmente esse propósito? Dê exemplos.

Considerações sociológicas

Um panorama do debate sociológico sobre a globalização

Néstor García Canclini (1939-), antropólogo argentino radicado no México, escreveu sobre a globalização, definindo-a como "objeto cultural não identificado". Não há consenso acadêmico sobre quando a globalização teria começado, nem quanto à definição de seu conceito. Os autores que situam a globalização no século XVI, no início da modernidade ocidental e da expansão capitalista, privilegiam seus aspectos econômicos. Em contrapartida, os que privilegiam a análise das nuances culturais, políticas e comunicacionais estabelecem o fim da Guerra Fria e o desaparecimento da URSS como marcos para as transformações globais e a expansão de mercados planetários.

Canclini situa o início da globalização na segunda metade do século XX, compreendendo que é resultado de dois processos anteriores: a internacionalização e a transnacionalização. As Grandes Navegações e a abertura comercial da Europa para o Oriente e a América Latina constituíram a internacionalização, que abriu caminho para a transnacionalização com a criação de empresas independentes dos Estados de origem. Como exemplo desse momento, Canclini cita as telenovelas mexicanas e brasileiras, que acabaram se tornando muito populares na China e na Itália, além dos filmes de Hollywood, divulgadores da visão estadunidense de mundo.

Sem cair no determinismo tecnológico, Canclini afirma que os novos fluxos comunicacionais, possibilitados pelas tecnologias da informação, forjaram a construção de produtos simbólicos globais e de novas percepções da produção espaço-tempo, o que caracteriza o atual momento globalizado, marcado pela fragmentação e pela coexistência de múltiplas narrativas. A globalização não apenas homogeneíza, mas também fragmenta, desagrega e cria desigualdades, além de espalhar sedução e pânico.

Canclini afirma que pode existir um outro lado desse processo de globalização, não tão homogeneizador, mas também que se adapta e resiste.

Para esse autor, a homogeneização dos padrões referenciais de consumo por parte do mercado pode vir a enfraquecer aspectos materiais e imateriais das culturas locais, tendo, assim, um caráter negativo. Contudo, Canclini reconhece que o acesso a outras expressões culturais pode tanto promover a incorporação de novas referências culturais quanto afirmar a identidade local daquilo que se apresenta como o padrão global, o que teria um caráter essencialmente positivo.

Conheça, a seguir, uma canção de Gonzaguinha (1945-1991), que pode ajudar a entender a relação do regional com o global.

"From United States of Piauí

A minha prima lá do Piauí
Deixou de fazer renda só pra ver novela
A minha prima lá do Piauí
Não bebe mais garapa, vai de coca-cola
Luz de candeia não se usa mais
Luz artificial substitui o gás
Calça de couro, alvorá de brim
Deram seu lugar pra tal de calça Lee
A minha prima escreveu pra mim
E não fala venha cá, só fala *come here*
Vou mandar minha resposta breve
Para o United States of Piauí"

GONZAGUINHA. From United States of Piauí. *Gonzagão & Gonzaguinha juntos*. Sony/BMG/RCA, 1991.

Canclini aponta para a elaboração de produtos com simbolismos globais. A globalização homogeneiza, como também fragmenta, separa e gera desequilíbrios espalhando deslumbramento, mas também certo medo.

Capítulo 12 • Globalização e integração regional

Direito e sociedade

Convenção 29 da Organização Internacional do Trabalho (OIT)

As Convenções da OIT, organização criada em 1919, são normas internacionais que procuram promover direitos e coibir práticas perniciosas no mundo do trabalho. Os Estados-membros da OIT assinam e ratificam essas convenções a fim de implementá-las, seja na forma de lei, seja como práticas relacionadas às condições laborais de cada país. A Convenção 29, ratificada pelo Brasil e por outros Estados-membros, proíbe qualquer prática de trabalho forçado ou obrigatório, definido como "todo trabalho ou serviço exigido de qualquer pessoa sob a ameaça de qualquer penalidade e para o qual a pessoa não se tenha oferecido espontaneamente". Segundo a ONU, calcula-se que cerca de 21 milhões de pessoas são vítimas de trabalho forçado, uma prática ligada principalmente, mas não apenas, à migração.

Fiscais do Ministério Público flagram trabalhadores bolivianos em condições análogas à escravidão em uma oficina de costura na cidade de Americana (SP), em 2013. O trabalho escravo, que por mais de 300 anos foi a base da força de trabalho no Brasil, ainda está presente em nosso país. Contudo, diferentemente do passado, hoje o Estado atua na repressão a essa forma ilegal de atividade.

REGULAMENTAÇÃO DO TRABALHO

Leia a matéria de jornal reproduzida a seguir.

"O Ministério do Trabalho e Emprego (MTE) e o Ministério Público do Trabalho (MPT) vão apurar a ligação das Lojas Americanas com uma oficina de costura que mantinha trabalhadores em condição análoga à de escravidão. Após realizar uma fiscalização em janeiro, os órgãos flagraram a situação na cidade de Americana (SP).

[...]

A empresa, que fornecia roupas infantis à Lojas Americanas, foi alvo de investigações pelo Ministério Público do Trabalho (MPT) da 15ª Região, que abarca o interior de São Paulo, e MTE no dia 22 de janeiro [de 2013]. Fiscais dos órgãos encontraram cinco bolivianos trabalhando em condições análogas à escravidão em uma oficina de costura contratada pela Hippychick em Americana (SP). De acordo com o MPT, a Hippychick Moda Infantil teria como única cliente a Americanas.

[...] Após a fiscalização, realizada no dia 22 de janeiro, a Hippychick recebeu 23 multas pelas irregularidades encontradas. [...]

A companhia firmou ainda um Termo de Ajuste de Conduta (TAC), no qual se comprometeu a pagar uma indenização de R$ 5 mil a cada trabalhador encontrado em situação análoga à escravidão. Em caso de descumprimento, a companhia pagará multa de R$ 100 mil, que será revertida ao Fundo de Amparo ao Trabalhador (FAT).

[...]"

MENGARDO, Bárbara. Ministério do Trabalho investiga Lojas Americanas. Disponível em: <http://mod.lk/gCX2p>. Acesso em: jun. 2017.

Forme grupo com mais dois colegas e, com base no trecho citado, respondam às questões a seguir.

1. Quais foram os crimes realizados pela confecção investigada e denunciados pelo Ministério Público do Trabalho?
2. O trabalho forçado sempre foi criminalizado no Brasil? O que mudou? Qual é a importância da lei na regulamentação das relações entre trabalhadores e patrões?
3. Quais são os motivos de ainda hoje persistirem formas de trabalho análogas à escravidão e que meios poderiam ser usados para combatê-las?

Interfaces — Arte, Geografia, História, Filosofia, Língua Espanhola

Tensões sociais expressas no muralismo mexicano de Diego Rivera

O homem controlador do Universo (1934), de Diego Rivera. Mural, 4,46 m × 11,46 m.
O artista mexicano foi um representante do Movimento Muralista.

As obras muralistas de Diego Rivera (1886-1957) demonstram a integração entre a política e a história por meio de um novo modo de expressão artística que vem ocupar espaços urbanos com o uso de grandes painéis.

O Movimento Muralista mexicano, do qual Diego Rivera faz parte, propõe o rompimento com a pintura tradicional, aquela feita em cavaletes e pensada para ser exibida em espaços socialmente delimitados e selecionados, como os museus. Por meio dessa nova proposta, a arte vai até o público nos lugares onde as pessoas circulam, no seu cotidiano. Muros, estações de trem e de metrô, paredes de prédios são espaços em que as obras passam a ter outra magnitude. Isso ocorre porque, tanto por seu tamanho físico como por seus objetivos, tais obras traduzem, por meio de expressão artística visual, uma série de tensões sociais e políticas, explicitando circunstâncias históricas de opressão e incentivando o necessário rompimento com essas conjunturas.

Desse modo, o Movimento Muralista está vinculado à Revolução Mexicana, que ocorreu no início do século XX e expressa a necessidade de o México, assim como os demais países colonizados, alcançar maior autonomia cultural, política e econômica. Ao atingir as massas, o Movimento Muralista assume seu papel social de catalisar processos de crítica à hegemonia imperialista e de promover a discussão sobre aspectos históricos muitas vezes silenciados.

A imagem acima apresentada é uma das obras muralistas de Diego Rivera. Ela começou a ser executada entre 1932 e 1933, no Rockefeller Center, em Nova York (Estados Unidos), mas, por ter conotações revolucionárias, foi censurada. Pediu-se que a imagem de Lenin fosse retirada da pintura.

Discordando dessa interferência política em sua obra, Rivera decidiu reiniciar a execução do mural em outro local, situado no México, onde foi concluída (em 1934) e renomeada como *O homem controlador do Universo* (antes se chamava *O homem na encruzilhada dos caminhos*). Nela, encontramos uma síntese da polarização ideológica da época, na qual o capitalismo e o socialismo enfrentavam-se em competição de teor bélico, científico, político e econômico.

Já a obra pintada em Nova York foi primeiramente coberta e, em seguida, destruída.

ATIVIDADE

Forme grupo com três colegas e pesquisem sobre um dos temas propostos a seguir. Após a seleção dos dados e das informações mais importantes, compartilhem suas descobertas com os demais grupos e com o professor.

1. História de vida de Diego Rivera: trajetória pessoal, apresentação de sua formação e de suas principais referências artísticas, sua inserção política na sociedade mexicana.

2. Caracterização do Movimento Muralista mexicano: identificação de suas origens, os principais propósitos e realizações de seus integrantes, a repercussão no México e em outros países.

3. Caracterização da Revolução Mexicana: apresentação dos motivos que levaram à eclosão dessa revolução e as associações entre os interesses dos integrantes da Revolução Mexicana e algumas das obras do Movimento Muralista.

MovimentAção — Educação sem fronteiras para o desenvolvimento global

A globalização é uma dinâmica social produzida também pelos novos meios de comunicação, que permitem a um número cada vez maior de indivíduos estabelecer contato com pessoas e instituições dos mais diferentes países. Assim, organizações não governamentais, partidos políticos, movimentos sociais e associações com diversos objetivos encontram na arena internacional um palco para trocarem informações e organizarem os meios de ação para atingir seus objetivos.

Que tal realizar uma troca de experiências por meio de um intercâmbio com uma escola de outro país que esteja comprometida com a melhoria da educação? Com a orientação do professor, sua turma deverá planejar, executar e avaliar os resultados de um intercâmbio para discutir a educação e o lugar dos jovens estudantes nesse debate.

O Centro Integrado de Educação de Jovens e Adultos (Cieja), em Campo Limpo, na periferia de São Paulo (SP), é uma escola pública voltada para ações inclusivas. Recebe 1.200 estudantes diariamente, entre os quais 200 alunos com deficiências, além de jovens em situação de liberdade assistida, promovendo a aprendizagem com autonomia. (Foto de 2017.)

PASSO A PASSO

1 Pesquisem a situação da educação em diversos países e, com base nos resultados, selecionem eventuais correspondentes para o intercâmbio. Em seguida, definam o país e a escola com os quais estabelecerão contato.

2 Definida a escola, é preciso escolher a forma de correspondência. Em geral, a troca de e-mails é mais fácil e prática. Outra opção é organizar um grupo de discussão ou mesmo um site ou blogue administrado conjuntamente.

3 Os objetivos do intercâmbio devem ser determinados pelo grupo e podem envolver a construção de uma agenda comum de interesses, como a troca de experiências sobre a vida escolar, seus aspectos positivos ou negativos e as propostas para solucionar as dificuldades.

4 Com base no intercâmbio, estabeleçam ações que possam modificar situações em sua escola. A apresentação poderá ser por meio de palestras ou de videoconferência com a turma estrangeira, organização de campanha informativa ou a criação de um comitê de mobilização social pela educação, entre outras formas.

EDUCAÇÃO NO MUNDO

Uma forma de analisar a educação pelo mundo é ver os resultados do Programa Internacional de Avaliação de Estudantes (Pisa). Veja a colocação de alguns países no exame de 2015, em comparação ao Índice de Desenvolvimento Humano (IDH) de cada localidade.

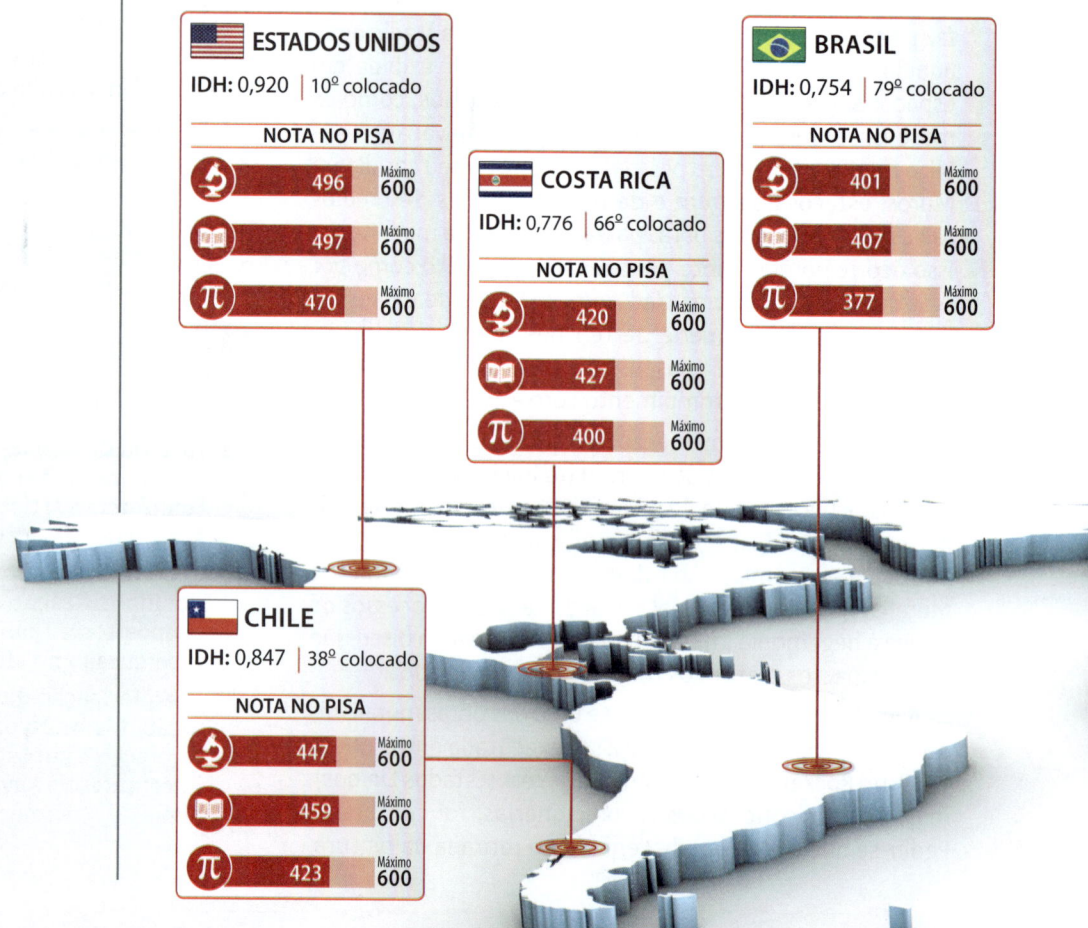

CIÊNCIAS | LEITURA | MATEMÁTICA

ESTADOS UNIDOS
IDH: 0,920 | 10º colocado
NOTA NO PISA
- Ciências: 496 | Máximo 600
- Leitura: 497 | Máximo 600
- Matemática: 470 | Máximo 600

COSTA RICA
IDH: 0,776 | 66º colocado
NOTA NO PISA
- Ciências: 420 | Máximo 600
- Leitura: 427 | Máximo 600
- Matemática: 400 | Máximo 600

BRASIL
IDH: 0,754 | 79º colocado
NOTA NO PISA
- Ciências: 401 | Máximo 600
- Leitura: 407 | Máximo 600
- Matemática: 377 | Máximo 600

CHILE
IDH: 0,847 | 38º colocado
NOTA NO PISA
- Ciências: 447 | Máximo 600
- Leitura: 459 | Máximo 600
- Matemática: 423 | Máximo 600

Estudantes aprendem carpintaria em escola técnica na Cidade do Panamá (Panamá). O projeto é financiado pela Agência Espanhola de Cooperação Internacional para o Desenvolvimento (Aecid), órgão responsável pela criação e implementação de programas e projetos de combate à pobreza e de promoção do desenvolvimento humano sustentável. (Foto de 2012.)

A Green School (Escola Verde), em Bali, na Indonésia, recebe crianças de 50 países. Localizada em uma área de floresta, a escola tem a preocupação de ser totalmente sustentável e de desenvolver uma relação íntima entre os alunos e a natureza. (Foto de 2012.)

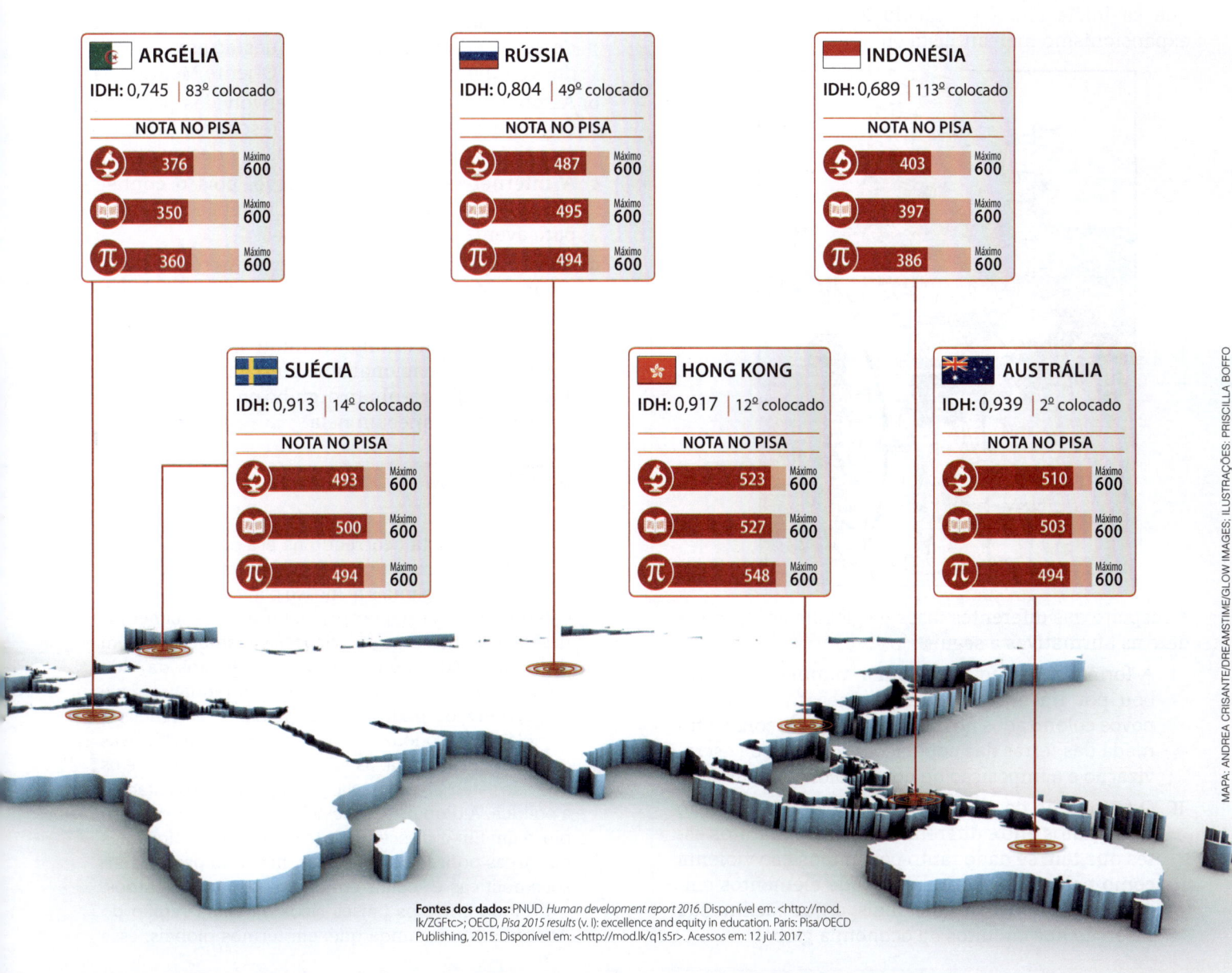

ARGÉLIA
IDH: 0,745 | 83º colocado
NOTA NO PISA
- 376 | Máximo 600
- 350 | Máximo 600
- 360 | Máximo 600

RÚSSIA
IDH: 0,804 | 49º colocado
NOTA NO PISA
- 487 | Máximo 600
- 495 | Máximo 600
- 494 | Máximo 600

INDONÉSIA
IDH: 0,689 | 113º colocado
NOTA NO PISA
- 403 | Máximo 600
- 397 | Máximo 600
- 386 | Máximo 600

SUÉCIA
IDH: 0,913 | 14º colocado
NOTA NO PISA
- 493 | Máximo 600
- 500 | Máximo 600
- 494 | Máximo 600

HONG KONG
IDH: 0,917 | 12º colocado
NOTA NO PISA
- 523 | Máximo 600
- 527 | Máximo 600
- 548 | Máximo 600

AUSTRÁLIA
IDH: 0,939 | 2º colocado
NOTA NO PISA
- 510 | Máximo 600
- 503 | Máximo 600
- 494 | Máximo 600

Fontes dos dados: PNUD. *Human development report 2016*. Disponível em: <http://mod.lk/ZGFtc>; OECD, *Pisa 2015 results* (v. I): excellence and equity in education. Paris: Pisa/OECD Publishing, 2015. Disponível em: <http://mod.lk/q1s5r>. Acessos em: 12 jul. 2017.

Capítulo 12 • Globalização e integração regional

ATIVIDADES

REFLEXÃO E REVISÃO

1. As bases técnicas que permitem que a globalização intensifique os aspectos negativos do capitalismo internacional podem também ser usadas para promover uma globalização mais humana. A internet, a telefonia celular e as comunidades regionais e internacionais são alternativas que ampliam as possibilidades de a humanidade resolver seus problemas de forma conjunta.

Com base na leitura do capítulo e em suas reflexões, relacione os meios pelos quais o mito da globalização contribui para reforçar seus aspectos perversos.

2. Grande parte dos estudos sobre globalização a definem como um fenômeno contemporâneo, que emergiu em virtude das inovações tecnológicas que permitiram a intensificação das trocas econômicas e culturais em escala mundial nas últimas décadas do século XX. No entanto, como sugere a charge a seguir, é possível entender a globalização como um longo processo que se inicia ainda no século XV, no contexto do expansionismo mercantilista europeu.

A respeito das diferentes fases da globalização, considere as afirmativas a seguir.

I. A formação de uma economia mundializada acabou por trazer consequências negativas para os povos colonizados nos séculos XV e XVI, como a tomada das terras das populações nativas, sua escravização e a imposição de novos valores culturais.

II. O fenômeno da globalização envolve a realização de contatos entre diferentes culturas, contatos estes que têm se dado tanto pela imposição violenta como pela assimilação passiva de elementos culturais pelos povos tradicionais, o que facilita sua inserção nos circuitos da economia global.

III. Segundo uma perspectiva crítica, é possível afirmar que a globalização, em sua fase contemporânea, teria o poder de atualizar as formas de dominação existentes desde o período da conquista do Novo Mundo pela Europa, introduzindo novas técnicas na dinâmica de transferência de riquezas dos países pobres para os ricos.

Indique a alternativa que está de acordo com a interpretação sobre a globalização expressa na charge e presente no texto inicial.

a) Apenas a afirmativa I.
b) As afirmativas I e II.
c) As afirmativas II e III.
d) As afirmativas I e III.
e) As afirmativas I, II e III.

3. Pode-se afirmar que a globalização produz crescimento desequilibrado entre países, nações e regiões e que isso acarreta impacto nas imigrações. Sobre essa afirmação, indique a alternativa **verdadeira**.

a) A imigração não pode ser considerada uma realidade no mundo atual, pois essa questão está localizada em uma pequena região do Oriente Médio.
b) As políticas de imigração desenvolvidas pela ONU sugerem que a questão está resolvida, principalmente pela solidariedade dos países desenvolvidos.
c) A internet favorece a imigração, pois o conhecimento trazido pela cultura cibernética dá suporte para aventuras em outros países.
d) A imigração acontece principalmente com os trabalhadores de áreas pobres para as regiões mais ricas e isso gera instabilidade nas localidades atingidas.
e) A imigração tem diminuído muito nos últimos anos em virtude do nacionalismo crescente, que faz com que os cidadãos tenham orgulho da sua terra e, desse modo, permaneçam nela.

QUESTÕES PARA DEBATE

"Tudo isso está ocorrendo na era de uma globalização dramaticamente acelerada, que gera crescentes disparidades regionais no nosso planeta. A globalização produz, pela sua própria natureza, crescimentos desequilibrados e assimétricos. Isso também põe em destaque a contradição entre os aspectos da vida contemporânea que estão sujeitos à globalização e às pressões da padronização global — a ciência, a tecnologia, a economia, várias infraestruturas técnicas e, em menor medida, as instituições culturais — e os que não estão sujeitos a ela, principalmente o Estado e a política. A globalização leva logicamente, por exemplo, a um fluxo crescente de trabalhadores migrantes das áreas pobres para as ricas, mas isso produz tensões políticas e sociais em diversos países afetados, sobretudo entre os países ricos da velha região do Atlântico Norte, ainda que, em termos globais, esse movimento seja modesto: mesmo hoje, apenas 3% da população mundial vive fora do país de nascimento. Ao contrário do que acontece com as movimentações do capital, das trocas comerciais e das comunicações, os Estados e a política têm logrado, até aqui, impor obstáculos eficazes às migrações dos trabalhadores."

HOBSBAWM, Eric. *Globalização, democracia e terrorismo*.
São Paulo: Companhia das Letras, 2007. p. 43.

A imigração motivada pela necessidade de emprego é uma realidade no mundo atual. E uma pergunta muito importante que se coloca é: quais são as políticas econômicas e de imigração necessárias para lidar com essa questão, tendo em vista as pressões internas do país (proteger seus trabalhadores), as pressões de vizinhos de projetos de integração (reduzir as restrições alfandegárias e de mobilidade da mão de obra) e o processo de globalização (integração comercial)? Em sua opinião, como um país deve agir com relação a esses três tipos de força quanto à imigração? Escolha um caso e explique ações e/ou reações do Estado com as três forças ou processos citados.

ENEM E VESTIBULARES

Questão 1

(Enem, 2011)

"No mundo árabe, países governados há décadas por regimes políticos centralizadores contabilizam metade da população com menos de 30 anos; desses, 56% têm acesso à internet. Sentindo-se sem perspectivas de futuro e diante da estagnação da economia, esses jovens incubam vírus sedentos por modernidade e democracia. Em meados de dezembro, um tunisiano de 26 anos, vendedor de frutas, põe fogo no próprio corpo em protesto por trabalho, justiça e liberdade. Uma série de manifestações eclode na Tunísia e, como uma epidemia, o vírus libertário começa a se espalhar pelos países vizinhos, derrubando em seguida o presidente do Egito, Hosni Mubarak. *Sites* e redes sociais — como o Facebook e o Twitter — ajudaram a mobilizar manifestantes do norte da África a ilhas do Golfo Pérsico."

SIQUEIRA, C. D., VILLAMÉA, L. A epidemia da liberdade.
IstoÉ Internacional, 2 mar. 2011 (adaptado).

Considerando os movimentos políticos mencionados no texto, o acesso à internet permitiu aos jovens árabes

a) reforçar a atuação dos regimes políticos existentes.
b) tomar conhecimento dos fatos sem se envolver.
c) manter o distanciamento necessário à sua segurança.
d) disseminar vírus capazes de destruir programas dos computadores.
e) difundir ideias revolucionárias que mobilizaram a população.

Questão 2

(Enem, 2009)

"Entre as promessas contidas na ideologia do processo de globalização da economia estava a dispersão da produção do conhecimento na esfera global, expectativa que não se vem concretizando. Nesse cenário, os tecnopolos aparecem como um centro de pesquisa e desenvolvimento de alta tecnologia que conta com mão de obra altamente qualificada. Os impactos desse processo na inserção dos países na economia global deram-se de forma hierarquizada e assimétrica. Mesmo no grupo em que se engendrou a reestruturação produtiva, houve difusão desigual da mudança de paradigma tecnológico e organizacional. O peso da assimetria projetou-se mais fortemente entre os países mais desenvolvidos e aqueles em desenvolvimento."

BARROS, F. A. F. *Concentração técnico-científica*: uma tendência
em expansão no mundo contemporâneo: Campinas:
Inovação Uniemp, v. 3, n. 1, jan.-fev. 2007.

Diante das transformações ocorridas, é reconhecido que

a) a inovação tecnológica tem alcançado a cidade e o campo, incorporando a agricultura, a indústria e os serviços, com maior destaque nos países desenvolvidos.
b) os fluxos de informações, capitais, mercadorias e pessoas têm desacelerado, obedecendo ao novo modelo fundamentado em capacidade tecnológica.
c) as novas tecnologias se difundem com equidade no espaço geográfico e entre as populações que as incorporam em seu dia a dia.
d) os tecnopolos, em tempos de globalização, ocupam os antigos centros de industrialização, concentrados em alguns países emergentes.
e) o crescimento econômico dos países em desenvolvimento, decorrente da dispersão da produção do conhecimento na esfera global, equipara-se ao dos países desenvolvidos.

Questão 3

(Enem, 2009)

"Um certo carro esporte é desenhado na Califórnia, financiado por Tóquio, o protótipo criado em Worthing (Inglaterra) e a montagem é feita nos Estados Unidos e México, com componentes eletrônicos inventados em Nova Jérsei (Estados Unidos), fabricados no Japão. [...] Já a indústria de confecção norte-americana, quando inscreve em seus produtos '*made in USA*', esquece de mencionar que eles foram produzidos no México, Caribe ou Filipinas."

ORTIZ, Renato. *Mundialização e cultura*.
São Paulo: Brasiliense, 2001.

ATIVIDADES

O texto ilustra como em certos países produz-se tanto um carro esporte caro e sofisticado, quanto roupas que nem sequer levam uma etiqueta identificando o país produtor. De fato, tais roupas costumam ser feitas em fábricas — chamadas "maquiladoras" — situadas em zonas francas, onde os trabalhadores nem sempre têm direitos trabalhistas garantidos.

A produção nessas condições indicaria um processo de globalização que

a) fortalece os Estados Nacionais e diminui as disparidades econômicas entre eles pela aproximação entre um centro rico e uma periferia pobre.

b) garante a soberania dos Estados Nacionais por meio da identificação da origem de produção dos bens e mercadorias.

c) fortalece igualmente os Estados Nacionais por meio da circulação de bens e capitais e do intercâmbio de tecnologia.

d) compensa as disparidades econômicas pela socialização de novas tecnologias e pela circulação globalizada da mão de obra.

e) reafirma as diferenças entre um centro rico e uma periferia pobre, tanto dentro como fora das fronteiras dos Estados Nacionais.

Questão 4

(Enem, 2016)

Texto I

"Mais de 50 mil refugiados entraram no território húngaro apenas no primeiro semestre de 2015. Budapeste lançou 'trabalhos preparatórios' para a construção de um muro de 4 metros de altura e 175 quilômetros ao longo de sua fronteira com a Sérvia, informou o ministro húngaro das relações exteriores. 'Uma resposta comum da União Europeia a esse desafio da imigração é muito demorada, e a Hungria não pode esperar. Temos que agir', justificou o ministro."

Disponível em: <www.portugues.rfi.fr>.
Acesso em: 19 jun. 2015 (adaptado).

Texto II

"O Alto Comissariado das Nações Unidas para Refugiados (Acnur) critica as manifestações de xenofobia adotadas pelo governo da Hungria. O país foi invadido por cartazes nos quais o chefe do executivo insta os imigrantes a respeitarem as leis e não 'roubarem' os empregos dos húngaros. Para o Acnur, a medida é surpreendente, pois a xenofobia costuma ser instigada por pequenos grupos radicais e não pelo próprio governo do país."

Disponível em: <http://pt.euronews.com>.
Acesso em: 19 jun. 2015 (adaptado).

O posicionamento governamental citado nos textos é criticado pelo Acnur por ser considerado um caminho para o(a)

a) alteração do regime político.
b) fragilização da supremacia nacional.
c) expansão dos domínios geográficos.
d) cerceamento da liberdade de expressão.
e) fortalecimento das práticas de discriminação.

Questão 5

(UFC, 2009)

A globalização é considerada por alguns estudiosos como a expressão máxima das relações do sistema capitalista em nível mundial. A esse respeito, analise as afirmações abaixo.

I. Na ampliação dos investimentos das empresas, não importa a origem do capital, mas as alianças entre empresas e países para a abertura de novos mercados.

II. A globalização ampliou o poder político dos Estados Nacionais e possibilitou o desaparecimento dos conflitos entre países.

III. A modernização tecnológica possibilitou a internacionalização dos sistemas produtivos, financeiros e das comunicações.

Assinale a alternativa **correta**.

a) Apenas I é verdadeira.
b) Apenas III é verdadeira.
c) Apenas I e II são verdadeiras.
d) Apenas I e III são verdadeiras.
e) I, II, e III são verdadeiras.

QUESTÕES PARA PESQUISA

Visite o *site* da organização não governamental voltada para o meio ambiente Greenpeace (www.greenpeace.org/brasil/pt) e pesquise dados sobre alguma das práticas de militância ecológica realizadas por essa entidade, que utiliza os mecanismos próprios da globalização e do capitalismo para influenciar a política ambiental das multinacionais. Anote as informações referentes aos itens a seguir.

- A missão dessa organização global.
- Atitudes e propostas que criam uma consciência política planetária e ultrapassam as políticas nacionais.

Em seguida, forme grupos de três a cinco alunos e discutam com os demais colegas os tópicos abaixo.

- As possibilidades que a internet e as tecnologias móveis e portáteis oferecem aos cidadãos no sentido de propiciar maior participação política.
- De que forma o conjunto do sistema midiático contemporâneo torna a opinião pública cada vez mais global.

Com os dados da pesquisa, cada grupo apresentará para a turma suas conclusões a respeito das questões a seguir.

- Existe consenso planetário acerca das bandeiras levantadas pelo Greenpeace?
- O desenvolvimento das tecnologias de informação e comunicação promove visibilidade que pode ser usada para controlar e monitorar os indivíduos. Que reflexões essa questão suscita?
- É possível falar em opinião pública mundial?

Mais questões: no livro digital, em **Vereda Digital Aprova Enem** e **Vereda Digital Suplemento de revisão e vestibulares**; no *site*, em **AprovaMax**.

UNIDADE 6

A VIDA NAS CIDADES DO SÉCULO XXI: QUESTÕES CENTRAIS DE UMA SOCIEDADE EM CONSTRUÇÃO

Capítulo 13
Sociedade e espaço urbano, 286

Capítulo 14
Gêneros, sexualidades e identidades, 308

Capítulo 15
Sociedade e meio ambiente, 334

Mulheres operárias trabalham na construção da Vila Olímpica, em Jacarepaguá, no Rio de Janeiro (RJ), em 2015. A nova configuração das cidades e megalópoles, assim como as transformações no clima e os novos conceitos de gênero e sexualidade, cria desafios para os estudiosos da Sociologia.

CAPÍTULO

13

SOCIEDADE E ESPAÇO URBANO

ENEM
C3: H11, H14, H15
C4: H18, H19
C5: H24, H25
C6: H26, H27

Ao final deste capítulo, você será capaz de:

- Conhecer as principais teorias sobre os fenômenos sociais que ocorrem no espaço urbano.
- Identificar os interesses e os agentes envolvidos na dinâmica social da cidade.
- Compreender os conflitos urbanos e suas manifestações, como a violência e a segregação.
- Avaliar os princípios que orientam a administração pública das cidades.

Vista aérea de edifícios no centro da cidade de São Paulo (SP), em 2015, maior conglomerado urbano da América Latina. A cidade é palco de conflitos de interesses que promovem padrões de ocupação do espaço e de convívio pelos quais a cultura é produzida e transformada. Também é lugar privilegiado para a análise da prática da política e dos obstáculos para a construção da democracia.

Sociologia em movimento

Vista aérea do desfile do bloco Galo da Madrugada em Recife (PE), no Carnaval de 2015. No mundo contemporâneo, a cidade é também o espaço de convergência de manifestações culturais que envolvem milhares de pessoas.

Plataforma da estação de trem em São Cristóvão, no Rio de Janeiro (RJ), em 2014. Na cidade, as contradições da organização do espaço e os problemas de mobilidade são vividos cotidianamente.

Questão motivadora

Como promover o desenvolvimento das cidades conciliando crescimento econômico, gestão democrática e justiça social para todos os seus habitantes?

Capítulo 13 • Sociedade e espaço urbano

1. Primeiras palavras

Juliana aguarda ansiosa a chegada do Carnaval. Moradora de uma metrópole brasileira, gosta de participar, assim como tantos outros jovens, dos eventos culturais de sua cidade. No momento, só não conseguiu resolver o problema do retorno para casa após os desfiles das escolas de samba e dos blocos de rua, pois mora distante da região central e as principais atrações e eventos ocorrem longe de seu bairro. Sua cidade convive com uma série de problemas, como o sistema de transporte insuficiente e caro, os casos de violência urbana, o alto custo das moradias e o fato de que o Estado só investe e promove eventos nas áreas centrais. Ela sabe das dificuldades que enfrentará, mas não desiste, pois entende que a cidade deve ser um espaço acessível a todos e não somente aos que têm melhores condições financeiras e influência.

Situações como a vivida por Juliana interessam à **Sociologia urbana**. Esse ramo da Sociologia compreende um conjunto de conhecimentos teóricos que permitem refletir sobre a realidade dos grandes centros. Somando-se aos estudos históricos e geográficos, a perspectiva sociológica da cidade se concentra nas dinâmicas que a tornam o centro da organização social da modernidade. Por meio desses estudos, é possível compreender que as cidades se desenvolvem como resultado de relações sociais específicas, bem como reconhecer suas diferentes formas.

Os interesses conflitantes nas cidades mobilizam de maneira específica a população, o capital e o Estado, o que afeta diretamente a vida de seus habitantes. Tais embates podem ser percebidos na distribuição espacial de serviços e de infraestrutura, na violência — que não está associada apenas ao aumento da criminalidade, mas principalmente às desigualdades e às contradições presentes na raiz do **desenvolvimento urbano** —, e nas diferentes formas de organização e de atuação política, como a luta pelo direito à cidadania e à moradia.

2. Ordem × conflito: duas perspectivas sobre as cidades

De modo geral, as cidades surgiram como resultado de transformações sociais abrangentes que modificaram as estruturas econômicas, políticas e culturais das sociedades em diferentes momentos históricos. Essas transformações são observadas desde os primeiros assentamentos das antigas populações nômades, os quais se tornaram muito mais complexos, em especial pela formação de segmentos sociais — como governantes, burocratas, sacerdotes e guerreiros — que não se dedicavam diretamente à produção de alimentos e insumos para atender às necessidades do grupo. Ao lado desses segmentos, grupos de artesãos especializados (carpinteiros, ferreiros, tecelões) se fortaleceram, marcando, assim, o caráter comercial das cidades nascentes. Os centros urbanos, portanto, sempre desenvolveram economia, política e cultura próprias.

Posteriormente, as transformações radicais promovidas pelas revoluções Industrial e Francesa desenvolveram a industrialização capitalista e a democracia liberal representativa, assim como criaram novos modos de vida e conflitos urbanos inéditos na história da humanidade.

As novas relações sociais geraram conflitos de interesses. De um lado, encontravam-se os proprietários dos meios de produção, beneficiados por essa nova forma de organização social; de outro, os sindicatos que representavam os trabalhadores dos mais diversos setores. Ainda hoje, a oposição entre os interesses das classes dominantes e os do restante da população é a causa de grande parte dos conflitos observados no espaço urbano.

> **Desenvolvimento urbano.** Mais que apenas desenvolvimento econômico e crescimento da cidade, desenvolvimento urbano é a conquista de melhor qualidade de vida e de justiça social.

Cronologia

1859 — A população urbana ultrapassa, pela primeira vez no mundo, a rural, devido ao processo de urbanização desencadeado pela Revolução Industrial.

1890 — Fundação da Universidade de Chicago, na qual surgiu a Sociologia urbana. Sua perspectiva influenciou as pesquisas sociais sobre a cidade durante a primeira metade do século XX.

1902 — Georg Simmel publica o ensaio *A metrópole e a vida mental*, no qual estuda a vida nas cidades, que se tornam cada vez maiores e com redes de interação cada vez mais complexas.

1960 — Inauguração de Brasília, marco do planejamento urbano no Brasil.

1970 — A população urbana brasileira ultrapassa a rural e representa 56% da população total; no Censo de 2010, do IBGE, a taxa de urbanização chega a 84%.

1972 — Publicação de *A questão urbana*, de Manuel Castells, marco da nova Sociologia urbana, que traz para o estudo das cidades uma perspectiva de conflito fundamentada na teoria marxista da luta de classes.

1989 — A política de orçamento participativo é implementada em Porto Alegre (RS). Surgida dos debates ocorridos durante a elaboração da Constituição de 1988, essa prática permite aos cidadãos influenciarem na definição do orçamento de seus municípios.

1992 — Distúrbios provocados por ações da polícia ocorrem em diversas cidades dos Estados Unidos envolvendo pessoas negras e policiais, com um saldo de 59 mortos e 2.328 feridos. A segregação e a exclusão opõem policiais e moradores dos subúrbios.

2001 — Com a denominação oficial dada pela Lei nº 10.257, de 10 de julho, o Estatuto da Cidade regulamenta a política urbana brasileira, tendo por princípios básicos o planejamento participativo e a função social da propriedade.

2009 — A cidade do Rio de Janeiro é escolhida como sede dos Jogos Olímpicos de 2016. Também seria uma das sedes da Copa do Mundo de Futebol em 2014.

2013 — Luta pelo passe livre e pela tarifa zero acende debate sobre o problema da mobilidade urbana e funciona como estopim de manifestações que levam milhares de pessoas às ruas em todo o Brasil.

2015 — A comunidade da Vila Autódromo, no Rio de Janeiro, é retirada à força para a construção do Parque Olímpico para os jogos da XXXI Olimpíada de 2016.

Rua Cheapside, c. 1890, centro financeiro histórico e atual de Londres (Reino Unido). As cidades industriais do século XIX reuniam multidões e estabelecem relações sociais próprias dos centros urbanos: trabalho, política e cultura ganharam novas dimensões que a Sociologia procurou compreender.

Batalhão de Choque da Polícia Militar e ocupantes da área do Cocó, em Fortaleza (CE), entram em confronto, em 2013. Os manifestantes montaram acampamento para impedir a construção de viadutos pela prefeitura. A questão habitacional é exemplo de conflito de interesses entre o capital e os trabalhadores.

Para navegar

UCLG — Cidades e Governos Locais Unidos
www.uclg.org
Site sobre as Cidades Unidas, organização mundial voltada para a cooperação democrática entre cidades, regiões e locais, com sede em Barcelona. A instituição congrega principalmente prefeitos e governadores.

Apesar de continuarmos a utilizar o termo "cidade" para falar de realidades distintas (da Antiguidade e da atualidade), a cidade contemporânea, por vezes também chamada metrópole ou megalópole, representa um fenômeno historicamente novo. Essa cidade — agora industrial — e as novas relações sociais que a constituem são objeto privilegiado de estudo da Sociologia urbana e deste capítulo. O estudo das cidades pelas Ciências Sociais é feito, portanto, com base em relações sociais travadas no ambiente urbano.

Duas abordagens se destacam tendo em vista esse princípio. Uma que enfatiza os aspectos de uma ordem implícita por trás do aparente caos urbano — representada principalmente pela **Escola de Chicago** — e outra que enxerga nos conflitos sociais contemporâneos a chave para a compreensão da organização social e espacial das cidades — como o pensamento da nova Sociologia urbana.

A influência da Escola de Chicago

A construção de um pensamento específico sobre a cidade nas Ciências Sociais desenvolveu-se por meio do trabalho de um conjunto de pesquisadores da Universidade de Chicago, nos Estados Unidos, que se dedicaram ao estudo das **relações urbanas**, isto é, da relação dos grupos com o espaço construído da cidade e das diferenças entre essas formas de socialização e aquelas típicas do campo.

Apesar das diferenças de abordagem e das várias teorias mobilizadas para explicar o fenômeno urbano, esses pesquisadores foram identificados como uma "escola de pensamento" sociológico, a **Escola de Chicago**. Pela primeira vez, pesquisadores usavam as ferramentas das Ciências Humanas para explicar a formação das cidades e os comportamentos específicos de sua população sem recorrer à Teologia ou à moral religiosa.

A inspiração dos estudiosos de Chicago veio da Sociologia clássica, em especial do sociólogo alemão Georg Simmel (1858-1918), que fez reflexões importantes sobre o comportamento do indivíduo urbano na virada do século XIX para o XX. No ensaio *A metrópole e a vida mental* (1902), o autor analisa a vida nas cidades, cada vez maiores e com redes de interação cada vez mais complexas, caracterizando uma **cultura urbana**. Sua proposta é explicar as condições psicológicas criadas por essa situação, na qual se mescla a busca da individualidade com a interdependência entre indivíduos levados a se especializarem cada vez mais em suas profissões, em consequência da fragmentação da produção em escala capitalista. Em outras palavras, a busca pela diferenciação faz com que os indivíduos procurem se especializar em uma determinada função, de maneira que se tornem únicos, mas, ao mesmo tempo, faz com que fiquem cada vez mais dependentes de outras pessoas nos demais aspectos de sua vida.

Ainda segundo Simmel, as rápidas mudanças ocorridas nas cidades exigiriam de seus habitantes uma postura que os protegesse do fluxo incessante de estímulos, a chamada postura *blasée*, que, de acordo com esse autor, caracteriza um comportamento indiferente em relação às coisas, que deixam de ser significativas, interessantes ou importantes, devido ao excesso de sensações às quais estão submetidos os sujeitos.

Capítulo 13 • Sociedade e espaço urbano

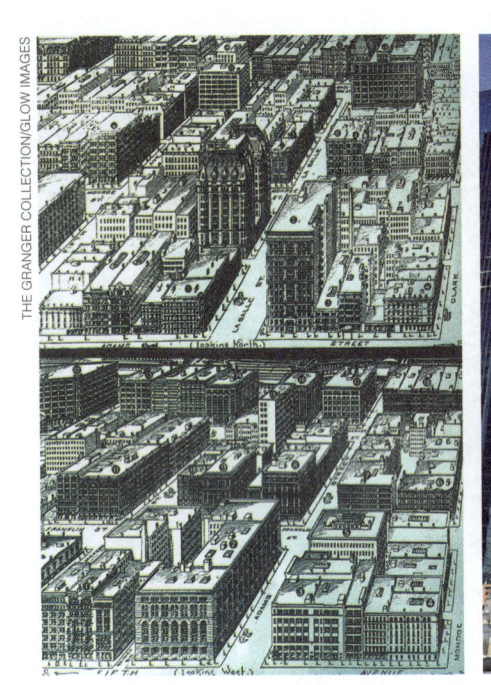

Na imagem da esquerda, observa-se o projeto de arquitetura da cidade de Chicago (Estados Unidos), que surgiu do movimento artístico denominado Escola de Chicago, com novas propostas urbanísticas, como as de Daniel Hudson Burnham e William Le Baron Jenney, datadas de 1898. Na imagem da direita, Chicago em 2014, modelo de desenvolvimento arquitetônico.

As relações metropolitanas seriam superficiais por se mostrarem extremamente racionais. Os indivíduos, na maior parte do tempo, são tratados como números, traços da burocracia moderna. Por exemplo, quando alguém vai aos Correios ou a um banco, relaciona-se com um funcionário, não com um indivíduo; isto é, pouco importa quais são as características da personalidade de quem o atende, tampouco interessa saber se ele está passando por problemas na sua vida pessoal. Porém, para ser atendido, aquele que acessa qualquer um desses serviços terá de enfrentar fila ou pegar senha e esperar que seu número seja chamado. Em suma, as relações metropolitanas são, para Simmel, caracterizadas pela impessoalidade.

Entretanto, não era apenas a psicologia do morador da cidade que interessava às Ciências Sociais. A **Ecologia urbana** foi o princípio teórico que norteou as explicações sobre diversos fenômenos das cidades (ocupação por diferentes classes sociais, gangues, atividades ilegais etc.) nos Estados Unidos dos anos 1920, especialmente em Chicago. A teoria utilizava princípios da Biologia para explicar a distribuição espacial das populações urbanas. Assim, a interação social era vista como uma "competição biótica" por vantagem territorial — isto é, uma competição natural, causada pelo organismo ou pela natureza humana, que funcionava, como em qualquer ecossistema, por meio de processos ecológicos de invasão, dominação e sucessão.

Ecologia urbana. A Ecologia é um ramo da Biologia que estuda as relações entre os organismos e entre estes e o meio ambiente. Esse princípio foi transposto para a vida em sociedade dos seres humanos e constituiu a Ecologia humana, ou Ecologia urbana, que pesquisa a relação dos grupos sociais (imigrantes, minorias étnicas, trabalhadores etc.) entre si e entre eles e o ambiente (bairro, gueto, residência etc.).

Pessoas em fila para conseguir emprego em Caetité (BA), em 2014. A fila pode ser considerada uma das marcas da vida nos aglomerados urbanos e exemplifica a noção de impessoalidade nas relações sociais discutida por Georg Simmel.

290 Sociologia em movimento

A contribuição metodológica da Ecologia humana

Os grupos seriam formados por sua base social (como raiz étnica ou posição de classe) e constituiriam "áreas naturais" ou "morais" na cidade (o centro, marcado pelo desvio, pela criminalidade e pela prostituição; os subúrbios, pela ordem, pela vida familiar e pela dedicação ao trabalho honesto).

Os sociólogos estadunidenses Robert E. Park (1864-1944) e Ernest W. Burgess (1886-1966) formularam a hipótese de que os grupos se distribuíam na cidade em círculos concêntricos: a alta burguesia nos subúrbios e os grupos de trabalhadores informais e operários próximos ao centro. A competição pelas áreas mais valiosas afastadas do centro promoveria a "sucessão étnica" e a "invasão residencial" de grupos que, ao conquistarem novas áreas, expulsavam a antiga população para o círculo seguinte. Ainda que não se aplique ao desenvolvimento urbano europeu ou latino-americano, essa hipótese promoveu outras dezenas de teorias similares que procuraram aperfeiçoá-la ou mesmo substituí-la.

Apesar de a Ecologia urbana ter sido superada nas Ciências Sociais por teorias que valorizam mais as relações entre os grupos sociais do que entre os grupos e o meio ambiente, é importante conhecê-la por seu caráter fundador e pela herança que deixou para a Sociologia urbana. O principal aspecto dessa herança é a metodologia de pesquisa desenvolvida pelos sociólogos formados no período, que abriram mão de ideias preconcebidas a respeito dos comportamentos que se "deveria" ter na cidade. Eles passaram a encarar as cidades como elas eram, e não como os diversos "reformadores sociais" entendiam que elas deveriam ser, de acordo com seus princípios filosóficos e religiosos.

A cidade foi reconhecida pela Sociologia como resultado das relações humanas e, portanto, objeto de estudo científico e de intervenção para transformações baseadas na razão e nos ideais da modernidade.

Os estudos de sociólogos como o estadunidense Donald Pierson, formado pela Universidade de Chicago, foram influenciados por esse pensamento. O professor, que trabalhou no Brasil por muitos anos, mostra como o meio urbano constitui uma série de interações sociais que promovem diferenças qualitativas nas relações interpessoais, uma lógica que ficou conhecida como "comunidade-sociedade". A comunidade seria o modelo das relações nas pequenas vilas e aldeias rurais, onde todos se conhecem e interagem uns com os outros.

Nesse tipo de socialização, a personalidade individual dos habitantes exerce grande força sobre a coletividade, mas isso acontece à custa da liberdade do indivíduo, que é cerceado pelas forças sociais reguladoras dos comportamentos aceitos na comunidade.

Modelo dos círculos concêntricos

1. Centro de comércio
2. Zona de transição
   Grupo de imigrantes recentes
   Moradias deterioradas
   Fábricas
   Prédios abandonados
3. Zona residencial da classe trabalhadora
   Conjuntos habitacionais e cortiços
4. Zona residencial
   Moradias de classe média
   Jardins, garagem
5. Zona suburbana
   Moradias de classe média alta e alta

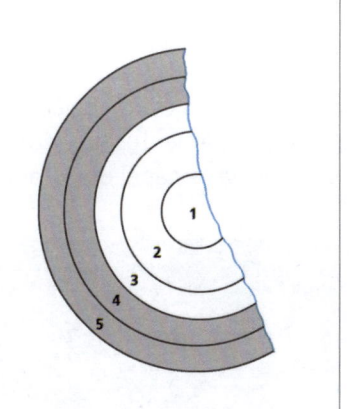

Fonte: BATISTA, Carlos Roberto Rodrigues. O caminho da ecologia humana para um mundo em crescimento (adaptado). *Vitas — Visões Transdisciplinares sobre Ambiente e Sociedade*, Niterói, UFF, ano III, n. 7, ago. 2013. Disponível em: <http://mod.lk/mo9az>. Acesso em: jun. 2017.

Os sociólogos Robert E. Park e Ernest W. Burgess criaram um modelo de zonas concêntricas para explicar a organização socioespacial de Chicago em 1920.

QUESTÕES

Cite algumas situações vivenciadas nos centros urbanos que podem exemplificam a impessoalidade das relações sociais.

Quem escreveu sobre isso

Donald Pierson

Sociólogo estadunidense formado em Chicago, Donald Pierson (1900-1995) lecionou Sociologia e Antropologia Social na Escola Livre de Sociologia e Política de São Paulo entre 1939 e 1959. Fez pesquisas sobre relações raciais e formas de socialização no campo e na cidade, principalmente na Bahia. É um dos responsáveis por trazer a teoria da ecologia humana para o Brasil. Entre suas obras mais reconhecidas estão a coletânea *Estudos de ecologia humana* (1942) e *Cruz das almas: a Brazilian village* (1951).

Sociólogo formado em Chicago, Donald Pierson viveu e lecionou no Brasil entre 1939 e 1959.

A sociedade, por sua vez, resulta da socialização desenvolvida nos grandes aglomerados urbanos, onde os indivíduos desfrutam de mais liberdade no sentido de que são menos regulados pelas forças sociais, mas ficam mais diluídos no conjunto da população e exercem menor influência individual sobre a sociedade como um todo.

Desde que foi encarada como um laboratório pela Escola de Chicago, a cidade se estabeleceu como um objeto relevante para as Ciências Sociais, com uma configuração própria — não apenas política, mas também econômica e cultural, capaz de determinar comportamentos e relações sociais. Essa visão consolidou o empenho de cientistas sociais pelo estabelecimento de uma "ciência da cidade", que, posteriormente, passou a se chamar urbanismo. Mais tarde, também agrupou uma série de pesquisas sociológicas sobre a cidade com o nome de Sociologia urbana.

A nova Sociologia urbana

Nos anos 1970, um grupo de sociólogos passou a ver com outros olhos a questão urbana, dando origem à chamada **nova Sociologia urbana**. Para os pensadores dessa corrente, a cidade só poderia ser compreendida como espaço produzido pelos conflitos inerentes às contradições básicas do capitalismo, e não por processos ecológicos análogos aos processos de seleção, ocupação e substituição de populações em ecossistemas naturais.

A ocupação do espaço e a expansão das cidades industriais modernas seriam, portanto, determinadas pelas relações sociais (econômicas, políticas e culturais) próprias da sociedade capitalista, que se consolidava no fim do século XIX, com suas condições específicas de propriedade e de organização da produção. Portanto, sua lógica de organização diferencia-se daquelas que definem a organização das cidades feudais ou da Antiguidade.

Urbanismo. Refere-se aos estudos sobre os efeitos socioculturais das interações que ocorrem nas grandes cidades, ao mesmo tempo que caracteriza sua especificidade em contraste com as interações da vida rural. O termo é, por vezes, utilizado como sinônimo de planejamento urbano. A palavra "urbanidade", derivada dessa expressão, passou a significar também, no dia a dia, bom trato no relacionamento com outros indivíduos.

Para assistir

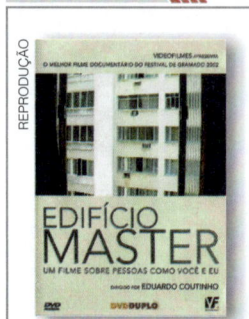

Edifício Master
Brasil, 2002.
Direção: Eduardo Coutinho.
Duração: 110 min.
O filme registra o cotidiano de alguns dos moradores de um famoso edifício de Copacabana, na cidade do Rio de Janeiro. O prédio, que tem 276 apartamentos e centenas de moradores, é o cenário de uma realidade reconstruída por meio dos relatos de 37 entrevistados que contam histórias nas quais se cruzam suas trajetórias pessoais e a da própria cidade, servindo de metáfora da vida no espaço urbano.

O esforço de explicação dos fenômenos urbanos por causas "não espaciais", mas concentradas nas relações sociais da sociedade capitalista, foi marcado pela influente teoria do "consumo coletivo" desenvolvida pelo sociólogo espanhol Manuel Castells (1942-). Para o autor, a organização das cidades urbanas favorece a reprodução da força de trabalho, que se caracteriza pelo consumo coletivo de equipamentos e serviços (escolas, hospitais e moradia, por exemplo), que são direta ou indiretamente administrados pelo Estado.

No século XX, o capitalismo passou a depender cada vez mais desses equipamentos e serviços urbanos fornecidos pelo Estado para garantir a oferta de mão de obra (os chamados "exércitos industriais de reserva"). O Estado, ao garantir a reprodução da força de trabalho por meio da oferta de escolas, moradia popular, transporte e outros elementos, contribui para manter baixos os salários dos trabalhadores e aumentar o lucro do setor produtivo.

Nesse sentido, esses equipamentos de consumo coletivo estão indiretamente relacionados ao processo de reprodução do capital. Há também aqueles diretamente relacionados ao processo de produção, como bancos, estradas, portos e redes de telecomunicação. A priorização de investimentos do Estado nesses equipamentos de consumo coletivo diretamente associados à reprodução do capital muitas vezes entra em choque com os movimentos sociais.

Esses movimentos, aliados àqueles dos trabalhadores organizados, passaram a contestar o funcionamento da sociedade capitalista e a lutar contra seus princípios econômicos, que produziam segregação e concentração de riqueza. A lógica econômica utilizada pela teoria marxista para explicar as massas de trabalhadores empobrecidos, os baixos salários, o lucro crescente e os conflitos entre trabalhadores e capitalistas também seria usada para compreender a distribuição das moradias, o mercado imobiliário, as disputas pelos espaços livres e pelos equipamentos urbanos, assim como seria determinante para avaliar o papel do Estado nesse conflito.

Manifestantes da ocupação da Telerj fecham a avenida Presidente Vargas na cidade do Rio de Janeiro (RJ), em 2014. A falta de política urbana de habitação torna precárias as condições de vida dos trabalhadores nas grandes cidades brasileiras.

QUESTÕES

Compare o princípio teórico da Ecologia urbana com a nova Sociologia urbana.

Assim, as cidades modernas se constituíram pelo crescimento da indústria e do comércio, pois os altos contingentes de trabalhadores que deixavam o campo por falta de meios de produção tornavam-se mão de obra assalariada nas fábricas e no comércio urbano. No início do processo, os próprios donos das fábricas eram responsáveis por oferecer moradia e condições de alimentação e transporte para os operários, mas, com o desenvolvimento das relações de trabalho e das forças produtivas, essa função passou a ser desempenhada cada vez mais pelo Estado. As demandas da classe trabalhadora por melhores condições de vida passaram a ser dirigidas também ao Estado, que se tornou um dos importantes personagens envolvidos nos conflitos urbanos contemporâneos.

Saiba mais

Valor de troca e valor de uso das cidades

Os conceitos de valor de troca e valor de uso permitem compreender o conflito entre os interesses do mercado e os dos habitantes, especialmente da maioria, pertencente às classes trabalhadoras. A cidade apresenta um valor de uso para seus moradores, que é proporcional à sua utilidade e à qualidade dos equipamentos oferecidos, como moradia, lazer e mobilidade. Esse valor de uso tem uma dimensão coletiva, já que o sentido atribuído à cidade é construído nas interações sociais.

Todavia, para a classe detentora dos meios de produção, a cidade não é só o local onde se produz mercadoria, onde esta circula e é consumida, mas ela própria (seu solo e área construída) também se traduz em valor. Dessa forma, a cidade não é apenas utilizada, mas pode ser trocada, negociada como uma mercadoria. O solo urbano, ao ser tomado como uma mercadoria, assume, além de seu valor de uso, um valor de troca.

Os interesses em disputa na cidade, em especial os do setor imobiliário, a busca de lucro no mercado e o interesse da população em usufruir dos equipamentos urbanos não são simétricos. O valor do solo urbano para o trabalhador não é o mesmo que para a incorporadora. Além disso, a análise da atuação do Estado nesse conflito mostra que, nas sociedades capitalistas, o Estado em servido como legitimador dos interesses do capital, não como mediador e promotor do bem comum.

Diagrama sobre valor de troca e valor de uso

Para o trabalho:
cidade como valor de uso
(local para viver)

X

Para o capital:
cidade como valor de troca
(objeto de extração de lucro)

O espaço urbano, como construção social, é uma estrutura definida pelos conflitos entre o interesse da população e as determinações do mercado, bem como pela ação dos agentes públicos.

Equipamentos urbanos do centro de Recife (PE)

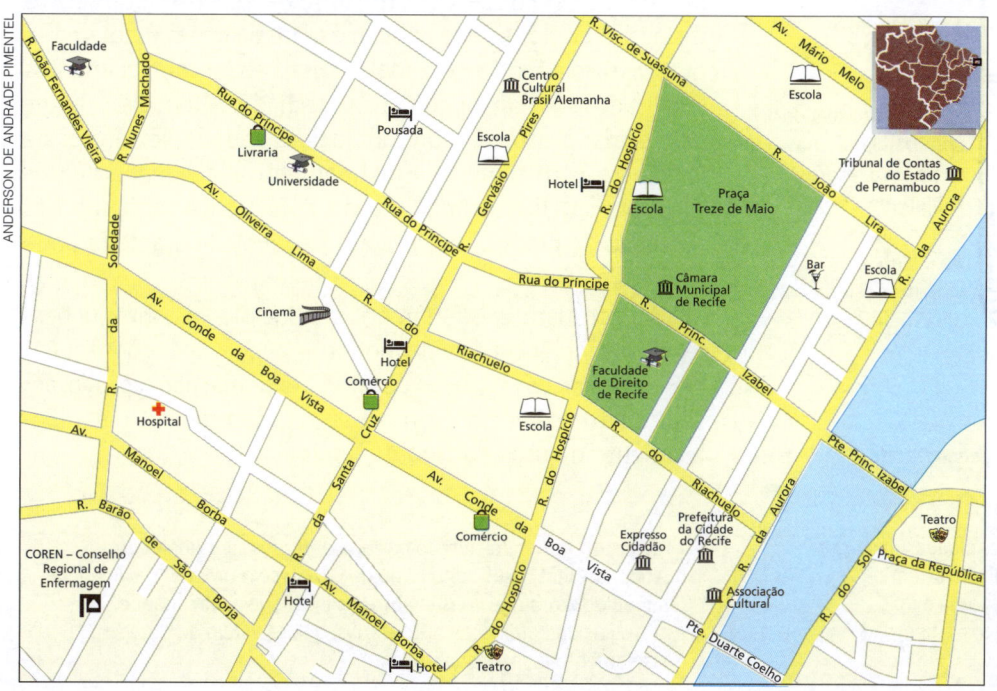

Equipamentos urbanos são as instalações e instituições de utilidade pública — como museus, teatros, escolas, igrejas, bancos etc. — cuja instalação promove a valorização do entorno.

Fonte: Planta elaborada para esta obra com base em imagem de satélite.

3. Conflitos urbanos: violência e segregação socioespacial

Segundo as evidências disponíveis, há uma sensação compartilhada por muitas pessoas de que a vida nas grandes cidades é cada vez mais violenta. De acordo com o *Mapa da violência 2015* — resultado de pesquisa realizada pelo Centro Brasileiro de Estudos Latino-Americanos da Faculdade Latino-Americana de Ciências Sociais (Cebela/Flacso) —, 78,6% dos cidadãos brasileiros, especialmente os que vivem nas grandes cidades, afirmam ter muito medo de serem assassinados. Não são cidadãos que trabalham como policiais ou em atividades de risco (o que poderia justificar esse medo), mas trabalhadores urbanos.

As consequências sociais desse sentimento compartilhado são, na atualidade, um importante objeto de estudo da Sociologia. O medo tornou-se justificativa recorrente para as mudanças na administração dos espaços públicos e privados e nas formas de mobilidade urbana. A veiculação de determinados eventos violentos pela mídia (em geral, com forte apelo dramático) alimenta e reforça a sensação de medo da população, medida em pesquisas de opinião e evidente na diminuição da frequência a estabelecimentos noturnos, de restaurantes a escolas. Ao juntar esses fatores subjetivos aos objetivos (como o aumento de homicídios e assaltos, medido por meio de pesquisas ou dos registros de ocorrência da polícia e do Sistema Único de Saúde — SUS), tanto os indivíduos quanto o Estado e os grandes agentes econômicos orientados pelo mercado procuram construir novas maneiras de viver na cidade.

A difusão do medo está ligada não apenas ao crescimento real da criminalidade, mas também a fatores subjetivos, como a dramaticidade de eventos violentos relatados pela mídia.

Para ler

SOUZA, Marcelo Lopes de. *Fobópole: o medo generalizado e a militarização da questão urbana.*
São Paulo: Bertrand Brasil, 2008.
O livro trata do medo instalado no cotidiano das cidades de nosso tempo. Tal medo, generalizado que é, acaba se convertendo gradativamente em fator de (re)estruturação da vida e do espaço urbanos, restringindo, também aos poucos, a liberdade dos indivíduos.

Fachada de *shopping center* com decoração natalina em São Paulo (SP), em 2013. A sensação de insegurança compartilhada pela população de grandes cidades amplia o espaço econômico e cultural ocupado pelos *shopping centers* no cotidiano.

É em razão de percepções desse sentimento de medo que *shopping centers* se reproduzem como alternativa ao comércio de rua, o qual, ao perder consumidores, tende a diminuir ou mesmo a desaparecer. Também por causa dessa busca de proteção, multiplicam-se os condomínios fechados, que oferecem opções de comércio e de lazer em um ambiente protegido por serviços de segurança privados, o que diminui a circulação de moradores na cidade. Seguindo a mesma lógica, diminui a oferta de serviços noturnos — sejam as alternativas de lazer ou o transporte público e as instituições escolares —, que passam a funcionar cada vez mais em estabelecimentos localizados em centros comerciais fechados. Além disso, a vida privada das pessoas é monitorada por sistemas eletrônicos de vigilância, com câmeras e rastreamento individual e de veículos por satélite. Acima de tudo, hoje se vive sob a suposta proteção de grades, muros e até barreiras de arame farpado e cercas elétricas.

Ao estudar esses fenômenos, a Sociologia contribui para explicar a violência da vida moderna, avaliar suas consequências e auxiliar a construção de alternativas que não reproduzam seus efeitos perversos, como a segregação social e o estabelecimento de uma **cultura do medo**.

Cultura do medo. Resultado cultural desagregador que ocorre quando um sentimento difundido de perigo se reproduz na sociedade, diminuindo o grau de coesão entre os indivíduos e facilitando estratégias de dominação autoritárias, que se valem do processo de isolamento e alienação social.

Violência urbana

Sabemos que a violência acontece tanto no campo quanto nas cidades, não importando se essas cidades são grandes ou pequenas. Assim, é importante entender o destaque alcançado pela expressão "violência urbana" a partir do final dos anos 1970, termo que qualifica no senso comum a violência nas cidades, mas que também se relaciona com os conceitos sociológicos de "criminalidade", "segregação" e "exclusão".

Segundo a antropóloga carioca Alba Zaluar, o crescimento da violência (medido especialmente pela taxa de homicídios, isto é, o número de assassinatos por 100 mil habitantes) é um fenômeno internacional e foi constatado em países desenvolvidos, como França e Estados Unidos, a partir dos anos 1960. No Brasil, foi constatado apenas dez anos mais tarde.

Os **crimes violentos**, que no começo do século XX eram, na maioria dos casos, crimes "de sangue", isto é, vinganças entre pessoas que, em geral, se conheciam, passaram, na segunda metade do mesmo século, a ser predominantemente cometidos por desconhecidos em locais públicos, que vitimavam em especial homens jovens. Essa tendência continua predominando no Brasil.

A coincidência desse fenômeno de aumento da criminalidade com o processo de difusão do pensamento neoliberal e da globalização é importante. Ela deve ser levada em consideração para que se possa compreender o contexto social e histórico no qual o debate sobre a violência nas cidades ganha maior relevância.

Quem escreveu sobre isso

Alba Zaluar

A antropóloga carioca Alba Zaluar (1942-) é reconhecida como especialista em Antropologia urbana e Sociologia urbana. Estudou as organizações recreativas e políticas dos trabalhadores do Rio de Janeiro e pesquisou as formas de opressão sofridas e as estratégias de resistência da população pobre da Cidade de Deus, área segregada da capital fluminense. É fundadora do Núcleo de Pesquisa em Violências (Nupevi), da Universidade do Estado do Rio de Janeiro (Uerj), onde fez pesquisas quantitativas e qualitativas sobre violência doméstica, policial, urbana e vinculada ao tráfico de drogas. Seu livro *A máquina e a revolta* (1985), fruto de uma pesquisa realizada no bairro Cidade de Deus, é referência em sua área de atuação. O resultado de suas pesquisas ao longo da carreira pode ser conferido na obra *Integração perversa: pobreza e tráfico de drogas* (2004).

A antropóloga Alba Zaluar é uma das pioneiras na pesquisa da violência urbana no Brasil.

Protesto em Nova York (Estados Unidos), em 2014, pela morte de Eric Garner, um afrodescendente de 43 anos que teria sido baleado por um policial branco. Nas últimas décadas, a violência tem aumentado nas grandes cidades de todo o mundo e atingido principalmente as minorias sociais e étnicas.

Ao longo do século XX, a Sociologia desenvolveu diferentes teorias para analisar a situação de violência nas cidades, em especial entre jovens, faixa etária em que se concentra a maioria das vítimas. Entre elas, destacam-se:

- **Teoria da desorganização social**, de matriz evolucionista, desenvolvida por adeptos da Ecologia urbana, coloca em oposição as "zonas de transição" ocupadas por jovens, pobres e imigrantes, caracterizadas pela "crise" e "desordem", e uma forma de organização hegemônica típica das camadas mais abastadas da sociedade.
- **Teoria da frustração**, que atribuía à desigualdade de oportunidades o envolvimento do jovem com a criminalidade, que, por sua vez, é vista como alternativa para a ascensão social.
- **Teoria do rótulo**, que criticava as anteriores e atribuía às instituições governamentais uma ação discriminatória contra jovens de minorias étnicas e pobres ao rotulá-los como delinquentes.
- **Teoria crítica**, que apontava para a necessidade de reforma do sistema penal, acabando com a própria ideia de prisão, a qual se resume apenas a castigo e vingança, sentimentos impróprios para uma organização social moderna.

Todas essas teorias, no entanto, eram incapazes de explicar como percentuais tão significativos de pobres, negros e demais indivíduos pertencentes a minorias étnicas seguiam uma carreira criminosa ou se dedicavam a práticas violentas.

Surgiram, então, teorias mais comprometidas com a explicação dos processos de escolhas individuais, que atribuíam aos jovens comportamentos específicos, como se a faixa etária tivesse características comuns, como o romantismo (o gosto pelo imediato, a importância da experiência e da sensação) e o conformismo com o grupo (no que diz respeito à socialização sexual, musical, de comportamento), além do desvio tolerado diante de orientações contraditórias das gerações anteriores.

Apesar de os críticos dessa teoria afirmarem que não há uniformidade nos valores e nos comportamentos dos jovens de um país, a "Sociologia da juventude" é recuperada muitas vezes para pensar as organizações juvenis contemporâneas. Entre essas organizações estão as gangues de Chicago, as *galères* dos subúrbios parisienses e as galeras dos bailes cariocas, todas envolvidas, de alguma forma, com eventos de violência amplamente divulgados pela imprensa.

Uma Sociologia de classe se firmaria sobre a Sociologia da juventude para explicar as escolhas que levam a manifestações violentas sentidas socialmente, em especial na Europa e na América Latina.

Os jovens das classes operárias europeias eram identificados nos anos 1960 pela homogeneização de comportamentos por meio das roupas, da música, da sexualidade e do uso de drogas. A partir de então, um conjunto de transformações culturais, políticas e econômicas modificou o perfil dessa juventude, que, sem perder a ligação com sua origem de classe, adquiriu múltiplas formas de expressão e contestação.

Nessa discussão, é importante ressaltar mais uma teoria, a chamada teoria das "classes perigosas". As condições miseráveis da classe operária em algumas cidades europeias do século XIX (especialmente na França, onde a teoria foi pensada) foram associadas à explosão de violência e de criminalidade então deflagrada, o que despertou em seus contemporâneos um grande interesse por essa classe. Esse interesse criou nas classes burguesas um medo crescente e, em consequência, uma preocupação com a segurança.

Essa teoria, utilizada para explicar a relação entre as classes na França do século XIX, foi recuperada a partir dos anos 1980 para explicar as explosões de revoltas nos subúrbios de Paris e em outras cidades do mundo, inclusive no Brasil.

A percepção dos jovens das classes populares e da periferia como "classe perigosa" tem guiado muitas das políticas do Estado brasileiro, principalmente na área de segurança pública. Como resultado, não somente os homicídios são a principal causa de morte entre jovens, como boa parte deles decorre da ação do próprio Estado.

Menores que, em 2015, estavam em um ônibus da Zona Sul do Rio de Janeiro (RJ), a área mais rica da cidade, foram detidos e revistados. A juventude das periferias é vista como a nova "classe perigosa".

Para entender o aumento dos casos de violência que acontecem no espaço urbano e as mudanças de sua intensidade e letalidade, é necessário considerar diferentes aspectos. Entre eles, destacam-se os meios pelos quais se constrói a coesão social, os valores que determinam os comportamentos considerados desviantes e as possibilidades concretas disponíveis para levar movimentos violentos às últimas consequências.

No campo da Antropologia Social, o cientista social canadense Erving Goffman (1922-1982) é visto como uma das maiores referências para os estudos do desvio e do estigma nas sociedades industriais modernas. Ainda hoje, sua teoria do estigma é uma das mais aceitas e usadas para compreender como são integrados ou segregados determinados grupos sociais. Assim, como podemos ver na imagem desta página, é comum que jovens pobres sejam estigmatizados e tratados como se fossem criminosos, ainda que não estejam cometendo crimes.

Para ler

CALDEIRA, Teresa Pires do Rio. *Cidade de muros: crime, segregação e cidadania em São Paulo.*
São Paulo: Editora 34, Edusp, 2000.
Nesta obra, a autora analisa os processos de transformação urbana relacionados ao crime, ao medo da violência e ao desrespeito aos direitos humanos na metrópole. Comparando o aumento da violência com as modificações na arquitetura da cidade, Teresa Caldeira estabelece relações entre as noções de espaço público, democracia e igualdade.

QUESTÕES

- Como a generalização do sentimento de medo nas cidades pode promover uma nova maneira de viver nas áreas urbanas?
- De que forma a generalização do medo pode trazer efeitos nocivos para a sociabilidade urbana? Dê exemplos no dia a dia.
- "A questão social é caso de polícia". Relacione a frase do presidente da República Velha Washington Luís, em 1926, com a ideia de "classes perigosas".
- O pensamento que criminaliza os pobres surgido no século XIX continua influenciando políticas públicas nos dias de hoje. Que evidências comprovam essa afirmação?

Segregação socioespacial

Nos anos 1970 e 1980, os estudos sobre violência urbana se diversificaram e se renovaram, buscando demonstrar que a "violência urbana" não se restringe aos comportamentos desviantes, mas é também uma violência do Estado e das classes dominantes contra a população mais pobre. A teoria da dominação, inspirada nas teorias de Karl Marx e Max Weber, foi recuperada para pensar essas formas de violência institucional.

Para ler

SOARES, Luiz Eduardo. *Justiça: pensando alto sobre violência, crime e castigo.*
Rio de Janeiro: Nova Fronteira, 2011.

Em diálogo com o leitor jovem e não especialista, o sociólogo Luiz Eduardo Soares usa eventos da realidade, as Ciências Sociais, a Filosofia e as práticas institucionais para refletir sobre o fenômeno da violência em sua face mais concreta nas grandes cidades: o sistema de justiça.

Hoje, o debate sobre a "criminalização da pobreza" procura deixar evidente que o processo de encarceramento e de estigmatização dos mais pobres não se baseia na busca por segurança, mas num "saneamento social" — que, por atingir principalmente os grupos não brancos, já foi comparado, no Brasil, a uma "limpeza étnica", baseada na segregação social dos pobres, cuja população é, em sua maioria, preta ou parda.

Ao estudar os conflitos urbanos ocorridos na França, na Grã-Bretanha e nos Estados Unidos, o sociólogo francês Loïc Wacquant distingue dois tipos de violência nas cidades contemporâneas: a "violência vinda de baixo" — explosões de revolta que envolvem, principalmente, jovens das áreas pobres da cidade; e a "violência vinda de cima" — traduzida no impacto das políticas econômicas e sociais, ou da ausência delas, sobre as condições de vida das populações.

Quem escreveu sobre isso

Loïc Wacquant

Loïc Wacquant (1960-) é um sociólogo francês especializado em Sociologia urbana, pobreza e desigualdades sociais. Suas primeiras pesquisas compararam os processos de discriminação, de segregação e de violência nos guetos do sul de Chicago, nos subúrbios franceses e nas favelas e periferias de capitais brasileiras, como Rio de Janeiro. Foi aluno e é considerado herdeiro intelectual do também sociólogo francês Pierre Bourdieu, de quem recupera ideias de violência simbólica e violência estrutural. Em seus livros *Os condenados da cidade: estudos sobre a marginalidade avançada* (2001) e *Punir os pobres: a nova gestão da miséria nos Estados Unidos* (2003), ele mostra como mecanismos sociais de exclusão, de estigmatização social — e não deficiências individuais, próprias da meritocracia —, são responsáveis pela reprodução da pobreza e da segregação nas metrópoles do mundo.

Inspirado em Pierre Bourdieu, Loïc Wacquant estuda os aspectos contemporâneos da violência nas cidades.

Equipamentos públicos do município do Rio de Janeiro

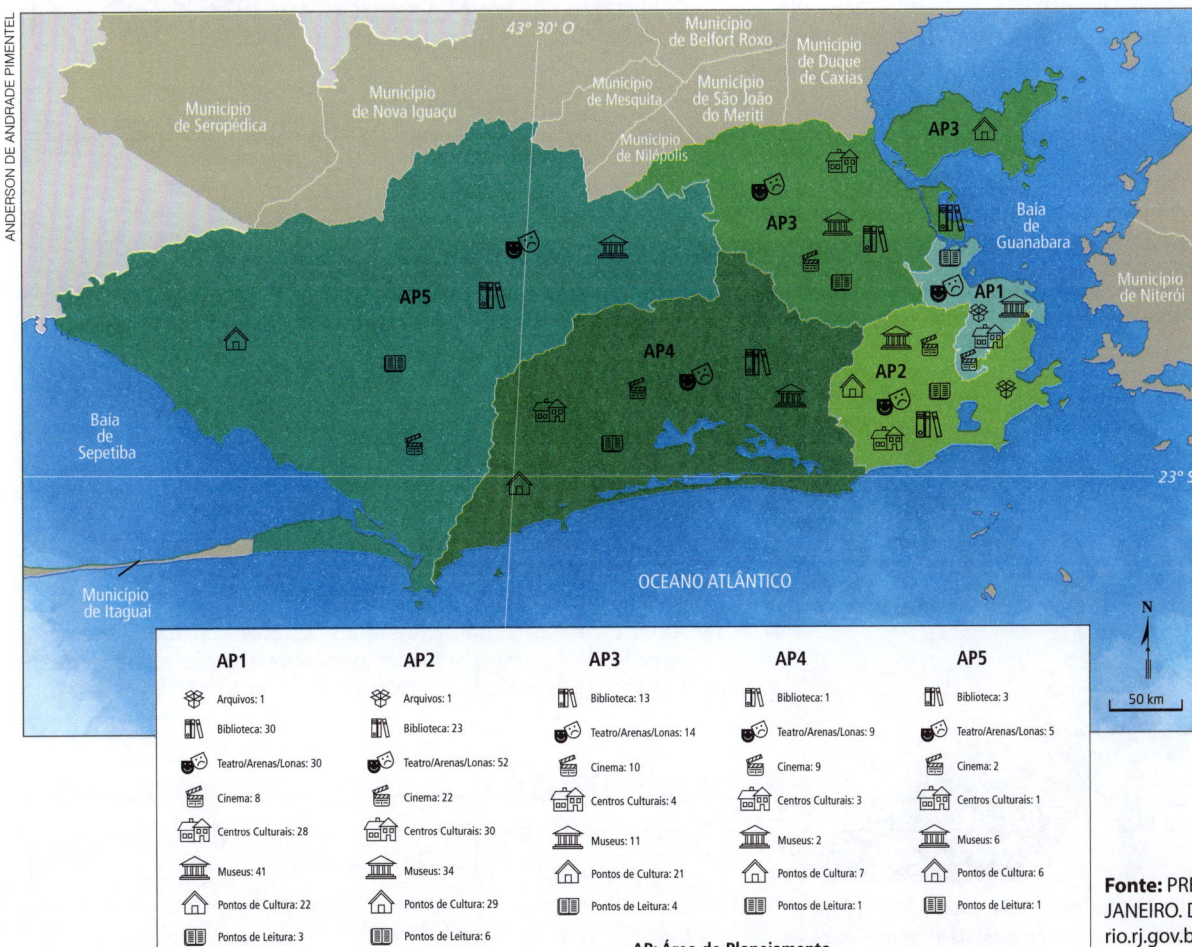

	AP1	AP2	AP3	AP4	AP5
Arquivos	1	1	—	—	—
Biblioteca	30	23	13	1	3
Teatro/Arenas/Lonas	30	52	14	9	5
Cinema	8	22	10	9	2
Centros Culturais	28	30	4	3	1
Museus	41	34	11	2	6
Pontos de Cultura	22	29	21	7	6
Pontos de Leitura	3	6	4	1	1

AP: Área de Planejamento

Uma das características da segregação na cidade é a distribuição desigual dos equipamentos públicos, como a observada no caso da cidade do Rio de Janeiro.

Fonte: PREFEITURA DO RIO DE JANEIRO. Disponível em: <www.rio.rj.gov.br/web/guest/servicos>. Acesso em: jun. 2017.

As diferenças que marcam nossas cidades são gritantes quando observamos os bairros diversos, as formas de moradia e sua população, o grau de conservação dos equipamentos públicos e de acesso aos meios de transporte. É possível ver nessas diferenças um importante aspecto territorial do processo da formação social brasileira: a **segregação espacial urbana**.

Para navegar

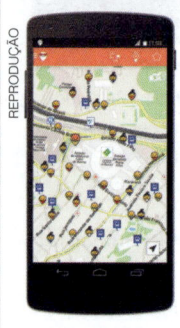

Moovit
Este aplicativo traça rotas de ônibus, metrô e trem para seu destino, permitindo um deslocamento mais racional dentro dos espaços urbanos, usando apenas o transporte público. Disponível para todos os sistemas de celular.

A segregação, nesse sentido, consiste na concentração de determinadas classes ou camadas sociais em certas regiões ou bairros da cidade. No Brasil, como em outros países capitalistas, são segregados dessa forma principalmente os pobres (embora os ricos também possam segregar-se em condomínios fechados, por exemplo). Como podemos ver no quadro sobre equipamentos públicos e na foto abaixo, as classes populares ocupam as regiões mais afastadas e com menor número de equipamentos públicos, ou seja, têm menor acesso a direitos como saneamento, saúde, lazer e educação e, além disso, moram distante dos seus locais de trabalho.

Em consequência, a distância social na cidade contribui para a reprodução das desigualdades, na medida em que as oportunidades ficam menos acessíveis àqueles que mais necessitam delas. Além disso, quanto menos conexões há entre os segmentos da população, mais se enfraquecem as redes de sociabilidade e mais se priva cada grupo do contato com as diferenças.

Esgoto a céu aberto no distrito de Icoaraci, em Belém (PA), em 2013. A falta de saneamento adequado é um dos problemas enfrentados pelos moradores das periferias das cidades brasileiras.

As crianças e os jovens que nunca saem dos espaços nos quais foram criados, sejam os bairros populares suburbanos, sejam os condomínios fechados das elites, podem ser levadas a ver como naturais as distinções de classe socialmente constituídas. Isso pode impedir o surgimento de uma geração de cidadãos críticos das desigualdades e dispostos a se esforçarem para combatê-las.

Outro dado relevante é o fato de que as áreas residenciais mais privilegiadas da cidade produzem uma demanda constante de serviços para a população mais pobre, desde segurança e manutenção predial até atividades relacionadas à jardinagem, à construção civil e aos serviços domésticos. Nos grandes centros brasileiros, essa demanda motivou a população pobre a ocupar informalmente áreas em torno dos locais mais abastados. Outro fator que contribui para a ocupação informal da cidade é a dificuldade de locomoção para o trabalho, pois a rede de transporte público é ineficiente para levar os trabalhadores das áreas mais afastadas para o centro e vice-versa.

Distribuição de cestas básicas à população de rua em Juazeiro do Norte (CE), em 2015. As políticas de assistência social, apesar de fundamentais em numerosas situações, podem prejudicar a formação crítica e solidária dos cidadãos no sentido de reivindicar direitos permanentes, e não políticas emergenciais e de governo.

Para navegar

Cufa — Central Única das Favelas
facebook.com/cufabr
A Cufa é uma organização brasileira que se propõe a construir formas de inclusão social por meio da promoção de cursos e concursos com a temática urbana e da segregação socioespacial nas regiões periféricas do país.

QUESTÕES

Relacione a falta de disponibilidade e diversidade de equipamentos públicos nos bairros mais pobres da cidade com a violência classificada pelo sociólogo Löic Wacquant como "violência vinda de cima".

Saiba mais

Revoltas nos subúrbios franceses: confrontos são fruto de relação tensa entre jovens da periferia e polícia

"As noites consecutivas de conflitos entre a polícia e jovens no subúrbio parisiense de Villiers-le-Bel mobilizaram a cúpula do governo francês. O presidente do país, Nicolas Sarkozy, e o primeiro-ministro, François Fillon, reuniram-se com um grupo de ministros para avaliar a situação.

O governo ordenou o aumento da segurança nos subúrbios ao norte de Paris, e a polícia enviou 130 policiais extras para tentar impedir uma terceira noite de protestos. Segundo a Associated Press, o número de policiais nos subúrbios ao norte de Paris chegou a mil ontem. Ainda assim, jovens incendiaram lixeiras e lojas em Villiers-le-Bel. Os conflitos se estenderam até Toulouse, no sul, onde 20 carros e uma biblioteca foram queimados. Ao menos 20 jovens foram presos.

O número de policiais feridos havia chegado a 120 até ontem, seis deles em estado grave. Quatro foram atingidos por armas de fogo, segundo o *New York Times*. Além de Villiers-le-Bel, municípios vizinhos, como Cergy, Ermont, Goussainville, Fosses e Argenteuil também registraram tumultos [...]. Mais de 60 carros foram queimados.

Contenção

Em 2005, quando eclodiram conflitos nas periferias francesas que duraram três meses, Sarkozy, então ministro do Interior, chamou de 'ralé' os jovens das periferias, inflando os ânimos dos revoltosos.

'Dessa vez, o governo tem sido extremamente modesto nas atitudes e declarações. Em 2005, o tom foi de provocação', disse à *Folha* Angelina Peralva, professora de Sociologia da Universidade Toulouse le Mirail. Graças a isso, Peralva afirma que é possível que a crise não tenha um alcance nacional.

Os confrontos dos últimos dias mostram um embate violento contra as forças policiais. Encapuzados e armados com cacos de vidro, barras de ferro e até uma arma de caça, grupos de jovens afrontaram a polícia nas ruas de Villiers-le-Bel.

Numa visita à cidade na terça-feira, o premiê francês condenou a violência 'intolerável' e 'incompreensível'.

O estopim dos confrontos foi a morte de Moushin, 15, e Larami, 16, que estavam em uma moto quando se chocaram com um carro de polícia.

[...]

Tensão social

Assim como em 2005, a revolta de adolescentes da periferia contra a polícia ressalta o problema da inserção social desses jovens, na sua maioria filhos de imigrantes da África subsaariana e do Magreb. Em um relatório de 2001, o Insee, órgão de estatísticas do governo francês, já considerava 'preocupante' a situação social da região Plaine de France, onde se localiza Villiers-le-Bel.

A região combina altas taxas de desemprego e população com baixo índice de qualificação profissional. No caso dos jovens, a proporção de desempregados encosta em 30%. A média geral francesa é de 8,6%.

Mas Peralva enfatiza que o núcleo da tensão dos subúrbios está na relação entre os jovens e a polícia. 'A polícia cristaliza a relação tensa da sociedade com os imigrantes. Nessas periferias há um forte ódio contra a polícia. Há ainda descrença na autoridade policial, que não tem legitimidade aos olhos dessa população', avaliou.

O atual presidente, Sarkozy, vê na questão dos subúrbios um problema policial. A tônica é aumentar a repressão."

CARDOSO, Cintia. Violência continua e Sarkozy faz reunião para estudar respostas. *Folha de S.Paulo*, Mundo, 28 set. 2007. Disponível em: <http://mod.lk/rqrqf>. Acesso em: jun. 2017.

Bombeiros apagam fogo de veículos incendiados por gangues de jovens em Aulnay-sur-Bois, subúrbio de Paris (França), em 2005. Segregação, discriminação, pobreza e violência: em 2005, as periferias de diversas cidades francesas foram palco de conflitos entre jovens e a polícia, como mostra a imagem.

Vista aérea de edifícios do setor hoteleiro de Brasília (DF), em 2013. O planejamento da Capital Federal por setores (comércio, moradia, lazer) é uma forma moderna de segregação.

Há ainda outra forma de segregação, relacionada às atividades urbanas isoladas em zonas específicas da cidade. Há áreas especialmente destinadas a atividades comerciais, industriais, de lazer, assim como zonas residenciais. Trata-se de um modelo característico de cidades planejadas, como Brasília, no Distrito Federal.

Para assistir

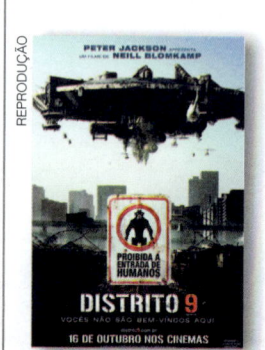

Distrito 9
África do Sul, Nova Zelândia, Estados Unidos, Canadá, 2009.
Direção: Neill Blomkamp.
Duração: 112 min.

Em 1982, em plena vigência do *apartheid* na África do Sul, surge uma nave com alienígenas que se refugiam no planeta Terra. Os anos passam e, em 2010, os alienígenas são deslocados da favela onde se encontram para um campo de refugiados. O filme retrata a segregação social numa cidade, representada pela relação entre humanos e alienígenas, uma metáfora da ausência de humanidade dos processos de separação dos diferentes grupos numa sociedade.

4. Administração das cidades e o mercado

A difusão do *pensamento único* que acompanhou o desenvolvimento da globalização no fim do século XX também influenciou o processo de **reestruturação urbana**. A prevalência de uma ideologia neoliberal no cenário internacional imprimiu nas cidades uma nova dinâmica de urbanização, que se apoia em grande parte na privatização do espaço público. Tal processo pode ser compreendido, em linhas gerais, como a aplicação das técnicas de planejamento estratégico de empresas privadas no espaço público da cidade. Em uma analogia com o mercado privado, devem-se considerar dois princípios básicos:

1) a cidade é uma mercadoria a ser vendida em um mercado constituído de todas as demais cidades;

2) a cidade é uma empresa, uma unidade de gestão de negócios.

Assim, dois modelos de cidade são contrapostos: um baseado na lógica de mercado para a distribuição dos recursos urbanos (por exemplo: serviços públicos, como iluminação e esgoto; equipamentos urbanos, como parques, estádios, hospitais e escolas) e outro que valoriza a política como meio

Reprodução da projeção gráfica do Porto Maravilha, programa de revitalização da Prefeitura do Rio de Janeiro (RJ), em 2012, cujo intuito é o de requalificar a região portuária da cidade. O uso mercantilizado do planejamento estratégico transforma a cidade em uma mercadoria para ser vendida e deixa em segundo plano sua função social e os princípios democráticos de gestão urbana.

de democratização da cidade e resolução dos conflitos sociais que acontecem nela (por exemplo, com decisões tomadas em conjunto com conselhos municipais, por meio de plebiscitos e fiscalização eficiente dos vereadores).

Na perspectiva do planejamento estratégico, é enfatizada a competitividade na relação entre as cidades. Elas funcionam como polos de prestação de serviços e geração de renda e, em uma visão mais econômica que política, gestores públicos procuram tornar suas cidades competitivas na busca por investimentos e na atração de mão de obra qualificada. Assim, em vez de serem vistas como partes de uma região, ou mesmo de uma nação, em uma política regional ou nacional de desenvolvimento urbano, as cidades passam a ser vistas como "agentes" que perseguem "seus interesses" na ordem econômica competitiva. Essa forma de competição também gerou o *marketing* das cidades, que as formalizou como produtos que devem ser atraentes aos grandes investidores dos setores imobiliário, de transportes, hoteleiro etc.

Comparar a cidade a uma empresa significa que ela deixa de refletir sobre deliberações éticas e políticas para obedecer às regras do mercado, e, dessa forma, substitui os princípios da urbanidade, baseados na função social do solo urbano e na democracia, pelos princípios de produtividade, competitividade e subordinação dos fins sociais à lógica simplista do lucro.

A oposição entre centro e periferia é muitas vezes promovida pela especulação imobiliária, que torna mais caros os imóveis nas áreas centrais, mas também é consequência direta de políticas públicas de habitação, que propositalmente afastam os mais pobres do centro e das zonas residenciais mais valorizadas da cidade. Um conceito que explica essa estratégia atualmente é o de **gentrificação**.

Gentrificação. Processo de "limpeza/revitalização" do espaço urbano que promove encarecimento do custo de vida e torna uma região inacessível aos mais pobres. Ocorre por meio de políticas públicas ou da ocupação de espaços da cidade por grupos econômicos interessados em lucrar com a especulação imobiliária.

Trocando ideias

A cidade e os problemas urbanos

Cientistas sociais, arquitetos e planejadores urbanos, ao analisarem a questão da segregação socioespacial na cidade, nem sempre têm o mesmo diagnóstico sobre o problema. Pesquisadores alinhados a uma perspectiva crítica veem na cidade problemas urbanos que são consequência de conflitos entre classes sociais. Para eles, moradia, transporte e equipamentos urbanos diferenciam uma cidade para ricos de outra para pobres. Por outro lado, pesquisadores funcionalistas ou alinhados ao pensamento liberal acreditam que é possível uma colaboração entre agentes de mercado e diferentes setores da sociedade civil para atender igualmente ricos e pobres.

- Pesquise sobre as propostas de intervenção urbana na sua cidade e identifique nelas interesses coletivos ou de classes sociais específicas. Faça um levantamento sobre a disponibilidade e diversidade de equipamentos públicos existentes em sua cidade e compare essa disponibilidade entre os bairros considerados mais ricos e os mais pobres. Depois discuta com os colegas e com o professor como isso pode estar relacionado à violência e ao acesso a oportunidades.

Sociedade civil e a gestão democrática da cidade

O uso mercantil do planejamento estratégico é alvo de críticas quando, por causa dele, a gestão pública deixa de priorizar os interesses sociais e passa a privilegiar os interesses privados. Mas quais são as alternativas políticas a esse princípio de gestão? A administração pública dispõe de instrumentos úteis para promover uma reforma urbana capaz de colocar o interesse público em primeiro lugar, bem como combater a especulação imobiliária, reduzir a segregação espacial e recuperar a capacidade da população de participar das decisões sobre a administração da cidade, entre os quais estão diferentes mecanismos

Capítulo 13 • Sociedade e espaço urbano

da democracia representativa (como os conselhos, os comitês de mobilização social e a Câmara Municipal) e da democracia direta (como plebiscitos, consultas e audiências públicas).

Além da reforma urbana, outras experiências de participação popular no planejamento, na organização e na administração da cidade podem contribuir para promover a justiça social. Entre essas experiências, duas se destacam: o **orçamento participativo** e a **economia popular**.

Como um modelo ideal, o orçamento participativo é um instrumento de gestão urbana que se propõe a ser um mecanismo para delegar aos próprios cidadãos o poder de decidir sobre onde e como deverão ser feitos os investimentos públicos. Apesar de políticas nesse sentido terem sido experimentadas em alguns municípios no final da década de 1970 e no início dos anos 1980, como em Lages (SC), Pelotas (RS) e Vila Velha (ES), foi a experiência em Porto Alegre (RS), em 1989, que inspirou dezenas de outros municípios no Brasil a realizarem alguma forma de orçamento participativo.

Diante da prestação de contas da prefeitura e da previsão do orçamento para o ano seguinte, a população se organiza nos setores da cidade (o que dá poder de decisão a áreas tradicionalmente excluídas, como favelas e periferias) e elege conselheiros que, assessorados por técnicos qualificados, deliberam sobre o orçamento com base nas demandas reais da sociedade. Em seguida, as demandas são enviadas à Câmara Municipal para serem submetidas a votação e, depois de aprovadas, implementadas pelo poder público.

As principais críticas às experiências de orçamento participativo são a possível incompetência dos conselheiros para decidirem o melhor destino dos gastos (por falta de informação ou mau aconselhamento técnico), a definição prévia dos critérios a serem decididos, realizada por técnicos em gabinetes (que limitam ou manipulam a vontade popular expressa pelos conselheiros), o pequeno percentual de recursos destinados à deliberação pública e a ocupação dos conselhos por funcionários do Estado. O sucesso desse tipo de projeto de participação popular dependerá sempre de muitos fatores, como o compromisso da administração municipal com a iniciativa, a consciência e a capacidade de mobilização da população, bem como os recursos disponíveis para investimento.

A economia popular urbana corresponde a uma forma de sobrevivência e organização social da população mais pobre diferente da economia informal e do chamado Terceiro Setor. Trata-se de um conjunto de atividades de caráter econômico que procura estabelecer novas formas de sociabilidade, ao mesmo tempo que garante a subsistência e o desenvolvimento de determinada comunidade pobre da cidade.

Cooperativas e associações de trabalhadores são exemplos dessa forma de organização na medida em que constituem organizações geridas pelos próprios trabalhadores e que, contando ou não com apoio estatal, compreendem todo o processo produtivo de determinada atividade econômica. No entanto, a maior parte da população pobre não está inserida em experiências bem-sucedidas de economia popular. Isso ocorre tanto pelo desconhecimento das possibilidades desse modelo quanto pela descrença na real possibilidade de superação das desigualdades oferecidas por essas práticas. Apesar disso, a conscientização sobre os conflitos urbanos e a compreensão de suas causas, assim como dos mecanismos para enfrentar as desigualdades produzidas por eles, demonstram que existem meios técnicos e políticos para promover a democracia nas cidades.

Para jogar

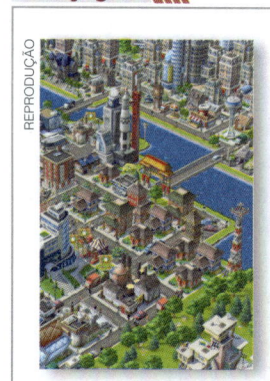

CityVille
Neste jogo, o usuário pode construir sua própria cidade, com base em recursos escassos, aumentando investimentos em casas e em empresas. O objetivo do jogo é fazer a cidade crescer com alguns limites de recursos (como energia), incluindo também o índice de satisfação das pessoas com a vida na cidade. Ele se articula com outros usuários de suas redes sociais e pode ser jogado no celular, disponível para todos os sistemas.

Cooperativa de reciclagem em São Paulo (SP), em 2014. Cooperativas de trabalhadores são exemplo de economia popular urbana.

Considerações sociológicas

A Sociologia vai ao shopping center

"Por que o shopping center foi inventado? O que sua existência significa hoje na vida das pessoas e das cidades? Por que as pessoas acham que não pode mais existir vida urbana sem shopping center? Valquíria Padilha, especialista em estudos do lazer, mestre em Sociologia e doutora em Ciências Sociais pela Unicamp, [...] afirma que: 'A Sociologia me forneceu instrumentos para analisar o shopping center como um lugar que reserva mistérios que o senso comum não permite perceber, vê-lo como um espaço que não é apenas para comprar mercadorias, mas que esconde outras intenções', afirma a pesquisadora.

Valquíria Padilha [...] observa que o shopping passa a ser objeto de estudo da Sociologia já quando se transforma no lugar mais visitado de uma cidade, ou quando uma criança de rua é barrada na porta pelos seguranças. Para contar a história do shopping center, a pesquisadora remonta ao século XIX, quando nasceram as lojas de departamento na Europa Ocidental e começou-se a desenvolver a 'cultura do consumo'. 'Com essa nova forma de comércio, que passa da compra e venda de bens de extrema necessidade para a compra e venda de supérfluos, cria-se um ambiente de imagens e símbolos que se associam aos bens para torná-los atraentes e levar as pessoas a acreditarem que eles são necessários. [...]

Valquíria Padilha informa que o sistema de shopping center nasceu nos Estados Unidos, nos anos 1950, como tentativa de criar uma nova cidade sem problemas urbanos como trânsito, chuva, sol, pedintes, acidentes, falta de estacionamento nas ruas. A invenção dessa cidade artificial, entretanto, serviu para propagar um 'modo americano de viver' que se espalhou rapidamente pelo Ocidente. 'No Brasil, os shoppings foram construídos exatamente como nos EUA. A segurança, a facilidade de encontrar tudo no mesmo lugar e a ideia de modernidade e progresso aliada ao shopping foram os maiores atrativos para os brasileiros elegerem esse templo do consumo como lugar privilegiado para compras e lazer', diz a professora. [...]

Público ou privado — Em seu livro, Valquíria Padilha analisa se o shopping center é um espaço público ou privado. Ela considera que no Brasil, como em todos os países onde a desigualdade social e econômica é mais visível, a violência urbana aparece como um complexo fenômeno que acentua a degradação do espaço público e empurra as camadas privilegiadas da população para lugares mais 'protegidos' como o shopping. 'A cidadania parte do princípio de que na vida em sociedade todos têm direitos. Assim, numa democracia, como pensar que na prática uns tenham mais direitos que outros?', questiona a socióloga.

Na avaliação da pesquisadora, a cultura do consumo nasce e se estabelece pautada nos ideais da liberdade individual de escolha, o que gera uma equação complicada do ponto de vista da política e da cidadania, uma vez que a liberdade de escolha é maior, no capitalismo, para quem tem mais dinheiro. 'Então, quanto mais se acentua a liberdade individual do consumidor, mais a vida pública vai se debilitando, porque os pontos comuns entre as pessoas que compõem a coletividade ficam reduzidos: ricos podem mais do que os pobres. A questão da pobreza e da cidadania está diretamente ligada à questão do consumismo, porque coloca frente a frente a carência com a abundância, a inclusão com a exclusão', observa.

Hibridismo — Valquíria Padilha atenta para o fato de que hoje o shopping center é medida de especulação imobiliária, visto que morar perto dele normalmente oferece certo status. Em seu estudo, ela indica que o shopping colabora para o declínio do espaço público quando ele redesenha as cidades. 'Nossas políticas públicas vão deixando lacunas graves e os shoppings [...] vão tomando conta desses espaços abandonados. A possibilidade de passear enquanto se faz compras, abrigado do sol, da chuva, do frio ou da neve, também ajuda para o sucesso da fórmula do que chamo de shopping center híbrido', explica.

[...] o hibridismo está no fato de o shopping se chamar 'centro de compras' e, no entanto, ser uma nova cidade que reúne compras de mercadorias e também de lazer, serviços, cultura e alimentação. 'Aí está, na minha interpretação, o hibridismo desse espaço, que é também uma cidade artificial, com ruas limpas, modernas, seguras, praças de encontros, cinemas, exposições de arte, bancos, academias de ginástica, escolas e até centros de saúde. [...] o sucesso do shopping center híbrido como lugar privilegiado para a realização do capital traz consigo o fracasso da plenitude do ser social e freia o processo de emancipação humana.' [...] Eleger o shopping center como o melhor espaço para a nossa sociabilidade e vivência do tempo livre é escolher se 'coisificar', insiste. [...]".

SUGIMOTO, Luiz. A sociologia vai ao shopping center. *Jornal da Unicamp*, maio 2006. Disponível em: <http://mod.lk/4bfrk>. Acesso em: jun. 2017.

Shopping Tacaruna, Recife (PE), em 2015. Espaços de consumo e vivência, os shopping centers estão a cada dia mais presentes na vida dos brasileiros.

Direito e sociedade

Moradia: mercadoria restrita

Sistema Nacional de Habitação de Interesse Social — SNHIS

"LEI Nº 11.124, DE 16 DE JUNHO DE 2005.

Art. 1º   Esta Lei dispõe sobre o Sistema Nacional de Habitação de Interesse Social — SNHIS, cria o Fundo Nacional de Habitação de Interesse Social — FNHIS e institui o Conselho Gestor do FNHIS. [...]

Art. 2º   Fica instituído o Sistema Nacional de Habitação de Interesse Social — SNHIS, com o objetivo de:

I — viabilizar para a população de menor renda o acesso à terra urbanizada e à habitação digna e sustentável;

II — implementar políticas e programas de investimentos e subsídios, promovendo e viabilizando o acesso à habitação voltada à população de menor renda;

III — articular, compatibilizar, acompanhar e apoiar a atuação das instituições e órgãos que desempenham funções no setor da habitação.

Art. 3º   O SNHIS centralizará todos os programas e projetos destinados à habitação de interesse social, observada a legislação específica. [...]

A questão habitacional torna visível a exploração dos moradores da periferia. Os programas voltados para a construção de habitações para as classes pobres são precários, deixando um grande contingente de pessoas sem teto. A maioria dos programas habitacionais concentra-se na proposta de serem linhas de financiamento de moradias e terrenos, com base em regras de mercado que implicam o pagamento pelas habitações por parte dos que contraem a dívida. Para isso, deve-se ter comprovação de renda e emprego formal, e é preciso que a casa esteja em terreno com posse legal. Esses requisitos nem sempre são preenchidos por pessoas das classes populares, pois muitos estão desempregados ou desenvolvem trabalhos informais.

A qualidade das unidades habitacionais direcionadas às classes populares é precária. Muitas são mal-acabadas, outras precisam de reforma logo que ocupadas pelas famílias. O mutirão, que é quando os moradores usam a própria força de trabalho e os conhecimentos empíricos para que sua habitação seja finalizada, é fato recorrente. E isso tudo depois de uma intensa jornada de trabalho semanal, que muitas vezes pode ultrapassar 40 horas.

Além disso, visando suprir o déficit de moradia, o capital imobiliário coloca à venda terrenos situados nas regiões periféricas e, para garantir lucro maior, pouco investe em infraestrutura.

O Estado entra na trama para aumentar as facilidades do capital imobiliário quando assume a responsabilidade pela infraestrutura e pelos serviços urbanos, mas na maior parte das vezes de forma retardada e incompleta. Enfim construída a habitação, tem início a luta dos moradores das periferias pelas conquistas dos direitos sociais necessários para que a unidade habitacional alcance a condição de moradia.

Vista do conjunto habitacional em São Sebastião do Paraíso (MG), em 2014. A participação do Estado mostra-se insuficiente para resolver o problema do déficit de moradias.

QUESTÃO HABITACIONAL NAS ÁREAS URBANAS

1. Apesar de estar instituído na Constituição de 1988 e na Lei nº 11.124, de 16 de junho de 2005, acima citada, o direito à habitação tem encontrado extrema dificuldade para se efetivar quando se trata das camadas mais pobres da sociedade. O fato de a habitação ser uma mercadoria amplia essa dificuldade? Por quê?

2. Com base no texto e nas informações do capítulo, explique o que o Estado pode fazer para mudar a situação do déficit habitacional e de que maneira pode fazê-lo.

3. Liste os principais conflitos existentes em torno da questão habitacional nas cidades e quem são os seus agentes.

4. Compartilhe com os colegas e com o professor as conclusões a que chegou e organizem-se para apresentar as melhores propostas sobre a questão habitacional na sua cidade à comunidade. Posteriormente, peça orientação ao professor de Língua Portuguesa para redigir o documento contendo as propostas e sobre os trâmites legais para enviá-las aos órgãos competentes.

ATIVIDADES

REFLEXÃO E REVISÃO

Ao longo do capítulo, as relações entre o espaço urbano e a sociedade foram analisadas em suas diversas dimensões. Com base no que foi apresentado e nas discussões feitas em aula, reflita e realize as atividades.

1. Foram vistas algumas teorias sobre as cidades, como Ecologia urbana, estigma, desorganização social, classes perigosas, entre outras. Analise pelo menos duas delas e mostre como abordam o tema das relações humanas na cidade.

2. Violência, segregação espacial, estigma e espaço público são conceitos-chave para entender o espaço urbano. Discorra sobre esses conceitos e as diferentes abordagens sobre cada um deles.

3. O investimento público predominantemente direcionado a algumas áreas urbanas, em geral as consideradas mais ricas, gera especulação imobiliária nessas localidades, expulsando a população mais pobre desses bairros e dificultando seu acesso aos aparelhos e bens públicos.

   Com isso, pode-se afirmar que esse tipo de política de planejamento urbano:
   a) é eficiente para reduzir a segregação espacial.
   b) demonstra a organização e mobilização da população para reivindicar melhorias na infraestrutura.
   c) fragiliza o capitalismo, pois a população fica mais distante dos centros comerciais.
   d) promove o controle do crescimento urbano, por meio de uma rígida fiscalização exercida pelo Estado.
   e) contribui para o crescimento urbano desordenado, estimulando o aumento de ocupações em áreas de risco e favelas.

4. Leia o trecho citado a seguir.

   > "[...] O *shopping center* é uma organização privatizadora do lazer. Mas é preciso reconhecer que isso acontece e complexifica-se na medida em que não existem políticas públicas que confiram ao fenômeno do lazer o caráter de direito social, direito de todos. Entendo que o *shopping center* só vem aumentando sua participação na esfera do lazer urbano por causa da brecha que a inexistência ou ineficiência das políticas públicas de lazer, sobretudo no Brasil, vem abrindo. A ausência de políticas públicas [...] favorece não só a privatização do lazer pelo *shopping center* como também a segregação social, uma vez que o poder aquisitivo acaba sendo um dos determinantes principais para as tomadas de decisões diante das escolhas existentes [...]."
   >
   > PADILHA, Valquíria. Desafios da crítica imanente do lazer e do consumo a partir do *shopping center*. ArtCultura, Uberlândia, v. 10, n. 17, p. 109, jul.-dez. 2008. <http://mod.lk/fspxa>. Acesso em: jun. 2017.

   Assinale a alternativa que melhor sintetiza o argumento apresentado por Valquíria Padilha.
   a) O lazer como direito social pode ser assegurado tanto por políticas públicas como pela iniciativa privada.
   b) A privatização dos espaços de lazer é uma característica das metrópoles contemporâneas que permite o acesso da população a lugares seguros e limpos.
   c) A segregação social é consequência dos processos de privatização do lazer, que tomam por base a perspectiva dos direitos sociais.
   d) O poder aquisitivo da classe trabalhadora não permite que esta possa usufruir dos equipamentos urbanos na esfera do lazer.
   e) O *shopping center* simboliza a divisão dos espaços da cidade entre as classes sociais e a negação da igualdade de direitos associada à privatização do lazer.

QUESTÕES PARA DEBATE

> "Nós vamos invadir sua praia
> Daqui do morro dá pra ver tão legal
> O que acontece aí no seu litoral
> Nós gostamos de tudo, nós queremos é mais
> Do alto da cidade até a beira do cais
> Mais do que um bom bronzeado
> Nós queremos estar do seu lado
> Nós tamo entrando sem óleo nem creme
> Precisando a gente se espreme
> Trazendo a farofa e a galinha
> Levando também a vitrolinha
> Separa um lugar nessa areia
> Nós vamos chacoalhar a sua aldeia
> Mistura sua laia
> Ou foge da raia
> Sai da tocaia
> Pula na baia
> Agora nós vamos invadir sua praia"
>
> MOREIRA, Roger. Nós vamos invadir sua praia. Intérprete: Ultraje a Rigor. In: ULTRAJE A RIGOR. *Nós vamos invadir sua praia*. [s. l.]: WEA, 1985.

Embora o sentido da expressão "vamos invadir sua praia", na letra da banda Ultraje a Rigor, seja mais amplo — em que "praia" significa um lugar que um grupo de pessoas considera especialmente como "seu" —, podemos refletir sobre a mensagem da letra tendo em vista um fenômeno bem específico, ocorrido na cidade do Rio de Janeiro, em 2015. Trata-se da "invasão" das praias da Zona Sul carioca por moradores da periferia da cidade, fenômeno esse associado, segundo a leitura da grande mídia e do poder público, à prática de "arrastões" (furtos e roubos em meio a uma grande correria de pessoas) nas areias.

Capítulo 13 • Sociedade e espaço urbano **305**

ATIVIDADES

Na ocasião, um fim de semana muito quente do mês de setembro, a reação de alguns moradores da Zona Sul foi de pânico e ao mesmo tempo de revolta contra aqueles que queriam invadir a "sua praia". Outros episódios semelhantes já haviam ocorrido nas praias do Rio nos anos 1980, ocasionando reações muito parecidas. Em 2015, como medida de segurança, as autoridades colocaram em prática uma política de controle do acesso de determinado público às praias, sob um discurso de proteção aos jovens e menores em situação de vulnerabilidade.

Parando ônibus de determinadas linhas, revistando e enviando para abrigos públicos jovens (majoritariamente pobres e negros) que se encontravam sem dinheiro e sem documentos a caminho da praia, a Polícia Militar do Estado do Rio de Janeiro atuou nos dias que se seguiram ao episódio do arrastão, visando bloquear a chegada de supostos "marginais" à Zona Sul carioca. Tal medida gerou grande polêmica na sociedade, provocando reações e manifestações de pessoas e de grupos ligados à defesa dos direitos humanos, do direito à cidade e dos direitos das crianças e dos adolescentes. Afinal, a cidade é ou não é para todos?

Com base no tema da segregação social nas cidades, realize um debate com os colegas considerando o roteiro de questões a seguir.

1. Se a praia é um lugar público, por que algumas pessoas "frequentam" esse espaço e outras o "invadem"?
2. Impedir o acesso de jovens pobres à praia pode ser uma solução para o problema da violência?
3. O pertencimento a uma classe social pode tornar-se uma barreira para a livre circulação nos espaços da cidade? Por quê?
4. Por meio de que medidas o poder público teria condições de contribuir para a superação desse problema?

ENEM E VESTIBULARES

Questão 1

(Enem, 2013)

> "Trata-se de um gigantesco movimento de construção de cidades, necessário para o assentamento residencial dessa população, bem como de suas necessidades de trabalho, abastecimento, transportes, saúde, energia, água etc. Ainda que o rumo tomado pelo crescimento urbano não tenha respondido satisfatoriamente a todas essas necessidades, o território foi ocupado e foram construídas as condições para viver nesse espaço."
>
> MARICATO. Ermínia. *Brasil, cidades*: alternativas para a crise urbana. Petrópolis Vozes, 2001.

A dinâmica de transformação das cidades tende a apresentar como consequência a expansão das áreas periféricas pelo(a)

a) crescimento da população urbana e aumento da especulação imobiliária.
b) direcionamento maior do fluxo de pessoas, devido à existência de um grande número de serviços.
c) delimitação de áreas para uma ocupação organizada do espaço físico, melhorando a qualidade de vida.
d) implantação de políticas públicas que promovem a moradia e o direito à cidade aos seus moradores.
e) reurbanização de moradias nas áreas centrais, mantendo o trabalhador próximo ao seu emprego, diminuindo os deslocamentos para a periferia.

Questão 2

(Enem PPL, 2014)

> "O enclave supõe a presença de 'muros sociais' internos que separam e distanciam populações e grupos de um mesmo lugar. Tais muros revelam as grandes contradições e discrepâncias presentes nas cidades brasileiras. É aqui que o território merece ser considerado um novo elemento nas políticas públicas, enquanto um sujeito catalisador de potências no processo de refundação do social."
>
> KOGA, D. *Medidas de cidades*: entre territórios de vida e territórios vividos. São Paulo: Cortez, 2003.

A dinâmica de crescimento das cidades é ao mesmo tempo desenvolvimentista e excludente, visto que o acesso ao novo é restrito e pode ser visto no espaço através

a) dos processos de valorização de áreas antes excluídas.
b) da gentrificação ocorrida em centros históricos e estruturas esportivas.
c) das políticas públicas de equidade social em espaços de favelas urbanas.
d) das instalações de unidades de controle armado em espaços de domínio criminal.
e) da ampliação da oferta de serviços públicos de massa com alta qualidade entre centros e periferias.

Questão 3

(Enem, 2016)

> "O conceito de *função social da cidade* incorpora a organização do espaço físico como fruto da regulação social, isto é, a cidade deve contemplar todos os seus moradores e não somente aqueles que estão no mercado formal da produção capitalista da cidade. A tradição dos códigos de edificação, uso e ocupação do solo no Brasil sempre partiram do pressuposto de que a cidade não tem divisões entre os incluídos e os excluídos socialmente."
>
> QUINTO JR., L. P. Nova legislação urbana e os velhos fantasmas. *Estudos Avançados* (USP), n. 47, 2003 (adaptado).

Uma política governamental que contribui para viabilizar a função social da cidade, nos moldes indicados no texto, é a

a) qualificação de serviços públicos em bairros periféricos.
b) implantação de centros comerciais em eixos rodoviários.
c) proibição de construções residenciais em regiões íngremes.
d) disseminação de equipamentos culturais em locais turísticos.
e) desregulamentação do setor imobiliário em áreas favelizadas.

Questão 4

(Enem, 2014)

> "No século XIX, o preço mais alto dos terrenos situados no centro das cidades é causa da especialização dos bairros e de sua diferenciação social. Muitas pessoas, que não têm meios de pagar os altos aluguéis dos bairros elegantes, são progressivamente rejeitadas para a periferia, como os subúrbios e os bairros mais afastados."
>
> RÉMOND, R. *O século XIX*. São Paulo: Cultrix, 1989 (adaptado).

Uma consequência geográfica do processo socioespacial descrito no texto é a

a) criação de condomínios fechados de moradia.
b) decadência das áreas centrais de comércio popular.
c) aceleração do processo conhecido como cercamento.
d) ampliação do tempo de deslocamento diário da população.
e) contenção da ocupação de espaços sem infraestrutura satisfatória.

Questão 5

(Enem, 2016)

> "A favela é vista como um lugar sem ordem, capaz de ameaçar os que nela não se incluem. Atribuir-lhe a ideia de perigo é o mesmo que reafirmar os valores e estruturas da sociedade que busca viver diferentemente do que se considera viver na favela. Alguns oficiantes do direito, ao defenderem ou acusarem réus moradores de favelas, usam em seus discursos representações previamente formuladas pela sociedade e incorporadas nesse campo profissional. Suas falas se fundamentam nas representações inventadas a respeito da favela e que acabam por marcar a identidade dos indivíduos que nela residem."
>
> RINALDI, A. Marginais, delinquentes e vítimas: um estudo sobre a representação da categoria favelado no tribunal do júri da cidade do Rio de Janeiro. In: ZALUAR, A.; ALVITO, M. (Orgs.). *Um século de favela*. Rio de Janeiro: Editora da FGV, 1998.

O estigma apontado no texto tem como consequência o(a)

a) aumento da impunidade criminal.
b) enfraquecimento dos direitos civis.
c) distorção na representação política.
d) crescimento dos índices de criminalidade.
e) ineficiência das medidas socioeducativas.

Questão 6

(Uerj, 2015)

No cartum, há uma alusão aos "rolezinhos", manifestações em que jovens, em geral oriundos de periferias, formam grandes grupos para circular dentro de *shopping centers*. Com base no diálogo entre os guardas e nos elementos visuais que compõem o cartum, é possível inferir uma crítica do cartunista baseada no seguinte fato:

a) os jovens se descontrolam em grupos muito numerosos.
b) os guardas pertencem à mesma classe social dos jovens.
c) os guardas hesitam no cumprimento de medida repressiva.
d) os jovens ameaçam as atividades comerciais dos *shoppings centers*.

QUESTÕES PARA PESQUISA

Faça uma pesquisa a respeito da história da construção do bairro ou da cidade onde você mora. Entre outros levantamentos, podem-se considerar os itens abaixo para o desenvolvimento da atividade.

Que processos de transformação você tem condições de identificar no período de cem anos?

- Descreva as transformações políticas, econômicas e sociais que você identificou, detalhando-as e situando-as corretamente no contexto em que aconteceram.
- Na sequência do trabalho, avalie a possível existência de conflitos em cada uma das áreas pesquisadas, esforçando-se para identificar seus agentes e descrever os interesses de cada um. Compartilhe com os colegas e com o professor as conclusões a que chegou.

Mais questões: no livro digital, em **Vereda Digital Aprova Enem** e **Vereda Digital Suplemento de revisão e vestibulares**; no *site*, em **AprovaMax**.

Capítulo 13 • Sociedade e espaço urbano

CAPÍTULO

14

GÊNEROS, SEXUALIDADES E IDENTIDADES

ENEM
C1: H3
C2: H10
C3: H13
C5: H25

Ao final deste capítulo, você será capaz de:

- Compreender os conceitos de sexo, gênero e sexualidade, suas inter-relações e interseccionalidades.

- Identificar e analisar situações de desigualdade e violência que provêm de padrões de comportamento em relação a gênero e sexualidade.

- Avaliar o papel das instituições e dos mecanismos simbólicos e discursivos na atribuição de comportamentos ligados ao sexo e à sexualidade.

- Identificar como os movimentos sociais modificaram percepções sobre a sexualidade e criaram novas demandas de direitos na sociedade.

Parada do Orgulho Gay, realizada em São Paulo (SP), em 2013. As passeatas LGBT são manifestações sociais que explicitam algumas das mudanças e conquistas realizadas por movimentos sociais de gênero. Paulatinamente, diversas identidades e orientações afetivas, assim como diferentes formas de viver a sexualidade, ganham espaço, visibilidade e legitimidade, rompendo padrões heteronormativos e binários.

A luta pelo reconhecimento de casais homoafetivos tem resultado em mudanças na legislação e na forma como são vistos pela sociedade.

Elena Serova embarca na nave espacial Soyuz TMA 14 M no Cosmódromo de Baikonur (Cazaquistão), em 2014. O mundo tem assistido a diferentes mudanças de paradigma em relação ao gênero. As mulheres assumem vários papéis sociais, assim como os homens e os transgêneros.

Questão motivadora

Por que gêneros e sexualidades considerados "diferentes" podem causar sofrimento a inúmeras pessoas?

Capítulo 14 • Gêneros, sexualidades e identidades **309**

1. Primeiras palavras

Não é fácil discutir um tema tão controverso e tabu em nossa sociedade. Nos últimos anos, procurou-se silenciar esse assunto nas escolas, nas famílias, na mídia. O que se observa, porém, é o crescimento das falas e dos movimentos por reivindicações ligados aos direitos daqueles considerados "diferentes". Este capítulo tem a intenção de ampliar o diálogo e a compreensão sobre as chamadas **questões de gênero**, que vêm sendo marcadas por violência e intolerância em relação às pessoas que não se inserem nos padrões hegemônicos de comportamentos e afetos.

Embora de início esse campo de estudo tenha sido influenciado pelo movimento feminista e, portanto, sua preocupação central tenha sido a questão da mulher e de seus direitos, atualmente os estudos de gênero incluem debates muito mais amplos. Identidade e diferença, transexualidade, movimentos sociais, cultura, desigualdade e violência estão entre os conceitos mais debatidos. As teorias sobre o tema também tentam compreender por que ainda persistem determinadas limitações a mulheres, bissexuais, homossexuais e transgêneros em relação ao direito de serem plenos, ou seja, de viverem de acordo com suas orientações particulares.

Casal de homossexuais com bebê na Califórnia (Estados Unidos), em 2015. Apesar das muitas limitações ainda impostas aos direitos das uniões homoafetivas, é cada vez mais frequente a adoção de crianças por esses casais.

Cronologia

1492 — Os europeus entram em contato com indígenas da América do Norte que valorizavam indivíduos transgêneros e andróginos, pois os consideravam seres dotados de "dois espíritos".

1791 — A Declaração dos Direitos da Mulher e da Cidadã, elaborada por Olympe de Gouges, é aprovada na Assembleia Revolucionária, na França.

1893 — A Nova Zelândia é o primeiro país do mundo a garantir o direito de voto às mulheres.

1905 — Sigmund Freud publica *Três ensaios sobre a teoria da sexualidade*, em que desmistifica a homossexualidade como perversão e reconhece a existência da sexualidade infantil.

1913 — O movimento das *suffragettes* (sufragistas), existente desde o século XIX, intensifica a luta pelo direito ao voto feminino na Inglaterra. Muitas ativistas presas entram em greve de fome e são alimentadas à força.

1919 — Bertha Lutz, zoóloga e pioneira do movimento feminista brasileiro, funda a Liga para a Emancipação Intelectual da Mulher.

1933 — A Alemanha nazista promove o expurgo de bares *gays* na até então liberal Berlim, torna ilegais as publicações de conteúdo sexual e reprime organizações de homossexuais.

1934 — Mulheres conquistam o direito constitucional ao voto no Brasil.

1947 — Alfred Kinsey funda o Instituto de Pesquisa sobre Sexo (Universidade de Indiana, Estados Unidos), e, por meio dos estudos ali realizados, a bissexualidade é reconhecida como orientação sexual cientificamente comprovada.

1949 — Publicação do livro *Le deuxième sexe* (O segundo sexo), de Simone de Beauvoir, que produz grande impacto no movimento feminista, sendo referência do pensamento feminista ainda hoje.

1969 — Rebelião de Stonewall (a polícia reprimiu com violência os frequentadores do bar *gay* Stonewall Inn, que resistiram à ação durante vários dias), em Nova York, marca o início da organização dos movimentos sociais modernos de grupos de *gays*, lésbicas, bissexuais e transgêneros (LGBT).

310 Sociologia em movimento

Um aspecto que chama a atenção nesse debate é o aumento, no mundo todo, dos índices de violência contra as mulheres e os não heterossexuais. O que os estudos sobre gênero e sexualidade procuram compreender são as construções simbólicas e sociais que levam à violência contra esses grupos. Com o debate, busca-se também identificar e analisar as formas menos visíveis de opressão que reforçam as situações de menosprezo às quais esses grupos são submetidos em ambientes de trabalho, na mídia, no cinema, na escola, ou seja, em muitas instâncias da vida social.

É possível perguntar: será que nos encaixamos em todos os padrões da sociedade considerados "corretos"? Será que nos inserimos nos padrões de beleza, de consumo, de estética? Temos os empregos que são considerados melhores? Temos uma família ideal? Em algum momento, segundo alguns desses padrões e exigências socioculturais, podemos ser considerados "de fora" ou "diferentes". Tudo isso gera agressões e sofrimento. Mas então por que tomar como referência apenas *um* único modo de vida, *um* padrão de beleza, de família, de orientação sexual? A multiplicidade do mundo é cada vez mais inegável: as pessoas reinventam suas identidades e suas vidas para serem mais felizes, fugindo de padrões de consumo e de pressões estéticas para criar outros padrões, no plural.

As pressões para nos adequarmos a um padrão "correto" de beleza, de estética e de consumo podem conduzir à conclusão errônea de que aqueles que não se encaixam em tais padrões são estranhos, diferentes, o que frequentemente resulta em variadas circunstâncias de agressão, violência e exclusão social.

1973 — A homossexualidade é reconhecida pela Associação Americana de Psiquiatria como uma forma de sexualidade entre outras, e não mais como uma doença mental.

1975 — No Ano Internacional da Mulher (e início da Década da Mulher), estabelecido pela ONU, são reconhecidos os direitos da mulher à integridade física, à autonomia de decisão sobre o próprio corpo e o direito à maternidade opcional.

1985 — No Brasil, o Conselho Federal de Medicina retira a homossexualidade da classificação de doenças e desvios.

1987 — Após a decisão de 1973, a homossexualidade deixa de figurar como doença no terceiro *Manual diagnóstico e estatístico dos distúrbios mentais* (DSM III), da Associação Americana de Psiquiatria, nos Estados Unidos.

1988 — A paquistanesa Benazir Bhutto torna-se a primeira mulher muçulmana a vencer eleições, assumindo o cargo de primeira-ministra entre 1988 e 1990.

2004 — O governo federal brasileiro lança o programa Brasil sem Homofobia, legitimando a diversidade sexual no país.

2006 — É sancionada no Brasil a Lei Maria da Penha (Lei nº 11.340/2006), aprovada para coibir a violência contra a mulher.

2008 — Em parceria com o Ministério da Educação (MEC), a Universidade Federal do Rio de Janeiro (UFRJ) realiza o Projeto Diversidade Sexual na Escola, com o objetivo de formar professores capazes de reconhecer, discutir e respeitar as diversidades sexuais e de gêneros.

2010 — Criação da ONU Mulher, órgão internacional cuja finalidade é defender os direitos das mulheres em todo o mundo.

2011 — O Supremo Tribunal Federal (STF) reconhece juridicamente a união estável entre pessoas do mesmo sexo, com decisão unânime dos juízes.

2015 — A Secretaria de Direitos Humanos da Presidência da República do Brasil aprova a Resolução nº 12, que estabelece parâmetros para garantir as condições de acesso e permanência de pessoas travestis e transexuais nos sistemas e instituições de ensino.

Capítulo 14 • Gêneros, sexualidades e identidades

2. Sexo e gênero: entre a construção e a desconstrução

Por que se costuma diferenciar as noções de sexo e gênero e como começou essa distinção? No século XIX, o tema da sexualidade e dos comportamentos humanos em relação a desejos e afetos passou a ser o objeto central de uma nova ciência, a Psicanálise, criada por Sigmund Freud. Segundo ele, a relação entre a sexualidade e o sexo se estabelece pela relação da criança com o pai e a mãe, assim como pelo reconhecimento de ter ou não um *falo* (pênis). Para ele, os comportamentos feminino e masculino se manifestariam a partir do momento em que a criança reconhece que tem ou não um pênis, no chamado estágio fálico. O masculino, portanto, estaria associado ao falo, enquanto o feminino sempre se definiria pela falta e "inveja" deste. Essa explicação ganhou grande espaço para diferenciar os comportamentos ditos femininos, causados por essa "castração", e aqueles ditos masculinos, relacionados ao fato de ter um falo.

Quem escreveu sobre isso

Sigmund Freud

Sigmund Freud (1856-1939), neurologista judeu-austríaco, é conhecido como o fundador da Psicanálise, ciência que tem por objeto o inconsciente e os desejos da psiquê humana. Escreveu inúmeras obras que influenciaram os caminhos de outras áreas científicas, entre as quais se destaca *Três ensaios sobre a teoria da sexualidade* (1905), em que trata do desenvolvimento da sexualidade na infância e das polêmicas ideias sobre a inveja do pênis e o complexo de Édipo.

As descobertas de Freud sobre o inconsciente no começo do século XX alteraram a compreensão sobre o ser humano e repercutiram em diversas áreas do conhecimento.

Ao longo do século XX, a Psicanálise e a teoria de Freud foram revisadas por psicanalistas feministas e também questionadas por feministas ligadas a outras áreas do conhecimento. O fato de atribuir características particulares ao feminino e ao masculino com base na experiência infantil que se tem com os órgãos genitais não convenceu, por exemplo, a filósofa feminista francesa Simone de Beauvoir, para quem o "destino anatômico" não pode explicar todos os comportamentos associados a esses dois sexos. É preciso observar como o ambiente cultural e educacional é responsável pela construção e imposição de padrões a meninos e meninas. É por esse raciocínio que a filósofa e outras feministas fazem a distinção entre sexo e gênero: o *sexo* corresponderia aos traços biológicos e às genitálias distintas do macho e da fêmea, enquanto o *gênero* teria a ver com as construções e expectativas sociais sobre comportamentos femininos e masculinos. Assim, a identidade de gênero é formada principalmente por elementos culturais, pela sociedade e pela experiência familiar, desde a infância, ou seja, pelo processo de socialização pelo qual adultos influenciam crianças a adotar certos comportamentos e usos do corpo: cabelo curto para meninos e longo para meninas; passividade para meninas, agressividade para meninos; bonecas para meninas, carrinhos para meninos.

O menino transgênero Tyler, de 7 anos, troca as roupas de seu boneco, em Washington (Estados Unidos), em 2014. A família ganhou na justiça o direito de mudar o nome dele.

Trocando ideias

O processo de aprendizagem dos papéis de gênero na infância ocorre, em parte, em função das referências a personagens, histórias e brinquedos infantis, divulgados em diferentes meios de comunicação e oferecidos para o consumo em massa. Com relação aos filmes infantis, nota-se que há uma tentativa, em algumas histórias mais recentes, de desconstrução dos papéis de gênero tradicionalmente associados a princesas, heróis e vilões.

Faça uma pesquisa sobre antigas e novas produções audiovisuais, de jogos e de brinquedos infantis e procure identificar rupturas e continuidades no que diz respeito à representação dos papéis de gênero. Em seguida, realize um debate em sala, com seus colegas e o professor, para discutir o sentido e o efeito das mudanças observadas sobre a socialização das crianças, respondendo à questão proposta a seguir.

- É possível afirmar que atualmente há uma tendência significativa no sentido da desconstrução dos padrões hegemônicos de comportamentos e afetos? Ou, de uma forma geral, ainda prevalece a tendência à perpetuação de modelos cristalizados?

Processo de construção de identidade e gênero

"Ninguém nasce mulher: torna-se mulher." Essa é a famosa frase de Simone de Beauvoir que distingue as duas dimensões da *natureza* e da *cultura*. Assim, o processo de construção de identidade de gênero, embora se relacione com a diferenciação ou identificação com os órgãos genitais, tem com eles uma relação simbólica, ou seja, cultural. Desse ponto de vista, por exemplo, o comportamento menos carinhoso de um homem ou o comportamento maternal de uma mulher não podem ser corretamente explicados pela presença de certos hormônios ou de qualquer outro traço biológico: a explicação está na repressão de desejos e de comportamentos imposta pela sociedade.

Na Sociologia, até os anos 1970, o conceito de "papéis sociais de sexo", apresentado pela antropóloga cultural estadunidense Margaret Mead (1901-1978), era o termo mais utilizado. É a partir dessa década que as teorias sociais passam a utilizar o conceito de *gênero*, influenciadas pela chamada **segunda onda** do feminismo (período de 1960 a 1980), quando houve ampliação das reivindicações feitas pelas primeiras organizações feministas. Desse modo, o conceito de gênero passa a enfatizar os processos de construção dos comportamentos em relação ao corpo e aos afetos, justamente para superar o "congelamento" das categorias de homem e mulher que advêm de descrições biológicas. Essas novas teorias procuraram desnaturalizar os padrões de "normalidade" que uma visão androcêntrica impõe por utilizar a aparência de homens e mulheres para legitimar uma relação de dominação masculina. Isso quer dizer, como afirma o sociólogo francês Pierre Bourdieu, que as estruturas e instituições sociais partem de uma construção simbólica em que as características masculinas e femininas são biologizadas, naturalizadas e, portanto, dificilmente desconstruídas.

Para a Sociologia, é importante ressaltar que as nossas identidades se formam nas relações sociais de oposição ou de aproximação. Portanto, nossa identidade de gênero passa por aspectos *relacionais*, sejam anatômicos, psíquicos ou sociais. Mas é nas instituições sociais que podemos observar um processo mais rigoroso e sistemático de normas em relação ao gênero e à sexualidade. A família e a escola podem ser tomadas como duas grandes instituições que são responsáveis por reproduzir marcadores de gênero, assim como estereótipos em relação a homens e mulheres. Na família, a definição da identidade do bebê passa a ser debatida antes mesmo do seu nascimento: todos se perguntam se será menino ou menina, prevendo sua possível personalidade ("vai puxar ao pai/à mãe"), seus gostos e até mesmo sua profissão. Esse fato revela como nossa identidade central será construída de acordo com as expectativas em relação ao nosso gênero/sexo. Na escola, os uniformes se distinguem, assim como as conhecidas organizações de filas para meninos e para meninas. O banheiro, antes compartilhado por toda a família, torna-se um importante marcador de gênero nos primeiros espaços públicos que a criança vai frequentar.

Para vários sociólogos e antropólogos, as normas e regras em relação aos gêneros podem ser mais ou menos rígidas, variando de acordo com cada sociedade. Nas chamadas patriarcais, aquelas em que o modelo de família é **monogâmico** e **heterossexual**, tendo o poder centrado no *pai* (patriarca), as mulheres são submetidas ao espaço doméstico e a posições inferiores na sociedade. Essa foi a principal "causa" apontada por feministas para explicar a perpetuação de homens em postos de comando e poder. No entanto, tal conceito sofreu modificações e críticas nos últimos anos, o que nos leva a repensar as origens e as formas de continuidade das desigualdades de gêneros.

Androcentrismo. Supervalorização do masculino e naturalização da experiência masculina como princípio universal e normativo da humanidade. Pode ser identificada em expressões convencionais que tomam o homem como representante de toda a espécie (caso de "direitos do homem", "evolução do homem", "ciência do homem"), as quais servem para legitimar o patriarcado.

Quem escreveu sobre isso

Simone de Beauvoir

Simone de Beauvoir (1908-1986), filósofa francesa, foi uma das mais influentes pensadoras ligadas ao tema do feminismo e à corrente filosófico-literária do existencialismo. Dos inúmeros romances e ensaios que escreveu, a obra mais conhecida é *O segundo sexo*, na qual descreve os momentos da vida em que uma pessoa adquire comportamentos considerados femininos.

As ideias de Simone de Beauvoir estão sendo cada vez mais retomadas pelo movimento feminista e reforçadas por outras teorias mais contemporâneas.

A distinção entre meninos e meninas, desde antes do nascimento, revela as condições culturais em que o gênero se torna um importante definidor de identidade.

Capítulo 14 • Gêneros, sexualidades e identidades

Trocando ideias

Algumas escolas têm procurado adaptar suas normas e instalações a fim de promover a inclusão de sujeitos que não se enquadram nas classificações heteronormativas que definem os gêneros de forma binária (masculino e feminino). Como exemplo, tem-se a iniciativa da reitoria do Colégio Pedro II, na cidade do Rio de Janeiro (RJ), de flexibilizar o uso do uniforme, abolindo a restrição relacionada a modelos masculino e feminino. Por outro lado, ainda que sigam recomendações da Secretaria de Direitos Humanos da Presidência da República, que envolvem, além das mudanças com relação ao uso do uniforme, também a permissão do uso de "nome social" para transgêneros e a adaptação dos banheiros escolares, medidas como essa têm sido questionadas por diferentes setores da sociedade.

Na cidade de Sorocaba (SP), por exemplo, em 2015, a Câmara de Vereadores aprovou uma lei que proíbe o uso de banheiros de escolas do ensino fundamental, públicas ou privadas, com base na identidade de gênero. Segundo o vereador que apresentou o projeto de lei:

"O ensino fundamental, que está a cargo do município, vai do 1º ao 9º ano, com crianças de 6 anos a adolescentes de 14 anos. Isso significa que uma menina de 6, 7 ou 8 anos, de acordo com a portaria do governo federal, será obrigada a conviver no banheiro feminino com um adolescente de 14 anos, bastando que ele, mesmo tendo um aparelho reprodutor masculino, se considere mulher. Como cerca de um em cada cinco estudantes brasileiros, segundo dados oficiais, estão atrasados na escola e muitos só concluem o ensino fundamental aos 16 anos, a situação se torna ainda mais grave: vamos ter verdadeiros rapagões usando o banheiro das meninas".

Faça uma pesquisa a respeito dessa controvérsia, buscando informações sobre desdobramentos da recomendação da Secretaria de Direitos Humanos (Resolução nº 12, de 16 de janeiro de 2015, do Conselho Nacional de Combate à Discriminação e Promoções dos Direitos de LGBTs) em experiências locais, e discuta com os colegas e com o professor sobre a importância das escolas como agentes de socialização envolvidos nos processos relacionados às questões de gênero, procurando identificar os entraves relacionados a essa discussão e seus principais efeitos no cotidiano escolar.

O banheiro inclusivo, como esse no *campus* de Irvine da Universidade da Califórnia (Estados Unidos), em 2015, não faz distinção de gênero.

Saiba mais

Comportamentos de gênero em sociedades diversas

Até o início do século XX, era comum as pessoas associarem o sexo ao gênero, por acreditarem na determinação do fator biológico sobre o comportamento humano. A antropóloga estadunidense Margaret Mead foi a primeira mulher a desbravar o trabalho de campo e, em seu ensaio intitulado *Sexo e temperamento*, datado de 1935, apresentou uma importante contribuição para a ruptura do condicionante biológico sobre comportamentos, hábitos, modo de agir, falar e sentir. Ela estudou três tribos diferentes de Papua-Nova Guiné: arapesh, mundugumor e tchambuli (atualmente chambri). Tomando como base as construções sociais do mundo ocidental, em que os homens são considerados desbravadores, hostis, agressores, e as mulheres, mais carinhosas e dedicadas a questões familiares e maternas, Mead relatou que, na cultura arapesh, tanto homens quanto mulheres exibiam comportamentos dóceis, afetivos e sutis, ou seja, um padrão de comportamento esperado de mulheres estadunidenses. Na cultura mundugumor, a autora constatou que tanto os homens quanto as mulheres tinham comportamento agressivo e dominador, ou seja, um padrão de comportamento esperado dos homens estadunidenses. Já na cultura tchambuli, a pesquisadora observou a inversão dos papéis: os homens eram dóceis, e as mulheres, agressivas. Margaret Mead também encontrou indivíduos considerados "inadaptados", ou seja, que não se enquadravam nos papéis sociais atribuídos, e percebeu que eles, por sua vez, assim como na cultura ocidental, também encontravam dificuldades de inserção. Dessa forma, sua pesquisa contribuiu para a análise de diferentes grupos sociais, evidenciando as construções culturais dos papéis atribuídos a homens e mulheres, rompendo com a perspectiva inata que atribuía os comportamentos e as emoções humanas ao fator biológico.

A antropóloga Margaret Mead em trabalho de campo nas ilhas Manus, em Papua-Nova Guiné, em 1953. Seus estudos influenciaram as primeiras formulações sobre a mulher e sua condição social e individual, que se constituíram em importantes passos para as teorias de gênero e a Antropologia em geral.

3. O patriarcado e seus efeitos

O conceito de patriarcado é um dos principais pontos de partida do pensamento feminista do século XX. Para as teorias feministas, o patriarcado é um sistema de poder análogo ao escravismo por submeter as mulheres aos homens e legitimar o poder masculino nas esferas privada e pública, justificando, por exemplo, a violência doméstica e outras modalidades de agressão, perpetuadas pela frequente impunidade nos crimes cometidos contra mulheres, justificados por argumentos que se fundamentam em uma suposta "legítima defesa da honra masculina".

O patriarcado se expressa na ideia de que o homem é superior à mulher e essa hierarquia se espalha por amplos e variados espaços sociais. Embora as definições tradicionais dos papéis de mulheres e homens estejam se diluindo em virtude de um contínuo e crescente processo de oposição de grupos sociais, ainda hoje permanecem as estruturas do patriarcado, que, além de manterem a dominação masculina, reproduzem a violência contra a mulher.

A exploração sexual de mulheres no turismo, as desigualdades entre homens e mulheres no mercado de trabalho, assim como a predominância da responsabilidade da mulher nas atividades domésticas e sua exclusão na vida política, são exemplos de que o sistema patriarcal ainda persiste. Seus efeitos podem ser observados também no Código Civil de 1916, no artigo nº 242, que coloca a mulher em segundo plano e em total dependência do marido. Essas determinações só foram alteradas em 1962, com o Estatuto da Mulher Casada.

A pesquisadora brasileira Neuma Aguiar (1938-) analisou as diferentes perspectivas do pensamento social brasileiro acerca do patriarcado, considerando a importância do fenômeno para a compreensão da distribuição de poder na família brasileira. Segundo sua avaliação, um dos autores que mais se concentraram no estudo do patriarcado foi Gilberto Freyre: ele entendeu o patriarcalismo como uma estratégia da colonização portuguesa. Nesse contexto, a casa-grande, o ambiente rural, o latifúndio, a escravidão e a exploração sexual das mulheres negras são elementos fundamentais para a compreensão do estabelecimento do poder masculino.

Na foto, bancada feminina faz ato em prol da aprovação de cotas para mulheres no Congresso, em Brasília (DF), em 2015. A representação feminina no Congresso Nacional não reflete a força eleitoral das mulheres, que representam pouco mais da metade da população. Isso cria barreiras para a implementação de bandeiras feministas, como a descriminalização do aborto, o aumento da licença-paternidade e o fomento à construção de creches, entre outras reivindicações.

Outro pensador brasileiro analisado pela pesquisadora foi Joaquim Nabuco. Na avaliação dela, Nabuco não enxergava traços de resistência no comportamento das negras escravizadas que abortavam a gravidez resultante de estupro fazendo uso de ervas daninhas e venenos. Ele atribuía a prática à ausência de religiosidade e à falta de instrução dessas mulheres. No entanto, sua descrição revela a crueldade e o pânico moral aos quais essas mulheres eram submetidas e de que forma o concubinato, a negação da paternidade e a cultura do estupro se generalizaram.

Trazendo a reflexão para os dias de hoje, nota-se que, mesmo nas cidades em que há maior liberdade sexual para as mulheres, os sintomas da sociedade patriarcal permanecem, como o padrão ambíguo de moralidade que acolhe a poliginia (união de um homem com várias mulheres ao mesmo tempo) e condena a poliandria (união em que uma só mulher é ligada a dois ou mais homens ao mesmo tempo), a atribuição dos trabalhos domésticos à mulher, a prestação de serviços aos homens e as remunerações menores para o trabalho feminino em comparação com salários de homens em funções equivalentes.

A Marcha das Vadias na capital do estado de São Paulo, em 2015. Dedicado ao combate à violência contra as mulheres e à defesa da igualdade de gênero, o evento ocorre anualmente desde 2011, quando foi realizado em Toronto, no Canadá, pela primeira vez. No Brasil, acontece em diversas cidades, como São Paulo, Rio de Janeiro, Vitória, Recife, Fortaleza, entre outras.

Capítulo 14 • Gêneros, sexualidades e identidades

Tais sintomas indicam que o patriarcado constitui-se num sistema que dá poder aos homens e fundamenta sua dominação sobre as mulheres. Entretanto, o conceito de **masculinidade hegemônica**, formulado pela socióloga transexual australiana Raewyn Connell, pode significar que existem chances de transformação. Para ela, não há um padrão de masculinidade universal. Ser homem é responder a determinados padrões culturais que podem variar em sociedades multiculturais. Além disso, a masculinidade considerada ideal será dominante e, com base nela, serão classificadas todas as outras expressões masculinas. Assim, ocorre o alinhamento entre o patriarcado e a masculinidade hegemônica, e os homens que se afastam desse perfil perdem *status* e poder. Mas onde estariam as chances de transformação nas relações entre os gêneros? Ao destacar as variações da masculinidade perante o modelo hegemônico, a socióloga menciona a possibilidade de construção de hegemonias positivas, ou seja, de masculinidades, que se mostram receptivas à igualdade com as mulheres.

Quem escreveu sobre isso

Raewyn Connell

A socióloga australiana Raewyn Connell (1944-), nascida Robert William Connell, é formada em História e doutora em Ciências Sociais. Suas produções iniciais foram influenciadas pelo pensamento de esquerda marxista, particularmente por Antonio Gramsci. Entre seus livros mais famosos está *Gender and power* (Gênero e poder), de 1987, e *Masculinities* (Masculinidades), de 1995, em que desenvolve o conceito de masculinidade hegemônica.

O conceito de masculinidade hegemônica permite identificar a variação nos padrões de masculinidade, de acordo com a especificidade cultural de cada sociedade.

Para navegar

Compromisso e atitude: Lei Maria da Penha
www.compromissoeatitude.org.br
O *site* apresenta dados nacionais e mundiais sobre os vários tipos de violência contra a mulher e as jurisprudências que preveem proteção e dignidade às mulheres, em âmbito nacional e internacional. Traz informações sobre o panorama das agressões contra a mulher no Brasil desde a criação da Lei Maria da Penha e disponibiliza serviços àquelas que sofreram violação de seus direitos.

QUESTÕES

Explique o que significa o patriarcado como sistema de poder e cite dois exemplos de práticas ou valores presentes em nossa sociedade atual que possam ser identificados como expressões da permanência do modelo patriarcal.

4. A divisão sexual do trabalho: a mulher entre o público e o privado

No Brasil e em quase todos os países do mundo, observa-se um progressivo aumento do número de mulheres em postos de trabalho que, antes, eram pouco ocupados por elas, porém ainda com salários menores que os dos homens. Dados estatísticos revelam que no Brasil as mulheres ganham, em média, 30% menos que os homens, ou seja, um dos piores índices de diferença salarial por gênero no mundo.

Além da questão salarial, as mulheres, geralmente, trabalham mais horas que os homens, pois também são responsáveis pelas tarefas domésticas e pelos cuidados com filhos, avós e parentes doentes. Em situação ainda mais precária vivem as mulheres *trans*. De acordo com a Associação Nacional de Travestis e Transexuais (Antra), 90% desse grupo só encontra trabalho na prostituição e apenas 5% dele está no mercado formal.

Arlene Kish, uma mulher de negócios, em seu escritório na cidade de Warren, no estado de Michigan (Estados Unidos), em 2010. A inserção de transexuais no mercado de trabalho ainda encontra muita resistência por parte dos empregadores, sendo alvo de preconceito e discriminação.

Para navegar

Secretaria Especial de Políticas para as Mulheres
www.spm.gov.br
A Secretaria, vinculada ao Ministério da Justiça e Cidadania, foi criada com o objetivo de assessorar a Presidência da República nas políticas de combate ao preconceito e à discriminação contra as mulheres, além de promover a igualdade entre homens e mulheres na sociedade brasileira. No portal da SPM, é possível ter acesso aos sistemas de ouvidoria, como a Central de Atendimento à Mulher em Situação de Violência, e também a informações, programas e campanhas sobre a valorização da mulher.

A **divisão do trabalho fundamentada nos sexos**, com base na **propriedade privada** e na **família monogâmica**, teria sido, historicamente, a primeira forma de desigualdade de classes, segundo Friedrich Engels (1820-1895), teórico e cofundador, com Karl Marx (1818-1883), do socialismo científico. Com o estabelecimento do patriarcado e da família monogâmica, a mulher passou a ser desvalorizada, assim como seu papel na sociedade: a função do cuidado e da reprodução familiar. Enquanto as funções associadas aos homens — os assuntos públicos e produtivos, que seriam "geradores" de riquezas — passam a legitimar sua dominação, as funções associadas às mulheres — os assuntos domésticos e de reprodução — tornam-se desvalorizadas.

O advento do capitalismo na Europa, em particular a partir do capitalismo industrial, levou mulheres para fora do espaço doméstico, principalmente na indústria. Para o capitalismo, mulheres e crianças formavam uma mão de obra genérica e barata que podia ser empregada em funções não especializadas ou naquelas que elas já exerciam no espaço da casa: costura, confecção de tecidos e limpeza. Aliás, essas ocupações industriais empregavam mais mulheres do que homens.

A **divisão técnica e social do trabalho** desenvolveu-se rapidamente no capitalismo: as tarefas tornaram-se cada vez mais especializadas e fragmentadas. Essa divisão pormenorizada reforçou a divisão sexual do trabalho, porque, progressivamente, dividiu os espaços de "fora" da família como produtivos e aqueles relativos à família como reprodutivos. Se nas sociedades pré-industriais a família era, ao mesmo tempo, uma unidade produtiva e reprodutiva, isso se modificou profundamente com o capitalismo: as tarefas produtivas tornaram-se masculinas, e as reprodutivas, femininas.

No final do século XIX e início do século XX, inúmeras leis de "proteção" à mulher passaram a proibir o trabalho feminino em ocupações consideradas mais pesadas ou perigosas, já que isso havia trazido problemas de ordem "moral" resultantes do fato de as mulheres terem mais mobilidade fora do espaço da casa. Na França, uma lei de 1892 proibia as mulheres de exercer o trabalho noturno. No Brasil, a mesma proibição foi expressa em um decreto de 1932. Embora muitas dessas leis visassem à "proteção" das mulheres, exploradas pela indústria — assim como ocorria com as crianças —, acabaram por confiná-las ao cuidado doméstico e a trabalhos realizados em casa, sub-remunerados.

Posição dos países de acordo com o Índice de Igualdade de Gênero — 2016			
Islândia	1ª	Estados Unidos	45ª
Finlândia	2ª	**Brasil**	**79ª**
Argentina	33ª	Iêmen	144ª

Fonte: WORLD ECONOMIC FORUM. *The global gender gap report 2016*. Disponível em: <http://mod.lk/d8o7s>. Acesso em: jun. 2017.

Brasil

Índice de Disparidade de Gênero 2016

Posição: **79** (entre 144 países)

Pontuação: **0,687** (0,00 = desigualdade; 1,00 = igualdade)

Principais indicadores demográficos e econômicos	
PIB (trilhão, US$)	1,775
PIB *per capita* (paridade de poder de compra, US$)	14.455
População total (milhão)	207,85
Crescimento populacional (%)	0,77
Proporção mulheres/homens na população total	1,03

Pontuação do país

	Posição	Pontuação	Média amostral	Mulher	Homem	Relação entre mulheres e homens
Oportunidades e participação econômica	91ª	0,640	0,586	-	-	0,64
Participação na força de trabalho	87ª	0,744	0,665	62	83	0,74
Igualdade salarial para trabalho similar (levantamento)	129ª	0,498	0,622	-	-	0,50
Renda estimada (paridade de poder aquisitivo, US$)	83ª	0,576	0,502	11.666	20.263	0,58
Legisladores, cargos de chefia e executivos	33ª	0,596	0,358	37	63	0,60
Profissionais especializados e técnicos	1ª	1,000	0,862	55	45	1,20

0 = desigualdade; 1 = igualdade

Fonte: WORLD ECONOMIC FORUM. *The global gender gap report 2016*. Disponível em: <http://mod.lk/gsys1>. Acesso em: jun. 2017.

Os dados do relatório *Global gender gap*, realizado pelo Fórum Econômico Mundial, revelam que, em 2016, o Brasil, em termos de igualdade de gênero, encontrava-se na 79ª posição de um total de 144 países. No entanto, em termos de desigualdade salarial, o Brasil ocupava a 129ª posição.

Capítulo 14 • Gêneros, sexualidades e identidades

Neste cartaz feminista, de 2008, questiona-se por que as mulheres entram nos museus apenas nas obras de arte e quase raramente como artistas: "As mulheres têm que estar nuas para entrar no Metropolitan Museum?", questiona o título do cartaz, que se refere ao famoso museu de Nova York, nos Estados Unidos. É importante ressaltar que a escassa presença das mulheres ocorre não apenas nas artes plásticas, mas também na literatura e na música.

Mulheres trabalham em fábrica de roupas na cidade de Huaibei (China), em 2016. Embora seja um dos países com maior crescimento econômico no mundo atual, a China emprega milhares de mulheres em fábricas têxteis em condições análogas ao trabalho escravo.

Durante o século XX, as duas guerras mundiais voltaram a impulsionar a presença das mulheres nas indústrias, pois, nesses momentos, os esforços produtivos eram necessários e grande parte da população masculina compunha as forças armadas na guerra. No entanto, com o fim do período de guerras, novamente reivindicou-se o retorno das mulheres à casa. O modelo de família almejado pela sociedade industrial e fordista do pós-guerra centrou-se, então, no "homem provedor e na mulher cuidadora".

Os movimentos de emancipação feminina na Europa, particularmente nos anos 1960, questionaram a falta de liberdade e as normas rígidas adotadas em relação às mulheres. Inúmeras conquistas já haviam sido alcançadas em boa parte do mundo ocidental, como o direito ao voto, à licença-maternidade e ao divórcio. Entretanto, o mercado de trabalho ainda era muito restrito. Foi somente a partir dos anos 1980, com o movimento intenso da globalização, que a participação feminina na população economicamente ativa (PEA) e na população ocupada (PO) cresceu em boa parte do mundo.

A maior participação feminina no mercado de trabalho global trouxe contradições: embora as mulheres tenham adquirido poder financeiro e passado a ocupar empregos que não eram habituais, continuaram a ser responsáveis pelas tarefas domésticas, o que levou a uma dupla jornada (no emprego e em casa) ou, ainda, a uma tripla jornada (emprego, universidade ou escola e cuidados com a casa).

Para ler

CHANG, Leslie T. *As garotas da fábrica: da aldeia à cidade numa China em transformação*.
Rio de Janeiro: Intrínseca, 2010.
A obra retrata o caso das operárias das fábricas de Dongguan, cidade da região industrial no sul da China, e sua relação com o crescimento econômico do país nos últimos anos. Baseado na história de duas jovens que saem da área rural e vão para a cidade em busca de ascensão social nas linhas de montagem, o livro oferece uma interessante narrativa sobre mudanças econômicas, mobilidade social, migração e família.

Para navegar

Geledés: Instituto da Mulher Negra
www.geledes.org.br
O *site* apresenta textos, debates e informações que remetem aos temas gênero e raça em questões sobre saúde, mercado de trabalho, violência, preconceito e discriminação.

Na foto, mulher trabalha em Riad (Arábia Saudita), em 2013. Nesse país, a separação entre os sexos é uma norma, e as mulheres são proibidas de dirigir, trabalhar ou viajar sem autorização do marido. Em 2015, as mulheres da Arábia Saudita votaram pela primeira vez.

> **QUESTÕES**
>
> Explique de que forma o advento da sociedade capitalista contribuiu para a legitimação da dominação masculina.

Podemos encontrar diversos modelos e padrões de divisão sexual do trabalho de acordo com cada cultura. No entanto, a combinação de colonização e capitalismo fez com que o modelo ocidental fosse exportado para grande parte do mundo. Inúmeras leis e costumes em relação às mulheres estão sendo modificados. Mesmo assim, calcula-se que em mais de 15 países as mulheres ainda são proibidas de trabalhar. Estados como o Irã e o Gabão reconhecem, até hoje, o direito de o marido opor-se ao trabalho da esposa.

> **Saiba mais**
>
> **A conferência Pequim+20**
>
> A IV Conferência Mundial sobre a Mulher, conhecida como Pequim+20, foi realizada em 1995, com representantes de 189 governos. O resultado do encontro foi o compromisso dos governos perante as Nações Unidas e todo o mundo para o cumprimento de metas relacionadas a doze áreas de preocupação prioritárias, seguindo as diretrizes da *Declaração e plataforma de ação de Pequim* (http://mod.lk/jZYOB).
>
> Conheça, a seguir, as áreas prioritárias de atuação listadas na conferência, destinadas ao empoderamento das mulheres.
>
> 1. Mulheres e pobreza
> 2. Educação e capacitação de mulheres
> 3. Mulheres e saúde
> 4. Violência contra as mulheres
> 5. Mulheres e conflitos armados
> 6. Mulheres e economia
> 7. Mulheres no poder e na liderança
> 8. Mecanismos institucionais para o avanço das mulheres
> 9. Direitos humanos das mulheres
> 10. Mulheres e a mídia
> 11. Mulheres e meio ambiente
> 12. Direitos das meninas
>
> No que diz respeito à pobreza, uma das metas do documento é: "[...] elaborar e executar programas contra a pobreza, bem como programas de emprego, que melhorem o acesso das mulheres que vivem em situação de pobreza à alimentação, inclusive mediante a utilização de mecanismos apropriados de formação de preços e de distribuição [...]". No que se refere à educação, uma das metas centrais é a eliminação do analfabetismo entre as mulheres. Já em relação à violência contra a mulher, uma das metas estipula: "[...] introduzir e/ou reforçar sanções penais, civis, trabalhistas ou administrativas na legislação, com o fim de punir e reparar os danos causados às mulheres e às meninas vítimas de violência de qualquer tipo, ocorrida no lar, no local de trabalho, na comunidade ou na sociedade [...]".

> **Quem escreveu sobre isso**
>
> **Helena Hirata**
>
> Helena Hirata (1946-) é graduada em Filosofia pela Universidade de São Paulo e tem doutorado em Sociologia Política pela Université de Paris VIII. Sua pesquisa é voltada para a área de Sociologia do trabalho e de gênero. Estuda os efeitos da globalização na divisão sexual do trabalho, analisando a reorganização do trabalho assalariado e do trabalho doméstico no Brasil e no mundo.
>
> Importante tendência nas Ciências Sociais, a pesquisa sobre a participação das mulheres nas diversas áreas é o principal objeto de interesse de Helena Hirata.

5. Interseccionalidades: raça, classe e gênero

Uma parte do movimento feminista, classificada como feminismo radical, chamou a atenção para o fato de que o patriarcado e a dominação masculina colocavam mulheres de culturas e classes sociais diversas em uma mesma situação. Existiria, assim, uma "identidade" entre mulheres com base em sua posição nesse sistema de poder: seria possível, portanto, falar em "mulher" e "homem" como categorias universais de referência. Mas, afinal, existem padrões ou estruturas válidas para todas as culturas que permitam falar em uma identidade feminina ou em uma opressão masculina universal? As mulheres passam pelas mesmas experiências de violência e são igualmente subjugadas apenas por serem mulheres?

Diante desses questionamentos passou-se a considerar que as análises e teorias do feminismo, embora criticassem o "essencialismo" biológico da definição homem e mulher, também estavam limitadas por não considerarem a interdependência das relações de poder que perpassam as diferenças de raça, de orientação sexual e de classe. Foram as feministas negras que, no final da década de 1970, criticaram radicalmente o feminismo branco, de classe média e **heteronormativo**. Em contraponto, as lutas sociais deveriam considerar as diferentes identidades, as intersecções de raça, de gênero, de classe e de sexualidades.

> **Heteronormativo.** Esse termo marca o padrão de comportamento heterossexual, indicando que as orientações sexuais diferentes das heterossexuais são discriminadas, considerando, dessa forma, a opção de heterossexualidade como o padrão para toda a sociedade e definindo como "normalidade" a dualidade entre macho e fêmea.

Marcha das Mulheres Negras Contra o Racismo, a Violência e pelo Bem Viver em Brasília (DF), realizada em 2015. Expressões públicas de movimentos sociais feministas de terceira onda são cada vez mais crescentes no país. Reivindica-se a constituição de políticas públicas que atendam às demandas de interseccionalidade.

Nesse momento, surgiram rupturas importantes nas teorias feministas, dando origem a diversas vertentes: para além do chamado feminismo radical, de origem europeia, nos Estados Unidos desenvolveu-se o feminismo socialista, o feminismo negro e, mais tardiamente, o transfeminismo; nos países periféricos, o feminismo pós-colonial. Essas novas vertentes indicavam que as experiências de opressão se davam de formas diferentes em virtude também de fatores como raça, classe e sexualidades. Surgiu, então, o enfoque da interseccionalidade.

O enfoque da interseccionalidade percebe as diferenças de gênero, raça, classe e orientação sexual de forma integrada, considerando suas interações na realidade social e tendo a preocupação de não hierarquizar as diversas formas de opressão. Analisar as diferenças entre homens e mulheres, por exemplo, mostrou-se insuficiente por não se observarem as diversidades específicas que existem entre homens brancos e negros e mulheres brancas e negras.

Enquanto o feminismo branco e ocidental — expressão que as feministas negras e do terceiro mundo usavam para qualificar o feminismo produzido na Europa — ressaltava que os espaços públicos tinham sido dominados pelos homens e os espaços domésticos deixados às mulheres, desvalorizando-os, o feminismo negro perguntava: no espaço doméstico não há ainda a hierarquia da mulher branca que paga à mulher negra ou à imigrante para servi-la?

A escritora e feminista negra estadunidense bell hooks argumenta que as mulheres brancas e de classes mais altas confinaram-se no espaço doméstico como uma forma de recusa à execução de trabalhos normalmente realizados por mulheres negras e de classes populares. Ela destaca ainda que a emancipação de mulheres brancas ocidentais esteve atrelada à subordinação da massa de mulheres de países em desenvolvimento. Um exemplo dessa fala é a necessidade de usar o trabalho de mulheres negras como domésticas e em funções de cuidado como condição para que mulheres brancas e de classes privilegiadas possam ter sua liberdade de trabalhar fora de casa.

As críticas de bell hooks devem muito a outra escritora negra estadunidense, Angela Davis (1944-), que fez parte do grupo Panteras Negras, movimento de orientação socialista em defesa dos direitos dos negros. Feminista e socialista, Davis escreveu um dos livros que mais chamaram a atenção para a condição específica da mulher negra, geralmente renegada nos próprios movimentos feministas, como o das sufragistas. A filósofa, no entanto, acredita que algumas situações aproximaram as mulheres negras das brancas, como a luta pela educação.

A contribuição da socióloga brasileira Lélia Gonzalez também enriquece o debate sobre interseccionalidade, fundamentando-se no lugar e nas experiências da mulher afro-americana, chamada por ela de "amefricana".

Quem escreveu sobre isso

bell hooks

Escritora e professora universitária estadunidense, nascida em 1952, bell hooks é uma das principais militantes e pesquisadoras contemporâneas do feminismo. Autora de dezenas de livros sobre o tema, optou por usar, em vez de seu nome original (Gloria Jean Watkins), o pseudônimo bell hooks, grafado com letras minúsculas, com o objetivo de reforçar o conteúdo de suas obras em detrimento da autoria. Na infância, estudou em escolas destinadas somente a negros, já que a segregação espacial perdurava nos Estados Unidos. Na adolescência e na juventude, continuou sofrendo discriminação racial nos ambientes educacionais. Essas experiências motivaram sua militância política e sua prática pedagógica comprometida com a descolonização e suas investigações sobre raça, gênero e classe (segundo a perspectiva da interseccionalidade). *Ensinando a transgredir: a educação como prática da liberdade* é sua primeira obra traduzida para a língua portuguesa, publicada no Brasil em 2013.

Martin Luther King Jr., Malcolm X, Erich Fromm e Paulo Freire estão entre as principais referências de bell hooks.

A socióloga apontou os limites do conceito de patriarcado, que, embora seja importante para explicar a dominação masculina, não inclui a questão racial como parte do sistema de opressões que coloca em um lugar específico a mulher negra. Lélia também contempla em suas análises a mulher indígena, que se encontra em situação análoga à das mulheres negras no sistema colonial capitalista e patriarcal.

Hoje podemos observar como as reflexões da interseccionalidade são necessárias para interpretarmos as experiências dos grupos na base da pirâmide de desigualdade social.

O programa Bolsa Família, que fornece benefícios a famílias em situação de pobreza extrema, traz importantes indícios das relações entre classe social, raça/etnia e gênero: entre os beneficiários do programa, 93% são mulheres, das quais 68% são negras. Ocupando trabalhos sub-remunerados e menos prestigiados, além de contarem, em geral, com um orçamento familiar oriundo de uma única fonte de renda, são as mulheres negras aquelas que enfrentam o ciclo de pobreza com menores condições de mudança.

Quem escreveu sobre isso

Lélia Gonzalez

A brasileira Lélia Gonzalez (1935-1994), intelectual e militante, destacou-se na formação de uma consciência crítica em relação aos preconceitos contra a mulher negra. Foi também uma das fundadoras do Movimento Negro Unificado (MNU), do Instituto de Pesquisas das Culturas Negras (IPCN-RJ), do Olodum-BA, entre outros.

O trabalho de Lélia Gonzalez enfatiza as experiências da mulher afro-americana.

Para assistir

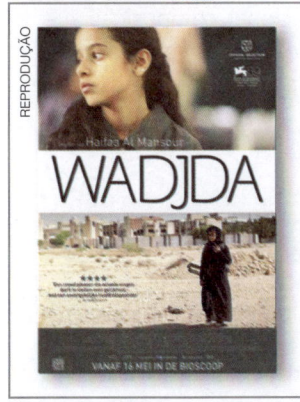

O sonho de Wadjda
Arábia Saudita/Alemanha, 2012.
Direção: Haifaa Al Mansour.
Duração: 98 min.

O filme conta a história de Wadjda, menina de 12 anos que vive em Riad, capital da Arábia Saudita. Wadjda gosta de usar tênis, *jeans*, escuta *rock and roll* e sonha em comprar uma bicicleta para disputar uma corrida com seu melhor amigo. No entanto, o uso de bicicleta é reservado aos meninos. Decidida a não se submeter às imposições sociais, ela se dedica ao estudo do *Corão*, para participar de uma competição de recitação do livro sagrado, com o objetivo de obter o dinheiro para a compra da bicicleta. Sem que saibam de sua real intenção, sua dedicação para memorizar trechos do *Corão* faz ainda com que todos à sua volta se convençam de sua devoção. Mais que retratar as questões culturais, o filme traz um importante questionamento sobre os papéis de gênero.

Capítulo 14 • Gêneros, sexualidades e identidades

6. Identidade de gênero: sua instabilidade

Como vimos no início deste capítulo, a identidade de gênero é fruto de uma construção social e da normatização de comportamentos que tem como base a divisão entre os sexos. Mas de que forma essas normas se relacionam com os processos subjetivos de formação de identidades, mesmo estando além da vontade dos indivíduos?

Foram os estudos **pós-coloniais** (questionando a produção de conhecimento pautada em uma visão ocidental e eurocêntrica) e **pós-estruturalistas** (privilegiando a análise das formas simbólicas contra as pretensões totalizantes da ciência), já nas últimas décadas do século XX, que começaram a colocar um ponto de vista novo em relação a essa questão. Antes de ressaltar que "estruturas" ou instituições impõem comportamentos e regras, as teorias que se desenvolvem nesse campo procuram demonstrar os fluxos de formação de identidade e sua relação com os micropoderes que perpassam o cotidiano dos indivíduos manifestando-se de diferentes formas nas relações sociais.

Essas teorias chamam a atenção para a formação das subjetividades, que seriam mais fluidas e menos fixas, mais móveis e menos estruturadas: em termos sociológicos, é a tentativa de compreender as *estruturas* por meio das ações dos indivíduos, pela *linguagem* e sua *relação com os corpos*. Discursos, enunciados, falas, signos, símbolos, representações teriam um significado na realidade para poderem transformar estruturas em ações.

Na foto, *hijras* em Nova Délhi (Índia), em 2015. Os *hijras* são indivíduos do chamado "terceiro gênero", aceitos culturalmente na Índia e no Paquistão. São intersexuais ou transexuais que, desde 2014, têm reconhecimento oficial na Índia.

A teoria da *Performatividade*, da filósofa estadunidense Judith Butler, pressupõe que a distinção entre o sexo/biológico e o gênero/cultural, algo tão fundamental para o discurso feminista, é também uma construção cultural. Ou seja, ela discute a ideia de que o gênero e a sexualidade derivam de um sexo determinado. O "destino anatômico", para Butler, em nada determina nossos comportamentos: na verdade, é pela repetição, pela performatividade, que naturalizamos uma identidade de gênero. Ao ouvir repetidamente frases do tipo "você não deve fazer isso, pois é menina(o)", a criança vai, aos poucos, assumindo essa identidade. Ao ser estimulada a usar roupas como saias, vestidos e laços, ela vai naturalizando uma identidade dita "feminina"; ou, ao contrário, ao ser estimulada a usar roupas de tons neutros, a ter comportamentos mais sérios e dominantes, naturaliza uma identidade "masculina".

Os estudos de Judith Butler e Michel Foucault influenciaram um novo campo de estudos chamado "teoria Queer". Essas teorias defendem a ideia de que a lógica binária (homem × mulher) e heterossexual (homem → outros gêneros) seria reguladora dos comportamentos em relação ao sexo/gênero em sociedades ocidentais.

Quem escreveu sobre isso

Judith Butler

A filósofa estadunidense Judith Butler, nascida em 1956, tornou-se referência internacional nos estudos sobre gênero, sexualidade, identidade, desejo e performatividade. Continuadora da obra de Michel Foucault, ela analisa, critica e desconstrói, de modo radical e original, tanto a heteronormatividade quanto a dualidade sexo/gênero, o que fez dela uma expoente da teoria Queer. A primeira de suas obras traduzida para o português, *Problemas de gênero: feminismo e subversão da identidade* (2003), é reconhecida como seu trabalho mais importante. Em *O clamor de Antígona: parentesco entre a vida e a morte*, publicada no Brasil em 2014, Judith Butler discute as restritas constituições da família tradicional, composição que, segundo ela, atua como obstáculo normativo para novas possibilidades de laços de intimidade.

Judith Butler destacou-se como um dos nomes mais importantes da teoria Queer.

Para ler

BENTO, Berenice. *O que é transexualidade?*
São Paulo: Brasiliense, 2012. (Coleção Primeiros passos.)
Apresenta uma importante reflexão didática sobre a transexualidade, tendo por base questionamentos de gênero, da construção social "masculino" e "feminino", da "normalidade" e da "anormalidade".

> **QUESTÕES**
>
> Qual é o sentido da crítica à lógica de classificação binária associada aos estudos da teoria Queer?

Para assistir

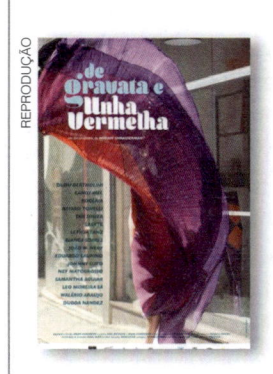

De gravata e unha vermelha
Brasil, 2014.
Direção: Miriam Chnaiderman.
Duração: 86 min.

O documentário apresenta uma discussão sobre as questões de gênero e da expressão da sexualidade, mostrando a complexidade e a diversidade que compõem o tema, seja na expressão corporal, seja nos hábitos ou nos gostos. Por intermédio de depoimentos, é possível romper com estereótipos e rotulagens.

No entanto, é importante atentar para a instabilidade das relações sociais reguladas por esses padrões, que podem e são, em geral, subvertidos pelas crianças, ainda não plenamente autorreguladas em seus comportamentos. Por isso, observamos os tutores da criança (pai, mãe, avós ou outros) insistirem para que elas "aprendam" qual é seu papel de gênero, reproduzindo atitudes e palavras para se referir a si mesmas como "meninas" ou "meninos". Ao mesmo tempo que a repetição tenta fixar identidades e comportamentos, ela nunca é a mesma: sempre adiciona algo de próprio, de subjetivo. Portanto, fala-se de uma descontinuidade ou de um deslizamento no processo de "generificação" do corpo, permitindo um espaço para o questionamento dessas normas.

Se as identidades são menos fixas e mais móveis do que pensávamos, que consequências isso teria no campo político? Se dificilmente é possível falar em "mulher" como algo universal, o feminismo perderia sua base de referência? Como pensar a sexualidade fundamentando-se na ideia de que o próprio corpo pode ser objeto de análise não apenas das áreas biológicas, mas também dos estudos filosófico-sociais? É o que será visto nos próximos tópicos.

7. Sexualidade(s) em transformação

Uma parcela significativa dos debates contemporâneos sobre gênero e sexualidade fundamenta-se no questionamento e na crítica de um sistema de classificação binário que ainda dá sustentação a estruturas de comportamento e simbolismos que definem a identidade humana de grande parte da população mundial. Esse sistema de classificação binário foi empregado como o modo de diferenciar grupos sociais humanos e também como o meio efetivo de legitimar a dominação de alguns grupos sociais sobre outros. Desse modo, a ciência ocidental construiu pares de oposição binária, como: Ocidente × Oriente, Velho Mundo × Novo Mundo, brancos × negros, "nós" × "os outros", metrópole × colônia, cristãos × pagãos, civilizados × selvagens, países desenvolvidos × países subdesenvolvidos. Nessa lógica de classificação binária, o ser humano biológico também foi classificado em dois únicos subgrupos: homens e mulheres. Seguindo esse padrão binário, o corpo físico (sexo biológico) foi tomado como base para constituir, também de modo binário e excludente, outros elementos da identidade humana, como as expressões de gênero, a orientação afetivo-sexual, a identidade de gênero e os papéis sociais atribuídos a cada indivíduo.

Em seus diferentes estudos, Michel Foucault buscou compreender como o **corpo humano**, ao longo do tempo, tornou-se o espaço em que diferentes modalidades de poder e de saber atuam. De acordo com a análise de Foucault, sobre o **corpo** incidem dinâmicas de dominação, normatização, vigilância (por meio do autocontrole e/ou do dispositivo panóptico), instituições disciplinares, confecção de laudos médicos, psicológicos e periciais, além de práticas confessionais (de cunho religioso e/ou científico). Ao analisar os discursos, assim como as modalidades de saber e de poder que normatizam o corpo, esse pensador identifica sistemas de controle eficazes e potentes, diferentes das modalidades de poder que advêm do Estado. Trata-se da "microfísica do poder", capaz de legitimar valores, saberes, comportamentos e práticas sociais atuando diretamente no corpo de cada indivíduo.

Para navegar

Sai pra lá
Este aplicativo foi desenvolvido por uma jovem de 17 anos para rastrear casos de assédio. Pessoas que foram assediadas podem acessá-lo, selecionar o tipo de assédio e marcar no mapa. Os assédios são classificados em sonoros, verbais, físicos ou indefinidos. O aplicativo está disponível para sistemas Android e iOS.

Quem escreveu sobre isso

Michel Foucault

O filósofo francês Michel Foucault (1926-1984) contribuiu significativamente para as Ciências Sociais. Suas pesquisas estiveram direcionadas e relacionadas aos estudos do poder, das instituições sociais, do conhecimento, do corpo, da sexualidade, da loucura, do controle social e da punição. Entre seus livros destacam-se: *A história da loucura na idade clássica* (1961), *A arqueologia do saber* (1969), *Vigiar e punir* (1975) e *A história da sexualidade* (1976).

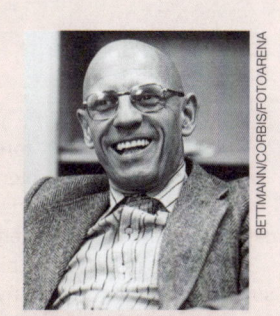

Foucault demonstra como o conhecimento e os discursos estão relacionados ao poder e como eles incidem sobre os corpos e a sexualidade.

Por meio dessa perspectiva, Foucault nega a neutralidade científica, assume que fazer ciência é, necessariamente, fazer política, demonstrando as evidentes correlações entre saberes, poderes e ciência. A proposta de inclusão das teorias de gênero e do tema da sexualidade nos currículos escolares e a reação que tem provocado em alguns setores conservadores da sociedade podem ser tomados como exemplo para essa reflexão sobre a ausência da neutralidade no campo do saber. Nesse caso, está em jogo uma disputa que evidencia a ligação entre saber e poder e as tentativas de se colocarem obstáculos à produção de conhecimento em função de pressupostos morais que entendem que a sexualidade deve ser controlada e disciplinada, e não vivida de forma livre pelos indivíduos.

Compreender que a ciência ocidental e as instituições religiosas modernas contribuíram para normatizar e disciplinar, segundo paradigmas binários, expressões, identidades e papéis sociais de gênero, assim como o sexo biológico e as orientações afetivo-sexuais, é algo que nos permite diagnosticar que tal categorização binária foi historicamente constituída e utilizada em favor de sistemas de dominação específicos, o que favoreceu, por exemplo, a ascendência dos homens sobre as mulheres. Desse modo, questionar e analisar o modelo de sexualidade humana advindo desse sistema binário permite aprofundar nosso entendimento sobre como a identidade de gênero e a sexualidade efetivamente se constituem. Se a heteronormatividade caracterizou, por muito tempo, o padrão "correto" de orientação afetivo-sexual nas sociedades modernas, atualmente esse modelo vem perdendo legitimidade.

As Ciências Sociais, juntamente com segmentos mais restritos da Medicina e da Psicologia, superaram a concepção de que a sexualidade humana é definida por elementos fisiológicos, bioquímicos e hormonais, entendendo-se que componentes socioculturais também são relevantes, na definição dos papéis sociais de gênero. A imagem a seguir mostra algumas das variações contemporaneamente associadas ao gênero, à sexualidade e mesmo ao sexo biológico.

No fim do século XX, emergiu um novo campo científico chamado estudos de gênero. Por meio de novas pesquisas e das significativas contribuições de movimentos sociais de gênero, argumenta-se que o comportamento humano não é naturalmente definido pelo nosso sexo biológico. Reconhece-se que há diferentes possibilidades de orientação afetivo-sexual, e que, além disso, a cada cultura, em diferentes tempos históricos, correspondem expressões de gênero específicas; legitimam-se ou negam-se orientações afetivo-sexuais; atribuem-se identidades de gênero e papéis sociais específicos a seus integrantes.

Adotar o relativismo cultural para reconhecer as diferentes composições identitárias presentes nas sociedades ao longo do tempo e do espaço é admitir que a variedade e a plasticidade são os principais elementos que constituem a humanidade. Assim sendo, acatar ou questionar normatizações culturais, ou, ainda, atribuir um novo significado a elas são possibilidades efetivas de comportamento humano, que fazem com que as culturas estejam em constante movimento.

A ilustração apresenta, sinteticamente, quatro elementos que podem ser vivenciados de maneiras diferentes, transcendendo a antiga categorização binária e superando a heteronormatividade. Sexo biológico, identidade de gênero, orientação afetivo-sexual e expressão de gênero podem combinar-se de formas variadas, constituindo múltiplos modos de composição identitária de uma pessoa.

Fique ligado!
A MELHOR ARMA CONTRA O PRECONCEITO É A INFORMAÇÃO

EXPRESSÃO DE GÊNERO
FEMININO — ANDRÓGINO — MASCULINO
é a maneira como você demonstra o seu gênero, na forma de agir, vestir e interagir

ORIENTAÇÃO AFETIVO-SEXUAL
HETEROSSEXUAL — BISSEXUAL — HOMOSSEXUAL
refere-se a quem você é fisicamente e emocionalmente atraído

IDENTIDADE DE GÊNERO
MULHER — TRANSGÊNERO — HOMEM
é como você pensa a respeito de você mesmo

SEXO BIOLÓGICO
"FÊMEA" — HERMAFRODITA — "MACHO"
refere-se a características como órgão, hormônios e cromossomos

A cartunista e transexual Laerte (em foto de 2015), há alguns anos passou a definir-se como bissexual no que diz respeito à sexualidade e tornou-se figura importante para a discussão atual da liberdade de gênero. Em 2012, a transexualidade deixou de ser considerada um transtorno psiquiátrico, possibilitando a aceitação desse tipo de sexualidade por parte da sociedade. A ideia binária de "macho" e "fêmea" passou, aos poucos, a ser substituída pela presença de outras possibilidades — dando mais liberdade às pessoas para decidirem sua identidade de gênero.

Com base nesses pressupostos, novas categorias emergem para nomear elementos relacionados ao gênero e à sexualidade. Quanto ao sexo biológico (dados hormonais, cromossomos e órgãos genitais) original de cada pessoa, empregam-se os termos sexo feminino/fêmea (para pessoas dotadas de vagina), intersexual (para aquelas dotadas de genitália ambígua) ou sexo masculino/macho (para indivíduos dotados de pênis). Já a identidade de gênero está associada ao que é considerado individualmente como mulher, homem ou transgênero/transexual (termos que definem as pessoas que não se identificam com o sexo de nascimento). Nesse caso, chama-se mulher transgênero/mulher transexual aquela pessoa que se identifica com o gênero feminino e reivindica o reconhecimento como mulher (mas que não nasceu com o sexo feminino). Do mesmo modo, chama-se homem transgênero/homem transexual aquela pessoa que se identifica com o gênero masculino e reivindica o reconhecimento como homem (mas que não nasceu com o sexo masculino). Quando há associação entre a identidade de gênero e o sexo biológico de nascimento de uma pessoa, adota-se o termo cisgênero (homem cisgênero ou mulher cisgênero) — ou cissexual — para desnaturalizar a própria noção de sexo e gênero feminino/masculino. Outro elemento a ser considerado como definidor da identidade é o conjunto de expressões de gênero, que caracterizam comportamentos femininos, masculinos ou andróginos socialmente associados a expressões físicas, atitudes, vestimentas e modos de interação.

A orientação afetivo-sexual define termos para identificar as diferentes modalidades de atração física/emocional. Quanto à atração sexual, reconhece-se a heterossexualidade, a homossexualidade (*gays* ou lésbicas), a bissexualidade, a pansexualidade (atribuída àqueles que sentem atração por pessoas independentemente do gênero) e também a assexualidade (atribuída às pessoas que não sentem atração nem desejo sexual).

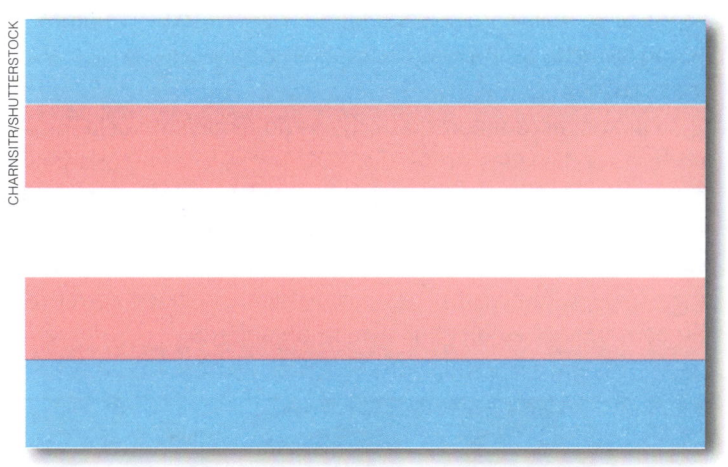

Criada pela mulher transgênero Monica Helms, a bandeira do orgulho transgênero foi utilizada pela primeira vez em 2000, na Parada do Orgulho Gay da cidade de Phoenix (Estados Unidos). As listras paralelas simbolizam a equivalência entre as diferentes identidades de gênero. A cor azul faz alusão ao gênero masculino, a cor-de-rosa, ao feminino, e a branca, às pessoas que estão em transição e àquelas que não se sentem pertencentes a um gênero definido.

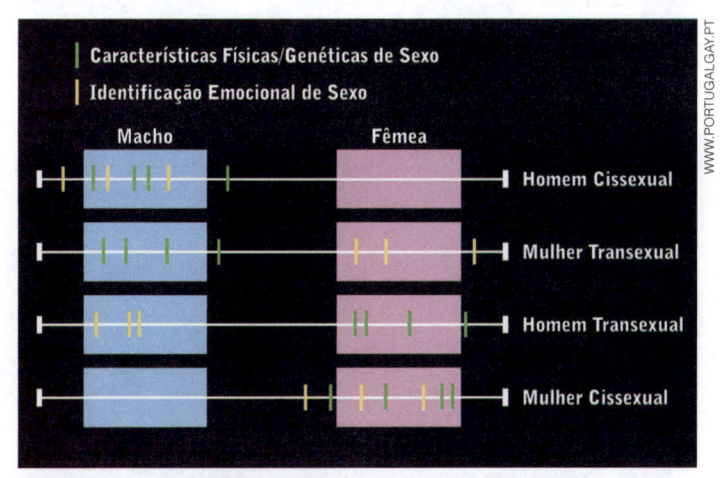

Fonte: PortugalPride.org. Disponível em: <http://portugalpride.org/pp2008.asp>. Acesso em: jun. 2017.

Este esquema exemplifica algumas possibilidades de expressão da sexualidade humana, evidenciando o rompimento com a heteronormatividade e também com o sistema binário de classificação de gênero, sexualidade e orientação sexual.

QUESTÕES

Defina e diferencie sexo biológico, identidade de gênero e orientação afetivo-sexual.

Capítulo 14 • Gêneros, sexualidades e identidades

8. Movimentos sociais: feminismo(s) e LGBT

No senso comum, é possível escutar que o feminismo é o contrário do machismo: seria uma tentativa de impor o poder das mulheres por intermédio da força ou das ideias feministas. Nada mais equivocado. Em primeiro lugar, o feminismo nasceu de um movimento de igualdade, e não de superioridade. Em segundo, o mais correto seria falar em *feminismos*, no plural, tendo em vista as diversas concepções e debates que marcam essas teorias.

Para os historiadores, as origens do feminismo ocidental podem ser situadas no século XIX. Segundo a historiadora canadense Marlene LeGates (1943-), falar em feminismo antes desse século é cometer um anacronismo, pois, embora existissem mulheres e homens preocupados com a opressão masculina, o feminismo como movimento social e corrente de pensamento ainda não havia se organizado.

Mulheres em protesto pelo direito ao voto, em Paris (França), em 1934. Nos cartazes, lê-se: "Francesas devem votar".

Duas feministas de correntes diferentes, porém igualmente importantes: à esquerda, a revolucionária alemã Clara Zetkin, na década de 1890, de orientação marxista, e, à direita, a feminista brasileira Bertha Lutz, na primeira metade do século XX, de orientação liberal e uma das responsáveis pela institucionalização do voto feminino no Brasil.

Em 1908, no Reino Unido, sufragistas se exibem em passeata, ainda com suas roupas de prisioneiras, após terem sido libertadas.

Alguns historiadores se referem à Declaração dos Direitos da Mulher e da Cidadã, de 1791, redigida por Olympe de Gouges (1748-1793), para lembrar como o feminismo tem origens remotas. Olympe de Gouges foi uma escritora francesa, considerada uma das pioneiras do feminismo, que morreu executada pelos jacobinos, em 1793, por causa de suas opiniões. No entanto, ao se falar das origens do feminismo, normalmente se faz referência à chamada **primeira onda**, que seria constituída pelos primeiros movimentos organizados por mulheres no século XIX, em países ocidentais, em torno de inúmeros direitos, principalmente o direito ao voto.

A historiadora brasileira Céli Regina Pinto lembra que no Brasil as primeiras feministas também se organizaram em torno dos direitos políticos: lideradas por Bertha Lutz (1894-1976) e pela Federação Brasileira pelo Progresso Feminino, conquistaram, em 1932, o direito ao voto. No início do século XX, tanto no Brasil quanto na Europa, houve o crescimento de organizações operárias feministas, de influência anarquista ou socialista, assim como de organizações de mulheres de classe média, como associações e clubes.

O feminismo sempre se combinou com lutas democráticas em todos os lugares do mundo. Assim, nos movimentos socialistas e operários do século XIX, tal como nos movimentos anarquistas, foram inúmeras as organizações de mulheres e lideranças feministas em várias fábricas e no campo. O Dia Internacional das Mulheres, por exemplo, nasceu da iniciativa da líder socialista alemã Clara Zetkin (1857-1933), que propôs em uma Conferência Socialista a adoção do 8 de março para celebrar essa data.

As modificações nas sociedades ocidentais após as guerras mundiais do século XX levaram a mudanças também no feminismo. Nos anos 1960, surgiu a chamada segunda onda feminista, em que as reivindicações das mulheres passaram a se dirigir ao mercado de trabalho, à divisão de tarefas familiares e aos direitos reprodutivos. Nesse mesmo período, porém, abriram-se divergências no próprio feminismo, o que resultou na criação de diferentes correntes: o feminismo liberal, o feminismo radical, o feminismo negro e o feminismo socialista.

Essas divergências não significaram uma decadência do movimento, muito pelo contrário: as correntes do feminismo progrediram graças ao desenvolvimento teórico e filosófico bastante avançado, permitindo que a pluralidade de situações em relação às mulheres fosse contemplada e que as lutas sociais fossem ainda mais precisas e eficazes.

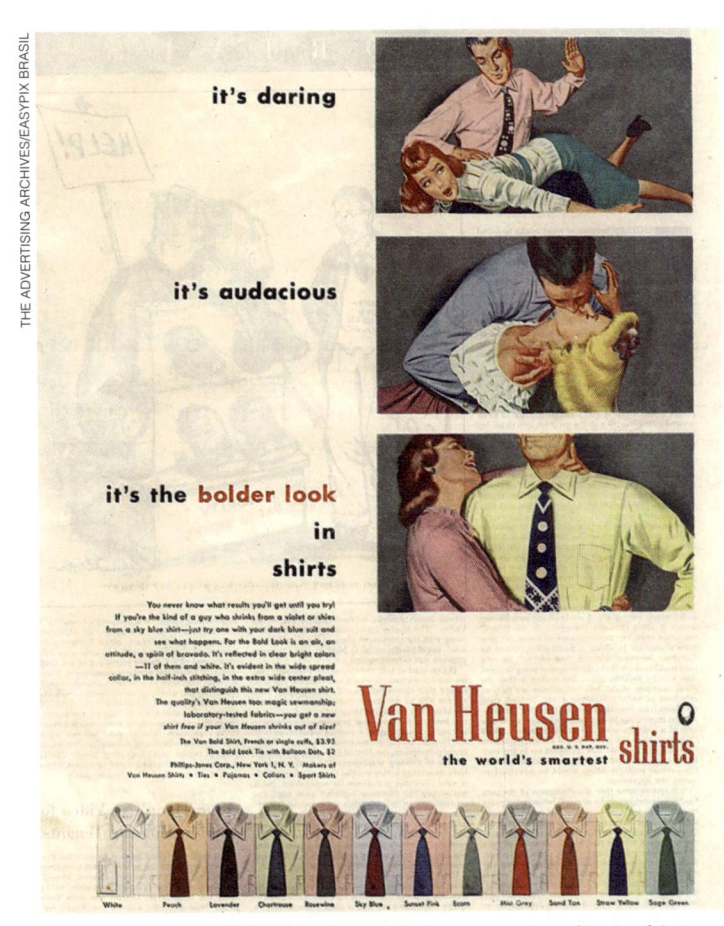

As feministas da segunda onda questionavam propagandas machistas como esta, divulgada nos Estados Unidos, na década de 1950, que reforçava a imagem da mulher subordinada ao homem e única responsável pelas tarefas domésticas.

O feminismo liberal é aquele ligado às questões de maior igualdade nos contextos institucionais. Sem dúvida, foi importante para assegurar leis e reconhecimentos jurídicos para as mulheres, assim como para cobrar do Estado a criminalização do estupro e outros crimes relacionados à mulher.

O feminismo socialista e marxista desenvolve-se hoje no campo teórico, criticando o caráter de classe do feminismo europeu e ressaltando a luta das mulheres operárias e camponesas para demonstrar que o feminismo poderia ter caráter revolucionário. Ressaltam a importância das mulheres na luta revolucionária, enfatizando a destruição do capitalismo como condição prévia para a destruição do patriarcado.

O feminismo negro e pós-colonial ressalta a luta das mulheres tornadas invisíveis pelo feminismo branco: as lutas anticoloniais na Ásia, nas Américas e na África, assim como as lutas operárias das quais as mulheres foram protagonistas. Esse feminismo muitas vezes se alinhou ao socialismo, ao marxismo e aos movimentos revolucionários, mas também encaminhou lutas para a conquista de direitos civis, principalmente. Para além das questões de classe, o movimento procurou ressaltar que a situação das mulheres brancas, ricas e de classe média não poderia ser igualada à das mulheres negras, indígenas ou de países colonizados, tendo em vista que, para estas últimas, o problema não era a monotonia de ser "dona de casa", mas o trabalho pesado, a discriminação e a transformação de seu corpo em objeto, que as tornavam vítimas comuns de crimes sexuais.

Embora criticado por todas as outras correntes do movimento feminista, o feminismo radical é que vai apresentar a **sexualidade** como tema central para a compreensão dos padrões e das discriminações em torno dos gêneros. As feministas radicais argumentam que a diferença mais importante entre homens e mulheres está na reprodução, e, portanto, é a família, como núcleo reprodutor, que representa a base de opressão das mulheres.

O *slogan* "Mulheres de todo o mundo, uni-vos" faz alusão direta à bandeira socialista do Manifesto Comunista. Na foto, mulheres desfilam na Quinta Avenida, em Nova York (Estados Unidos), em 1970, para comemorar o 50º aniversário da aprovação do voto feminino naquele país.

Transformações do movimento feminista		
1ª onda — Voto das mulheres	2ª onda — Igualdade	3ª onda — Emancipação feminina
✓ Reconhecimento da mulher como cidadã ✓ Denúncia do patriarcado ✓ Aceitação do modelo binário ✓ Movimentos pelos direitos das mulheres	✓ Igualdade de salários ✓ Oportunidades iguais no mercado de trabalho ✓ Direito ao aborto ✓ Meu corpo, minhas regras ✓ Destruição do patriarcado	✓ Contra todos os tipos de opressão ✓ Denúncia dos micropoderes ✓ Contra o modelo normativo binário ✓ Diferenças e ambiguidades são positivas

Nesse sentido, os direitos sobre o corpo, que incluem a defesa do aborto, a separação entre a sexualidade e a procriação e a abertura para as diferentes sexualidades, são as pautas principais do feminismo radical.

O feminismo radical influenciou as teorias pós-estruturalistas e Queer que compõem a **terceira onda** do feminismo, iniciada nos anos 1980, sendo também influenciado por elas. Esse é um dos momentos mais efervescentes do feminismo, pois os movimentos de gays e trans transformaram as concepções clássicas sobre sexualidade e política, apresentando o tema da orientação sexual como base de novos movimentos políticos e sociais.

A ideia de uma orientação sexual oposta à da expectativa da sociedade era motivo de aversão, sendo tratada como distúrbio psíquico, fisiológico e moral. Os homossexuais eram marginalizados na sociedade (e ainda são em muitos contextos), e seus espaços de sociabilidade e interação ficavam restritos a bares, tabernas e clubes secretos, que constantemente eram alvo de investigação e repressão policial. Em 28 de junho de 1968, frequentadores do bar Stonewall Inn, em Nova York, enfrentaram uma ação policial no que se tornou um evento emblemático e um marco na luta pelos direitos e reconhecimento do "orgulho gay". A década de 1960, de maneira geral, representou um momento marcante de contestação dos costumes, tanto no âmbito político quanto no cultural, simbolizado pelos protestos contra a guerra do Vietnã, o movimento de maio de 1968 na França, os movimentos hippie e feminista.

Apesar das mudanças trazidas pelos movimentos de contracultura, as décadas seguintes foram de estigmatização e discriminação em virtude do surgimento da epidemia de HIV/Aids, quando, com base no discurso científico e também religioso, a orientação sexual foi associada diretamente à doença. A ideia de homossexualidade e doença persistiu durante muito tempo. O próprio termo homossexualidade não existia, sendo utilizada a categoria homossexualismo, que pressupõe problemas patológicos. No século XIX e ao longo de parte do século XX, a homossexualidade aparecia na classificação de doenças e somente em 1990 foi retirada da lista internacional da Organização Mundial de Saúde (OMS). Em 1985, no Brasil, antes mesmo da retirada da lista, o Conselho Federal de Psicologia já não a considerava uma patologia.

A partir da década de 1990, com o controle da epidemia de Aids e o maior envolvimento de organizações governamentais e não governamentais, já se percebe uma rearticulação dos movimentos de direitos civis e de combate à discriminação e à homofobia. Essa reorganização do movimento trouxe reflexões importantes, como a descentralização da homossexualidade masculina, dando visibilidade a lésbicas, bissexuais, travestis, transexuais e transgêneros.

Para assistir

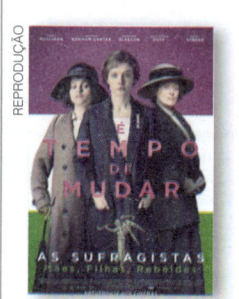

As sufragistas
Reino Unido, 2015.
Direção: Sarah Gavron.
Duração: 106 min.

O filme é baseado em fatos reais e narra a ação das mulheres britânicas, que, no início do século XX, resistiram às opressões na luta pelo sufrágio feminino. Faz um resgate histórico da participação das mulheres na atuação por igualdade de direitos.

QUESTÕES

Identifique o contexto de surgimento e as principais propostas de cada uma das três ondas do feminismo.

O bar Stonewall Inn, situado na cidade de Nova York (Estados Unidos), em foto de 2012, representa ainda hoje um marco histórico e o símbolo da resistência contra as opressões da população LGBT.

Hoje, várias passeatas e diferentes vertentes do movimento se organizam para resistir aos constantes problemas enfrentados e também para divulgá-los, seja na questão da violência, seja na restrição dos direitos de cidadania. No Brasil, em 2011, algumas conquistas foram asseguradas pela decisão do Supremo Tribunal Federal sobre o reconhecimento da união estável em famílias homoafetivas. Com essa deliberação, inúmeros direitos foram conquistados e equiparados aos dos casais compostos por homem e mulher: a comunhão parcial de bens, as pensões alimentícias e do INSS, a inclusão de dependentes nos planos de saúde e no imposto de renda, entre outros. Apesar das conquistas, ainda há muitos objetivos no horizonte do movimento LGBT, como as lutas pela criminalização da homofobia e pelo estabelecimento de políticas públicas que promovam a inclusão da população LGBT nos projetos de combate às desigualdades.

Atualmente, os movimentos LGBTQ+ (lésbicas, *gays*, bissexuais, transgêneros, *queer* e outros) e o feminismo procuram unir suas lutas, mantendo divergências e desenvolvendo percepções políticas e teóricas novas com certa frequência. Entre as teorias mais debatidas no Brasil, atualmente, estão a teoria Queer, assim como o transfeminismo, movimento que tem sido marcado pela união do feminismo com os movimentos em defesa das mulheres *trans*. O **ecofeminismo** também vem ganhando espaço, especialmente na Índia e nos Estados Unidos. Essa corrente, que se originou de causas ambientais e indígenas, teve certa repercussão no Brasil por meio de estudos científicos, mas com pouca influência nos movimentos sociais.

Neste capítulo, os conceitos de sexo, gênero e sexualidade foram apresentados em suas diferentes concepções, ressaltando-se o caráter controverso dos padrões hegemônicos de comportamentos e afetos e as transformações culturais que apontam para a necessidade de revisão constante desses padrões e para a identificação dos processos históricos que levam ao seu enraizamento nas relações sociais e de poder, gerando diferentes formas de violência e exclusão.

Procurou-se, ainda, destacar a importância dos movimentos sociais feminista e LGBT em suas diferentes versões, a fim de contribuir para o entendimento das questões de gênero e de seus desdobramentos no que diz respeito à constituição de novos sujeitos políticos e suas lutas pela conquista e ampliação de direitos.

Para ler

PINTO, Céli Regina Jardim. *Uma história do feminismo no Brasil*.
São Paulo: Ed. Fundação Perseu Abramo, 2003.
A obra apresenta um panorama das lutas feministas no Brasil do final do século XIX até a década de 1990, propiciando uma compreensão histórica das reivindicações do movimento feminista nos embates pela participação política das mulheres em diferentes esferas e pelas igualdades no mercado de trabalho.

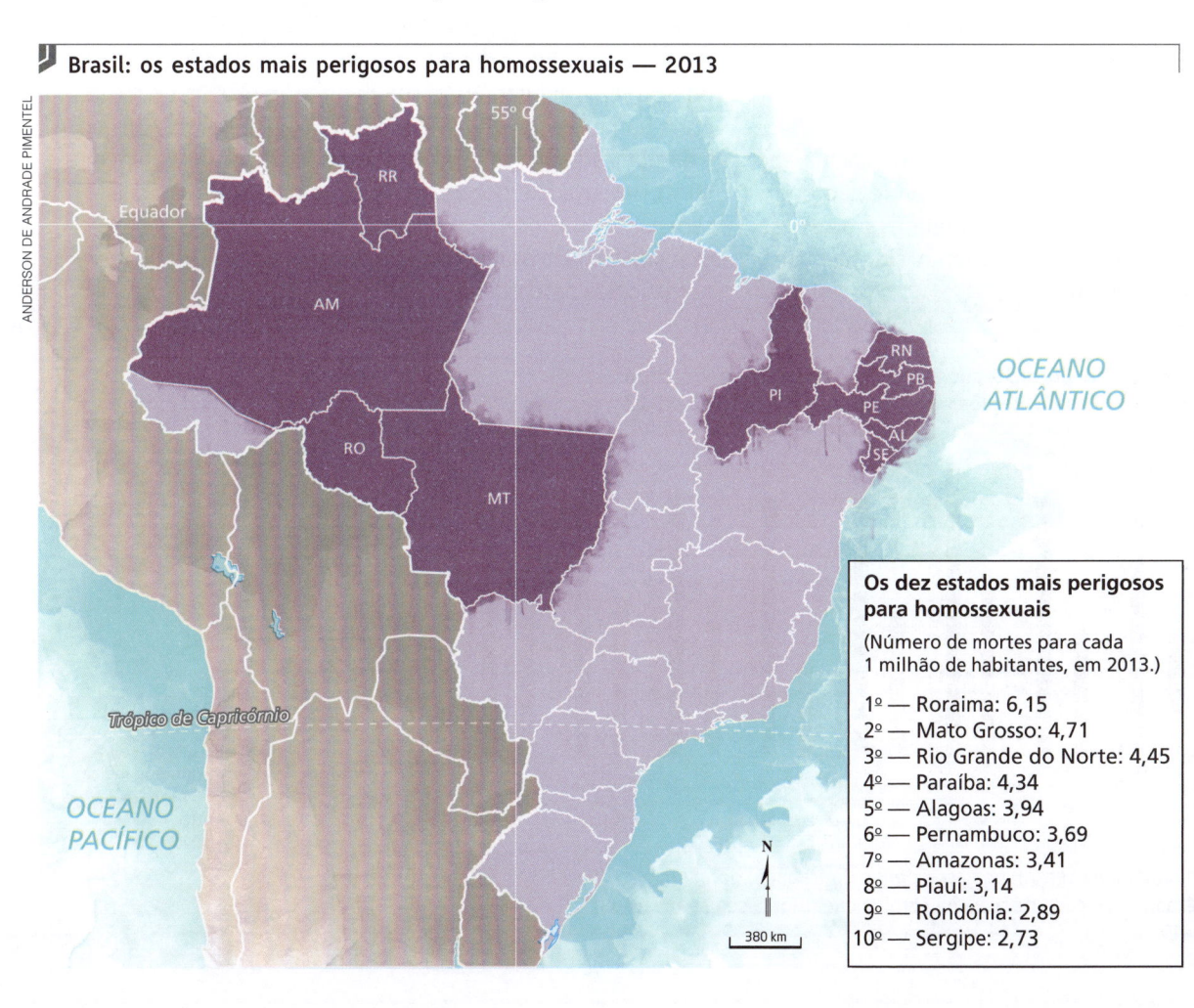

Brasil: os estados mais perigosos para homossexuais — 2013

Os dez estados mais perigosos para homossexuais

(Número de mortes para cada 1 milhão de habitantes, em 2013.)

1º — Roraima: 6,15
2º — Mato Grosso: 4,71
3º — Rio Grande do Norte: 4,45
4º — Paraíba: 4,34
5º — Alagoas: 3,94
6º — Pernambuco: 3,69
7º — Amazonas: 3,41
8º — Piauí: 3,14
9º — Rondônia: 2,89
10º — Sergipe: 2,73

O *ranking* foi elaborado pelo *Brasil Post*, jornal em língua alemã publicado semanalmente no Brasil, com base em pesquisa do *Mapa da violência 2014*, do Ipea e do Grupo Gay da Bahia. Segundo agências internacionais, em 2013, 40% dos assassinatos de transexuais e travestis foram cometidos no Brasil.

Fonte: LOUREIRO, Gabriela. Os 10 piores estados do Brasil para ser negro, *gay* ou mulher. *Brasil Post*. Disponível em: <http://mod.lk/rg98h>. Acesso em: jun. 2017.

Capítulo 14 • Gêneros, sexualidades e identidades

Considerações sociológicas

Duas vertentes: o patriarcalismo no pensamento social brasileiro

Pela leitura da obra *Casa-grande & senzala*, de Gilberto Freyre, é possível entender a força do patriarcado na formação da sociedade brasileira. Com base no relato de cronistas e viajantes, Freyre enfatiza os aspectos sociais e culturais, no caso a vida íntima. Segundo ele, o patriarcalismo se refletia no papel submisso e de vigilância a que estavam submetidas as sinhás-moças e, principalmente, na violência sofrida pelas mulheres negras/escravas, renegadas ao cativeiro e à prostituição.

As sinhás-moças viviam sob a tirania dos pais e, depois, dos maridos. Muitas eram brutalmente assassinadas se ferissem a honra da família, fosse no namoro na janela ou nos olhares por cima dos leques. Alguns relatos e documentos contam casos de sinhás-moças casadas que eram internadas em conventos para que seus cônjuges pudessem viver com as amantes.

A exploração da mulher negra, além da prostituição, que incluía meninas de 10 a 12 anos de idade, também se reflete nas chamadas "escravas de ganho", que vendiam alimentos, faziam serviços de carga e depois levavam os lucros para seus senhores.

Freyre oferece uma contribuição importante sobre a diferença entre a mulher branca e a mulher negra na sociedade brasileira. Nos relatos sobre o Brasil, a mulher/senhora branca era descrita como "de uma pureza rara", em contraste com a liberdade com que viviam as mulheres canadenses e estadunidenses. Freyre destaca ainda que as senhoras viviam em "semirreclusão oriental", o que remete à herança árabe nos nossos costumes. A mulher da casa-grande não podia ter contato com outros homens, tanto que ficava reclusa em um quarto separado quando chegava uma visita masculina, um comerciante, por exemplo.

Apesar da contribuição de Gilberto Freyre para a compreensão da sociedade brasileira, muitos críticos afirmam que sua centralidade estava no processo de miscigenação, de convivência harmoniosa e, por sua vez, da ideia de democracia racial. As críticas recaem sobre esse ponto, em que a importância e a contribuição para a democratização não se fazem por meio do protagonismo, mas, sim, por intermédio da objetificação, da passividade e da violência.

A socióloga Heleieth Saffioti (1934-2010) oferece outra leitura sobre o patriarcalismo no Brasil. Enquanto Freyre apresenta uma explicação de cunho cultural, ela se debruça em uma interpretação crítica, marxista, na combinação entre patriarcalismo e classes sociais. A autora procura localizar a dominação patriarcal em um regime de exploração capitalista, não sendo o machismo e o capitalismo duas esferas separadas, indivisíveis. Esclarece que o patriarcalismo antecede o capitalismo, evitando dualismos. Assim, da mesma forma, relaciona o sexismo, o racismo e o capitalismo como as bases da escravidão, sendo que a preservação das mulheres negras servia para a exploração e a reprodução da força de trabalho e também para os abusos sexuais dos senhores.

A autora trabalha com a tese de que o processo de urbanização contribuiria para a diluição do patriarcalismo, mas que, por sua vez, a industrialização aumentaria o abismo existente entre homens e mulheres. Ela tem como norte a ideia de que a dominação e a exploração estão associadas, e que, além de constituírem o exército de reserva para a indústria capitalista, sem contar sua inserção no mercado de forma precarizada e marginalizada, a mulher ainda realiza o trabalho doméstico, numa lógica patriarcal.

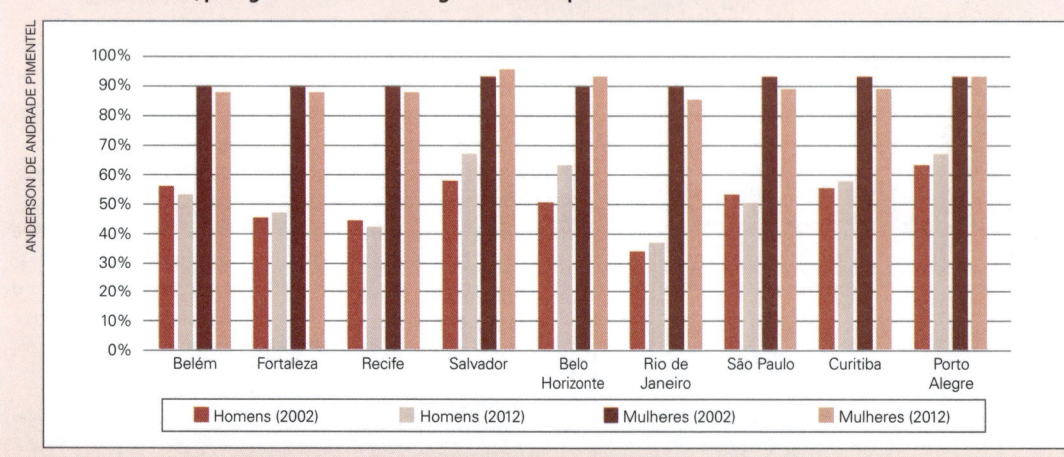

Proporção das pessoas de 16 a 59 anos que declaram ter realizado afazeres domésticos/por gênero. Brasil: Regiões Metropolitanas — 2002-2012

Legenda: Homens (2002) | Homens (2012) | Mulheres (2002) | Mulheres (2012)

Cidades: Belém, Fortaleza, Recife, Salvador, Belo Horizonte, Rio de Janeiro, São Paulo, Curitiba, Porto Alegre.

Fonte: OLIVEIRA, Ana Flávia. 90% das mulheres fazem tarefas domésticas; entre homens, índice chega a 40%. *iG. Último segundo.* Disponível em: <http://mod.lk/t7phe>. Acesso em: jun. 2017.

As mulheres ainda ocupam papel central no desempenho do trabalho doméstico e de serviços voltados para o cuidado de maneira geral, o que reforça sua associação com o ambiente privado.

Direito e sociedade

Feminicídio passa a ser considerado crime hediondo no Brasil

Nos últimos anos, pesquisadores e instituições internacionais têm apontado a persistência e até o aumento de homicídios de mulheres por homens. Em geral, atribuem-se a esses crimes motivações pessoais, podendo eles ser enquadrados em crimes passionais. No entanto, como têm revelado alguns dos estudos mais recentes, esses crimes são, em grande parte, premeditados, motivados por um sentimento de "posse" do homem sobre a mulher. A violência fatal contra as mulheres muitas vezes se desenvolve em um ciclo de violência doméstica, em que o companheiro agride a mulher em resposta às tentativas de separação por parte dela, resultando em sua morte.

Segundo estudo do Ministério da Justiça brasileiro, atualmente existem 14 países na América Latina com leis sobre feminicídio. No Brasil, a Lei nº 13.104, de 9 de março de 2015, modificou o Código Penal para incluir o assassinato de mulher por razões de gênero entre os tipos de homicídio qualificado. A lei, elaborada pela Comissão Parlamentar Mista de Inquérito da Violência contra a Mulher, considerou a incidência de violência doméstica e o menosprezo ou discriminação à condição de mulher.

A pena do feminicídio é aumentada de um terço até a metade se o crime for praticado durante a gestação ou nos três meses posteriores ao parto. Também será aumentada se a vítima for menor de 14 anos, maior de 60 anos, com deficiência ou se o crime for praticado na presença de descendente ou ascendente da vítima.

Desde 2006, o Brasil já contava com a Lei Maria da Penha. No entanto, um estudo do Instituto de Pesquisa Econômica Aplicada (Ipea) acabou por concluir que a vigência dessa lei não reduziu as taxas anuais de mortalidade feminina.

A necessidade de alteração do Código Penal, inserindo o feminicídio como violência de gênero, e os insuficientes efeitos da Lei Maria da Penha são provas bem expressivas da condição de desigualdade e violência à qual as mulheres estão submetidas no Brasil. Elas ainda precisam ser protegidas. Os assassinos são motivados pela misoginia e pelo sexismo presentes nos relacionamentos. Para além da legislação, existe um caminho de reconstrução dos valores que perpassa a educação, as redes e as agências de socialização.

Brasil: taxa de mortalidade, por 100 mil mulheres, antes e após a vigência da Lei Maria da Penha — 2001-2011

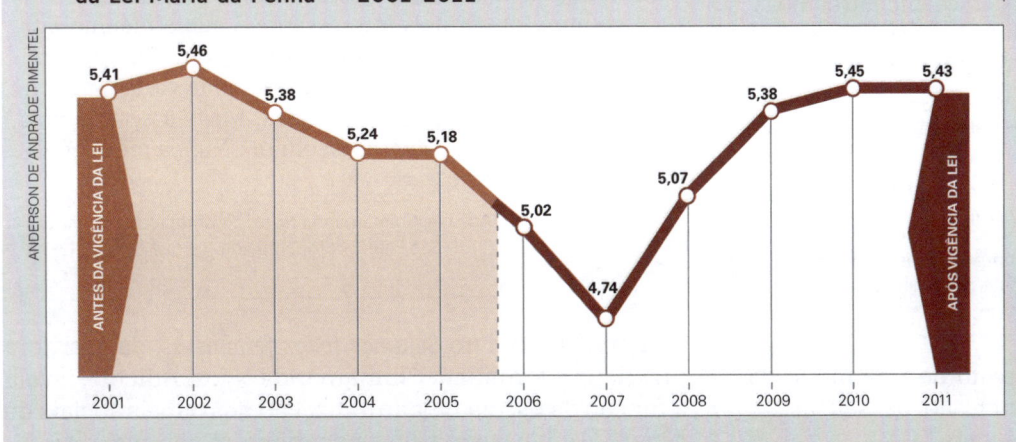

Ano	Taxa
2001	5,41
2002	5,46
2003	5,38
2004	5,24
2005	5,18
2006	5,02
2007	4,74
2008	5,07
2009	5,38
2010	5,45
2011	5,43

Fonte: GARCIA, Leila Posenato et al. *Violência contra a mulher:* feminicídios no Brasil. Brasília: Ipea, 2013. p. 1. Disponível em: <http://mod.lk/xh8z8>. Acesso em: jun. 2017.

PESQUISA E APRESENTAÇÃO

Em grupos, façam uma pesquisa sobre violência contra a mulher por meio do banco de dados de uma delegacia da mulher ou pela internet. É importante manter o anonimato das pessoas. Como roteiro, sugerimos que se investiguem os temas a seguir.

a) Faixa etária das vítimas: crianças, adolescentes, mulheres adultas, idosas;
b) O contexto da situação de violência;
c) A frequência dessas situações;
d) As consequências do episódio relatado (se houve denúncia ou separação) e se houve mudança da situação de violência.

Cada grupo deverá ser responsável por pesquisar aproximadamente cinco casos.

A seguir redijam um texto para cada situação de violência anotada.

Se houver dificuldade para encontrar casos de violência contra a mulher, é possível ainda buscar relatos similares em redes sociais.

Na aula seguinte, cada grupo apresentará os relatos que irão fundamentar um debate buscando alternativas para resolver essa situação ou ajudar as mulheres que passaram ou passam por algum tipo de violência.

ATIVIDADES

REFLEXÃO E REVISÃO

Os debates sobre gênero e sexualidade não estão relacionados apenas às questões da identidade e da orientação afetivo-sexual. Abrangem também questões sociais, políticas e econômicas, principalmente sobre o acesso a direitos e mobilidade social. Com base na leitura do capítulo e nas discussões em sala de aula, responda às seguintes questões:

1. Do ponto de vista sociológico, como sexo e gênero estão relacionados?

2. Explique o que é patriarcalismo e relacione-o com o processo de socialização.

3. Apresente dados sobre as desigualdades de gênero, tendo como orientação o acesso ao mercado de trabalho.

4. Explique por que para algumas correntes do feminismo as questões de gênero não podem ser desvinculadas das questões raciais e de classe.

5. Leia o trecho a seguir.

> "Enfrentar a homofobia no espaço público é retomar a rua como espaço de encontros. Território para todos, com vestimentas, paixões e comportamentos variados. Muitas vezes esses encontros nos surpreendem, mas é importante para tirar-nos do lugar-comum. A rua é o espaço do debate democrático sobre as violências e as políticas públicas, bem como de demonstrações de afeto, de experimentações das performances de gênero. Enfrentar a homofobia é falar de possibilidades, de amor e de prazer; não só do outro, mas também dos nossos."
>
> Cassal, Luan Carpes Barros. Medo de quê? *Sociologia*, São Paulo, Escala, ed. 58.

A avaliação do psicólogo a respeito do fenômeno da homofobia, expressa como conclusão de seu artigo publicado na revista *Sociologia*, sugere que:

a) atualmente tornaram-se mais comuns as expressões de afeto entre casais homossexuais no espaço público, sendo isto uma prova da diminuição do preconceito existente na sociedade.

b) é desejável e saudável, do ponto de vista da democracia, que a rua seja vista como espaço de convivência entre diferentes e de enfrentamento de preconceitos e coações.

c) experimentações de vivências alternativas com relação ao gênero e à sexualidade devem se restringir ao espaço de convivência privada, sendo as discussões a respeito da formação das identidades de gênero assunto de interesse exclusivo das famílias.

d) não faz sentido supor uma relação direta entre as experiências subjetivas relacionadas à orientação sexual e o fenômeno da homofobia, como ponto de partida para a elaboração de políticas públicas.

e) vestimentas, paixões e comportamentos variados com relação ao gênero e à sexualidade deixaram de ser considerados problemáticos em nossa sociedade, que costuma lidar bem com as diferenças e exercitar a tolerância no convívio social.

QUESTÕES PARA DEBATE

> "Quando eu estava no primário, em Nsukka, uma cidade universitária no sudeste da Nigéria, no começo do ano letivo a professora anunciou que iria dar uma prova e quem tirasse a nota mais alta seria o monitor da classe. Ser monitor era muito importante. Ele podia anotar, diariamente, o nome dos colegas baderneiros, o que por si só já era ter um poder enorme; além disso, ele podia circular pela sala empunhando uma vara, patrulhando a turma do fundão. É claro que o monitor não podia usar a vara. Mas era uma ideia empolgante para uma criança de 9 anos como eu. Eu queria muito ser a monitora da minha classe. E tirei a nota mais alta.
>
> Mas, para minha surpresa, a professora disse que o monitor seria um menino. Ela havia se esquecido de esclarecer esse ponto, achou que fosse óbvio. Um garoto tirou a segunda nota mais alta. Ele seria o monitor. O mais interessante é que o menino era uma alma bondosa e doce, que não tinha o menor interesse em vigiar a classe com uma vara. Que era exatamente o que eu almejava. Mas eu era menina e ele, menino, e ele foi escolhido. Nunca me esqueci desse episódio."
>
> Adichie, Chimamanda Ngozi. *Sejamos todos feministas*. São Paulo: Companhia das Letras, 2015. p. 15-17.

Esse trecho do livro *Sejamos todos feministas*, da escritora nigeriana e feminista Chimamanda Ngozi Adichie, revela a função da escola na naturalização dos papéis sociais de gênero. Com base em suas experiências na escola, discuta este tema: como é abordada a sexualidade na escola? Como pais e responsáveis reagem a esse tema? A mídia e a internet podem ser igualmente consideradas influências na educação sexual dos jovens?

ENEM E VESTIBULARES

Questão 1

(Enem, 2015)

> "Ninguém nasce mulher: torna-se mulher. Nenhum destino biológico, psíquico, econômico define a forma que a fêmea humana assume no seio da sociedade; é o conjunto da civilização que elabora esse produto

intermediário entre o macho e o castrado que qualificam o feminino."

BEAUVOIR, Simone de. *O segundo sexo.*
Rio de Janeiro: Nova Fronteira, 1980.

Na década de 1960, a proposição de Simone de Beauvoir contribuiu para estruturar um movimento social que teve como marca o(a)

a) ação do Poder Judiciário para criminalizar a violência sexual.

b) pressão do Poder Legislativo para impedir a dupla jornada de trabalho.

c) organização de protestos públicos para garantir a igualdade de gênero.

d) oposição de grupos religiosos para impedir os casamentos homoafetivos.

e) estabelecimento de políticas governamentais para promover ações afirmativas.

Questão 2

(Unesp, 2013)

"A República Islâmica do Irã abençoa e incentiva operações de troca de sexo, em nome de uma política que considera todo cidadão não heterossexual como espírito nascido no corpo errado. Com ao menos 50 cirurgias por ano, o país é recordista mundial em mudança de sexo, após a Tailândia. Oficialmente, *gays* não existem no país. Ficou famosa a frase do presidente Mahmoud Ahmadinejad dita a uma plateia de estudantes nos EUA em 2007, de que 'não há homossexuais no Irã'. A homossexualidade nem consta da lei. Mas sodomia é passível de execução. [...] Uma transexual operada confidenciou um sentimento amplamente compartilhado em silêncio: 'Não teria mutilado meu corpo se a sociedade tivesse me aceitado do jeito que eu nasci'."

ADGHIRNY, Samy. Operação antigay. *Folha de S.Paulo*, jan. 2013.

O incentivo a cirurgias de troca de sexo no Irã é motivado por:

a) tabus sexuais decorrentes do fundamentalismo religioso hegemônico naquele país.

b) critérios de natureza científica que definem o que é uma "sexualidade normal".

c) uma política governamental fundamentada em princípios liberais de cidadania.

d) influências ocidentais ocasionadas pelo processo de globalização cultural pela internet.

e) pressões exercidas pelos movimentos sociais homossexuais pelo direito à cirurgia.

QUESTÕES PARA PESQUISA

Arcebispo francês adverte que casamento *gay* abre portas para incesto e poligamia

"O casamento entre pessoas do mesmo sexo pode levar a 'uma ruptura social' que abre portas para a poligamia e o incesto, afirmou nesta sexta-feira o arcebispo de Lyon na França, Philippe Barbarin [...].

Depois de se reunir com o ministro do Interior francês, Manuel Valls, o clérigo afirmou em entrevista à rádio RCF que, uma vez adotado o casamento homossexual, 'as consequências podem ser incontáveis'.

'Depois vão querer formar casais de três ou quatro pessoas. Depois, um dia, a proibição do incesto vai cair', afirmou Barbarin.

O arcebispo definiu o casamento como 'uma fortaleza' para proteger 'o elemento mais frágil da sociedade, ou seja, a mulher que dá à luz uma criança, e permite todas as condições para que isso ocorra da melhor maneira possível'.

Barbarin, que no passado afirmou que o Legislativo não pode substituir 'Deus Pai', disse hoje que, 'para os cristãos, a *Bíblia*, que diz em sua primeira página que o casamento une um homem a uma mulher, tem mais força e verdade para atravessar as culturas e os séculos do que as decisões circunstanciais e passageiras de um Parlamento'. [...]

Concretamente, ainda não se sabe se a lei vai autorizar o direito dos casais de lésbicas a terem o reconhecimento do direito de maternidade das crianças geradas por inseminação artificial.

TERRA. Arcebispo diz que casamento *gay* abre portas para incesto e poligamia, 14 set. 2012. Disponível em: <https://noticias.terra.com.br/mundo/arcebispo-diz-que-casamento-gay-abre-portas-para-incesto-e-poligamia,8019ddb6650ea310VgnCLD200000bbcceb0aRCRD.html>. Acesso em: jun. 2017.

Selecione na internet alguns argumentos contra a união homoafetiva e a favor dela e discuta: sendo o casamento um direito civil assegurado pelos códigos e por regras de cada país, pode ele ser negado, como direito, a algumas pessoas por causa de sua sexualidade? Isso poderia constituir uma "discriminação" vinda do próprio Estado?

Mais questões: no livro digital, em **Vereda Digital Aprova Enem** e **Vereda Digital Suplemento de revisão e vestibulares**; no *site*, em **AprovaMax**.

Capítulo 14 • Gêneros, sexualidades e identidades

CAPÍTULO

15

SOCIEDADE E MEIO AMBIENTE

ENEM
C2: H8, H10
C3: H15
C4: H16, H18, H19, H20
C6: H27, H28, H29, H30

Ao final deste capítulo, você será capaz de:

- Compreender que a relação do ser humano com o meio ambiente varia de acordo com o momento histórico e o ambiente cultural.

- Entender os aspectos sociais dos problemas ambientais decorrentes da relação econômica, política e cultural da sociedade capitalista com o meio ambiente.

- Reconhecer que os conflitos ambientais surgem da apropriação desigual dos recursos naturais.

- Avaliar as iniciativas globais e nacionais voltadas para sanar problemas socioambientais e/ou para promover a justiça ambiental.

Área desmatada na região de Belo Monte, em um afluente do rio Xingu, próximo ao município de Altamira (PA), em 2015. A forma como o meio ambiente é tratado e explorado depende de fatores diversos, entre os quais estão a luta pela sobrevivência e os diferentes interesses econômicos, que podem causar conflitos.

Obra de desvio do rio Xingu, parte do processo de construção da usina de Belo Monte, em 2015.

Área de desmatamento no entorno do Parque Indígena do Xingu (PIX), ao norte do estado de Mato Grosso, em 2015. O desmatamento é um dos elementos que contribuem para a elevação da temperatura porque a falta de florestas leva ao aumento da quantidade de CO_2, um dos gases causadores do efeito estufa. De acordo com o Instituto Nacional de Pesquisas Espaciais (Inpe), os alertas de desmatamento cresceram 68% entre agosto de 2014 e julho de 2015 em relação ao período de agosto de 2013 e julho de 2014.

Questão motivadora

Como conciliar os princípios dos movimentos de proteção ao meio ambiente com as lutas contra as desigualdades sociais e a favor do desenvolvimento econômico e da superação da pobreza?

Capítulo 15 • Sociedade e meio ambiente

1. Primeiras palavras

"No próximo dia 13 de junho [de 2015], não vai haver a tradicional festa de Santo Antônio, na comunidade de mesmo nome, que existia desde a década de 1970, entre a rodovia Transamazônica e o rio Xingu, em Altamira, no oeste do Pará. Não há mais a comunidade, uma das primeiras a ser dissolvida porque ficava no caminho da usina hidrelétrica de Belo Monte. As 252 casas foram demolidas, e os moradores, agricultores e pescadores que levavam o modo de vida tradicional das comunidades rurais da Amazônia, transferidos para cidades da região, longe do rio Xingu. Onde ficava o campo de futebol da comunidade, há, hoje, um estacionamento para os funcionários da Norte Energia S.A. e do Consórcio Construtor de Belo Monte.

'A destruição do modo de vida ribeirinho e a transformação compulsória de populações tradicionais, que sempre tiraram o sustento do rio e da terra, em moradores desempregados e subempregados da periferia de Altamira é a prova definitiva de que as regras do licenciamento da usina, maior obra civil promovida pelo governo federal, não estão sendo cumpridas', afirma a procuradora da República Thais Santi, que acompanha o descumprimento das condicionantes que Belo Monte deveria seguir. Após receber dezenas de denúncias de ribeirinhos, no escritório do Ministério Público Federal (MPF), em Altamira, a procuradora decidiu convocar várias instituições para fazerem uma inspeção nas áreas atingidas pela obra e verem pessoalmente a tragédia social provocada na região. A inspeção ocorreu entre os dias 1º e 3 de junho de 2015 e constatou a dissolução de famílias, a destruição de comunidades tradicionais e a impossibilidade de que os atingidos possam manter seu modo de vida e reconstruir suas vidas após a remoção.

'Não foram só as máquinas chegarem e derrubarem as casas, foi a destruição dos nossos sonhos, dos vínculos de amizade. Para a Norte Energia não existe direito. [...]', disse o pescador Hélio Alves da Silva, um dos moradores de Santo Antônio, a comunidade dissolvida há 3 anos. Todos os moradores perderam seu sustento e não têm mais como pescar nem plantar. [...]"

PALMQUIST, Helena. Remoção forçada de ribeirinhos por Belo Monte provoca desastre social em Altamira. In: INSTITUTO SOCIOAMBIENTAL. *Dossiê Belo Monte*: não há condições para a Licença de Operação. São Paulo: Instituto Socioambiental, 2015. p. 122 e 123. Disponível em: <http://mod.lk/uUm1x>. Acesso em: jun. 2017.

A expressão **meio ambiente** traz de imediato à mente a ideia de natureza. E natureza, no senso comum, está associada sobretudo à vida animal e vegetal. Meio ambiente e natureza remetem a biomas, como a Amazônia, o Pantanal, a Mata Atlântica, o Pampa, a Caatinga e o Cerrado, bem como aos animais e à vegetação de cada ecossistema.

Mas nessa concepção falta o elemento humano, principalmente no que diz respeito a seu caráter social e cultural. O desenvolvimento da cultura humana e a forma como suas diferentes manifestações interagem com o ambiente físico ao redor caracterizam o conceito de meio ambiente para a Sociologia. Nesse sentido, não se sustenta sociologicamente uma concepção de meio ambiente apenas naturalista, dissociada do ser humano e da sociedade.

Para navegar

Mapa de conflitos envolvendo injustiça ambiental e saúde no Brasil
www.conflitoambiental.icict.fiocruz.br
Site voltado para a divulgação do projeto desenvolvido em conjunto pela Fundação Oswaldo Cruz (Fiocruz) e pela Federação de Órgãos para Assistência Social e Educacional (Fase), com o apoio do Departamento de Saúde Ambiental e Saúde do Trabalhador do Ministério da Saúde. Apresenta o mapeamento inicial da luta de inúmeras populações e grupos atingidos em seus territórios por projetos e políticas baseados em uma visão de desenvolvimento considerada insustentável e prejudicial à saúde.

Cronologia

1850 — Publicação da Lei nº 601/1850, conhecida como Lei de Terras. Entre outras medidas, proibia a exploração florestal nas terras devolutas. A lei foi ignorada e houve intenso desmatamento para implantação de cafezais.

1865 — Fundação da organização ambientalista Commons, Open Spaces and Footpaths Preservation Society, na Inglaterra.

1872 — Criação do primeiro parque nacional do mundo: o Yellowstone National Park, nos Estados Unidos, exemplo de atitude preservacionista.

1972 — Realização da primeira Conferência das Nações Unidas para o Desenvolvimento Humano (Conferência de Estocolmo), um marco para o desenvolvimento de políticas de gerenciamento do ambiente. O Brasil posicionou-se contra as decisões do Congresso, pois a degradação ambiental era o custo a pagar para aumentar o PNB (Produto Nacional Bruto).

1979 — Acidente nuclear na usina de Three Mile Island, nos Estados Unidos.

1986 — Acidente nuclear na usina de Chernobyl, na antiga União Soviética.

1987 — Publicação do Relatório Brundtland, também conhecido como Nosso Futuro Comum. Foi elaborado pela Comissão Mundial sobre Meio Ambiente e Desenvolvimento, que demonstrou a incompatibilidade entre o desenvolvimento sustentável e os padrões de produção e consumo vigentes.

1988 — Assassinato de Chico Mendes, seringueiro e líder sindical. O ativista combateu a exploração da Floresta Amazônica e conseguiu repercussão internacional para a luta pela conservação do modo de vida dos seringueiros. Propôs a criação das Reservas Extrativistas, iniciativa que unia interesses de indígenas, seringueiros, castanheiros, pescadores, populações ribeirinhas e quebradeiras de coco.

As transformações e as formas de uso dos recursos naturais dependem do modo de vida dos grupos sociais em determinados contextos, de maneira que atendam às diferentes necessidades dos indivíduos, criadas socialmente.

Dessa forma, o meio ambiente natural passa a ser compreendido como parte dos diferentes conflitos oriundos da construção das sociedades ao longo da história.

Para assistir

Uma verdade inconveniente
EUA, 2006.
Direção: Davis Guggenheim.
Duração: 106 min.
O premiado documentário baseia-se nas palestras sobre as causas e os efeitos das mudanças climáticas no planeta proferidas por Al Gore, vice-presidente dos Estados Unidos nos dois mandatos do presidente Bill Clinton (1993-2001).

2. O contexto histórico da problemática socioambiental

As rápidas alterações econômicas e políticas que marcaram a modernidade transformaram sociedades até então predominantemente agrícolas e rurais em sociedades industriais e urbanas. A relação das sociedades modernas com o meio ambiente enfrenta os traumas dessa transição, que criou uma ideia de oposição entre a natureza e o produto da indústria humana.

Essa oposição está relacionada com o uso intenso e crescente dos recursos naturais do planeta, a fim de alimentar o desenvolvimento tecnológico e atender às mudanças nos padrões de consumo, em especial nas sociedades industriais capitalistas e nos países recentemente industrializados, que seguem modelos parecidos de geração de riqueza.

Estudos científicos alertam sobre a impossibilidade de manter o mesmo padrão de produção e consumo das últimas décadas sem arruinar as possibilidades de desenvolvimento futuro. Tais estudos ganham a cada dia mais adeptos e inauguraram um novo campo para a investigação sociológica: as questões socioambientais. Apesar de existir hoje um sentimento novo de urgência em torno desse tema, as questões que entrelaçam as sociedades humanas e o meio ambiente não são novas.

Há cerca de 3.700 anos, os sumérios abandonaram suas terras, onde foram produzidos os primeiros excedentes agrícolas de que se tem notícia, porque elas ficaram salinizadas e alagadiças. Há 2.400 anos, na Grécia, Platão já alertava para a erosão do solo provocada pelo excesso de pastagens e pelo corte de árvores para a obtenção de lenha. A partir do século VII, a civilização maia começou a sucumbir em virtude do desmatamento e da degradação do solo provocada por seus métodos agrícolas. Por fim, a utilização da madeira para a expansão do Império Romano e, posteriormente, para a construção das frotas marítimas das cidades-Estado italianas reduziu drasticamente as florestas costeiras do Mediterrâneo.

O desenvolvimento das diferentes culturas humanas depende da forma como cada sociedade se relaciona com o meio ambiente. A história das sociedades também é, portanto, a história de múltiplas relações com o meio ambiente, pois cada sociedade encontra uma forma específica de satisfazer suas necessidades socialmente construídas. Ao longo dos últimos séculos, a inventividade humana e o consequente desenvolvimento tecnológico produziram um aumento vertiginoso na produção de riquezas, na oferta de alimentos e na expectativa de vida, por meio da submissão da natureza aos caprichos do modelo de desenvolvimento. Ao mesmo tempo, as fontes dos principais recursos que sustentam esse desenvolvimento passaram a apresentar sinais cada vez mais evidentes de esgotamento.

1992 — Realização da Conferência das Nações Unidas para o Meio Ambiente e o Desenvolvimento (Cnumad), também conhecida como ECO 92 e Rio-92. O objetivo foi discutir propostas de conciliação entre desenvolvimento socioeconômico e preservação dos ecossistemas do planeta.

1997 — Abertura para assinaturas do Protocolo de Kyoto, tratado internacional para a redução da emissão de gases que provocam o efeito estufa.

2002 — Realização, na África do Sul, da Rio+10, ou Cúpula Mundial sobre Desenvolvimento Sustentável, fórum de discussão das Nações Unidas. A conferência deu origem à Agenda 21, programa pioneiro de ação internacional para a cooperação na busca de soluções para problemas socioambientais, e na criação de modelos de desenvolvimento sustentável.

2005 — Entra em vigor o Protocolo de Kyoto.

2007/2008 — Crise mundial de alimentos.

2011 — Acidente nuclear em Fukushima, Japão, após terremoto e *tsunami*.

2012 — Realização da Rio+20, cujo objetivo era avaliar os avanços e as dificuldades enfrentados desde a conferência anterior. Para contestar a forma de organização da Rio+20, que não contemplou a participação das populações tradicionais e da sociedade civil, vários movimentos sociais promoveram um evento paralelo: a Cúpula dos Povos.

2015 — Realização da XXI Conferência das Partes da Convenção das Nações Unidas sobre Mudança do Clima (COP21), em Paris, que teve como objetivo elaborar um novo acordo entre os países para reduzir a emissão de gases de efeito estufa, a fim de diminuir o aquecimento global e, em consequência, limitar o aumento da temperatura global em 2 °C até 2100.

À esquerda, Parque Nacional do Pantanal Mato-grossense no município de Poconé (MT), em 2014, é uma Unidade de Proteção Integral, exemplo da ideologia do preservacionismo, segundo a qual a natureza deve ser protegida do contato com as sociedades humanas. À direita, pescadores na Reserva de Desenvolvimento Sustentável Piagaçu-Purus, no estado do Amazonas, em 2015, concilia a conservação da biodiversidade com o desenvolvimento sustentável em uma unidade que também abriga pessoas.

A constatação desse esgotamento acendeu o debate sobre a suposta oposição entre seres humanos e natureza. Tal oposição conduziu a sociedade a adotar uma posição voltada para o **preservacionismo**, que considera o ser humano incompatível com a ideia de equilíbrio ambiental, apoiando medidas como a criação de áreas de preservação inacessíveis. Diante da falência desse modelo, a sociedade começou a olhar para as formas de vida não predatórias, para as práticas das comunidades tradicionais integradas à natureza, a fim de encontrar modelos que mostrem como a vida dos seres humanos pode ser compatível com o equilíbrio ambiental.

Os avanços científicos que demandaram e permitiram uma exploração cada vez mais intensa dos recursos naturais do planeta também revelaram as consequências drásticas da exploração predatória do meio ambiente. A difusão da consciência dos efeitos nocivos da relação do ser humano com a natureza produziu um discurso especializado, com diagnósticos técnicos e possíveis soluções, mudando a opinião pública a respeito de progresso, dos meios para alcançá-lo e de suas consequências para a sociedade. Embora os princípios que sustentam os padrões de consumo continuem inabalados, essa mudança gerou novos discursos, que agora orientam grupos preocupados em modificar o atual modelo de desenvolvimento.

Nesse contexto, as pesquisas científicas evidenciaram a amplitude da degradação ambiental para um número cada vez maior de pessoas e indicaram que, diferentemente do que se acreditava, a capacidade de recuperação da natureza não era inesgotável. Ao mesmo tempo que as pessoas usufruíam intensamente dos avanços tecnológicos, a ciência revelava as consequências nocivas da exploração desenfreada da natureza.

Essas consequências foram divulgadas pelos meios de comunicação de massa, e os problemas ambientais decorrentes da intervenção humana na natureza, como a chuva ácida, o efeito estufa e a desertificação, puderam ser percebidos de forma mais clara.

Assim, o desenvolvimento tecnológico, tido por muito tempo como uma necessidade da sociedade industrial, passou a ser visto como um problema ambiental. O que antes era um fator de coesão social passou a ser uma ameaça à manutenção de toda a sociedade.

Preservacionismo × conservacionismo. No movimento ambientalista, destacam-se duas correntes sobre a relação do ser humano com a natureza: o preservacionismo e o conservacionismo. O **preservacionismo** defende que qualquer interferência humana provoca danos ao meio ambiente e, portanto, deve ser restringida ao máximo. Propõe a criação de áreas de preservação "intocáveis". A essa concepção contrapõe-se o **conservacionismo**, que defende o uso equilibrado dos recursos naturais, tendo como princípio a prevenção de desperdícios e o benefício, no presente e no futuro, da maioria dos seres humanos. O conservacionismo trabalha com a ideia de que o ser humano é parte da natureza e, portanto, ambos não devem ser pensados de forma separada.

Para jogar

Climate challenge (Desafio do clima)

No jogo, o "presidente da Europa" tem de adotar medidas para a redução da emissão de carbono até 2100, como políticas públicas adequadas. Além disso, precisa estar atento ao gasto de água e de energia e à alimentação. O jogo, criado pelo Painel Intergovernamental sobre Mudanças Climáticas (IPCC) e pelo Centro para o Meio Ambiente da Universidade de Oxford, na Inglaterra, pode ser utilizado gratuitamente no *site* da BBC: <www.bbc.co.uk/sn/hottopics/climatechange/climate_challenge/>.

Diferentes setores da sociedade voltaram sua atenção para a dimensão social das questões ambientais. A consciência de que a exploração indiscriminada dos recursos naturais resultaria em problemas compartilhados entre todos os membros de uma sociedade provocou mudanças na relação com o meio ambiente. A partir da segunda metade da década de 1960, os impactos ambientais foram incorporados à discussão política sobre os modelos de desenvolvimento possíveis para a sociedade, em especial pelos grupos críticos do modelo capitalista. O relatório *Os limites do crescimento* (1972), encomendado pelo Clube de Roma, foi importante para a divulgação dos problemas ambientais. Nesse relatório, havia um alerta, fundamentado em cálculos de acordo com os parâmetros de crescimento da época, para a possibilidade de esgotamento dos recursos naturais e de uma catástrofe ambiental planetária, caso fossem mantidos os níveis mundiais de crescimento econômico.

Efeito da chuva ácida sobre a vegetação após o vazamento tóxico oriundo de uma empresa do Polo Industrial de Cubatão (SP), em janeiro de 2015, consequência de um modelo de desenvolvimento que causa danos ao meio ambiente e à saúde das pessoas.

Saiba mais

O Clube de Roma e o relatório *Os limites do crescimento*

O Clube de Roma foi formado em abril de 1968, pela reunião de um grupo de trinta especialistas de várias áreas (economistas, industriais, pedagogos, humanistas etc.), que tinham como objetivo discutir os temas: "meio ambiente" e "desenvolvimento sustentável". Esse grupo passou a reunir-se periodicamente em Roma e, em 1972, encomendou e publicou o relatório *Os limites do crescimento*, elaborado por uma equipe de especialistas do Instituto de Tecnologia de Massachusetts (Massachusetts Institute of Technology — MIT), importante centro de pesquisa científica dos Estados Unidos. O relatório procurou projetar como seria o futuro se não houvesse modificações nos modelos de desenvolvimento econômico adotados. O resultado apontou para um possível colapso, decorrente da busca incessante da sociedade por crescimento a qualquer custo e do consumismo irresponsável. Apesar da rejeição por parte de políticos comprometidos com o modelo de desenvolvimento em curso, a publicação conseguiu chamar a atenção de uma parcela da população para a necessidade de adotar um estilo de vida mais responsável e sustentável.

Desenvolvimento sustentável. De acordo com o relatório *Nosso futuro comum*, elaborado em 1987 pela Comissão Mundial sobre Meio Ambiente e Desenvolvimento, da ONU, desenvolvimento sustentável é "aquele que satisfaz as necessidades do presente, sem prejudicar a capacidade de as gerações futuras virem a satisfazer suas necessidades". Trata-se de promover o desenvolvimento econômico e social (com o objetivo de redução da desigualdade social e eliminação da pobreza) mediante o aproveitamento racional de recursos naturais, a fim de garantir que tais recursos não se esgotem a longo prazo.

QUESTÕES

Explique a diferença entre a definição de meio ambiente para o senso comum e aquela utilizada pela Sociologia e pelas demais Ciências Humanas.

A necessidade crescente de energia utilizada para manter a sociedade de consumo levou à construção de usinas nucleares como alternativa ao uso de combustível fóssil para a produção de eletricidade. Desde o final dos anos 1970, ocorreram graves acidentes nucleares, que tiveram grande repercussão internacional em decorrência de suas proporções, como nos casos de Three Mile Island, nos Estados Unidos, em 1979; Chernobyl, na antiga União Soviética, em 1986; e Fukushima, no Japão, em 2011. Esses acidentes e vários outros acentuaram a sensação de que não havia fonte segura de energia alternativa ao petróleo e ao carvão.

A gravidade dos acidentes ocorridos em usinas nucleares revela que estas não podem ser consideradas uma solução segura para a produção de energia, já que qualquer vazamento de material radioativo é extremamente perigoso para os seres humanos e para o meio ambiente. Tanto os grupos envolvidos na produção de energia — e, portanto, interessados em fontes energéticas rentáveis — quanto aqueles preocupados com alternativas para sua produção e o próprio modelo econômico e social passaram a reivindicar outras soluções para evitar que a degradação do meio ambiente coloque em risco a existência humana.

A partir dos anos 1990, motivada pela internacionalização do debate sobre meio ambiente e possíveis fontes renováveis de energia, a Organização das Nações Unidas (ONU) promoveu conferências sobre as questões ambientais. Nesse momento, cresceu no mundo a adesão à ideia de que o ritmo de crescimento do capitalismo e da sociedade de consumo é incompatível com a preservação do meio ambiente.

Assim, com o objetivo de encontrar meios para conciliar o desenvolvimento socioeconômico com a conservação e a preservação ambiental, em junho de 1992, a ONU promoveu no Rio de Janeiro a Conferência das Nações Unidas sobre o Meio Ambiente e o Desenvolvimento (Cnumad), que ficou conhecida como Eco-92.

Capítulo 15 • Sociedade e meio ambiente

Essa conferência reconheceu a responsabilidade dos países desenvolvidos pela degradação do meio ambiente, bem como o princípio de que as necessidades econômicas das nações são diferenciadas. Reconheceu também que os países em desenvolvimento só poderão superar sua condição de estagnação de maneira sustentável com auxílio financeiro e tecnológico da comunidade internacional.

A conferência também destacou a ação da sociedade civil organizada, por meio da participação ativa de organizações não governamentais (ONGs), que passaram a figurar no cenário internacional como atores políticos significativos e influentes no debate sobre questões ambientais.

Para navegar

Acidente nuclear de Fukushima

Instituto Socioambiental
www.socioambiental.org
Site do Instituto Socioambiental — Organização da Sociedade Civil de Interesse Público (Oscip) —, que propõe soluções de forma integrada a questões sociais e ambientais com foco central na defesa de bens e direitos sociais coletivos e difusos relativos ao meio ambiente, ao patrimônio cultural, aos direitos humanos e dos povos.

Conforme concluiu uma comissão parlamentar de investigação, o acidente nuclear de Fukushima (Japão), ocorrido em março de 2011, foi "um desastre provocado pelo homem", e não apenas a consequência de um terremoto e de um *tsunami*.

Saiba mais

O Protocolo de Kyoto e o mercado de carbono

O protocolo entrou em vigor oficialmente em fevereiro de 2005, depois de ser discutido e negociado entre diversos países em 1997. No documento, os países se obrigam a reduzir a emissão de gases poluentes — dióxido de carbono, óxido nitroso, gás metano, entre outros — segundo um cronograma. Esses gases foram identificados como a principal causa do aquecimento global. As metas que os países signatários se comprometeram a atingir são específicas para cada país, pois levam em consideração o nível de emissão de gases de cada um; ou seja, quem produzia mais gases arcou com maiores metas de redução.

Durante a conferência, realizada em Kyoto, no Japão, em dezembro de 1997, as 38 nações industrializadas concordaram em reduzir, até 2012, suas emissões de gases de efeito estufa a níveis abaixo dos verificados em 1990. Dados divulgados em fevereiro de 2015 mostraram que, dez anos após a consolidação do Tratado (que começou a ser elaborado em 1997), a emissão dos gases poluentes teve um aumento de 16,2%. Contudo, especialistas, mesmo assim, julgam positivo o efeito do tratado, pois calculam que, sem a sua existência, a poluição certamente teria alcançado escalas ainda maiores. Além disso, o protocolo ainda está em vigor, pois novas metas foram estabelecidas e devem ser cumpridas até 2020.

Nessa conferência, foram também discutidos os créditos de carbono ou Reduções Certificadas de Emissões (RCE), cotas de concessões para poluir o ar atmosférico que os países poluidores podem comprar dos países que estão abaixo do limite de emissão estabelecido. Ou seja, quem polui pouco acumula créditos de carbono, que podem ser vendidos a países que poluem muito.

Essa lógica possibilitou a criação de um mercado no qual as áreas de floresta que capturam o carbono causador do efeito estufa são convertidas em títulos financeiros, comercializáveis em bolsas de valores. Tal prática acabou desviando as discussões sobre o modelo de desenvolvimento atual, que deixou de se concentrar na questão do consumo e da restrição da degradação para enfatizar as negociações de créditos. Assim, a natureza tornou-se mais uma mercadoria a ser comercializada.

A dificuldade em conciliar o desenvolvimento econômico dos países industrializados ao longo do século XX com a atual agenda ambiental impede o consenso em torno do compromisso internacional para a redução de emissão de gases poluentes que causam o aquecimento global.

O conflito entre desenvolvimento e preservação espelha o interesse desmedido pelo lucro expresso por países industrializados.

Na Eco-92, também foi criada a Convenção-Quadro das Nações Unidas sobre as Mudanças Climáticas. Em decorrência do encontro, os países se comprometeram a modificar seus modelos de produção para reduzir impactos no meio ambiente e, com isso, amenizar eventuais mudanças climáticas. Esse comprometimento tornou-se explícito anos depois, no Protocolo de Kyoto.

Para navegar

Pnuma — Programa das Nações Unidas para o Meio Ambiente
http://web.unep.org/regions/brazil
Página da instituição mundial vinculada à Organização das Nações Unidas (ONU) que se dedica a questões sobre o meio ambiente, como mudanças climáticas, biodiversidade, sustentabilidade, redução da poluição etc.

Trocando ideias

Cientistas sociais e ambientalistas discordam da ideia de desenvolvimento sustentável tal como formulada pelo Clube de Roma. Para seus críticos, a argumentação ali desenvolvida não conduz a uma mudança no atual modelo de desenvolvimento e promove novas formas de agravo ambiental que atingem principalmente populações tradicionais e demais excluídos do processo de acumulação capitalista. Monoculturas de eucalipto e a produção de grãos transgênicos são exemplos de ameaças às culturas tradicionais de quilombolas, ribeirinhos e indígenas.

- Pesquise áreas brasileiras onde existam conflitos socioambientais e exponha aos demais colegas e ao professor os fundamentos dessa crítica.

3. Sustentabilidade e a produção de alimentos

A preocupação da Sociologia com a temática ambiental coincidiu com o fortalecimento dos movimentos de protesto contra a degradação dos recursos naturais e com a constatação científica de que o desenvolvimento econômico capitalista está associado à utilização de tecnologias ambientalmente predatórias.

No fim da década de 1970, a Sociologia passou a tratar especificamente dos temas ambientais, antes abordados de forma apenas superficial pelos estudos sobre os processos de modernização e extinção progressiva das técnicas de produção tradicionais. As consequências sociais da degradação ambiental tornaram-se cada vez mais contrárias aos ideais modernos, que enxergavam no avanço tecnológico os meios de emancipação do ser humano. O consumo acelerado de recursos para manter o processo de industrialização criou problemas para diferentes sociedades. Eliminação de lixo industrial, estabelecimento de indústrias pesadas, produção de energia, instalação de infraestrutura para produção e outras necessidades de consumo das sociedades modernas foram reconhecidos como processos que beneficiam determinados grupos em detrimento de outros.

Muitas vezes, a conscientização em relação aos problemas ambientais, em lugar de promover um movimento de reestruturação do modelo econômico, suscitou a radicalização de diferenças. Por exemplo, as indústrias pesadas, a exploração predatória dos recursos naturais e outras atividades nocivas ao ambiente foram transferidas para países em desenvolvimento. Dessa forma, várias empresas transnacionais implantaram fábricas em locais em que a legislação ambiental é menos rígida e a mão de obra é mais barata, aumentando seus lucros por meio da exploração da fragilidade de outros países, o que ampliou a desigualdade.

A mesma lógica pode ser identificada em países em que tanto as relações entre as classes quanto entre os grupos tradicionais de determinados territórios estejam marcadas por assimetrias, para as quais não é possível encontrar equilíbrio nem conciliação sem uma linha de ação ativa de movimentos sociais, políticas públicas e propostas alternativas de organização econômica.

No final dos anos 1960, movimentos de contestação à exploração abusiva dos recursos naturais para o desenvolvimento industrial fortaleceram-se. A mobilização da sociedade civil teve apoio de instituições de organização política — como a ONU —, que passaram a tratar do tema em diversas conferências ambientais.

É significativa a participação da ONU no debate sobre as possibilidades e os meios de desenvolvimento das sociedades, já que o tema era considerado, até a Segunda Guerra Mundial, uma prerrogativa de cada Estado nacional. A compreensão de que o modelo de desenvolvimento de um país afeta a comunidade internacional mediante os efeitos planetários do uso dos recursos naturais e da emissão de gases poluentes (assim como seus efeitos nos processos migratórios e no comércio internacional) levou a Sociologia a explorar o significado do desenvolvimento e a responsabilidade de cada país quanto aos meios de sobrevivência das gerações futuras.

Para assistir

O veneno está na mesa
Brasil, 2011.
Direção: Silvio Tendler.
Duração: 50 min.
O documentário aborda, por meio do relato de especialistas e agricultores, o trágico efeito do uso de agrotóxicos na agricultura do Brasil, suas consequências nocivas à saúde e suas implicações sociais e políticas.

Vista aérea de colheita mecanizada de cana-de-açúcar no município de Bandeirantes (PR), em 2015. Mais do que um problema ligado à insuficiência de recursos naturais, a fome, na maior parte das vezes, tem sua origem em questões políticas, sociais e econômicas. Grandes latifúndios, como o representado na imagem, priorizam questões econômicas em detrimento dos direitos humanos.

Nesse contexto, a Sociologia passou a dedicar-se à análise dos conflitos sociais decorrentes da desigualdade de acesso e usufruto dos recursos naturais (e dos bens advindos de sua exploração), além da relação entre os problemas ambientais e os modelos de organização social e desenvolvimento econômico adotados por uma sociedade. Assim, por envolver diferentes conceitos, métodos e enfoques e estabelecer um diálogo com diversas áreas do conhecimento — como Antropologia, Botânica, Biogeografia, Ecologia, Economia, Fitogeografia, Geografia, História e Zoogeografia —, é que a investigação sociológica cientificamente organizada se torna tão importante.

Concentração de terras e a produção da fome

Uma das discussões sociológicas relacionadas aos problemas socioambientais desenvolveu-se no debate sobre meio ambiente e sustentabilidade: a questão da superação da fome e da pobreza. A ideia difundida no século XIX de que a fome e a pobreza seriam resultado de uma produção de alimentos insuficiente em relação ao crescimento populacional (teoria populacional malthusiana) foi criticada e superada ao longo do século XX, trazendo à tona também a discussão sobre o modelo de desenvolvimento associado ao capitalismo.

A persistência da fome é simultânea à existência de grandes propriedades de terra concentradas nas mãos de poucas pessoas e grupos, à produção voltada para o lucro e, contraditoriamente, aos grandes avanços técnicos que permitem maior produção em tempo cada vez menor. Essa simultaneidade demonstra que a fome e a pobreza não resultam da insuficiência técnica para a produção e distribuição de alimentos ou da falta de solos férteis, sendo, na verdade, consequência de problemas políticos, sociais e econômicos.

Apesar do aumento da produção de riquezas e de alimentos na sociedade industrial capitalista, os mecanismos de mercado conhecidos não são capazes de distribuir esses recursos para eliminar a fome e a pobreza. A superação desse cenário envolve políticas de garantia de direitos básicos aos mais pobres e a discussão sobre a construção de outro modelo de desenvolvimento, o qual, para muitos países, deve partir da implantação de uma **reforma agrária**.

Josué de Castro, em seu estudo clássico *Geografia da fome*, analisou de maneira sistemática o fenômeno da fome no Brasil, afirmando que esta não era um problema natural nem um produto da superpopulação, mas das opções políticas e econômicas realizadas pelos países. Ressaltou que nenhum fator era mais negativo para a situação de abastecimento alimentar do país do que uma estrutura agrária atrasada, sendo, dessa forma, a reforma agrária uma necessidade histórica.

Reforma agrária. Política de reorganização da estrutura fundiária que tem como objetivo democratizar a propriedade da terra e permitir o acesso de todos que quiserem nela produzir. Como as terras produtivas estão centralizadas nas mãos de poucos proprietários, para realizar essa reestruturação é necessário que o Estado desaproprie terras de grandes fazendas, a fim de atender aos princípios de justiça social e desenvolvimento rural sustentável como previsto no Estatuto da Terra.

Quem escreveu sobre isso

Josué de Castro

O médico e geógrafo pernambucano Josué de Castro (1908-1973) foi professor da Faculdade de Medicina de Recife (PE), professor catedrático de Geografia Humana da Universidade do Brasil (atual Universidade Federal do Rio de Janeiro) e deputado federal por Pernambuco (1958-1962). Publicou, entre outros livros, *Geografia da fome* (1946) e *Geopolítica da fome* (1951), obras que se tornaram internacionalmente consagradas pelo pioneirismo nos estudos científicos sobre a fome no Brasil e no mundo. Entre 1951 e 1955, foi presidente do conselho executivo da Organização das Nações Unidas para a Alimentação e a Agricultura (FAO). Com o golpe civil-militar de 1964, teve seus direitos políticos cassados pelo AI-1 e radicou-se em Paris, lecionando em universidades francesas.

Acadêmico e político, Josué de Castro tornou-se conhecido por seus estudos científicos sobre a fome.

Vários estudos de Sociologia, Antropologia e Geografia procuram apontar a relação entre o modelo socioeconômico vigente e a existência de milhões de pessoas em situação de pobreza extrema e fome, mesmo com os meios técnicos disponíveis para a superação do problema (os avanços tecnológicos que permitem a produção industrializada de alimentos; o acompanhamento das condições do tempo e a possibilidade de superar as condições climáticas difíceis de algumas regiões; e os subsídios governamentais). Especialmente após a Segunda Guerra Mundial, a visão de que o Estado deveria intervir na economia e garantir os direitos básicos da população tornou-se uma das principais propostas de conciliação de uma economia de mercado com segurança social. A fome passou a ser compreendida como uma das evidências mais claras de que o mercado capitalista não seria capaz de reduzir as desigualdades, mesmo com os meios técnicos disponíveis.

Colheita mecanizada de milho no município de Cornélio Procópio (PR), em 2015. Os avanços técnicos e a implementação de métodos de gestão capitalista aumentaram a produção de alimentos, mas a mantiveram atrelada a uma estrutura que busca o lucro, e não o acesso de todos à alimentação.

Após as grandes guerras do século XX, o restabelecimento da paz levou em consideração problemas para a reorganização da ordem social e a manutenção da vida humana. A defesa de um Estado de **bem-estar social**, capaz de garantir os direitos básicos dos povos, pode ser interpretada como uma ação da sociedade para estabelecer condições mínimas de sobrevivência e superar a quebra de laços sociais decorrentes da pobreza. Nesse processo, o Estado foi reconhecido como o principal agente para a promoção da coesão social mediante a criação e a garantia de direitos. Com base no conjunto de direitos civis, sociais e políticos, estaria garantido o direito à vida, de acordo com essa concepção.

A pobreza e a fome, no entanto, permanecem endêmicas em regiões de populações tradicionais afetadas pela expansão do capitalismo, como em muitas áreas rurais da América Latina e nos territórios da África e da Ásia, onde ocorrem conflitos armados e políticos. Para as organizações internacionais, como a ONU, seriam necessárias políticas mundiais específicas para essas regiões. É importante enfatizar também que, para os países capitalistas ocidentais no contexto da Guerra Fria, essas regiões estavam mais vulneráveis à influência do bloco soviético, e era necessário um trabalho de "blindagem" contra essa influência por meio de políticas de redução da pobreza. Assim, as políticas contra a fome e a pobreza foram consideradas (e ainda são) estratégicas por agências multilaterais e tiveram papel central na evolução do capitalismo desde os anos 1950.

QUESTÕES

Por que se pode afirmar que o problema da fome persistente em diferentes sociedades não é um fenômeno natural ou resultado da falta de produção de alimentos?

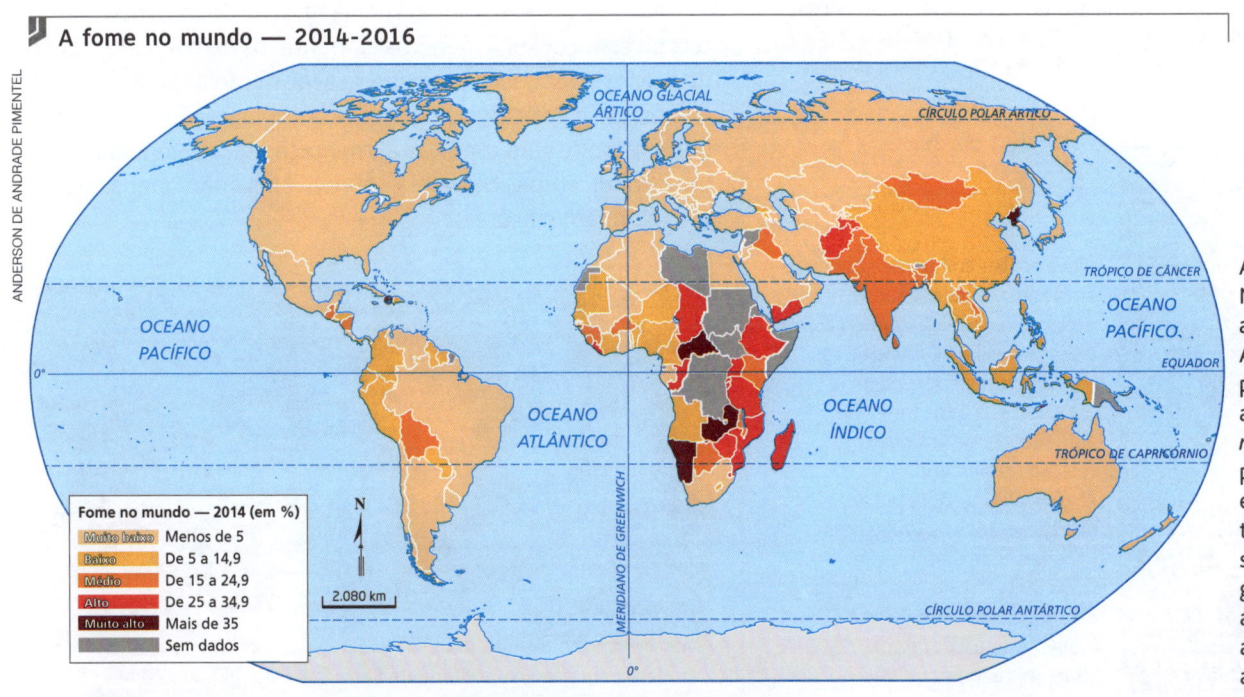

A fome no mundo — 2014-2016

Fome no mundo — 2014 (em %)
- Muito baixo: Menos de 5
- Baixo: De 5 a 14,9
- Médio: De 15 a 24,9
- Alto: De 25 a 34,9
- Muito alto: Mais de 35
- Sem dados

Fonte: FAO. Nações Unidas. Disponível em: <http://mod.lk/ky46a>. Acesso em: jun. 2017.

A Organização das Nações Unidas para a Alimentação e a Agricultura (FAO) publica, todos os anos, o *Mapa da fome mundial*. A fome é um problema social e político. Os avanços tecnológicos atuais só serão capazes de garantir a segurança alimentar no mundo atual se combinados a políticas públicas de combate à fome.

Capítulo 15 • Sociedade e meio ambiente

Segurança e soberania alimentar

O conceito de **segurança alimentar** desenvolveu-se no período posterior à Segunda Guerra Mundial, com o estabelecimento de políticas agrícolas voltadas para garantir o abastecimento de alimentos nos países em conflito. Ele foi discutido sobretudo na esfera das políticas oficiais, tendo chegado depois ao debate acadêmico.

A ideia consolidou-se na década de 1990 e levou ao princípio de que todas as pessoas têm direito à alimentação sadia e nutritiva, e que é dever do Estado desenvolver políticas públicas para garantir esse direito. Essas políticas valem-se de diversos mecanismos, como distribuição de alimentos, cestas básicas, vales-refeição, construção de refeitórios populares e desenvolvimento de programas de renda mínima e de cartões para receber ajuda mensal em dinheiro.

Em 1996, durante a Cúpula Mundial da Alimentação, realizada pela Organização das Nações Unidas para a Alimentação e a Agricultura (FAO), algumas organizações camponesas apresentaram o conceito de soberania alimentar, em contraponto ao de segurança alimentar. De acordo com a soberania alimentar, o alimento é um direito humano, não apenas uma mercadoria comum. O conceito surge porque, na atual fase do capitalismo, o direito à alimentação saudável, que deveria ser garantido a todos os seres humanos, vem sendo violado por grandes empresas que controlam o mercado de alimentos e condicionam o acesso a eles à renda dos indivíduos. Ou seja, a população pobre fica sem condições de obter alimentos de qualidade.

Para navegar

FAO — Organização das Nações Unidas para a Alimentação e a Agricultura
www.fao.org/brasil/pt/
O *site*, em português, traz notícias e informações sobre as políticas e os projetos voltados para a segurança alimentar no Brasil, além de divulgar publicações sobre as principais experiências brasileiras que contribuíram para que o país saísse do mapa da fome da FAO.

Movimentos ambientalistas em todo o mundo (muitos deles reunidos na Organização Internacional de Camponeses Via Campesina) defendem a prioridade da autonomia de alimentação de um povo em relação ao mercado.
A especulação sobre preços dos alimentos cria problemas para sua justa distribuição.
O cartaz reforça a importância da agricultura camponesa e indígena para a conquista da soberania alimentar: "Agricultura campesina e indígena já!".

Dessa forma, **soberania alimentar** refere-se ao conjunto de medidas que devem ser adotadas por todas as nações, tendo como princípio a ideia de que, para ser protagonista e soberano de sua existência, um povo deve possuir os recursos e o apoio necessários para produzir seus próprios alimentos, com acesso a eles em qualquer época do ano e de modo adequado a seu ambiente e a seus hábitos alimentares. Portanto, políticas públicas e sociais devem ser promovidas para garantir a uma nação os recursos e as condições técnicas necessários para que possa produzir em seu próprio território todos os alimentos básicos de que seu povo necessita.

Como demonstraram estudos sobre a relação entre a fome e as características populacionais de cada país, os níveis de subnutrição ou fome endêmica, a baixa escolaridade, a concentração fundiária, as condições de vida e de trabalho precárias e a frágil integração territorial são elementos indissociáveis e interdependentes. Por isso, a superação do problema da fome e a garantia de soberania alimentar não estão restritas à produção de mais alimentos. Pode-se afirmar que a ideia de soberania alimentar apresenta, ao menos, três eixos básicos relacionados à intervenção do poder público na produção e na distribuição de alimentos: acesso, qualidade e educação.

Com o estabelecimento do conceito de soberania alimentar — assegurar o acesso aos alimentos para todos, em quantidade e qualidade suficientes para garantir uma vida saudável e ativa —, ficou mais presente a importância de uma agricultura que produza alimentos básicos (e não apenas *commodities*, ou seja, matérias-primas para exportação) com qualidade adequada para o consumo humano. Para assegurar preços à população e acesso adequado a uma dieta mínima de nutrientes necessários à vida, é preciso que o Estado crie garantias que vão além da economia de mercado. Se deixados por conta das leis de mercado, a terra e seus produtos serão tratados apenas como mercadorias.

A lógica do mercado e da concentração de terra não garante a diversificação de gêneros alimentícios nem a sustentação de preços adequados para que se acabe com a fome. Em contraposição a essa lógica, somente a implantação de políticas públicas pode garantir que a alimentação seja defendida como uma condição básica para a sobrevivência não apenas física, mas também cultural.

Catadores em lixão na periferia de Serra Talhada (PE), em 2014. Fome e desperdício coexistem no sistema capitalista.

Especulação de preços no mundo

Assim funciona a especulação com os alimentos

Como atuam os especuladores

Quem são
Fundos de alto risco, grandes bancos de investimento e fundos de pensão.

1 Planejam a estratégia
Estudam o clima, a demanda e as colheitas e **decidem qual produto é possível escassear** a fim de aumentar seu preço.

2 Asseveram um preço
Adquirem **alternativas de compra** de vários meses, com preço determinado.

3 O mercado alcança a alta
Alguns fundos são capazes de comprar milhares de toneladas de um produto a fim de fazer seu **preço disparar**.

4 Executam suas opções
Compram pelo preço estabelecido meses atrás (2), **que será inferior ao preço atual**.

5 Vendem pelo preço atual
Vendem, pelo preço de mercado, **superior ao que pagaram** pelas alternativas de compra, e seu lucro é essa diferença.

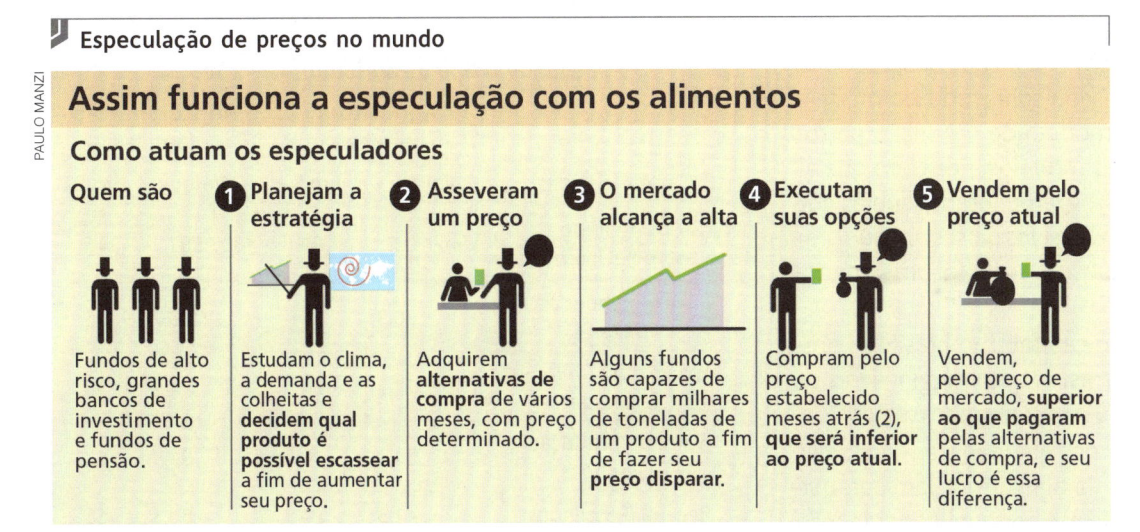

Fonte: elaborado pelos autores.

Fundos de investimento de atuação global especulam sobre o preço dos alimentos para aumentar seus lucros.

A relação da sociedade com o ambiente em que se vive está intimamente ligada a todos esses questionamentos promovidos nas últimas décadas, em especial ao da produção de alimentos. O surgimento de propostas alternativas de desenvolvimento e a defesa da reforma agrária, no caso brasileiro, são indissociáveis da discussão sobre a superação da fome e da miséria no país.

QUESTÕES

Qual é a diferença entre o conceito de soberania alimentar e o de segurança alimentar estabelecidos pela ONU e pelos movimentos sociais do campo, respectivamente?

Valorização da agricultura familiar

A participação popular é uma das características básicas dos modelos alternativos de planejamento e gestão urbana, pois a população é afetada pelas decisões governamentais e tem o direito de participar dos processos decisórios, independentemente do seu nível de "competência técnica". E é nesse contexto de valorização da participação popular nas políticas públicas que deve ser proposto o desenvolvimento da agricultura familiar.

O termo **agricultura familiar** diz respeito ao modo de organização da produção agrícola por pequenos proprietários rurais, quando há unidade entre a gestão e o trabalho. É desenvolvida por núcleos familiares, que são ao mesmo tempo os proprietários dos meios de produção e a mão de obra das atividades produtivas. Esse modelo de agricultura contrasta com o modelo patronal, realizado em propriedades médias ou grandes, que utiliza trabalhadores contratados, com a gestão separada do trabalho.

A agricultura familiar, em tese, é mais apropriada para o estabelecimento de estilos de agricultura sustentável, pelas características de maior ocupação de mão de obra e de diversificação de culturas, próprias dessa forma de organização da produção. No entanto, a agricultura sustentável enfrenta muitas dificuldades em razão da organização da produção agrícola no Brasil. Ainda assim, a agricultura familiar representa uma parcela importante da produção de alimentos e do emprego rural no país.

Brasil: agricultura familiar e produção de alimentos — 2014

Produto	%
Mandioca	83
Feijão	70
Milho	46
Café	38
Arroz	34
Trigo	21
Soja	14
Leite	58
Aves	50
Suínos	59
Bovinos	30

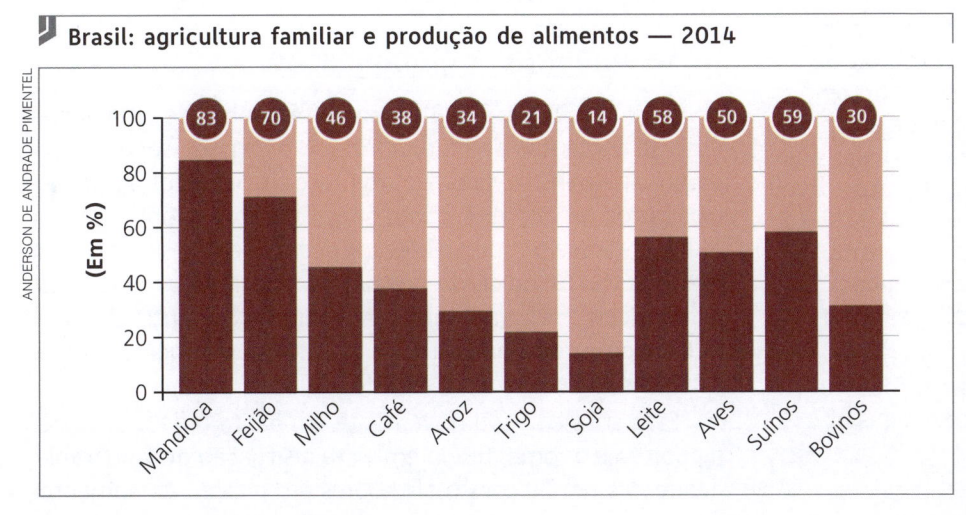

Apesar de cultivar uma área menor com lavouras (17,7 milhões de hectares), a agropecuária familiar é a principal fornecedora de alimentos básicos para a população brasileira.

Fonte: *Anuário brasileiro da agricultura familiar 2015*. Erechim: Bota Amarela, 2015. p. 13. Disponível em: <http://mod.lk/ecfmy>. Acesso em: jun. 2017.

Ricardo Abramovay, economista da Universidade de São Paulo (USP), afirma que, diferentemente do que aconteceu na Europa, onde a agricultura se baseou sobretudo no modelo familiar, no Brasil prevaleceu o modelo de produção patronal. Quando se comparam os dois modelos, fica claro que as regiões onde a agricultura mais prosperou foram aquelas que tiveram como base o modelo familiar. Nos países em que predominou o modelo patronal, a consequência foi uma imensa desigualdade social.

Sabemos que no contexto do capitalismo brasileiro predominou a concentração de terras, o que marginalizou os pequenos produtores e aumentou o desemprego e a pobreza.

A industrialização do campo por grandes transnacionais não permite o desenvolvimento da agricultura familiar, que seria mais sustentável e garantiria melhor qualidade de vida tanto às populações camponesas (que plantam para o mercado) quanto às populações tradicionais (que plantam para sua própria subsistência).

Quem escreveu sobre isso

Ricardo Abramovay

Ricardo Abramovay (1953-) é professor titular do Departamento de Economia da Faculdade de Economia e Administração e do Instituto de Relações Internacionais da USP. Coordena um projeto temático sobre impactos socioeconômicos das mudanças climáticas no Brasil e publicou *Muito além da economia verde* (2012), obra na qual aponta a necessidade de se construir uma economia baseada na cooperação social e no esforço para preservar os recursos naturais de que depende o desenvolvimento.

Ricardo Abramovay é especialista na avaliação dos impactos socioeconômicos provocados pelas mudanças climáticas.

QUESTÕES

A reforma agrária prevista pela Constituição Federal e que orienta as ações do Instituto Nacional de Colonização e Reforma Agrária (Incra) tem como objetivo a desconcentração e democratização da estrutura fundiária; a produção de alimentos básicos; a geração e ocupação de renda; o combate à fome e à miséria; a interiorização dos serviços públicos básicos; a redução da migração campo-cidade; a promoção da cidadania e da justiça social; a diversificação do comércio e dos serviços no meio rural, e a democratização das estruturas de poder.

▸ As políticas de reforma agrária estabelecidas no Brasil pelo governo federal têm cumprindo seus objetivos fundamentais? Por quê?

Brasil: características dos estabelecimentos agropecuários, segundo o tipo de agricultura — 2006

Características	Agricultura familiar Valor	Em %	Agricultura não familiar Valor	Em %
Número de estabelecimentos	4.367.902	84	807.587	16
Área (milhões de hectares)	80,3	24	249,7	76
Mão de obra (milhões de pessoas)	12,3	74	4,2	26
Valor da produção (R$ bilhões)	54,4	38	89,5	62
Receita (R$ bilhões)	41,3	34	80,5	66

Fonte: BRASIL. Ministério do Desenvolvimento Agrário. *Estatísticas do meio rural 2010-2011*. Disponível em: <http://mod.lk/lbceb>. Acesso em: jun. 2017.

Brasil: agricultura — 2006

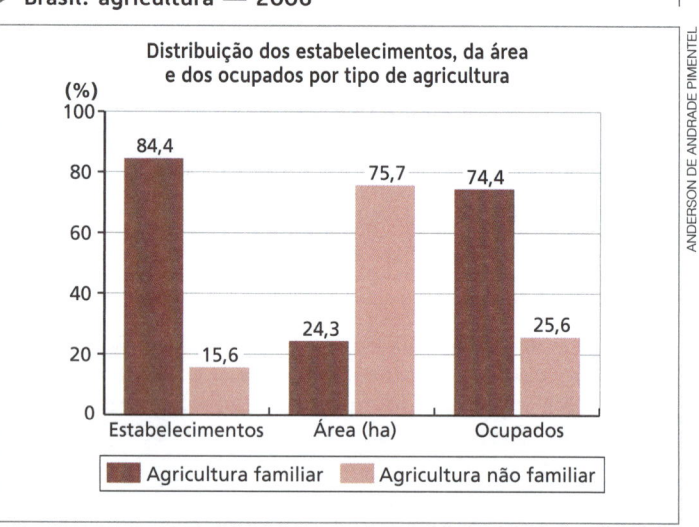

Distribuição dos estabelecimentos, da área e dos ocupados por tipo de agricultura (%)

- Estabelecimentos: Agricultura familiar 84,4 / Agricultura não familiar 15,6
- Área (ha): Agricultura familiar 24,3 / Agricultura não familiar 75,7
- Ocupados: Agricultura familiar 74,4 / Agricultura não familiar 25,6

Em 2006, ano que precedeu a uma grave crise de alimentos no planeta (que durou de 2007 a 2008), a agricultura familiar correspondia a 84% dos estabelecimentos produtivos no Brasil, mas ocupava apenas 24% da área cultivada. Era ainda responsável pelo emprego de 74% da mão de obra que trabalhava no campo.

Fonte: BRASIL. Ministério do Desenvolvimento Agrário. *Estatísticas do meio rural 2010-2011*. Disponível em: <http://mod.lk/lbceb>. Acesso em: jun. 2017.

Crise alimentar e globalização

Os anos 2007 e 2008 foram testemunhas de uma grave crise de alimentos no mundo todo. A crise pode ser definida como o aumento expressivo no preço de produtos alimentícios (arroz, feijão, leite, carne etc.). De acordo com o Banco Mundial, nesse período os preços dos alimentos subiram em média 83%. O índice de preços das principais *commodities* alimentícias, elaborado pela FAO, subiu 38% entre 2004 e 2007. Como resultado da crise, o preço dos alimentos subiu 40% nos últimos nove meses de 2008.

Essa crise colocou novamente em pauta o debate sobre a pobreza e a fome, tendo em vista a situação de vulnerabilidade das populações mais pobres em relação ao aumento de preço dos gêneros alimentícios. Para a faixa mais pobre da população, a pressão provocada pelo aumento dos preços é bem maior, pois as famílias que ganham até um salário mínimo por mês costumam comprometer mais de 40% do orçamento doméstico com alimentação. E essa situação torna-se ainda mais emergencial por causa da impossibilidade de a maior parte dessas famílias plantar e colher seus próprios alimentos.

Há muitas causas para a alta de preços dos alimentos, mas as principais são:

a) **aumento da demanda por alimentos**: por causa da ampliação do poder aquisitivo nos países mais ricos, desde os anos 1950, e em decorrência do crescimento econômico recente de países como China, Índia, África do Sul e Brasil, um contingente importante de famílias passou a consumir mais alimentos, principalmente grãos. Tornou-se necessária também uma quantidade maior de grãos para abastecer a pecuária;

b) **maior demanda por combustíveis**: em razão do encarecimento do petróleo, Estados Unidos e União Europeia passaram a promover o uso de biocombustíveis com subsídios; assim, plantações que antes produziam alimentos foram destinadas à produção de etanol. Em 2007, quase um terço da produção de milho dos Estados Unidos foi usada para fazer biocombustível. Da mesma forma, o custo dos fertilizantes químicos e do transporte influencia diretamente o preço dos alimentos;

c) **especulação do mercado financeiro**: quando os Estados Unidos diminuíram as taxas de juros, ocorreu uma migração de capital para investimentos mais lucrativos, pois os investidores apostaram na elevação dos preços das *commodities* agrícolas, como o trigo, o arroz, entre outras, nas bolsas de mercadorias e futuros. Entre 2006 e 2008, os investimentos nessas *commodities* saltaram de 46 bilhões para 250 bilhões de dólares;

d) **mudanças climáticas e perdas de safras**: o impacto das mudanças climáticas na agricultura é recorrente. No entanto, a tese do aquecimento global aponta que as repercussões da industrialização e do modelo de desenvolvimento capitalista aprofundaram o desequilíbrio climático do planeta e causaram mudanças nos padrões climáticos, com maiores enchentes e secas mais duradouras. Essas mudanças dificultam as previsões meteorológicas e o planejamento agrícola, levam à perda de safras e ao aumento de preços dos alimentos por diminuição da oferta;

e) **diminuição de terras cultivadas**: uma das consequências da globalização foi o avanço da industrialização em países como Brasil, China, Índia e outras nações da América do Sul, da África e da Ásia, o que acarretou uma intensa migração em direção aos centros urbanos e a diminuição da população economicamente ativa no campo. As consequentes elevações de custos com essas transformações (diminuição das terras cultivadas e aumento do custo da mão de obra) levaram ao aumento dos produtos finais, em especial dos alimentos.

Para assistir

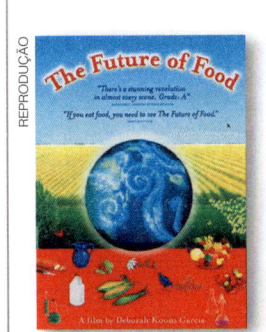

The future of food (O futuro dos alimentos)
Estados Unidos, 2004.
Direção: Deborah Koons Garcia.
Duração: 88 min.

O documentário investiga as grandes empresas multinacionais que produzem artificialmente modificações genéticas nos cultivos alimentares e patenteiam as sementes resultantes dessas modificações, monopolizando o agronegócio e o mercado global de alimentos, ao mesmo tempo que estimulam monoculturas de transgênicos, o que acarreta perda de biodiversidade e problemas na saúde da população.

Saiba mais

Revolução verde

É um modelo idealizado para aumentar a produção agrícola no mundo e sua lucratividade, principalmente nos países em desenvolvimento, por meio de alterações genéticas de sementes e uso intensivo de insumos industriais (adubos químicos e agrotóxicos), baseado na produção de monocultura para exportação em grandes propriedades, na mecanização e na redução do custo de manejo. No entanto, essas técnicas, apontadas como solução para aumentar a produtividade agrícola, causam muitos problemas ambientais e sociais, como a elevação da concentração da renda e dos meios de produção. Os altos custos de implementação desse sistema e sua alta produtividade inviabilizam a competitividade dos pequenos produtores, que se tornam trabalhadores assalariados nos latifúndios ou migram para os centros urbanos. Além disso, esse sistema provoca a contaminação do solo, do ar e dos alimentos pelo uso intensivo de agrotóxicos. Aos poucos, também elimina a diversidade de espécies de alimentos e substitui conhecimentos e práticas culturais locais por processos de homogeneização produtiva e cultural.

Para os defensores da manipulação dos genes, esse modelo de produção representa um futuro promissor, que vai modernizar as lavouras, expandir a fronteira agrícola e colocar a biotecnologia a serviço do combate à fome. Já para ecologistas e movimentos sociais ligados a pequenos agricultores, a revolução verde amplia desigualdades sociais, causa danos ambientais irreparáveis e oferece sérios riscos à saúde, tanto da população que trabalha diretamente na produção agrícola com uso de agrotóxicos quanto da que simplesmente consome seus produtos.

O Brasil, em 2008, passou a ser considerado o segundo país com maior área de cultivo de transgênicos do mundo e o que apresentava maior taxa de crescimento de plantações desse tipo.

> **Para jogar**
>
> **Cidade verde**
>
> Chamado de City Rain, no original, o jogo ganhou versão gratuita em português para ser utilizada nas escolas. Nele, o aluno é um prefeito que deve administrar a cidade de forma sustentável, atento às demandas sociais e "desenvolvendo a economia com preocupação ambiental". Entre os temas tratados estão: mobilidade, coleta de lixo, tratamento de esgoto, desmatamento, consumo e gestão pública de gastos. A versão de teste do jogo pode ser baixada gratuitamente no *site*: <www.ovologames.com/cityrain/BR/>.

Assim, o desenvolvimento capitalista, em especial no que se refere ao campo, deu evidentes provas de esgotamento pela sua insustentabilidade, seja no que se refere ao uso de recursos, seja quanto aos preços dos alimentos. A globalização, portanto, trouxe também a oportunidade de se discutirem modelos alternativos para uma economia sustentável como caminho de superação da pobreza e da fome.

4. Modernização, transformação social e justiça ambiental

A modernização das sociedades é um dos primeiros temas de interesse da Sociologia. Desde o século XIX, os cientistas sociais procuram entender como o mundo moderno substitui as antigas formas de sociabilidade e reconfigura seus aspectos culturais em relação ao meio ambiente. Esse processo de modernização envolve aspectos econômicos, políticos e sociais; está presente na noção atual de indivíduo, na ideia de racionalização em substituição às crenças religiosas, na burocratização das instituições em substituição à organização afetiva tradicional. O surgimento do capitalismo é um fator central para compreender esse fenômeno e os aspectos socioculturais que o acompanharam.

> **Para ler**
>
> SHIVA, Vandana. *Guerras por água: privatização, poluição e lucro.*
> São Paulo: Radical Livros, 2006.
>
> Ensaio sobre os efeitos destruidores do capitalismo na ordem ecológica. O tema principal é a privatização da água motivada pela busca de lucro dos grandes capitalistas. No processo, as populações são privadas de seus direitos e sofrem não só pela escassez de água como pelas catástrofes naturais e pelas guerras derivadas da ação predatória.

A crítica aos efeitos de desagregação social do capitalismo também considerou seus impactos sobre o meio ambiente. Uma pensadora contemporânea que se dedica a esse tema é a filósofa indiana Vandana Shiva. Valendo-se de sua rede de mobilização social, ela defende um sistema de agricultura que não use sementes geneticamente modificadas. Para ela, a escassez de água e de comida que ainda persiste em diferentes partes do mundo é consequência do consumismo e do materialismo da cultura ocidental. De acordo com Shiva, as grandes corporações, na busca incessante de lucros, aprofundam as crises ambientais. A fim de evitar a degradação ambiental, é necessário reverter os mecanismos de privatização do uso dos recursos ambientais, como água, ar e solo. Vandana Shiva critica o uso privado dos recursos ambientais para obtenção de lucro e propõe uma democracia baseada na sustentabilidade, na paz e na justiça.

São muitas as evidências de que os problemas ambientais afetam as sociedades material e culturalmente. No caso do Brasil, por exemplo, houve a transformação da cultura do interior durante o processo de modernização. O sociólogo Antônio Cândido analisou, com base em uma etnografia das comunidades caipiras do interior de São Paulo (nos municípios de Piracicaba, Tietê, Porto Feliz, Conchas, Anhembi, Botucatu e Bofete), a cultura rústica formada com base na interiorização e no isolamento desse grupo social no processo de colonização do país. Para ele, a sociabilidade caipira tornara-se, desde sua origem, autossuficiente e voltada para a subsistência. As relações humanas nesse ambiente seriam solidárias, e não competitivas. Nas relações de trabalho, por exemplo, os vizinhos cumpririam um papel fundamental para a manutenção da comunidade, ajudando-se mutuamente por meio do mutirão, visto como um ato de amizade, e não como prestação de serviço. Nesse sentido, na sociabilidade caipira, a relação com a natureza também pode ser interpretada como de completo ajuste ecológico.

> **Quem escreveu sobre isso**
>
> **Vandana Shiva**
>
> Física e filósofa indiana (1952-), Vandana Shiva obteve Ph.D. em Física pela Universidade de Ontário Ocidental, no Canadá, em 1978. É responsável pela Fundação de Pesquisa sobre Ciência, Tecnologia e Ecologia, em Nova Délhi. Envolveu-se em diversos movimentos verdes, com intenso ativismo internacional. Seus estudos e sua ação política abordam os seguintes temas: biodiversidade, organismos geneticamente modificados, propriedade intelectual, bioética, biopirataria e ecofeminismo.
>
> Vandana Shiva articula produção intelectual com ativismo político pela causa ambiental.

Com o avanço do capitalismo, aumenta também a migração do campo para a cidade. Há uma crise no ajustamento da sociabilidade caipira ao meio urbano, pois esta não será mais amparada pelo meio ambiente que a cercava. O mesmo pode ser visto na relação de comunidades tradicionais com a expansão atual da fronteira agrícola.

Quem escreveu sobre isso

Antônio Cândido

Formado em Ciências Sociais pela Universidade de São Paulo (USP), em 1941, Antônio Cândido (1918-2017) defendeu seu doutorado em 1954 pela mesma instituição, onde também atuou como professor. Lecionou igualmente na Universidade de Yale e na Universidade de Paris. É uma referência nas Ciências Sociais e na crítica literária brasileira. Entre seus principais livros estão: *Formação da literatura brasileira* (1959) e *Os parceiros do Rio Bonito* (fruto de sua tese de doutorado e publicado em 1964). Suas obras tratam da conformação de uma literatura nacional brasileira e de sua relação com a sociedade. Também pesquisou a cultura caipira do interior paulista, apresentando as transformações e continuidades dela com a modernização da sociedade.

Antônio Cândido é uma referência no estudo dos aspectos culturais que marcam a relação da sociedade com o meio ambiente.

Na Sociologia, surgiu um campo do conhecimento especializado no desenvolvimento rural, que ficou conhecido como Sociologia Rural. É complementar à Sociologia Urbana no que diz respeito ao estudo sobre a relação entre sociedades e meio ambiente. Os problemas ambientais urbanos também são uma fonte de preocupação para o pensamento sociológico contemporâneo.

A questão da moradia em grandes centros urbanos, que leva à ocupação informal de áreas da cidade desprovidas de instalações sanitárias necessárias, como grande parte das favelas, pode ser entendida como um problema ligado ao meio ambiente.

Em diversas cidades do Brasil e de outros países, as condições socioambientais de moradia irregular apresentam situações de risco para seus moradores por causa do perigo de deslizamentos, inundações e problemas de saúde ligados à falta de saneamento. Nos períodos chuvosos, as habitações erguidas em morros, por exemplo, estão sujeitas a deslizamentos; se estiverem em áreas de várzeas, ficam sujeitas a inundações. As chuvas e enchentes também agravam os riscos de saúde relacionados à falta de saneamento e infraestrutura de escoamento (esgoto, coleta de lixo, rede de águas pluviais). Muitas vezes, essas moradias são construídas bem próximo de vias férreas e rodovias, ou mesmo de fábricas poluentes e de aterros sanitários, o que agrava ainda mais a situação de risco.

Para ler

VERNIER, Jacques. *O meio ambiente.*
Campinas, São Paulo: Papirus, 1994.
A obra discute os desafios do progresso e da explosão demográfica e seus impactos sobre a natureza. Sem apelar para uma abordagem panfletária, o autor discute as alternativas para evitar a degradação ambiental e preservar a qualidade de vida necessária à existência do ser humano no planeta.

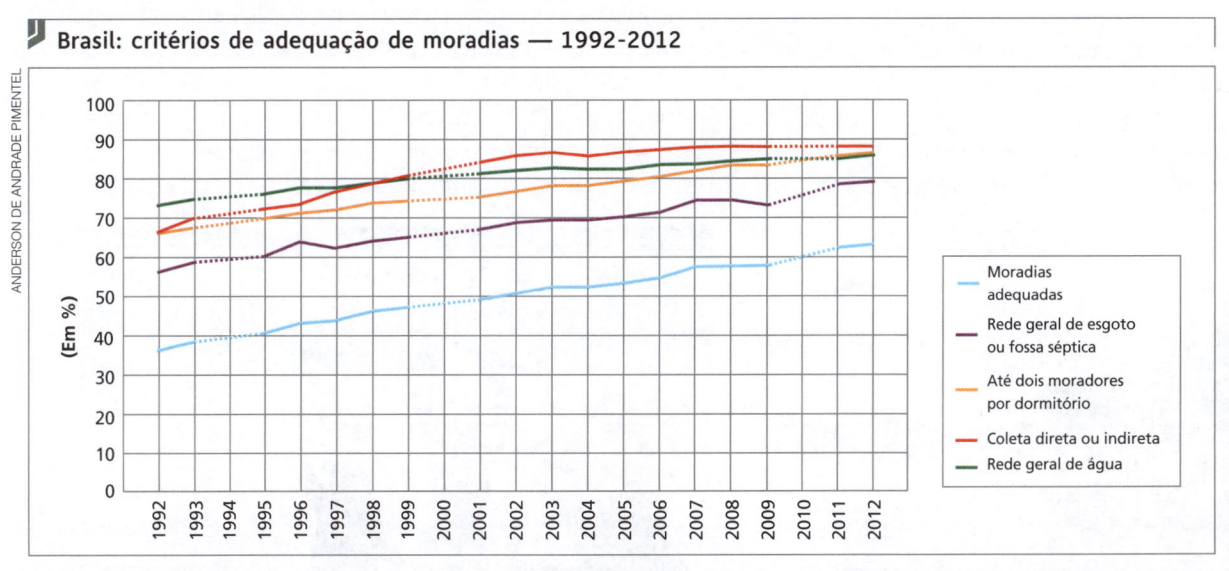

Brasil: critérios de adequação de moradias — 1992-2012

(gráfico de linhas com as seguintes séries: Moradias adequadas; Rede geral de esgoto ou fossa séptica; Até dois moradores por dormitório; Coleta direta ou indireta; Rede geral de água)

A questão ambiental nas cidades envolve a inadequação de boa parte das moradias (em 2012, cerca de 38% eram inadequadas), o que acarreta graves problemas ambientais e de saúde.

Fonte: IBGE. *Indicadores de desenvolvimento sustentável*: Brasil 2015. Rio de Janeiro: IBGE, 2015. p. 189. Disponível em: <http://mod.lk/hcrtv>. Acesso em: jun. 2017.

Notas: 1. Exclusive a população rural de Rondônia, Acre, Amazonas, Roraima, Pará e Amapá entre 1992 e 2003; a partir de 2004, a amostra incluiu todo o território nacional, constituindo-se numa nova série.
2. Não houve pesquisa nos anos 1994, 2000 e 2010; dado obtido por interpolação linear.

Capítulo 15 • Sociedade e meio ambiente

Essas condições produzem múltiplas situações de risco e configuram o que o sociólogo estadunidense Robert Bullard chama de **zonas de sacrifício**, ou seja, os territórios da discriminação que concentram situações de injustiças ambientais. Chuvas e enchentes podem destruir ou inviabilizar de forma irreversível as moradias em áreas de risco. A única perspectiva dos que vivem nesses locais é a de que os governos (municipal, estadual e federal) desenvolvam mecanismos de redução dos riscos ambientais.

Quem escreveu sobre isso

Robert Bullard

O sociólogo estadunidense Robert Doyle Bullard (1946-) é tido como o fundador do movimento por justiça ambiental. Além de ser um reconhecido pesquisador e acadêmico nesse campo, atua ativamente contra o que ficou conhecido como **racismo ambiental** ou **ecorracismo**. O termo surgiu quando Bullard apresentou uma pesquisa demonstrando que os aterros sanitários, depósitos e incineradores de lixo da cidade de Houston (Estados Unidos), públicos e privados, não eram instalados segundo critérios técnicos e estavam todos localizados em bairros cuja população era de maioria negra, embora a população negra da cidade não correspondesse a 25% do total.

Robert Bullard é fundador do movimento por justiça ambiental e militante contra o ecorracismo.

Casas instaladas na Reserva Extrativista Marinha de Caeté-Taperaçu, em Bragança (PA), em 2013. Moradias irregulares, destituídas de saneamento básico, são apenas uma face da complicada questão da justiça ambiental, que exige políticas adequadas, que levem em conta o ponto de vista das populações mais fragilizadas.

Assim, a injustiça social e ambiental afeta a população trabalhadora por meio de vários mecanismos articulados: risco ambiental sofrido desproporcionalmente em relação ao conjunto da sociedade, necessidade de arcar com os custos e com a obrigação de construir suas moradias, assim como com o ônus de ter de responder à acusação de ocupar áreas irregularmente. Essa população vulnerável ainda é responsabilizada pelos próprios problemas com que tem de se defrontar, especialmente em campanhas da imprensa voltadas a justificar a remoção de favelas sem debater a precariedade histórica das políticas de habitação para os trabalhadores de baixa renda.

Saiba mais

Justiça ambiental

Conjunto de princípios que assegura que nenhum grupo de pessoas suporte uma parcela desproporcional de degradação ambiental. Esse conceito nasceu nos movimentos sociais dos Estados Unidos, especialmente nas organizações de lutas pelos direitos civis das populações afrodescendentes, a partir dos anos 1960. Dessa forma, entende-se por injustiça ambiental a condição de desigualdade, operada e sustentada por mecanismos sociopolíticos, que destina a maior parte das consequências dos danos ambientais do desenvolvimento a grupos sociais de trabalhadores, populações de baixa renda, segmentos discriminados, marginalizados e vulneráveis da sociedade.

As enchentes em lugares tão distantes entre si quanto o Brasil (à esquerda, Rio Branco, Acre, em 2015) e a Índia (à direita, cidade de Alaabad em Uttar Pradesh, em 2015) têm efeitos sociais similares. As maiores vítimas são os mais vulneráveis, os membros da população com menor renda, moradores de áreas irregulares.

350 Sociologia em movimento

O perfil sociodemográfico dos mais atingidos pelo furacão Katrina (maioria de negros e pobres) na cidade de Nova Orleans, na Louisiana (Estados Unidos), em 2005, e a demora no resgate das vítimas e no auxílio aos desabrigados são exemplos de como os riscos ambientais se mostram desigualmente distribuídos e revelam os danos decorrentes da injustiça ambiental.

Repensar a questão do espaço urbano, das moradias irregulares e suas condições ambientais e sanitárias sob a óptica da justiça ambiental remete à necessidade de produzir políticas públicas pensadas e construídas tendo como ponto de partida as vozes dos habitantes das comunidades vulneráveis. Esse é, talvez, o principal desafio diante da discriminação sofrida por essa população.

Justiça ambiental, "modernização ecológica" e conflitos ambientais no Brasil

Até os anos 1980, os temas relacionados à proteção do meio ambiente eram vistos com desconfiança pelos diferentes atores que participavam do cenário político nacional. As demandas dos movimentos ambientalistas costumavam ser percebidas como menos importantes do que as questões sociais mais prementes, como a superação da pobreza e a luta contra as desigualdades sociais. A "ambientalização" do discurso dos movimentos sociais, partidos políticos, governos e empresas privadas é um fenômeno que só começou a ser notado de forma mais nítida depois das lutas travadas durante a redação e promulgação da Constituição de 1988 e na Eco-92, quando surgiu o Fórum Brasileiro de ONGs e Movimentos Sociais para o Meio Ambiente e o Desenvolvimento (FBOMS).

Para navegar

Movimento dos Atingidos por Barragens (MAB)
www.mabnacional.org.br
Site do Movimento dos Atingidos por Barragens, organização nacional de luta em defesa dos direitos dos atingidos e pela construção de um projeto popular para o país.

A questão do desenvolvimento brasileiro, cuja principal inspiração era o processo de industrialização dos países do capitalismo central, foi até então uma fonte de constrangimento para o movimento ambientalista. Isso porque se entendia que a industrialização e a rentabilização do capital serviriam aos propósitos desenvolvimentistas de geração de emprego e renda e, logo, contribuiriam para criar meios de superação do atraso e da pobreza. Da mesma forma, os princípios do protecionismo ambiental, importados de países como Estados Unidos e Canadá, também geravam questões sociais significativas na luta de populações tradicionais para manter suas atividades extrativistas, de seringueiros a pescadores, enquanto denunciavam práticas predatórias de madeireiras e mineradoras.

Essa nova relação entre o meio ambiente e a justiça social serviu de base para a construção de uma agenda comum entre as entidades ambientalistas, o ativismo sindical, o Movimento dos Trabalhadores Rurais Sem Terra e o Movimento dos Atingidos por Barragens, assim como entre os seringueiros, os extrativistas, o Movimento Indígena e os movimentos comunitários das periferias urbanas.

Esses grupos estavam identificados com um ecologismo crítico e combativo, interessado em dar a maior visibilidade possível aos conflitos existentes. Assim, o Movimento dos Atingidos por Barragens (MAB) denunciava o setor elétrico, que lucrava graças à expropriação do ambiente dos atingidos, e o Movimento dos Trabalhadores Rurais Sem Terra (MST) discutia a questão da produtividade ao mostrar como não pode ser considerada "produtiva" uma terra que produza qualquer coisa a qualquer custo. Nesse sentido, uma propriedade que destrói os recursos naturais de fertilidade e biodiversidade com base em uma cultura intensiva químico-mecanizada não cumpre sua função social.

O rompimento de duas barragens de rejeito mineral destruiu o distrito de Bento Rodrigues, no município de Mariana (MG), em 2015, causando mortes e deixando centenas de desabrigados. O Movimento dos Atingidos por Barragens (MAB) denunciou que a empresa Samarco, controlada pela brasileira Vale S.A. e pela anglo-australiana BHP Billiton, era a responsável pelo rompimento das barragens, por negligência na manutenção.

Saiba mais

Chico Mendes e a luta dos seringueiros

Francisco Mendes Filho, mais conhecido como Chico Mendes (1944-1988), nasceu no seringal Porto Rico, em Xapuri (AC). Como líder seringueiro, conseguiu que a luta pela conservação do modo de vida de seus companheiros tivesse repercussão internacional. Criticava o sistema desumano de exploração dos povos tradicionais e dos recursos naturais da Amazônia.

Chico Mendes não reivindicava a posse de terra, mas a garantia da possibilidade de os grupos tradicionais extrativistas retirarem dela os recursos necessários para sua sobrevivência, sem destruir a floresta. Suas ações e ideias promoveram profundas transformações no modo como o Estado concebia a reforma agrária e a ocupação de terras na região amazônica.

Os habitantes tradicionais da Floresta Amazônica (indígenas, seringueiros, ribeirinhos, coletores e outros) têm seu modo de vida baseado na extração de produtos naturais, como borracha, castanha, óleos e essências vegetais. Praticam ainda a caça e a pesca não predatórias e a agricultura de subsistência.

Da luta de Chico Mendes em defesa desses povos surgiu a proposta da União dos Povos da Floresta, que integra interesses de populações indígenas e seringueiros por meio da criação de reservas extrativistas que resguardem as áreas indígenas e preservem a mata.

A Aliança dos Povos da Floresta foi oficializada com base numa proposta do Conselho Nacional de Seringueiros e da União das Nações Indígenas.

A força da entidade resultou na regulamentação das Reservas Extrativistas como uma modalidade específica de regularização fundiária e uso sustentável dos recursos naturais.

Atualmente, existem diversas reservas extrativistas na Amazônia, geridas pelo Instituto Chico Mendes de Conservação da Biodiversidade.

Jornal *Correio Braziliense*, de 24 de dezembro de 1988, noticia a morte de Chico Mendes. O ativista tornou público o caráter social dos conflitos ambientais no Brasil.

Para ler

ACSELRAD, Henri et al. *O que é justiça ambiental?*
Rio de Janeiro: Garamond, 2009.
O livro apresenta a construção da problemática, a fundamentação teórica e as práticas sociais em torno da questão ambiental. Demonstra como a relação entre sociedade e natureza reflete as desigualdades políticas, sociais e econômicas relativas a um dado momento histórico e a configuração socioespacial nas escalas local, regional e internacional.

Por outro lado, a adoção do discurso ambientalista por agências multilaterais, empresas poluidoras e governos fez surgir um discurso conciliador, mais pragmático, que passou a ser chamado de "ecologismo de resultados". Esse discurso procurou neutralizar as lutas ambientais e produziu a "ambientalização" também do próprio modelo capitalista de produção de riquezas, em um processo batizado de "modernização ecológica", isto é, um processo que procura conciliar o crescimento econômico e a resolução de conflitos ambientais com ênfase em adaptação tecnológica, economia de mercado e crença na colaboração e no consenso.

Segundo Henri Acselrad, professor do Instituto de Pesquisa e Planejamento Urbano e Regional da Universidade Federal do Rio de Janeiro (UFRJ), a questão ambiental apresenta um confronto entre uma posição cultural e uma posição utilitária. Se a posição cultural questionava os valores do consumismo estabelecido na era capitalista e por meio da industrialização químico-mecanizada da agricultura, a posição utilitarista, inaugurada pelo Clube de Roma, estava preocupada em assegurar a continuidade da acumulação capitalista por meio da economia de recursos.

Pela visão utilitarista, o meio ambiente é como um repositório de recursos materiais, sem nenhum componente sociocultural. Em oposição, a visão cultural não se pergunta sobre os meios, mas sobre a finalidade da apropriação dos recursos pela humanidade, já que o meio ambiente é entendido como constituído de uma grande variedade de qualidades socioculturais. Nessa visão, não existe meio ambiente sem sujeito; logo, existem tantos ambientes quanto povos e grupos sociais que lhes atribuem sentido.

Assim, segundo o professor Acselrad, o conflito e a desigualdade ambiental são denunciados pelos sujeitos envolvidos e podem, dessa forma, ser definidos como uma exposição desproporcional dos grupos sociais subalternos aos riscos produzidos pelas redes técnico-produtivas da riqueza ou pela perda do seu ambiente por causa da concentração dos benefícios do desenvolvimento nas mãos de poucos.

Para navegar

O Parque Indígena do Xingu

Akatu
www.akatu.org.br
Este *site* disponibiliza vídeos, textos, jogos e reportagens que possibilitam uma discussão a respeito da questão do consumo e seus impactos sobre o meio ambiente, em razão tanto da acelerada produção de bens quanto do seu consequente descarte.

Protesto de pescadores de Altamira, Vitória do Xingu e de outras cidades que sofrem os impactos das obras da usina de Belo Monte, no município de Altamira (PA), em 2013. Outro exemplo de desigualdade ambiental é o dos ribeirinhos que perdem seu meio de vida para as barragens das usinas hidrelétricas.

Lavoura de soja em Nova Mutum (MT), em 2011. O conceito de desigualdade ambiental determina de que forma os pequenos agricultores perdem espaço para a plantação de soja transgênica, como a que se vê nesta imagem.

Operários em fábrica na cidade de Putain, província de Fujian (China), em 2015. Os custos ambientais do progresso muitas vezes são pagos pelos próprios trabalhadores ou pelas classes menos favorecidas, e mecanismos ligados à globalização acabam por transferir esses ônus para os países em desenvolvimento.

Isso quer dizer que os riscos ambientais são diferenciados e distribuídos de forma desigual entre as diferentes sociedades e culturas. Essa desigualdade de exposição aos riscos é a essência dos conflitos ambientais. Nesse sentido, os mais ricos têm uma mobilidade maior e mais condições de escapar dos riscos, diferentemente dos mais pobres, mais propensos a ficar presos em um circuito de risco. Dessa maneira, a poluição, por exemplo, não seria um risco que atingiria da mesma forma diferentes grupos sociais — como defendem aqueles que veem nos problemas ambientais uma questão que afeta a todos igualmente —, demandando colaboração e consenso entre os diferentes grupos para sua superação.

Sociólogos, como os estadunidenses Raymond Murphy (1943-) e Allan Schnaiberg (1939-2009), e o professor de Relações Internacionais britânico Peter Newell ressaltam a importância das categorias de classe social, raça e gênero para a compreensão da organização internacional da desigualdade ambiental. É possível considerar a existência de "classes ambientais" de acordo com quem ganha com os custos ambientais do desenvolvimento e com quem os paga. Essa postura vai de encontro à posição liberal e conservadora de que os riscos ambientais incidem da mesma forma sobre todos e de que não se pode falar de injustiça quando a população decide voluntariamente aceitar riscos desproporcionais em troca de vantagens econômicas.

Assim, a ideia de justiça ambiental fundamenta-se na promoção de uma cultura de direitos e na crítica às consequências da posição ambiental utilitarista, que defende uma modernização ecológica do capitalismo contemporâneo sem abordar a questão social ligada aos conflitos ambientais. A organização das condições materiais e espaciais de produção e reprodução da sociedade deve estar relacionada à construção de uma sociedade mais justa, baseada em uma cultura de direitos. Nesse sentido, promove-se uma união entre a justiça social e a proteção ambiental, prática que entende que, para impedir a ação destrutiva sobre o meio ambiente, é preciso começar protegendo os mais vulneráveis.

No Brasil, a relação estabelecida entre movimentos sociais e ambientais se caracterizará pela defesa dos ambientes culturalmente definidos (como as áreas indígenas, quilombolas, ribeirinhas etc. — comunidades tradicionais situadas na fronteira da expansão das atividades capitalistas e de mercado), pela busca de proteção social igualitária contra os efeitos de segregação e desigualdade ambiental produzidos pelo mercado e pela defesa dos direitos de acesso igualitário aos recursos ambientais (contra a concentração de terras férteis e das águas nas mãos de poucas pessoas). Nesse espaço, trava-se uma luta pela defesa de todos esses direitos, que impede a transferência dos custos ambientais para os mais pobres; é também uma defesa dos direitos das populações futuras. Para os integrantes da Rede Brasileira de Justiça Ambiental (RBJA), a promoção da democracia, da justiça social e de um ambiente saudável torna-se parte das lutas sociais da maioria da população, que procura fazer do ambiente um espaço, fundamentalmente, de construção de justiça para todos, e não apenas um espaço mercantilizado para apropriação de riquezas por poucos.

Considerações sociológicas

A "economia verde" como estratégia de mercado

Durante a década de 1970, paralelamente à crítica ao capitalismo e à sociedade de consumo, surgiu o chamado "consumismo verde", que valorizava a natureza e a preservação da diversidade orgânica e paisagística ameaçada pelo tipo de sociedade vigente. Já no final da década de 1980, o movimento torna-se ainda mais expressivo, configurando a chamada "economia verde". Muitas empresas viram-se ameaçadas por esse fenômeno, em especial aquelas que foram publicamente denunciadas como responsáveis por produtos poluentes e prejudiciais à saúde.

Diante dessa realidade, distribuidores e produtores precisaram se adequar às novas demandas. Para tanto, investiram pesado em pesquisas de mercado que mostravam que os consumidores verdes dispunham de maior poder aquisitivo, além de apresentarem um nível de instrução mais alto que o da média da população. Paralelamente, promoveram a incorporação da questão ambiental à gestão empresarial, isto é, gestores e administradores de empresas deveriam, a partir de então, fazer das preocupações ecológicas um valor agregado a seus produtos, viabilizando o consumo e o lucro.

O "mecenato ambiental" foi outra arma utilizada, isto é, empresas passaram a patrocinar campanhas de proteção ao meio ambiente, fazendo disso uma forma de atrair os ambientalistas. Há ainda o "marketing ecológico", que consiste na divulgação do esforço realizado por determinada empresa para minimizar os impactos ambientais e os efeitos nocivos à saúde causados por seus produtos, tendo na mira os consumidores preocupados com a questão ambiental.

O tempo mostrou, no entanto, que muitas dessas empresas diminuíam o impacto ambiental sob um aspecto, mas não totalmente. Havia, por exemplo, empresas que investiam na facilitação da eliminação de um produto no final do seu ciclo de vida, mas utilizavam (às vezes até incentivavam) desmatamento em outros países. Rapidamente, a preocupação desses produtores foi julgada como inautêntica e sua mudança de postura foi vista como um engodo para venderem mais e mais, incrementando a lógica da já criticada sociedade de consumo.

Conforme interpretação do sociólogo francês Luc Boltanski (1940-), a própria mercantilização do discurso ecológico adotado pelas empresas fez com que a população, em especial a mais engajada, desacreditasse da potencialidade da transformação que se esboçara. Finalmente, na década de 1990, movimentos ecológicos mais radicais ganharam a cena criticando o "consumismo verde", pois consideravam que este acabava por alimentar a lógica de produção capitalista e o consumismo, adiando dessa forma o fim desse modelo de sociedade que, afirmam, há muito se mostra saturado e insustentável.

Ainda que a economia verde esteja relacionada à ideia de desenvolvimento sustentável, investindo em atividades menos poluentes, defendendo o aumento da eficiência energética e a prevenção da perda da biodiversidade, ela compreende os bens naturais como bens econômicos e fonte de benefícios. Essa postura é questionada pelos adeptos da justiça ambiental, que consideram a lógica política a que está submetido o aproveitamento desses recursos e criticam a apropriação socialmente desigual de seus benefícios.

Quantos planetas Terra precisaríamos ter para viver e consumir conforme os padrões médios atuais de cada continente

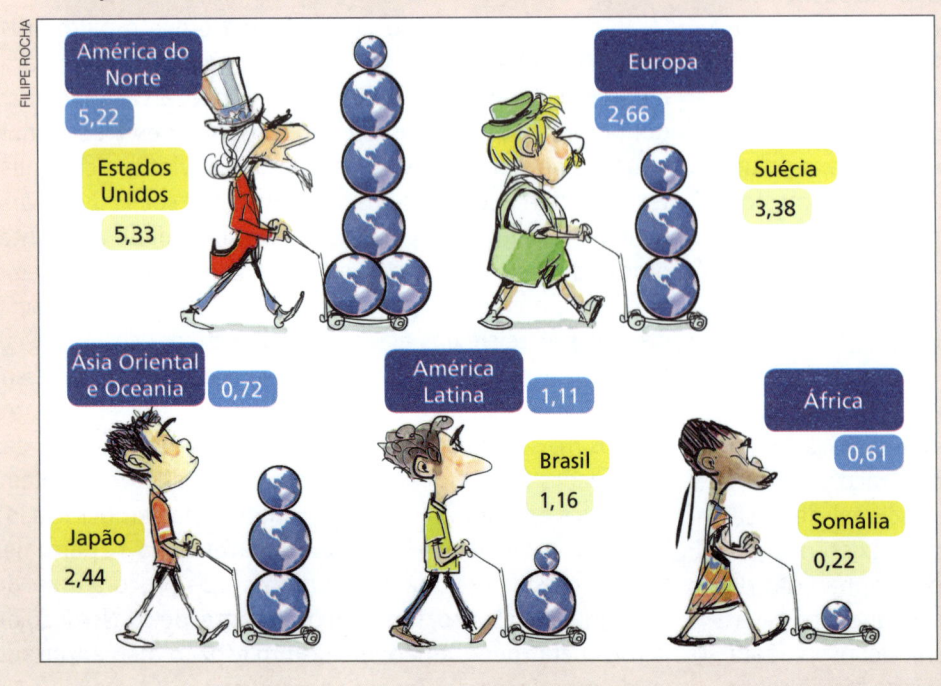

- América do Norte: 5,22
- Estados Unidos: 5,33
- Europa: 2,66
- Suécia: 3,38
- Ásia Oriental e Oceania: 0,72
- Japão: 2,44
- América Latina: 1,11
- Brasil: 1,16
- África: 0,61
- Somália: 0,22

Dados indicam que o planeta em breve não comportará mais o modo de vida e o consumo atuais da população. Além disso, apesar de os riscos consequentes desse modo de vida serem compartilhados por todos, os benefícios não são. O debate sobre meio ambiente e sustentabilidade não pode prescindir da discussão sobre o consumo e a desigualdade.

Fonte: INSTITUTO NACIONAL DE PESQUISAS ESPACIAIS — INPE. *O futuro que queremos*: economia verde, desenvolvimento sustentável e erradicação da pobreza. Disponível em: <http://mod.lk/ybbdv>. Acesso em: jun. 2017.

Direito e sociedade

A legislação ambiental

Apesar dos avanços do debate sociológico a respeito, do ponto de vista legal prevalece no Brasil uma concepção naturalista do meio ambiente, como é possível perceber ao se ler a Lei Federal nº 6.938, de 31 de agosto de 1981, artigo 3º, parágrafo I (ora modificada pela Lei nº 12.651/2012): "o conjunto de condições, leis, influências e interações de ordem física, química e biológica que permite, abriga e rege a vida em todas as suas formas".

Base constitucional

Nas relações do meio ambiente com a sociedade são enfatizadas as atribuições do poder público de proteger os diferentes ambientes naturais de exploração predatória que possa colocar em risco a existência das espécies e a segurança da sociedade. Veja, a seguir, o que estabelece a lei sobre o meio ambiente, em seu capítulo VI.

> "CAPÍTULO VI
> DO MEIO AMBIENTE
>
> Art. 225. Todos têm direito ao meio ambiente ecologicamente equilibrado, bem de uso comum do povo e essencial à sadia qualidade de vida, impondo-se ao Poder Público e à coletividade o dever de defendê-lo e preservá-lo para as presentes e futuras gerações.
>
> § 1º Para assegurar a efetividade desse direito, incumbe ao Poder Público:
>
> I — preservar e restaurar os processos ecológicos essenciais e prover o manejo ecológico das espécies e ecossistemas;
>
> II — preservar a diversidade e a integridade do patrimônio genético do País e fiscalizar as entidades dedicadas à pesquisa e manipulação de material genético;
>
> III — definir, em todas as unidades da Federação, espaços territoriais e seus componentes a serem especialmente protegidos, sendo a alteração e a supressão permitidas somente através de lei, vedada qualquer utilização que comprometa a integridade dos atributos que justifiquem sua proteção;
>
> IV — exigir, na forma da lei, para instalação de obra ou atividade potencialmente causadora de significativa degradação do meio ambiente, estudo prévio de impacto ambiental, a que se dará publicidade;
>
> V — controlar a produção, a comercialização e o emprego de técnicas, métodos e substâncias que comportem risco para a vida, a qualidade de vida e o meio ambiente;
>
> VI — promover a educação ambiental em todos os níveis de ensino e a conscientização pública para a preservação do meio ambiente;
>
> VII — proteger a fauna e a flora, vedadas, na forma da lei, as práticas que coloquem em risco sua função ecológica, provoquem a extinção de espécies ou submetam os animais a crueldade.
>
> § 2º Aquele que explorar recursos minerais fica obrigado a recuperar o meio ambiente degradado, de acordo com solução técnica exigida pelo órgão público competente, na forma da lei.
>
> § 3º As condutas e atividades consideradas lesivas ao meio ambiente sujeitarão os infratores, pessoas físicas ou jurídicas, a sanções penais e administrativas, independentemente da obrigação de reparar os danos causados.
>
> § 4º A Floresta Amazônica brasileira, a Mata Atlântica, a Serra do Mar, o Pantanal Mato-Grossense e a Zona Costeira são patrimônio nacional, e sua utilização far-se-á, na forma da lei, dentro de condições que assegurem a preservação do meio ambiente, inclusive quanto ao uso dos recursos naturais.
>
> § 5º São indisponíveis as terras devolutas ou arrecadadas pelos Estados, por ações discriminatórias, necessárias à proteção dos ecossistemas naturais.
>
> § 6º As usinas que operem com reator nuclear deverão ter sua localização definida em lei federal, sem o que não poderão ser instaladas.

BRASIL. Capítulo VI — Do meio ambiente. *Constituição da República Federativa do Brasil (1988)*. Disponível em: <http://mod.lk/bmNn3>. Acesso em: jun. 2017.

CONSTRUÇÃO DE ARGUMENTOS

O novo Código Florestal "estabelece normas gerais sobre a proteção da vegetação, áreas de Preservação Permanente e áreas de Reserva Legal; a exploração florestal, o suprimento de matéria-prima florestal, o controle da origem dos produtos florestais e o controle e prevenção dos incêndios florestais, e prevê instrumentos econômicos e financeiros para o alcance de seus objetivos" (art. 1ºA, incluído pela Lei nº 12.727, de outubro de 2012). Porém, enquanto uns afirmam que ele favorece a devastação ambiental, outros dizem que ele prejudica a produção rural.

- Organizem-se em dois grupos para promover um debate. Em seguida, um grupo irá redigir um texto apontando possíveis vantagens e benefícios do novo Código Florestal, enquanto o outro construirá em seu relatório argumentos para criticar esse código. Ao final, os relatórios deverão ser apresentados à classe, que escolherá qual deles se mostrou mais convincente em relação à polêmica.

Interfaces — Educação Física, Física e Geografia

Parkour: um exercício de direito à cidade

O título desta seção faz menção a uma importante e já clássica obra do filósofo francês Henri Lefebvre (1901-1991), *O direito à cidade* (1968). Nela, o autor aponta a urbanização como resultado da industrialização e da propagação do capitalismo e qualifica a cidade como um espaço segregador que valoriza os indivíduos de forma desigual, evidenciando as diferenças de classe nos seus mais diversos usos. Tais diferenças podem se estender a outras, entre elas a de gênero, a religiosa e a etária.

É comum, nos espaços urbanos modernos, que grupos de jovens sejam estigmatizados quando se reúnem ou se movimentam por certos pontos da geografia das cidades. Em razão de imagens e símbolos que recaem sobre eles, o uso que fazem do espaço pode ser restringido a locais ou horários específicos, determinados ou por legislações (como os horários-limite para a ocorrência de festas e bailes musicais com equipamento de som) ou pela própria sensação de insegurança que vem sendo instalada nas cidades (alguns trajetos tidos como perigosos não são recomendados).

Entretanto, o objeto de nossa discussão é uma prática socialmente incentivada por seu caráter classificado como saudável, integrador de grupos e ambientalmente não danoso: o *parkour*. E seus praticantes são principalmente os jovens de que falamos.

O *parkour* pode ser definido como uma atividade cujo objetivo é se movimentar de modo acrobático o mais rápido e eficientemente possível, usando sobretudo as habilidades do próprio corpo. Assim, a transposição dos obstáculos, que requer muita concentração e consciência (avaliação, capacidade e risco quanto a distâncias e alturas), é o que faz o *traceur* (o praticante desse esporte) se exercitar nesse esporte urbano.

Com um evidente investimento no aspecto da liberdade e da experimentação da cidade, o *parkour* pode ser interpretado pelas Ciências Sociais, especialmente pela Sociologia, como um modo de ser e de estar (como também nos informa seu lema não oficial "*être et durer*": "ser e durar", em tradução livre), que se livra das amarras dos percursos preestabelecidos e da regulação do uso dos equipamentos urbanos (escadas, corrimões, rampas) dirigidos aos pedestres. Desse modo, pode-se compreender o *parkour* como prática urbana que transgride as regras do uso dos suportes da cidade: estes, fixos e estáveis, servem à mobilidade, à criatividade dos gestos e à instabilidade positiva dos comportamentos urbanos.

Do mesmo modo, o esporte pode ser compreendido por disciplinas diversas, como Educação Física, Física e Geografia, e isso deve-se tanto à própria fragilidade da análise sociológica em caracterizá-lo suficientemente quanto à riqueza que o *parkour* fornece, provocando um diálogo com as disciplinas citadas e entre elas.

Quanto à Educação Física e à Física, tais disciplinas, associadas, podem explicar não somente a força acionada pelo atleta em seu deslocamento, como também o cálculo e a impulsão utilizados para saltar por sobre um obstáculo ou de uma para outra base de sustentação (muro, por exemplo), bem como a relação entre peso e resistência atuantes no movimento.

A Geografia é uma parceira da análise sociológica na medida em que possibilita a discussão sobre o traço da cidade em seu aspecto físico e que condiciona a movimentação dos indivíduos.

Praticante do *parkour* na cidade de Arlington, no estado da Virgínia (Estados Unidos), em 2015.

A CIDADE E SEUS USUÁRIOS

Pela observação pessoal de praticantes do *parkour* ou da projeção de um filme em que o esporte esteja presente, discuta as teorias sobre a cidade e seus usuários trabalhadas neste capítulo a fim de refletir sobre as condições de vida urbana. Para além dos gestos, movimentos e espaços percorridos pelos esportistas, a dica é atentar para os aspectos propostos a seguir.

a) Composição do entorno.

b) Formas arquitetônicas que revestem a cidade.

c) Noção observável de centro e periferia.

d) Acessibilidade.

e) Degradação ambiental.

ATIVIDADES

REFLEXÃO E REVISÃO

Com base no que foi apresentado ao longo do capítulo, realize as atividades a seguir.

1. Quais são os aspectos mais relevantes das teorias de Antônio Cândido e Vandana Shiva para pensar a relação entre modernização e meio ambiente? Que conceitos esses autores utilizam para sua análise?

2. Preservacionismo e sustentabilidade são conceitos-chave para entender questões políticas relacionadas a problemas socioambientais. Defina sociologicamente esses conceitos, com destaque para as diferenças práticas entre eles.

3. Há diferentes temas relacionados à questão alimentar, como agronegócio, segurança alimentar e formas de produção de alimentos. Quais foram os principais debates sociológicos sobre esses temas apresentados no capítulo?

4. Preservacionismo e conservadorismo traduzem questões políticas relacionadas às questões socioambientais. Podemos dizer que essas duas correntes:

    a) divergem em relação às consequências da interferência humana no meio ambiente.

    b) propõem formas equivalentes de exploração industrial dos recursos naturais.

    c) divergem em relação à distância que as reservas naturais devem estar dos centros urbanos.

    d) propõem políticas ambientais que prejudicam a exploração econômica da natureza.

    e) divergem a respeito das origens históricas dos problemas socioambientais que existem hoje.

5.

> "A população dos municípios que está sendo afetada com o rompimento das barragens reclama que comerciantes estão aumentando o preço da água. Em alguns casos, o preço dobrou. A demanda subiu extraordinariamente após ser anunciado que, com a contaminação do rio Doce pelos rejeitos da barragem, o abastecimento de água será paralisado nas cidades."
>
> G1. Comerciantes podem ser presos se cobrarem preço alto por água, no ES. 14 nov. 2015. Disponível em: <http://mod.lk/1k2nw>. Acesso em: jun. 2017.

Fenômenos como o denunciado na reportagem acima revelam que em relação às questões socioambientais os mecanismos básicos de uma economia de mercado são:

a) injustos, pois não levam em consideração a dimensão social da demanda econômica.

b) insuficientes, pois carecem de regulamentação eficaz por parte do poder público.

c) anárquicos, pois não contam com sistema eficaz de autogestão da oferta de mercadorias.

d) ineficazes, pois não universalizam o ganho em momentos de demanda extraordinária.

e) inconstantes, pois nem sempre a oferta e demanda atingem seu ponto de equilíbrio.

6. Economia verde e Justiça ambiental são nomes que correspondem a duas formas diferentes de compreender os problemas socioambientais e propor soluções para eles. Podemos dizer que os seguintes conceitos definem respectivamente fundamentos da Economia verde e da Justiça ambiental:

    a) utilitarismo e cultura de direitos.

    b) preservacionismo e ecoeficiência.

    c) classes ambientais e modernização ecológica.

    d) conservacionsimo e sustentabilidade.

    e) racismo ambiental e revolução verde.

QUESTÕES PARA DEBATE

O rompimento da barragem da mineradora Samarco provocou grande destruição no distrito de Bento Rodrigues, em Mariana (MG), em 2015, com soterramento de imóveis e veículos, deixando dezenas de pessoas mortas, feridas e desaparecidas, assim como centenas de desabrigados.

No dia 5 de novembro de 2015, uma catástrofe destruiu o vilarejo de Bento Rodrigues, na cidade de Mariana, em Minas Gerais. O rompimento de uma barragem de rejeitos de mineração fez com que uma avalanche de lama altamente contaminada por resíduos tóxicos (descartados no processo de mineração) varresse do mapa aquele vilarejo e avançasse em direção a outras cidades. Avançando pelo rio Doce, a lama atingiu parte dos estados de Minas Gerais e chegou ao oceano Atlântico. O resultado foi a perda de oito vidas humanas (sem contar os dezenove desaparecidos até aqui); peixes e outros animais da fauna local também foram e ainda serão sacrificados (os resíduos presentes na lama

Capítulo 15 • Sociedade e meio ambiente 357

ATIVIDADES

provocam um colapso no sistema respiratório dos peixes, que morrem, mas não vêm à superfície devido à espessura do lamaçal).

A matéria a seguir trata do nível de toxicidade verificado em amostras da enxurrada de lama que foram coletadas cerca de 300 km depois do distrito de Bento Rodrigues.

> **"Lama que vazou de barragens pode provocar problemas ósseos, intestinais e agravar distúrbios cardíacos**
>
> A água coletada pelo Serviço de Água e Esgoto (Saae) de [Governador] Valadares [MG] aponta um índice de ferro 1.366.666% acima do tolerável para tratamento — um milhão e trezentos mil por cento além do recomendado, segundo relatório enviado à reportagem [...]. Os níveis de manganês, metal tóxico, superam o tolerável em 118.000%, enquanto o alumínio estava presente com concentração 645.000% maior do que o possível para tratamento e distribuição aos moradores. As alterações foram sentidas a partir de 8h, enquanto o pico de lama tóxica ocorreu às 14h no rio Doce.
>
> [...]
>
> A quantidade de manganês presente na água em quantidade adequada para tratamento é 0,1 mg, mas os técnicos encontraram 29,3 mg pela manhã e 118 mg (1.180 vezes acima) durante a cheia da tarde. O alumínio aparece com 0,1 mg, mas estava disponível em 13,7 mg e 64,5 mg, respectivamente (6.450 vezes superior). A concentração tolerada de ferro é 0,03 mg, mas as amostras continham 133 mg e 410 mg. O nível de turbidez regular é 1.000 uT, mas chegou a 80 mil uT na passagem da enchente."
>
> MENEZES, Enzo. Lama que vazou de barragens pode provocar problemas ósseos, intestinais e agravar distúrbios cardíacos. *Viomundo*: o que você não vê na mídia, 12 nov. 2015. Disponível em: <http://mod.lk/ttmyp>. Acesso em: jun. 2017.

Como podemos perceber, os recursos naturais (minerais e hídricos, nesse caso) foram privatizados, bem como o lucro oriundo de sua exploração. O prejuízo, entretanto, foi socializado, tendo a maior parcela recaído sobre os ombros da população local. Um prejuízo gerado pelos riscos assumidos quando, por exemplo, operavam sem uma barragem de emergência e um plano de contingência, conforme criticado pelo biólogo André Ruschi, da Estação de Biologia Marinha Augusto Ruschi, no litoral do Espírito Santo, em Santa Cruz.

Isso sem falarmos que as cidades onde esse tipo de empresa, voltada para a atividade extrativista, se instala acabam criando uma dependência em relação a ela; os empregos, o comércio local, enfim, o grosso da circulação de capital acaba sendo impulsionado pela empresa ou ficando relacionado a ela. Contudo, quando o recurso se esgota, a empresa se retira rumo a outra região onde possa reiniciar a exploração e deixa para trás um rastro de destruição e verdadeiras cidades-fantasmas, isso quando não acontecem tragédias semelhantes à de Bento Rodrigues.

Como fica evidente em ocorrências desse tipo, a busca do lucro coloca-se à frente do respeito à vida de um modo geral. Com base no caso relatado, discuta com os colegas as questões a seguir.

- É possível pensar em sustentabilidade socioambiental numa sociedade capitalista, em que a busca do lucro é um referencial tão forte?
- Como conceitos estudados no capítulo, por exemplo, o de justiça ambiental, podem ser utilizados nesse debate?

ENEM E VESTIBULARES

Questão 1

(Enem, 2013)

> **Texto I**
>
> "A nossa luta é pela democratização da propriedade da terra, cada vez mais concentrada em nosso país. Cerca de 1% de todos os proprietários controla 46% das terras. Fazemos pressão por meio da ocupação de latifúndios improdutivos e grandes propriedades, que não cumprem a função social, como determina a Constituição de 1988. Também ocupamos as fazendas que têm origem na grilagem de terras públicas."
>
> Disponível em: <www.mst.org.br>. Acesso em: ago. 2011 (adaptado).

> **Texto II**
>
> "O pequeno proprietário rural é igual a um pequeno proprietário de loja: quanto menor o negócio, mais difícil de manter, pois tem de ser produtivo e os encargos são difíceis de arcar. Sou a favor de propriedades produtivas e sustentáveis e que gerem empregos. Apoiar uma empresa produtiva que gere emprego é muito mais barato e gera muito mais do que apoiar a reforma agrária."
>
> LESSA, C. Disponível em: <www.observadorpolitico.org.br>. Acesso em: ago. 2011 (adaptado).

Nos fragmentos dos textos, os posicionamentos em relação à reforma agrária se opõem. Isso acontece porque os autores associam a reforma agrária, respectivamente, à

a) redução do inchaço urbano e à crítica ao minifúndio camponês.

b) ampliação da renda nacional e à prioridade ao mercado externo.

c) contenção da mecanização agrícola e ao combate ao êxodo rural.

d) privatização de empresas estatais e ao estímulo ao crescimento econômico.

e) correção de distorções históricas e ao prejuízo ao agronegócio.

Questão 2

(Enem, 2015)

ALIMENTOS CONTAMINADOS COM AGROTÓXICOS

[Charge: Delegado pergunta: "Por que o sr. desconfia que sua mulher tá tentando matá-lo?" Homem responde: "Ela me serviu pimentão, alface e tomate no jantar." "E de sobremesa morango e uva!" — AMARILDO, amarildo.com.br]

Na charge há uma crítica ao processo produtivo agrícola brasileiro relacionada ao

a) elevado preço das mercadorias.
b) aumento da demanda por produtos naturais.
c) crescimento da produção de alimentos.
d) hábito de adquirir derivados industriais.
e) uso de agrotóxicos nas plantações.

Questão 3

(Fuvest, 2016)

> "O desmatamento atual na Amazônia cresceu em relação a 2015. Metade da área devastada fica no estado do Pará, atingindo áreas privadas ou de posse, sendo ainda registrados focos em unidades de conservação, assentamentos de reforma agrária e terras indígenas."
>
> IMAZON. *Boletim do desmatamento da Amazônia Legal*, 2016 (adaptado).

Tal situação coloca em risco o compromisso firmado pelo Brasil na 21ª Conferência das Nações Unidas sobre Mudança Climática (COP21), ocorrida em 2015. O desmatamento na Amazônia tem raízes históricas ligadas a processos que ocorrem desde 1970.

Com base nos dados e em seus conhecimentos, aponte a afirmação **correta**.

a) O desmatamento, apesar de atingir áreas de unidades de conservação, que incluem florestas, parques nacionais e terras indígenas, viabiliza a ampliação do número de assentamentos da reforma agrária.

b) As grandes obras privadas implantadas na Amazônia valorizam as terras, atraindo enorme contingente populacional, que por sua vez origina regiões metropolitanas que degradam a floresta.

c) A grilagem de terras em regiões de grandes projetos de infraestrutura, a extração ilegal de madeira e a construção de rodovias estão entre as causas do desmatamento na Amazônia.

d) A extração ilegal de madeira na Amazônia vem sendo monitorada por países estrangeiros devido às exigências na COP21, pois eles são os maiores beneficiários dos acordos da Conferência.

e) Os grandes projetos de infraestrutura causam degradação da floresta amazônica, com intensidade moderada e temporária, auxiliando a regularização fundiária.

QUESTÕES PARA PESQUISA

Os serviços ambientais (também chamados de serviços ecossistêmicos ou de ecossistemas) correspondem aos benefícios que as pessoas obtêm dos ecossistemas. Tais serviços são considerados essenciais para a sobrevivência dos seres humanos e também são importantes para a redução da pobreza. Quando eles são degradados ou superexplorados por razões econômicas, há consequências ruins para a natureza e para todos que dependem dela.

O Pagamento por Serviços Ambientais (PSA) é um dos mecanismos por meio dos quais a economia verde pretende realizar a modernização ecológica da economia capitalista. Pela mercantilização dos processos e produtos fornecidos pela natureza, a ideia é solucionar os problemas ambientais com base na lógica do mercado, de forma que as empresas ou pessoas que explorem esses recursos ofereçam algum tipo de compensação pela sua destruição ou utilização inadequada.

Faça uma pesquisa nos *sites* indicados no capítulo e procure informações a respeito do PSA. Você verá que existem posições a favor e contrárias à utilização desses mecanismos, de acordo com a corrente ambientalista.

Tendo em mente as posições apresentadas no capítulo, a turma deverá pesquisar, em grupos, a posição ambientalista dos seguintes atores sociais:

- um movimento social;
- uma ONG;
- uma grande corporação privada;
- um governo (municipal, estadual ou federal).

Pesquisem a posição de cada ator diante da relação entre desenvolvimento econômico, proteção ambiental e sustentabilidade. Um meio de fazer isso é descobrir quais são os **objetivos** desse ator social, quais são seus **meios de ação**, quais são seus **adversários** e **por quê**.

Com base nos dados obtidos, cada grupo, ao expor as informações, deverá indicar e justificar a posição do ator social pesquisado em relação à estratégia do PSA da economia verde.

Mais questões: no livro digital, em **Vereda Digital Aprova Enem** e **Vereda Digital Suplemento de revisão e vestibulares**; no *site*, em **AprovaMax**.

Capítulo 15 • Sociedade e meio ambiente **359**

MovimentAção
Júri simulado: o caso do cais José Estelita

Um júri simulado permite que uma questão seja analisada por diferentes ângulos e perspectivas. Nesta atividade, propomos um julgamento simulado sobre o caso do cais José Estelita, localizado na área central de Recife (PE).

COMPREENDA O CASO

Em 2014, manifestantes ocuparam os antigos armazéns do cais José Estelita, em Recife (PE), para impedir sua demolição e a construção de imóveis no local. Os integrantes do movimento conhecido como #OcupeEstelita foram violentamente retirados pela Polícia Militar durante uma ação de reintegração de posse da área. As manifestações contra a privatização do espaço público continuaram.

O QUE DIZ A LEI

A Constituição defende a função social da cidade e, ao mesmo tempo, garante o direito à propriedade privada como um de seus princípios fundamentais. O caso trata de um direito individual que se sobrepõe a um direito coletivo. Qual deles terá prioridade? O júri simulado deverá considerar os argumentos em defesa da ação judicial de reintegração de posse e aqueles contrários à desocupação.

ILUSTRAÇÃO: ALEXANDRE JUBRAN E LUIZ IRIA

Cronologia do caso

Séculos XIX e XX

O local
O cais José Estelita é uma área de 100 mil metros quadrados, onde permanecem as estruturas de trilhos da Rede Ferroviária Federal do século XIX e galpões construídos no século XX, destinados ao armazenamento de açúcar.

2008

O projeto
O local foi comprado do poder público em um leilão em 2008 pelo Consórcio Novo Recife, representante de construtoras. O projeto previa a construção de 12 torres, algumas com mais de 40 andares, de uso privado.

2012

Reação da sociedade
O projeto é apresentado publicamente e ativistas protestam contra a ocupação privada do terreno.

360 Sociologia em movimento

OS PAPÉIS DO JÚRI SIMULADO

Para a realização desta atividade, é importante a presença das figuras do juiz, dos jurados, da defesa, da acusação e das testemunhas. Os papéis poderão ser desempenhados por grupos a fim de que todos participem do julgamento.

A DEFESA
Função desempenhada por advogados ou defensores públicos. Como não há réu, a defesa trabalhará para aprovar o tema proposto. Neste caso, os advogados argumentarão em defesa do direito à posse do imóvel e contra a ocupação.

O JUIZ
Responde pelo andamento do júri, trabalhando para manter a ordem e garantir que todos tenham direito à palavra.

OS JURADOS
Analisam os argumentos da acusação e da defesa para, ao final, decidirem se a reintegração de posse em favor do Consórcio Novo Recife foi uma ação justa.

A ACUSAÇÃO
É executada por um promotor, que busca a condenação do réu ou, neste caso, a rejeição do tema proposto. Expõe seus argumentos com base em provas técnicas e testemunhais. Deverá argumentar contra a desocupação, com base no princípio da função social da cidade explicitado na Constituição.

AS TESTEMUNHAS
Devem organizar seus depoimentos com base em situações reais ou semelhantes às relatadas pelos envolvidos (há na internet registros jornalísticos, textuais, visuais e audiovisuais sobre o ocorrido). Para a realização desta simulação, podem estar entre as testemunhas:

Da defesa
Proprietário do imóvel; comerciantes locais; moradores do entorno; policiais que tenham participado da ação de desocupação.

Da acusação
Militantes do movimento dos sem-teto; moradores do entorno; manifestantes pelo direito à cidade e membros de organizações internacionais ligadas aos direitos humanos.

2013 — Aprovação do projeto
O projeto imobiliário do Consórcio Novo Recife é aprovado pela Prefeitura.

2014 — Mobilização de ativistas
Ativistas levantam acampamento para impedir demolições no local. Ação violenta de reintegração de posse termina com quatro detidos e cinco pessoas feridas.

2015 — Confrontos
Estudante é baleado pela polícia durante passeata do movimento Ocupe Estelita. Justiça anula leilão do terreno arrematado pelo Consórcio Novo Recife.

2017 — Ocupe Estelita
Movimento Ocupe Estelita continua a promover manifestações e eventos culturais na área do cais.

Capítulo 15 • Sociedade e meio ambiente

REFERÊNCIAS BIBLIOGRÁFICAS

ABRAMO, Helena Wendel. Considerações sobre a tematização social da juventude no Brasil. *Revista Brasileira de Educação*. São Paulo, Anped, n. 5-6, p. 25-36, maio-dez., 1997.

ABRAMOVAY, Miriam; CASTRO, Mary Garcia (Coords.). *Juventude, juventudes*: o que une e o que separa. Brasília: Unesco, 2006. Disponível em: <http://mod.lk/HzhJ5>. Acesso em: jun. 2017.

ACSELRAD, Henri; MELLO, Cecilia Campello Amaral; BEZERRA, Gustavo Neves. O que é justiça ambiental? *Ambiente & Sociedade*, v. 12, n. 2, p. 389-392, 2009.

ADORNO, Theodor W. A indústria cultural. In: COHN, G. (Org.). *Comunicação e indústria cultural*. São Paulo: Companhia Editora Nacional, 1978. p. 287-295.

_____. *Indústria cultural e sociedade*. São Paulo: Paz e Terra, 2002.

_____. *Teoria estética*. São Paulo: Martins Fontes, 1982.

_____; HORKHEIMER, Max. *A dialética do esclarecimento*. Rio de Janeiro: Zahar, 1995.

AGUIAR, Neuma. Patriarcado, sociedade e patrimonialismo. *Sociedade e Estado*, 15(2), p. 303-330. Disponível em: <http://mod.lk/9ssij>. Acesso em: jun. 2017.

ALLENDE, Isabel. *A ilha sob o mar*. Rio de Janeiro: Bertrand Brasil, 2011.

ALMEIDA, Maria Isabel Mendes de. Guerreiros da noite: cultura jovem e nomadismo urbano. *Ciência Hoje*, v. 34, n. 202, p. 28, 2004.

ALT, Vivian. Mineração é a maior responsável por mortes no trabalho ao redor do mundo. *Carta Capital*, 1º jul. 2015. Disponível em: <http://mod.lk/k9rMN>. Acesso em: jun. 2017.

ALTHUSSER, Louis. *Aparelhos ideológicos de Estado*. 2. ed. Rio de Janeiro: Graal, 1985.

ALVES, Fabricio Gomes. Entre a cultura histórica e a cultura historiográfica: implicações, problemas e desafios para a historiografia. *Aedos*. Disponível em: <http://mod.lk/AN4Fa>. Acesso em: jun. 2017.

ALVES, Giovanni. *O novo e precário mundo do trabalho*: reestruturação produtiva e crise do sindicalismo. São Paulo: Boitempo Editorial, 2000.

AMADO, Jorge. *Gabriela, cravo e canela*. São Paulo: Companhia das Letras, 2008.

ANTOUN, Henrique. Web 2.0 e o futuro da sociedade cibercultural. *Lugar Comum*, Rio de Janeiro, n. 27, p. 235-245, 2009.

_____; MALINI, Fabio. Monitoramento, vazamentos e anonimato nas revoluções democráticas das redes sociais da internet. *Fronteiras — Estudos midiáticos*, v. 14, p. 68-76, maio-ago., 2012.

_____. Ontologia da liberdade na rede: a guerra das narrativas na internet e a luta social na democracia. *Revista Famecos*, v. 17, n. 3, p. 286-294, set.-dez., 2010.

ANTOUN, Henrique; LEONARDI, Elisa Ferreira Roseira. A agonística entre dispositivo de visibilidade e modos de subjetivação no Blog da Galera de Capricho. *Culturas Midiáticas*, ano 5, n. 9, p. 1-12, jul.-dez., 2012.

ANTUNES, Ricardo. A crise, o desemprego e alguns desafios atuais. *Serviço Social & Sociedade*, São Paulo, n. 104, p. 632-636, out./dez. 2010.

_____. *Adeus ao trabalho?* Ensaio sobre as metamorfoses e a centralidade do mundo do trabalho. 16. ed. São Paulo: Cortez, 2015.

_____. A era da informatização e a época da informalização: riqueza e miséria do trabalho no Brasil. In: _____ (Org.). *Riqueza e miséria do trabalho no Brasil*. São Paulo: Boitempo Editorial, 2006.

ARANTES, Otília; VAINER, Carlos; MARICATO, Ermínia (Coords.). *A cidade do pensamento único*: desmanchando consensos. Petrópolis: Vozes, 2000.

ARIÈS, Philippe. *História social da criança e da família*. Tradução de Dora Flaksman. 2. ed. Rio de Janeiro: LTC, 1981.

ARISTÓTELES. *Política*. Tradução de Maria da Gama Kury. 3. ed. Brasília: Ed. da UnB, 1997.

ARON, Raymond. *As etapas do pensamento sociológico*. Tradução de Sérgio Bath. 6. ed. São Paulo: Martins Fontes, 2002. (Coleção Tópicos).

ARTICULAÇÃO DE ORGANIZAÇÕES DE MULHERES NEGRAS BRASILEIRAS (AMNB). *Marcha das mulheres negras*. p. 4. E-book. Brasília, 2015. Disponível em: <http://mod.lk/a1h9r>. Acesso em: jun. 2017.

ATHAYDE, Celso; MV BILL; SOARES, Luis Eduardo. *Cabeça de porco*. Rio de Janeiro: Objetiva, 2005.

AVELAR, Lúcia; CINTRA, Antônio Octávio (Orgs.). *Sistema político brasileiro*: uma introdução. Rio de Janeiro: Fundação Konrad Adenauer Stiftung; São Paulo: Fundação Unesp, 2004.

AZEVEDO, Solange. Racismo nos tribunais. *IstoÉ*, 21 jan. 2016. Disponível em: <http://mod.lk/DXmr1>. Acesso em: jun. 2017.

BARBOSA, Lícia Maria de Lima. Feminismo negro: notas sobre o debate norte-americano e brasileiro. In: *Seminário Fazendo Gênero 9. Diásporas, diversidades, deslocamentos*. Universidade Federal de Santa Catarina, 23-26 ago. 2010. Disponível em: <http://mod.lk/LPwWQ>. Acesso em: jun. 2017.

BARREIROS NETO, Jaime. Histórico do processo eleitoral brasileiro e retrospectiva das eleições. *Jus Navigandi*, Teresina, ano 14, n. 2.162, jun. 2009. Disponível em: <http://mod.lk/l9fss>. Acesso em: jun. 2017.

BARRETO, Lima. *Triste fim de Policarpo Quaresma*. São Paulo: Ática, 1998.

BATISTA, Paulo Nogueira. O Consenso de Washington: a visão neoliberal dos problemas latino-americanos. Programa Educativo Dívida Externa (Pedex), *Caderno Dívida Externa*, n. 6, 2. ed., nov. 1994.

BAUMAN, Zygmunt. *A modernidade líquida*. Rio de Janeiro: Zahar, 1991.

_____. *Globalização*: as consequências humanas. Rio de Janeiro: Zahar, 1999.

BAUMANN, Renato; LACERDA, Juan Carlos. A integração econômica entre Brasil, Argentina e Uruguai: que tipo de integração se pretende? In: _____ (Orgs.). *Brasil—Argentina—Uruguai*: a integração em debate. Barueri: Marco Zero, 1987.

BEAUVOIR, Simone de. *O segundo sexo*: a experiência vivida. São Paulo: Difusão Europeia do Livro, 1967.

BECK, Ulrich. *O que é globalização?* Equívocos do globalismo: respostas à globalização. São Paulo: Paz e Terra, 1999.

_____. *Sociedade de risco*: rumo a uma outra modernidade. São Paulo: Editora 34, 2010.

BERGER, Peter L.; LUCKMANN, Thomas. *A construção social da realidade*. Petrópolis: Vozes, 1985.

BIELSCHOWSKY, Ricardo. Cinquenta anos do pensamento na Cepal: uma resenha. In: _____ (Org.). *Cinquenta anos de pensamento na Cepal*. Rio de Janeiro: Record, 2000. v. 1 e 2.

BOAS, Franz. *A formação da antropologia americana*: 1883-1911. Rio de Janeiro: Contraponto, 2004.

_____. *Antropologia cultural*. Rio de Janeiro: Zahar, 2010.

BOBBIO, Norberto. *Estado, governo, sociedade*: para uma teoria geral da política. 7. ed. Rio de Janeiro: Paz e Terra, 1999.

_____. *O futuro da democracia*. Tradução de Marco Aurélio Nogueira. 9. ed. São Paulo: Paz e Terra, 2000.

_____. *Teoria geral da política*: a filosofia política e as lições dos clássicos. Rio de Janeiro: Elsevier, 2000.

_____ et al. *Dicionário de política*. Brasília: Ed. da UnB, 1998. 2 v.

BOFF, Leonardo. A gestação do povo brasileiro, a universidade e o saber popular. Disponível em: <http://mod.lk/AhGrO>. Acesso em: jun. 2017.

BONAVIDES, Paulo. *Ciência política*. 10. ed. São Paulo: Malheiros, 1998.

BORGES, Edson; MEDEIROS, Carlos Alberto; D'ADESKY, Jacques (Orgs.). *Racismo, preconceito e intolerância*. 6. ed. São Paulo: Atual, 2002.

BORÓN, Atílio. A sociedade civil depois do dilúvio neoliberal. In: SADER, Emir; GENTILI, Pablo (Orgs.). *Pós-liberalismo*: as políticas sociais e o estado democrático. São Paulo: Paz e Terra, 1997.

BORTOLINI, Alexandre. Diversidade sexual e de gênero na escola. *Revista Espaço Acadêmico*, ano XI, n. 123, ago. 2011. Disponível em: <http://mod.lk/k17uJ>. Acesso em: jun. 2017.

BOULET, Marc. *Na pele de um dalit*. 2. ed. Rio de Janeiro: Bertrand Brasil, 2009.

BOURDIEU, Pierre. *A dominação masculina*. Rio de Janeiro: Bertrand Brasil, 2010.

BRASIL. Câmara dos Deputados. PEC 171/1993. Disponível em: <http://mod.lk/Cuyfm>. Acesso em: jun. 2017.

_____. Casa Civil. *Constituição da República Federativa do Brasil de 1988*. Disponível em: <http://mod.lk/mdluq>. Acesso em: jun. 2017.

_____. Ministério da Saúde. Conselho Nacional de Combate à Discriminação. *Brasil sem Homofobia*: Programa de Combate à Violência e à Discriminação Contra GLTB e Promoção da Cidadania Homossexual. Brasília: Ministério da Saúde, 2004.

_____. Ministério das Relações Exteriores. VI *Cúpula do Brics*: Declaração de Fortaleza [item 11]. Disponível em: <http://mod.lk/GKzYA>. Acesso em: jun. 2017.

_____. Ministério Público Federal. *Trabalho escravo*: MPF/PA já denunciou 19 pessoas à Justiça em 2015. Disponível em: <http://mod.lk/v1A26>. Acesso em: jun. 2017.

_____. Serviço Brasileiro de Apoio às Micro e Pequenas Empresas. *Pesquisa perfil da juventude brasileira 2003*. Disponível em: <http://mod.lk/V2DGq>. Acesso em: jun. 2017.

BRITO, Juliana Machado. Guerra às drogas e territórios em disputa. *Le Monde Diplomatique Brasil*, ano 5, n. 56, 7 mar. 2012.

BRUM, Elaine. Exaustos-e-correndo-e-dopados. *EL País*, 4 jul. 2016. Disponível em: <http://mod.lk/Od5wq>. Acesso em: jun. 2017.

BUTLER, Judith. *O clamor de Antígona*: parentesco entre a vida e a morte. Florianópolis: Editora UFSC, 2014.

_____. *Problemas de gênero*: feminismo e subversão da identidade. Tradução de Renato Aguiar. Rio de Janeiro: Civilização Brasileira, 2003.

CALDEIRA, Jéssica. O número de brasileiros com formação superior cresce em 110%, segundo o MEC. *Portal Digitais PUC-Campinas*. Disponível em: <http://mod.lk/hSCkc>. Acesso em: jun. 2017.

CALDEIRA, Teresa Pires do Rio. *Cidade de muros*: crime, segregação e cidadania em São Paulo. São Paulo: Editora 34/Edusp, 2000.

CAMPANA, Priscila. O impacto do neoliberalismo no Direito do Trabalho: desregulamentação e retrocesso histórico. *Revista de Informação Legislativa*, Brasília, n. 147, 2000. Disponível em: <http://mod.lk/cccQZ>. Acesso em: jun. 2017.

CAMPOS, Anderson. *Juventude e ação sindical*: crítica ao trabalho indecente. Rio de Janeiro: Letra e Imagem, 2010.

CANCLINI, Néstor García. *A globalização imaginada*. São Paulo: Iluminuras, 2007.

_____. *Consumidores e cidadãos*. Rio de Janeiro: Editora da UFRJ, 1996.

_____. *Culturas híbridas*: estratégias para entrar e sair da modernidade. 3. ed. São Paulo: Edusp, 2000. (Coleção Ensaios Latino-Americanos).

CANDAU, Vera Maria Ferrão (Coord.). *Somos todos iguais*: escola, discriminação e educação em direitos humanos. Rio de Janeiro: Lamparina Editora, 2003.

CÂNDIDO, Antônio. *Os parceiros do Rio Bonito*. São Paulo: Duas Cidades, 1977.

CANO, Ignacio. Pacto federativo e segurança pública. *Le Monde Diplomatique Brasil*. Disponível em: <http://mod.lk/biRqf>. Acesso em: jun. 2017.

CAPUCHINHO, Patrícia. Células-tronco: a batalha da ciência × religião. *Portal Jornalismo Unip Chácara*. Disponível em: <http://mod.lk/UWugJ>. Acesso em: jun. 2017.

CARDOSO, Cláudia Pons. Amefricanizando o feminismo: o pensamento de Lélia Gonzalez. *Estudos Feministas*, Florianópolis, v. 22, n. 3, set./dez. 2014. Disponível em: <http://mod.lk/fPxSQ>. Acesso em: jun. 2017.

CARNEIRO, Henrique Soares. Rebeliões e ocupações de 2011. In: HARVEY, David et al. *Occupy*: movimentos de protesto que tomaram as ruas. São Paulo: Boitempo Editorial/Carta Maior, 2012.

CARNOY, Martin. *Estado e teoria política*. Campinas: Papirus, 1986.

CARVALHO, Carolina Minardi de; GUIMARÃES, Leonardo Massula; ZANDOMÊNICO, Renan Ribeiro. Entre Kultur e Civilization: uma análise da formação do conceito de civilização e cultura na transição do feudalismo para o capitalismo, a partir dos textos de Norbert Elias. *História em Curso*, Belo Horizonte, v. 3, n. 3, 2013. Disponível em: <http://mod.lk/UM5aq>. Acesso em: jun. 2017.

CARVALHO, José Murilo de. *Cidadania no Brasil*: o longo caminho. Rio de Janeiro: Civilização Brasileira, 2004.

CASTEL, Robert. *As metamorfoses da questão social*: uma crônica do salário. Petrópolis: Vozes, 1998.

CASTELLS, Manuel. *A questão urbana*. São Paulo: Paz e Terra, 1983.

_____. *A sociedade em rede* — a era da informação: economia, sociedade e cultura. São Paulo: Paz e Terra, 1999. v. 1 e 3.

CASTRO, Josué de. *Geografia da fome*: o dilema brasileiro — pão ou aço. Rio de Janeiro: Civilização Brasileira, 2005.

CATTANI, Antonio David (Org.). *Trabalho e tecnologia*: dicionário crítico. 2. ed. Petrópolis: Vozes, 1997.

CHANTER, Tina. *Gênero*: conceitos-chave em filosofia. Porto Alegre: Artmed, 2011.

CHARÃO, Cristina. O longo combate às desigualdades raciais. *Desenvolvimento*. Brasília, ano 8, n. 70, 2011. Disponível em: <http://mod.lk/QOIvZ>. Acesso em: jun. 2017.

REFERÊNCIAS BIBLIOGRÁFICAS

CHÂTELET, François; PISIER-KOUCHNER, Évelyne. *As concepções políticas do século XX*: história do pensamento político. Rio de Janeiro: Zahar, 1983.

CHAUI, Marilena. *Convite à filosofia*. São Paulo: Ática, 2000.

CHOMSKY, Noam. *O lucro ou as pessoas?*: neoliberalismo e ordem global. Rio de Janeiro: Bertrand Brasil, 2002.

CIDADÃOS antirracistas contra as leis raciais. Disponível em: <http://mod.lk/LSSvR>. Acesso em: jun. 2017.

CLASTRES, Pierre. *A sociedade contra o Estado*. Rio de Janeiro: Francisco Alves, 1978.

CLAVAL, Paul Charles Christophe. Geografia cultural: um balanço. *Geografia (Londrina)*, Londrina, v. 20, n. 3, p. 5-24, set./dez. 2011. Disponível em: <http://mod.lk/Bg1bH>. Acesso em: jun. 2017.

COHN, Gabriel (Org.); FERNANDES, Florestan (Coord.). *Weber*: sociologia. 3. ed. São Paulo: Ática, 1986.

COMTE, Auguste. *Curso de filosofia positiva*. São Paulo: Abril Cultural, 1978. (Coleção Os Pensadores).

_____. *Discurso sobre o espírito positivo*. São Paulo: Abril Cultural, 1978. (Coleção Os Pensadores).

CONSTANT, Benjamin. Da liberdade dos antigos comparada à dos modernos (1819). In: MORAES, João Quartim (Org.). *Revista Filosofia Política*, Porto Alegre, n. 2, 1985.

COSTA, Albertina et al. (Org.). *Mercado de trabalho e gênero*: comparações internacionais. Rio de Janeiro: FGV, 2008.

COUTINHO, Carlos Nelson. *De Rousseau a Gramsci*: ensaios de teoria política. São Paulo: Boitempo Editorial, 2011.

COUTINHO, João Pereira; PONDÉ, Luiz Felipe; ROSENFIELD, Denis. *Por que virei à direita*. São Paulo: Três Estrelas, 2012.

CUCHE, Denys. *A noção de cultura nas ciências sociais*. 2. ed. Bauru: Edusc/Verbum, 2002.

DAHL, Robert. *Poliarquia*: participação e oposição. São Paulo: Edusp, 1997.

_____. *Um prefácio à teoria democrática*. Rio de Janeiro: Zahar, 1989.

DALLARI, Dalmo de Abreu. *Direitos humanos e cidadania*. São Paulo: Moderna, 2004.

DAMATTA, Roberto. *O que faz o brasil, Brasil?* 12. ed. Rio de Janeiro: Rocco, 2001.

DAVIS, Mike. *Planeta favela*. São Paulo: Boitempo Editorial, 2006.

DAYRELL, Juarez. O rap e o funk na socialização da juventude. *Educação e Pesquisa*, São Paulo, v. 28, n. 1, p. 117-136, jan.-jun. 2002. Disponível em: <http://mod.lk/omipq>. Acesso em: jun. 2017.

DEBERT, Guita Grin. *A reinvenção da velhice*. São Paulo: Edusp, 2004.

DECLARAÇÃO Universal dos Direitos Humanos. Adotada e proclamada pela resolução 217A (III) da Assembleia Geral das Nações Unidas em 10 de dezembro de 1948. Disponível em: <www.direitoshumanos.usp.br>. Acesso em: jun. 2017.

DEFOE, Daniel. *Robinson Crusoé*. São Paulo: Iluminuras, 2004.

DEMO, Pedro. *Introdução à metodologia da ciência*. São Paulo: Atlas, 1994.

DESCARTES, René. *Discurso do método*. São Paulo: Hemus, 1995.

DOMINGUES, José Maurício. *Sociologia e modernidade*: para entender a sociedade contemporânea. Rio de Janeiro: Civilização Brasileira, 1999.

DÓRIA, Palmério; SEVERIANO, Mylton. *Golpe de Estado*: o espírito e a herança de 1964 ainda ameaçam o Brasil. São Paulo: Geração Editorial, 2015.

DOSMAN, Edgar J. *Raúl Prebisch (1901-1986)*: a construção da América Latina e do Terceiro Mundo. São Paulo: Contraponto, 2011.

DURKHEIM, Émile. *A divisão do trabalho social*. 2. ed. Lisboa: Presença, 1984.

_____. *As formas elementares de vida religiosa*: o sistema totêmico na Austrália. 2. ed. São Paulo: Abril Cultural, 1978. (Coleção Os Pensadores).

_____. *As regras do método sociológico*. São Paulo: Martin Claret, 2003.

_____. *Lições de Sociologia*: a Moral, o Direito e o Estado. São Paulo: Edusp, 1983.

_____. *O suicídio*. Rio de Janeiro: Zahar, 1982.

DUVERGER, Maurice. *Os partidos políticos*. 2. ed. Brasília: Ed. da UnB, 1980.

EISENBERG, José; POGREBINSCHI, Thamy. *Onde está a democracia?* Belo Horizonte: Ed. da UFMG, 2002.

ELIAS, Norbert. *A sociedade dos indivíduos*. Rio de Janeiro: Zahar, 1994.

_____. *Mozart*: sociologia de um gênio. Rio de Janeiro: Zahar, 1995.

_____. *O processo civilizador*. Rio de Janeiro: Zahar, 1994. v. 1.

_____; SCOTSON, John L. *Os estabelecidos e os outsiders*. Rio de Janeiro: Zahar, 2000.

FAORO, Raymundo. *Os donos do poder*: formação do patronato político brasileiro. Porto Alegre/São Paulo: Globo/Edusp, 1975.

FAYOL, Henri. *Administração industrial e geral*. São Paulo: Atlas, 1989.

FEATHERSTONE, Mike (Org.). *Cultura global*: nacionalismo, globalização e modernidade. Petrópolis: Vozes, 1994.

FELIPPE, Anibal. Xenofobia se converte em agressões contra imigrantes haitianos. *Gazeta do Povo*, 19 out. 2014. Disponível em: <http://mod.lk/nqitt>. Acesso em: jun. 2017.

FERNANDES, Florestan. *A integração do negro na sociedade de classes*. São Paulo: Dominus, 1965.

_____. *Ensaios de Sociologia geral e aplicada*. São Paulo: Pioneira, 1976.

_____. O ensino da Sociologia na escola secundária brasileira. In: _____. *A Sociologia no Brasil*. Petrópolis: Vozes, 1975.

FERREIRA, Fátima Ivone de Oliveira; LIMA, Rogerio Mendes de. O ensino de Sociologia e a (re)significação das redes sociais *on-line* na escola básica. In: FIGUEIREDO, André Videira de; OLIVEIRA, Luiz Fernandes de; PINTO, Nalayne Mendonça (Orgs.). *Sociologia na sala de aula*: reflexões e experiências docentes no Rio de Janeiro. Rio de Janeiro: Imperial Novo Milênio, 2012.

FIGUEIREDO, Fábio Baqueiro. *História da África*. Brasília/Salvador: Ministério da Educação/Secretaria de Educação Continuada, Alfabetização e Diversidade/Centro de Estudos Afro-Orientais, 2010.

FLEURI, Reinaldo Matias. Intercultura e educação. *Revista Brasileira de Educação*, Rio de Janeiro, n. 23, ago. 2003.

FOUCAULT, Michel. *História da sexualidade I*: vontade de saber. Rio de Janeiro: Graal, 1988.

_____. *Vigiar e punir*: nascimento da prisão. Tradução de L. M. Pondé Vassallo. 14. ed. Petrópolis: Vozes, 1996.

FRANÇA FILHO, Genauto Carvalho de. Terceiro setor, economia social, economia solidária e economia popular: traçando fronteiras conceituais. *Bahia Análise & Dados*, Salvador: SEI/Governo da Bahia, v. 12, n. 1, jun. 2002.

FREIRE, Paulo. *Pedagogia da autonomia*: saberes necessários à prática educativa. São Paulo: Paz e Terra, 2011.

FREYRE, Gilberto. *Casa-grande & senzala*. 34. ed. Rio de Janeiro: Record, 1988.

FRIEDMAN, Milton; FRIEDMAN, Rose. *Liberdade de escolher*: o novo liberalismo econômico. Tradução de Ruy Jungmann. Rio de Janeiro: Record, 1980.

FRIEDMAN, Thomas. *O mundo é plano*: uma breve história do século XXI. Rio de Janeiro: Objetiva, 2007.

FRY, Peter et al. (Orgs.). *Divisões perigosas*: políticas raciais no Brasil contemporâneo. Rio de Janeiro: Civilização Brasileira, 2007.

_____; MACRAE, Edward. *O que é homossexualidade?* São Paulo: Brasiliense, 1983.

FURTADO, Celso. Perspectivas da economia brasileira. In: MODENESI, Rui Lyrio; MONTEIRO FILHA, Dulce Corrêa (Orgs.). *BNDES, um banco de ideias*: 50 anos refletindo o Brasil. Rio de Janeiro: BNDES, 2002.

GAIGER, Luiz. Significado e tendências da economia solidária. In: CENTRAL ÚNICA DOS TRABALHADORES — CUT (Org.). *Sindicalismo e economia solidária*. São Paulo: CUT, 1999.

GALEANO, Eduardo. *As veias abertas da América Latina*. Rio de Janeiro: Paz e Terra, 1979.

GARCIA, Vinicius Gaspar. *Questões de raça e gênero na desigualdade social brasileira recente*. Dissertação (Mestrado) pela Universidade Estadual de Campinas, Campinas, 2005.

GEERTZ, Clifford. *A interpretação das culturas*. Rio de Janeiro: LTC, 1989.

GIDDENS, Anthony. *As consequências da modernidade*. São Paulo: Editora Unesp, 1991.

_____. *Sociologia*. Lisboa: Fundação Calouste Gulbenkian, 2004.

GÓES, José Angelo Wenceslau. *Fast-food*: um estudo sobre globalização alimentar. Salvador: Edufba, 2010.

GOFFMAN, Erving. *A representação do eu na vida cotidiana*. Petrópolis: Vozes, 1985.

GOHN, Maria da Glória. *História dos movimentos e lutas sociais*: a construção da cidadania dos brasileiros. São Paulo: Loyola, 1997.

_____. *Teoria dos movimentos sociais*: paradigmas clássicos e contemporâneos. São Paulo: Loyola, 2006.

GOLDENBERG, Mirian. *A arte de pesquisar*: como fazer uma pesquisa qualitativa em Ciências Sociais. Rio de Janeiro: Record, 2004.

GÓMEZ, José Maria. Soberania imperial, espaços de exceção e o campo de Guantánamo: desterritorialização e confinamento na "Guerra contra o Terror". *Contexto Internacional*, Rio de Janeiro, v. 30, n. 2, p. 267-308, maio 2008.

GONÇALVES, Luiz Alberto Oliveira; SILVA, Petronilha Beatriz Gonçalves e. *O jogo das diferenças*: multiculturalismo e seus contextos. Belo Horizonte: Autêntica, 1998.

GOVERNO DO ESTADO DE SÃO PAULO. Secretaria da Educação. Mais de 8 mil alunos estrangeiros estudam na rede estadual de ensino, 20 jul. 2015. Disponível em: <http://mod.lk/xaj9o>. Acesso em: jun. 2017.

GRAMSCI, Antonio. *Cadernos do cárcere*. Rio de Janeiro: Civilização Brasileira, 1999. 5 v.

_____. *Concepção dialética da história*. 2. ed. Rio de Janeiro: Civilização Brasileira, 1978.

_____. *Os intelectuais e a organização da cultura*. São Paulo: Círculo do Livro, [s.d.].

HALL, Stuart. *A identidade cultural na pós-modernidade*. Rio de Janeiro: DP&A, 2002.

HAMBURGER, Esther. *O Brasil antenado*: a sociedade da novela. Rio de Janeiro: Zahar, 2005.

_____. Diluindo fronteiras: a televisão e as novelas no cotidiano. In: SCHWARCZ, Lilia Moritz. (Org.). *História da vida privada no Brasil*: contrastes da intimidade contemporânea. São Paulo: Companhia das Letras, 2005.

_____. Telenovela em três tempos. In: BOTELHO, André; SCHWARCZ, Lilia Moritz (Orgs.). *Agenda brasileira*: temas de uma sociedade em mudança. São Paulo: Companhia das Letras, 2011.

HARVEY, David. *A condição pós-moderna*. São Paulo: Loyola, 1992.

HAYEK, Friedrich August. *Direito, legislação e liberdade*: uma nova formulação dos princípios liberais de justiça e economia política. Visão, São Paulo, 1985.

_____. *O caminho da servidão*. Rio de Janeiro: Biblioteca do Exército, 1994.

_____. *Os fundamentos da liberdade*. Visão, São Paulo, 1983.

HELD, David; MCGREW, Anthony. *Prós e contras da globalização*. Rio de Janeiro: Zahar, 2001.

HINES, Sally. *Transforming gender*: transgender practices of identity and intimacy. Reino Unido: Policy Press, 2007.

HIRSCHMAN, Albert. *Auto-subversão*: teorias consagradas em xeque. São Paulo: Companhia das Letras, 1996.

HOBBES, Thomas. *Leviatã*. São Paulo: Abril Cultural, 1974. (Coleção Os Pensadores).

HOBSBAWM, Eric. *Rebeldes primitivos*: estudos sobre formas arcaicas de movimentos sociais nos séculos XIX e XX. Rio de Janeiro: Zahar, 1976.

HOLANDA, Sérgio Buarque de. *Raízes do Brasil*. 4. ed. Brasília: Ed. da UnB, 1963.

HOOKS, Bell. *Ensinando a transgredir*: educação como prática da liberdade. São Paulo: Martins Fontes, 2013.

IANNI, Octavio. *Sociologia da Sociologia*: o pensamento sociológico brasileiro. 3. ed. São Paulo: Ática, 1989.

_____. *Teorias da globalização*. 13. ed. Rio de Janeiro: Civilização Brasileira, 2006.

IBGE. *Censo Demográfico 2010*. Disponível em: <www.censo2010.ibge.gov.br>. Acesso em: jun. 2017.

_____. *Pesquisa nacional por amostra de domicílios 2015*: síntese dos indicadores. Tabelas 3.1, 4.2.1b, 4.2.3.b, 4.2.5. Disponível em: <http://mod.lk/naojb>. Acesso em: jun. 2017.

IPEA. Natureza e dinâmica das mudanças recentes na renda e na estrutura ocupacional brasileiras. *Comunicados do Ipea*, Brasília, n. 104, 4 ago. 2011.

JANNUZZI, Paulo de Martino. *Indicadores sociais no Brasil*: conceitos, fontes de dados e aplicações. 3. ed. Campinas: Alínea, 2006.

JESUS, Carolina Maria de. *Quarto de despejo*: diário de uma favelada. São Paulo: Ática, 2009.

JESUS, Jaqueline Gomes de. *Orientações sobre a população transgênero*: conceitos e termos. Brasília: Autor, 2012.

KAFKA, Franz. *O processo*. São Paulo: Companhia das Letras, 2005.

KEYNES, John Maynard. *A teoria geral do emprego, do juro e da moeda*. São Paulo: Atlas, 1982.

KHANNA, Parag. *Como governar o mundo*: os caminhos para o próximo renascimento. Rio de Janeiro: Intrínseca, 2011.

KONDER, Leandro. *As ideias socialistas no Brasil*. São Paulo: Moderna, 1995.

REFERÊNCIAS BIBLIOGRÁFICAS

LAPLANTINE, François. *Aprender antropologia*. São Paulo: Brasiliense, 2000.

LARANJEIRA, S. Fordismo e pós-fordismo. In: CATTANI, Antonio David (Org.). *Trabalho e tecnologia*: dicionário crítico. 2. ed. Petrópolis: Vozes, 1997.

LATOUCHE, Serge. As vantagens do decrescimento. *Le Monde Diplomatique Brasil*, 1º nov. 2003. Disponível em: <http://mod.lk/el5mu>. Acesso em: jun. 2017.

LEAL, Victor Nunes. *Coronelismo, enxada e voto*. Rio de Janeiro: Forense, 1949.

LENIN, Vladimir Ilitch Ulianov. *O imperialismo*: fase superior do capitalismo. Tradução de Olinto Beckerman. 4. ed. São Paulo: Global, 1987.

LENNERT, Ana Lucia; LIMA, Letícia Bezerra de. As obras de M.C. Escher na aula de Sociologia. *Perspectiva Sociológica*. Disponível em: <http://mod.lk/w0EnW>. Acesso em: jun. 2017.

LESSA, Antonio Carlos. *A construção da Europa*: a última utopia nas relações internacionais. Brasília: Ibri, 2003.

LÉVI-STRAUSS, Claude. *As estruturas elementares do parentesco*. Petrópolis: Vozes, 1982.

_____. *Raça e história*. Lisboa: Presença, 2000.

LÉVY, Pierre; LEMOS, André. *O futuro da internet*: em direção a uma ciberdemocracia. São Paulo: Paulus, 2010.

LOCKE, John. *Segundo tratado sobre o governo civil*. São Paulo: Martin Claret, 2002.

LOMBROSO, Cesare. *Criminal man*. Durham: Duke University Press, 2006.

LOPES, José Sérgio Leite. Sobre processos de "ambientalização" dos conflitos e sobre dilemas da participação. *Horizontes Antropológicos*, Porto Alegre, ano 12, n. 25, p. 31-64, jan./jun. 2006. Disponível em: <http://mod.lk/UzJBW>. Acesso em: jun. 2017.

LOPES, Nei. *O racismo explicado aos meus filhos*. Rio de Janeiro: Agir, 2007.

LOURO, Guacira Lopes. *Um corpo estranho*: ensaios sobre sexualidade e teoria Queer. Belo Horizonte: Autêntica, 2004.

LÖWY, Michael. *Ecologia e socialismo*. São Paulo: Cortez, 2005.

MAALOUF, Amin. *O mundo em desajuste*: quando nossas civilizações se esgotam. Rio de Janeiro: Difel, 2011.

MACPHERSON, Crawford Brough. *A teoria política do individualismo possessivo, de Hobbes e Locke*. Tradução de Nelson Dantas. Rio de Janeiro: Paz e Terra, 1979.

MALINOWSKI, Bronislaw. *Argonautas do Pacífico Ocidental*. São Paulo: Abril Cultural, 1978. (Coleção Os Pensadores).

MALUF, Renato. *Planejamento, desenvolvimento e agricultura na América Latina*: um roteiro de temas. Rio de Janeiro: Ed. da UFRRJ, 1997.

MAQUIAVEL, Nicolau. *O príncipe*. Tradução de Roberto Grassi. 2. ed. Rio de Janeiro: Civilização Brasileira, 1972.

MARCAGGI, Vincent. *Les origines de la déclaration des droits de l'homme de 1789*. Paris: Fontenmoing, 1912.

MARCONDES, Danilo. *Iniciação à história da filosofia*: dos pré-socráticos a Wittgenstein. Rio de Janeiro: Zahar, 2008.

MARICATO, Ermínia. *Brasil, cidades*: alternativas para a crise urbana. Petrópolis: Vozes, 2001.

_____. *Habitação e cidade*. São Paulo: Atual, 1997.

MARQUES, Edmilson. A base da violência. *Sociologia Ciência & Vida Especial*: as cidades e a sociedade. São Paulo, Escala, ano 1, n. 1, p. 21-29, jul. 2007.

MARSHALL, Thomas Humphrey. *Cidadania, classe social e status*. Rio de Janeiro: Zahar, 1967.

MARTINS, Estevão Rezende; SARAIVA, Miriam Gomes (Orgs.). *Brasil – União Europeia – América do Sul*: anos 2010-2020. Rio de Janeiro: Fundação Konrad Adenauer, 2009.

MARX, Karl. *A ideologia alemã*. São Paulo: Boitempo Editorial, 2007.

_____. *A questão judaica*. São Paulo: Centauro, 2004.

_____. *Crítica da economia política*. São Paulo: Abril Cultural, 1974. (Coleção Os Pensadores).

_____. *O 18 Brumário de Louis Bonaparte*. São Paulo: Centauro, 2003.

_____. *O capital*. São Paulo: Nova Fronteira, 1985.

_____; ENGELS, Friedrich. *O manifesto do partido comunista*. Rio de Janeiro: Vozes de Bolso, 2011.

MATTAR, João; VALENTE, Carlos. *Second Life e Web 2.0 na educação*: o potencial revolucionário das novas tecnologias. São Paulo: Novatec, 2007.

MATTELART, Armand; MATTELART, Michèle. *História das teorias da comunicação*. São Paulo: Loyola, 1999.

McLAREN, Peter. *Multiculturalismo crítico*. São Paulo: Cortez, 1997.

McLUHAN, Marshall. *O meio é a mensagem*. Rio de Janeiro: Record, 1969.

MELATTI, Júlio César. *Índios do Brasil*. 48. ed. São Paulo: Hucitec, 1983.

MELLO, Luiz Gonzaga de. *Antropologia cultural*: iniciação, teoria e temas. 3. ed. Petrópolis: Vozes, 1986.

MICHELS, Robert. *Sociologia dos partidos políticos*. Brasília: Ed. da UnB, 1982.

MILL, John Stuart. *Sobre a liberdade*. Petrópolis: Vozes, 1991.

MISKOLSI, Richard. *Teoria Queer*: um aprendizado pelas diferenças. Belo Horizonte: Autêntica/UFPO, 2012. (Série Cadernos da Diversidade).

MONTAIGNE, Michel Eyquem de. *Ensaios*. São Paulo: Nova Cultural, 1984.

MONTESQUIEU. *Do espírito das leis*. Rio de Janeiro: Ediouro, 1985.

MORIN, Edgar. *Cultura de massas no século XX*: o espírito do tempo. Rio de Janeiro/São Paulo: Forense, 1969.

_____. *Sociologia*: a sociologia do microssocial ao macroplanetário. Lisboa: Mem Martins, 1998.

MOUTINHO, Laura. Condenados pelo desejo? Razões de estado na África do Sul. *Revista Brasileira de Ciências Sociais*, v. 19, n. 56, p. 95-112, out. 2004.

MUNANGA, Kabengele. Diferenças e desigualdades negociadas: raça, sexualidade e gênero em produções acadêmicas recentes. *Cadernos Pagu*, Campinas, n. 42, p. 201-248, jan.-jun. 2014. Disponível em: <http://mod.lk/TVdPg>. Acesso em: jun. 2017.

_____. Uma abordagem conceitual das noções de raça, racismo, identidade étnica e etnia. *Cadernos Pnesb*, Niterói, 2000, n. 5, p. 17-34.

NARVAZ, Martha Giudice; KOLLER, Sílvia Helena. Famílias e patriarcado: da prescrição normativa à subversão criativa. *Psicologia & Sociedade*, v. 18, n. 1, p. 49-55, jan.-abr. 2006. Disponível em: <http://mod.lk/mVZ8b>. Acesso em: jun. 2017.

NERI, Marcelo Cortes (Coord.). *A nova classe média*: o lado brilhante dos pobres. Rio de Janeiro: FGV/CPS, 2010. Disponível em: <http://mod.lk/MUWcK>. Acesso em: jun. 2017.

NICOLAU, Jairo Marconi. *História do voto no Brasil*. Rio de Janeiro: Zahar, 2002.

OFFE, Claus. *Capitalismo desorganizado*. São Paulo: Brasiliense, 1989.

OLIVEIRA, Francisco José Viana. *Instituições políticas brasileiras*. São Paulo: Itatiaia, 1949.

OLIVEIRA, Luiz Fernandes de; CANDAU, Vera Maria Ferrão. Pedagogia decolonial e educação antirracista e intercultural no Brasil. *Educação em Revista*, Belo Horizonte, v. 26, n. 1, p. 15-40, abr. 2010.

OLIVEIRA, Luiz Fernandes de; COSTA, Ricardo C. R. da. *Sociologia*. Petrópolis: Catedral das Letras, 2005.

ORGANIZAÇÃO DAS NAÇÕES UNIDAS PARA A ALIMENTAÇÃO E A AGRICULTURA (FAO). *The state of food insecurity in the world*: 2015. Disponível em: <www.fao.org/3/a-i4646e.pdf>. Acesso em: jun. 2017.

ORTIZ, Renato. *Cultura brasileira e identidade nacional*. São Paulo: Brasiliense, 2006.

ORWELL, George. *1984*. São Paulo: Companhia das Letras, 2009.

PADILHA, Valquíria. Além dos muros do *shopping center*. *Sociologia Ciência & Vida Especial*: as cidades e a sociedade. São Paulo: Escala, ano 1, n. 1, p. 58-65, jul. 2007.

PARIZ, Juliane; MENGARDA, Celito Francisco; FRIZZO, Giana Bitencourt. A atenção e o cuidado à gravidez na adolescência nos âmbitos familiar, político e na sociedade: uma revisão da literatura. *Saúde e Sociedade*, São Paulo, v. 21, n. 3, jul./set. 2012.

PEREIRA, Luiz Carlos Bresser. *A crise do Estado*: ensaios sobre a economia brasileira. São Paulo: Nobel, 1992.

PERNALETE, Luisa Cecília. *Democracia, participação, cidadania*. São Paulo: Loyola, 2006.

PINHEIRO, Paulo Sérgio; ALMEIDA, Guilherme Assis de. *Violência urbana*. São Paulo: Publifolha, 2003. (Coleção Folha Explica).

POCHMANN, Marcio. *A sindicalização no emprego formal terceirizado no estado de São Paulo*. Campinas: Sindeepres, 2007.

_____; AMORIM, Ricardo (Orgs.). *Proprietários*: concentração e continuidade. São Paulo: Cortez, 2009. (Coleção Atlas da Nova Estratificação Social no Brasil, v. 3).

PRADO JÚNIOR, Caio. *Formação do Brasil contemporâneo*. São Paulo: Brasiliense, 1961.

QUINTANEIRO, Tania; BARBOSA, Maria Ligia de Oliveira; OLIVEIRA, Márcia Gardênia Monteiro de. *Um toque de clássicos*: Marx, Durkheim e Weber. 2. ed. Belo Horizonte: Ed. da UFMG, 2002.

RAGO, Margareth. Epistemologia feminista, gênero e história. In: PEDRO, Joana Maria; GROSSI, Miriam Pilar (Orgs.). *Masculino, feminino, plural*. Florianópolis: Mulheres, 1998.

RAMOS, Graciliano. *Vidas secas*. 36. ed. Rio de Janeiro: Record, 1977.

REDUÇÃO da maioridade penal é aprovada na CCJ. Disponível em: <www.cartacapital.com.br/politica/reducao-da-maioridade-penal-e-aprovada-na-ccj-7975.html>. Acesso em: jun. 2017.

RELATÓRIO GLOBAL DA OIT: a liberdade de associação e a liberdade sindical na prática: lições aprendidas. Brasília: OIT Brasil, 2008.

RIBEIRO, João Ubaldo. *Política*: quem manda, por que manda, como manda. Rio de Janeiro: Nova Fronteira, 1981.

RIBEIRO, Renato Janine. *A democracia*. São Paulo: Publifolha, 2008.

RODRIGUES, Cristiano. Atualidade do conceito de interseccionalidade para a pesquisa e prática feminista no Brasil. *Seminário Internacional Fazendo Gênero 10 (Anais Eletrônicos)*, Florianópolis, 2013. Disponível em: <http://mod.lk/fy4pm>. Acesso em: jun. 2017.

RODRIGUES, Epitácio. *O conceito de cultura numa perspectiva filosófica*. Disponível em: <http://mod.lk/m5qqz>. Acesso em: jun. 2014.

ROUSSEAU, Jean-Jacques. *O contrato social e outros escritos*. São Paulo: Cultrix, 1971.

SADER, Eder. *Quando novos personagens entraram em cena*. Rio de Janeiro: Paz e Terra, 1988.

SAFATLE, Vladimir. *A esquerda que não teme dizer seu nome*. São Paulo: Três Estrelas, 2012.

_____. Amar uma ideia. In: HARVEY, David et al. *Occupy*: movimentos de protesto que tomaram as ruas. São Paulo: Boitempo Editorial/Carta Maior, 2012.

SANTANA, Marco Aurélio. Mais produção, menos trabalhadores: as transformações do mundo do trabalho. *Revista do Instituto Humanista Unisinos*. Disponível em: <http://mod.lk/x0vaf>. Acesso em: jun. 2017.

SANTOS, Augusto Sales dos. O debate sobre as ações afirmativas para negros e a questão das cotas nas universidades públicas brasileiras: implantando o terror. *VI Congresso Português de Sociologia*, Lisboa, 2008. Disponível em: <http://mod.lk/ritax>. Acesso em: jun. 2017.

SANTOS, Boaventura de Sousa. *Introdução a uma ciência pós-moderna*. Rio de Janeiro: Graal, 1989.

_____ (Org.). *Democratizar a democracia*. Os caminhos da democracia participativa. Porto: Afrontamento, 2002.

SANTOS, José Luiz dos. *O que é cultura*. 16. ed. São Paulo: Brasiliense, 2006. (Coleção Primeiros Passos).

SANTOS, Maria de Lourdes Lima dos. *Família e "socialização"*: um aspecto da evolução social contemporânea. Disponível em: <http://mod.lk/6jz6x>. Acesso em: jun. 2017.

SANTOS, Milton. *Por uma outra globalização*: do pensamento único à consciência universal. 6. ed. Rio de Janeiro: Record, 2001.

SANTOS, Regina Bega dos. *Movimentos sociais urbanos*. São Paulo: Editora Unesp, 2008.

SANTOS, Theotonio dos. O neoliberalismo como doutrina econômica. *Revista Econômica*, Niterói, v. 1, n. 1, p. 119, jun. 1999. Disponível em: <http://mod.lk/EBOB5>. Acesso em: jun. 2017.

SANTOS, Wanderley Guilherme dos. A trágica condição da política social. In: ABRANCHES, Sérgio Henrique; SANTOS, Wanderley Guilherme dos; COIMBRA, Marco Antonio. *Política social e combate à pobreza*. Rio de Janeiro: Zahar, 1989.

_____. *Sessenta e quatro*: anatomia da crise. São Paulo: Vértice, 1986.

SARAIVA, José Flávio Sombra. (Org.). *Comunidade dos países de Língua Portuguesa*. Brasília: Ibri, 2001.

SCALON, Celi. Desigualdade, pobreza e políticas públicas: notas para um debate. *Contemporânea*, São Carlos, EdUFSCar, n. 1, p. 49-68, jan.-jun. 2011.

SCHERER-WARREN, Ilse. Redes de movimentos sociais na América Latina: caminhos para uma política emancipatória? *Cadernos CRH*, Salvador, v. 21, n. 54, p. 505-517, set./dez. 2008.

SCHMITT, Carl. *Teologia política*. Belo Horizonte: Del Rey, 2006.

REFERÊNCIAS BIBLIOGRÁFICAS

SCHUMPETER, Joseph A. *Capitalismo, socialismo e democracia*. Rio de Janeiro: Zahar, 1984.

_____. *Teoria do desenvolvimento econômico*. São Paulo: Abril Cultural, 1982.

SCOTT, Joan Wallach. Gênero: uma categoria útil de análise histórica. *Educação & Realidade*. Porto Alegre, v. 20, n. 2, jul./dez. 1995, p. 71-99.

SEN, Amartya. *Desenvolvimento como liberdade*. Rio de Janeiro: Campus, 2000.

_____. O desenvolvimento como expansão de capacidades. Lua Nova, São Paulo, 28/29, 1993.

SENAES. *Sistema Nacional de Informações em Economia Solidária (Sies)*: termo de referência. Brasília: Departamento de Estudos e Divulgação/Senaes/TEM, 2004.

SENNETT, Richard. *A corrosão do caráter*: consequências pessoais do trabalho no novo capitalismo. Rio de Janeiro: Record, 2008.

_____. *A cultura do novo capitalismo*. Rio de Janeiro: Record, 2006.

SEVCENKO, Nicolau. *A corrida para o século XXI*: no loop da montanha-russa. São Paulo: Companhia das Letras, 2001.

SEYFERTH, Giralda. O beneplácito da desigualdade: breve digressão sobre o racismo. In: VÁRIOS AUTORES. *Racismo no Brasil*. São Paulo: Peirópolis/Abong, 2002.

SHIVA, Vandana. *Guerras por água*: privatização, poluição e lucro. São Paulo: Radical Livros, 2006.

SILVA, Luiz Antonio Machado da (Org.). *Vida sob cerco*: violência e rotinas nas favelas do Rio de Janeiro. Rio de Janeiro: Faperj/Nova Fronteira, 2008.

SILVA, Tomaz Tadeu. A produção social da identidade e da diferença. In: _____ (Org. e Trad.). *Identidade e diferença*: a perspectiva dos estudos culturais. Petrópolis: Vozes, 2000. p. 73-102.

SIMMEL, Georg. *Questões fundamentais de Sociologia*. Rio de Janeiro: Zahar, 2012.

_____. *The philosophy of money*. 3. ed. Londres: Routledge, 2004.

SINGER, Paul. *Introdução à economia solidária*. São Paulo: Fundação Perseu Abramo, 2002.

SISS, Ahyas. *Afro-brasileiros, políticas de ação afirmativa e educação*: algumas considerações. Anped, 2002. Disponível em: <www.educacaoonline.pro.br>. Acesso em: jun. 2017.

_____. Dimensões e concepções de multiculturalismo: considerações iniciais. In: OLIVEIRA, Iolanda (Org.). *Relações raciais e educação*: temas contemporâneos. Niterói: Eduff, 2002. (Cadernos Penesb, n. 4).

SMITH, Adam. *A riqueza das nações*: investigação sobre sua natureza e suas causas. 2. ed. São Paulo: Nova Cultural, 1985.

SOARES, Luiz Eduardo. *Justiça*: pensando alto sobre violência, crime e castigo. Rio de Janeiro: Nova Fronteira, 2011.

_____; BATISTA, André; PIMENTEL, Rodrigo. *Elite da tropa*. Rio de Janeiro: Objetiva, 2006.

SOUZA, Marcelo Lopes de. *ABC do desenvolvimento urbano*. Rio de Janeiro: Bertrand Brasil, 2003.

_____. *Fobópole*: o medo generalizado e a militarização da questão urbana. São Paulo: Bertrand Brasil, 2008.

SPRANDEL, Marcia Anita. *A pobreza no paraíso tropical*. Rio de Janeiro: Relume Dumará, 2004.

STEDILE, João Pedro; CARVALHO, Horácio Martins de. Soberania alimentar. In: CALDART, Roseli Salete et al. (Orgs.). *Dicionário da educação do campo*. Rio de Janeiro/São Paulo: Escola Politécnica de Saúde Joaquim Venâncio/Expressão Popular, 2012.

SZTOMPKA, Piotr. Os movimentos sociais como força de mudança. In: _____. *A sociologia da mudança social*. 2. ed. Rio de Janeiro: Civilização Brasileira, 2005.

TAYLOR, Frederick Wislow. *Princípios de administração científica*. 8. ed. São Paulo: Atlas, 1990.

TEIXEIRA, Joana D'Arc. Punição e controle social da juventude: políticas contrárias aos direitos humanos. *Anais do Encontro Fazendo Gênero*, Florianópolis, 2008.

THOMPSON, John B. *Ideologia e cultura moderna*: teoria social crítica na era dos meios de comunicação de massa. Petrópolis: Vozes, 2000.

TOCQUEVILLE, Aléxis de. *A democracia na América*: leis e costumes. São Paulo: Martins Fontes, 1998.

TOURAINE, Alain. Na fronteira dos movimentos sociais. *Sociedade e Estado*, Brasília, v. 21, n. 1, p. 17-28, jan./abr. 2006.

TYLOR, Edward Burnett. *La civilisation primitive*. Paris: C. Reinwald et. Cie., 1876. 2 v.

_____. *Primitive culture*: researches into the development of mythology, philosophy, religion, art, and custom. London: John Murray, 1871.

VÁRIOS AUTORES. *O livro da Sociologia*. Tradução de Rafael Longo. São Paulo: Globo Livro, 2015.

VELHO, Gilberto. *Projeto e metamorfose*: antropologia das sociedades complexas. Rio de Janeiro: Zahar, 1994.

VENTURA, Zuenir. Por que os jovens não gostam de política? *Época*. 23 ago. 2010. Disponível em: <http://mod.lk/01msb>. Acesso em: jun. 2017.

VIEIRA, José Carlos. *Democracia e direitos humanos no Brasil*. São Paulo: Loyola, 2005.

VINHA, Valeria da. Polanyi e a nova sociologia econômica: uma aplicação contemporânea do conceito de enraizamento social. *Revista Econômica*. Rio de Janeiro, UFRJ, v. 3, n. 2, 2001.

WACQUANT, Loïc. *Os condenados da cidade*: estudo da marginalidade avançada. Rio de Janeiro: Revan/Fase, 2001.

WAISELFISZ, Julio Jacobo. *Mapa da violência 2012*: os novos padrões da violência homicida no Brasil. São Paulo: Instituto Sangari, 2011. (Caderno Complementar Homicídio de Mulheres no Brasil).

_____. *Mapa da violência 2013*: homicídios e juventude no Brasil. Disponível em: <http://mod.lk/hicsy>. Acesso em: jun. 2017.

WEBER, Max. *A ética protestante e o "espírito" do capitalismo*. São Paulo: Pioneira, 1967.

_____. *A "objetividade" do conhecimento nas ciências sociais*. Tradução de Gabriel Cohn. São Paulo: Ática, 2006.

_____. A política como vocação. In: *Ciência e Política*: duas vocações. São Paulo: Cultrix, 2006.

_____. *Conceitos sociológicos fundamentais*. Lisboa: Edições 70, 2007.

_____. *Economia e sociedade*. Brasília: Ed. da UnB, 1999. v. 1.

_____. *Economia e sociedade*: fundamentos da Sociologia compreensiva. Tradução de Regis Barbosa e Karen Elsabe Barbosa. Brasília: Ed. da UnB; São Paulo: Imprensa Oficial, 1999. v. 1.

WEFFORT, Francisco C. *Os clássicos da política*. São Paulo: Ática, 2006. v. 1 e 2.

YUNUS, Muhammad. *O banqueiro dos pobres*. Lisboa: Difel, 2002.

ZALUAR, Alba. Crime, medo e política. In: ZALUAR, Alba; ALVITO, Marcos (Orgs.). *Um século de favela*. Rio de Janeiro: FGV, 2004.